Diccionario de dificultades de la lengua española

punto de lectura

Título: Diccionario de dificultades de la lengua española
© Santillana Ediciones Generales, S. L.
© De esta edición: abril 2002, Suma de Letras, S. L.
Barquillo, 21. 28004 Madrid (España)   www.puntodelectura.com

ISBN: 84-663-0434-7
Depósito legal: M-26.510-2003
Impreso en España – Printed in Spain

Diseño de colección: Ignacio Ballesteros

Impreso por Mateu Cromo, S. A.

Segunda edición: junio 2003

Diccionario
de
dificultades
de la
lengua española

PRESENTACIÓN

Hablar y escribir es fuente inagotable de dudas, bien porque el conocimiento que tenemos de la propia lengua resulta insuficiente, o bien porque, conforme más conocemos el lenguaje, mayor se vuelve nuestra exigencia de utilizarlo con corrección y propiedad.

A muchas de estas dudas, sobre todo las que se refieren al significado de las palabras, se puede encontrar solución en los diccionarios léxicos. Pero existen otras muchas cuestiones que no hallan cumplida respuesta en dichos diccionarios: con qué preposición se construye tal verbo, cuál es el plural de determinado sustantivo, cuándo se debe emplear uno u otro pronombre.

Esta obra ofrece los instrumentos precisos para resolver al momento y de manera sencilla un gran número de posibles dudas y dificultades que plantea el uso del idioma español.

Consta de tres partes: el diccionario propiamente dicho, con palabras y expresiones ordenadas alfabéticamente, un resumen de gramática y una sección de apéndices con otros datos de interés.

En el diccionario se puede encontrar orientación puntual sobre las incorrecciones más frecuentes y todo tipo de dificultades de carácter ortográfico, gramatical o de uso, mediante una completa selección de los términos y expresiones que hoy día son susceptibles de confusión o duda. Asimismo, se recogen y comentan numerosos neologismos, vulgarismos, extranjerismos y palabras de argot que a menudo no figuran en los diccionarios de la lengua.

La gramática aporta las estructuras fundamentales de la lengua, por lo que sirve de apoyo y referencia a la primera parte; en ella se tratan sobre todo los aspectos que suelen suscitar una mayor consulta, como la ortografía, los paradigmas de verbos y pronombres, la formación del género y el número.

Los apéndices incluyen repertorios de las abreviaturas y siglas más usuales, expresiones extranjeras, topónimos y gentilicios, escritura de nombres propios y otras informaciones de gran utilidad para cualquier usuario del idioma.

En definitiva, este *Diccionario de dificultades de la lengua española* proporciona una ayuda eficaz y de fácil consulta a estudiantes y profesionales, y a toda persona que desee hablar y escribir correctamente, o con mayor riqueza y precisión.

SANTILLANA

ABREVIATURAS, SIGLAS Y SIGNOS UTILIZADOS EN ESTA OBRA

al.	*alemán*
cat.	*catalán*
EE UU	*Estados Unidos*
fr.	*francés*
gr.	*griego*
ing.	*inglés*
ital.	*italiano*
lat.	*latín*
RAE	*Real Academia Española*
RU	*Reino Unido*

*	El asterisco se coloca delante de palabras, expresiones y frases incorrectas o mal utilizadas: **antidiluviano*.
'...'	Las comillas simples encierran el significado de un término o una frase: *falacia*, 'mentira'.
/	La barra separa dos palabras semejantes que se prestan a confusión y que, por su proximidad alfabética, pueden figurar en una sola entrada en vez de en dos: **infectar / infestar**. También sirve para establecer una alternancia: *el / la modista*.
//	La doble barra separa las distintas explicaciones que aparecen en una misma entrada del diccionario.
→	La flecha invita a consultar una palabra que se cita dentro de un texto: No confundir con → **sendos**.
[...]	Los corchetes encierran el número correspondiente a un apartado concreto de la gramática, cuando se remite a ésta desde otro lugar: Ver apartado de gramática [2.2].
/.../	Entre dos barras figura la transcripción fonética de una palabra: *ballet*, /balet/.
>	Este signo se sitúa entre dos palabras para indicar que la primera da lugar a la segunda: *solidario > solidaridad*.

Índice

DICCIONARIO

a

a Es un galicismo el empleo de expresiones como *problemas a resolver o actividades a realizar*. Aunque su uso está muy extendido en los lenguajes comercial y administrativo, no debe abusarse de ellas; es preferible utilizar alguna construcción española equivalente: *problemas que hay que resolver*. También son frecuentes las expresiones *aparato a pilas, avión a reacción, olla a presión o cocina a gas*, aunque lo más correcto sería *avión de reacción, olla de presión o cocina de gas*. // Se utiliza delante del complemento directo cuando éste representa a un ser animado o se considera como tal: *Conocí a sus padres. Los aztecas adoraban al Sol*. Sin embargo, en algunos casos, estos complementos directos no llevan preposición: cuando se trata de una persona indeterminada: *Necesito un ayudante*, o para distinguir el complemento directo de otro complemento con a: *Entregó el prisionero a las autoridades*. Antecede siempre al complemento indirecto. // Aunque tradicionalmente se ha defendido el empleo de **a** con nombres geográficos: *Tomaron a Zamora*, lo normal es el uso sin preposición: *Tomaron Zamora*. // La construcción **a + por + sustantivo**: *ir a por agua*, no está admitida por la RAE, aunque su uso está hoy muy extendido en España y es defendido por algunos autores.

a- Prefijo que expresa privación o negación: apolítico, ateo. Ante vocal toma la forma **an-**: *analfabeto, anemia*.

*a grosso modo Forma incorrecta por **grosso modo**.

abad No confundir este sustantivo con **abate**. **Abad** designa al superior de un monasterio, mientras que un **abate** es un clérigo, principalmente francés o italiano. // Su femenino es **abadesa**.

abajo Este adverbio puede ir precedido por las preposiciones **de**, **desde** o **hacia**, pero nunca por **a**: *Voy a abajo*. Acompaña generalmente a verbos de movimiento: *correr abajo*. // En América, con frecuencia sustituye a **debajo** en la locución **abajo de**: *abajo del brazo*. // **bajar abajo**. Expresión pleonástica muy frecuente; es suficiente utilizar sólo el verbo, que significa 'ir hacia abajo'.

abalanzarse Este verbo se construye con las preposiciones **a**, **hacia**, **sobre**: *abalanzarse a cogerlo, abalanzarse hacia o sobre alguien*.

abastecer Es un verbo irregular. Se conjuga como **agradecer**. // Se construye con las preposiciones **de** y **con**: *abastecerse de agua, abastecerse con todo lo necesario*.

abasto **no dar abasto** Son incorrectas *no dar a basto, *no dar a abasto y *no darse abasto.

abate No confundir con → **abad**.

***abceso** Forma incorrecta por **absceso**.

abdicar Este verbo no es sinónimo de **dimitir**. Significa 'renunciar a unos derechos o una dignidad determinada' y sólo puede utilizarse para referirse a reyes, príncipes, pontífices o emperadores: *El rey abdicó*. // Se construye con las preposiciones **de** y **en**: *Abdicó de antiguas prerrogativas. Abdicó en su primogénito*.

abducción No confundir este sustantivo con **aducción**. **Abducción** significa 'movimiento por el cual un miembro u órgano se aparta del eje central del cuerpo', y **aducción** es el movimiento contrario, 'acercamiento de un miembro u órgano al eje central del cuerpo'. Ver **abductor**.

abductor No confundir este adjetivo con **aductor**. **Abductor** se aplica a los músculos que realizan la abducción y **aductor** a los que ejecutan la aducción. Ver **abducción**.

abertura No confundir este sustantivo con **apertura**. **Abertura** significa 'grieta, agujero': *una abertura en la pared*. **Apertura** significa 'inauguración': *la apertura de la exposición*, y no: *la abertura de la exposición*.

aberzale o **abertzale** Adjetivo y sustantivo vasco que significa 'patriota' y se utiliza referido al nacionalismo vasco. La RAE sólo recoge la forma **aberzale**, aunque es muy frecuente el uso de **abertzale**.

abisal / abismal No confundir estos adjetivos. **Abisal** hace referencia a las profundidades del mar: *un pez abisal*, mientras que **abismal** alude a una gran profundidad en la tierra y, también, a una diferencia muy grande: *una sima abismal, una distancia abismal*.

abjurar No confundir este verbo con **adjurar**. **Abjurar** significa 'renunciar uno a sus creencias' y se construye con la preposición **de**: *Abjuró de su fe*. **Adjurar** significa 'rogar encarecidamente' y su uso es anticuado.

abnegar Es un verbo irregular. Se conjuga como **pensar**: *abniego*, aunque prácticamente sólo se usa el participio en función de adjetivo: *un hombre abnegado*.

abocado Este adjetivo va acompañado de los verbos **estar**, **hallarse**, **quedarse** o **verse** y se construye con la preposición **a**: *estar abocado a la desgracia, verse abocado al fracaso*.

abogar Se construye con la preposición **por**: *abogar por una persona* o *por una idea*.

abolir Es un verbo defectivo: sólo se utilizan las formas que llevan una **-i** en la terminación: *abolimos, abolís*; y no **abolo, *abolas, *abole*. Estas últimas formas se suplen con sinónimos como **derogar**, **anular**, **revocar**, **cancelar** o **abrogar**. Ver cuadro de la página siguiente. // Alude únicamente a leyes, preceptos y costumbres, por lo que no debe usarse con el significado general de 'suprimir': **Han abolido este impuesto*.

abominar Es un verbo transitivo: *Abomino la mentira*, aunque hoy es más frecuente su uso como intransitivo seguido de un complemento preposicional con **de**: *Abominan de su comportamiento*.

abordar Este verbo, con el significado de 'tocar o chocar una nave con otra', puede utilizarse como intransitivo y construirse con la preposición **a**: *abordar a un barco*, aunque es más corriente como transitivo y sin preposición: *abordar*

ABOLIR	
GERUNDIO	PARTICIPIO
aboliendo	*abolido*

INDICATIVO	
Presente	**Pretérito perfecto simple**
	abolí
	aboliste
	abolió
abolimos	*abolimos*
abolís	*abolisteis*
	abolieron

SUBJUNTIVO	
Pretérito imperfecto	**Futuro**
aboliera, -iese	*aboliere*
abolieras, -ieses	*abolieres*
aboliera, -iese	*aboliere*
aboliéremos, -iésemos	*aboliéremos*
abolierais, -ieseis	*aboliereis*
abolieran, -iesen	*abolieren*

IMPERATIVO
abolid

un barco. // Su uso con el significado de 'subir a un avión o un buque' es un anglicismo no admitido por la RAE; se prefieren las formas **embarcar** o **subir a bordo**.

aborigen Adjetivo y sustantivo de género común: *el/la aborigen*. La forma **aborígena*, usada para ambos géneros por influencia de **indígena**, es incorrecta.

aborrecer Es un verbo irregular. Se conjuga como **agradecer**.

abotagarse o **abotargarse** Ambas formas están admitidas; la RAE da preferencia a la primera de ellas; sin embargo, se suele utilizar más la segunda.

abotonadura Ver **botonadura**.

abreviar En cuanto al acento, este verbo se conjuga como **cambiar**: *abrevio, abrevias*.

abrigar(se) Este verbo se construye con las preposiciones **de, bajo, con**: *abrigarse del frío, bajo unas mantas, con ropa*.

abrigo **Al abrigo de** es una locución de origen francés que equivale a **libre de, a salvo de**: *estar al abrigo de las críticas*. Se prefiere el uso de las expresiones mencionadas: *estar libre de críticas* o *estar a salvo de críticas*.

abrir El participio de este verbo es irregular: **abierto**.

abrupto Este adjetivo significa 'accidentado, montañoso' y 'áspero, duro'. No debe emplearse con el significado de 'repentino, brusco': **Hubo un corte abrupto en la película*.

absceso Es incorrecta la forma **abceso*.

absentismo Es incorrecto **ausentismo*: **ausentismo laboral*.

absolver Es un verbo irregular. Se conjuga como **volver**. // Se construye con la preposición **de**: *Le absolvieron de toda culpa*. // A veces se encuentra escrito erróneamente con *b* por confusión con **absorber**, 'atraer un cuerpo a otro, líquido o gaseoso'.

absorber No confundir con → **absolver**.

abstenerse Es un verbo irregular. Se conjuga como **tener**. // Se construye con la preposición **de**: *Se abstuvo de hablar*.

abstraer Es un verbo irregular. Se conjuga como **traer**. // Se construye con la preposición **de**: *Se abstrae de lo que sucede alrededor*.

abuelo Debe evitarse la forma vulgar **agüelo*.

abundar Este verbo se construye con la preposición **en**: *abundar en detalles*.

acá Este adverbio indica un lugar menos determinado que **aquí**, aunque cercano al hablante. En América ha sustituido casi por completo a **aquí**: *Ven acá*, y equivale en ocasiones a **éste** o **ésta**: *Acá piensa que no*.

acabar Este verbo, en su uso intransitivo, se construye con las preposiciones **con, de, en** y **por**: *acabar alguien con su trabajo, acabar de almorzar, acabar un objeto en punta, acabar por dejar algo*.

acabose / acabóse Tradicionalmente, las formas verbales que tenían tilde la conservaban aunque llevasen adherido un pronombre personal átono. Así, se distinguía entre **acabóse**, tercera persona del singular del pretérito perfecto simple del verbo **acabar**, seguida del pronombre átono **se**, y **acabose**, sustantivo usado en la locución **ser el acabose**, que equivale a 'ser el colmo, el no va más'. En la actualidad, de acuerdo con las nuevas directrices ortográficas acordadas por la RAE, las formas verbales con incremento pronominal llevan tilde, o no, según las normas generales de acentuación. Por lo tanto, **acabose** es la única forma correcta, sea verbo o sustantivo, pues es una palabra llana acabada en vocal y, consecuentemente, no lleva tilde.

acaecer Es un verbo irregular. Se conjuga como **agradecer**. También es defectivo; sólo se emplea el infinitivo y las terceras personas de todos los tiempos: *acaece, acaeció, acaecerán*.

acceder Este verbo se construye con la preposición **a**: *acceder al local, acceder a una cátedra, acceder a los deseos de otro*.

accesible Este adjetivo se construye con la preposición **a**: *un lugar accesible a todos*. // Este adjetivo y **asequible** se suelen utilizar indistintamente, aunque la RAE no los considera sinónimos: **accesible** significa 'que se puede alcanzar o entrar en él' o 'amable, de trato fácil', mientras que **asequible** significa 'que se puede conseguir fácilmente o por poco dinero', por lo que se puede decir: *un lugar accesible, una persona accesible, un precio asequible*, pero no: **un lugar asequible, *una persona asequible, *un precio accesible*. Lo mismo puede decirse de sus antónimos **inaccesible** e **inasequible**.

accésit La RAE considera que este sustantivo no varía en plural: *El jurado concedió dos accésit*.

accidente No confundir con **incidente**. **Accidente** es 'un hecho desgraciado': *un accidente de tráfico*. **Incidente** es un 'hecho imprevisto, no necesariamente desgraciado': *un día lleno de incidentes*.

acechanza No confundir este sustantivo con **asechanza**. **Acechanza** es la acción de acechar, vigilar: *Sentía la ace-*

chanza de unos ojos ocultos. **Asechanza** significa 'engaño o trampa para causar un mal a alguien' y suele utilizarse en plural: *Cuidado con las asechanzas de los falsos amigos.*

acefalia o **acefalía** La RAE sólo recoge **acefalía**, aunque **acefalia** es la forma más extendida.

acentuar En cuanto al acento, este verbo se conjuga como **actuar**: *acentúo, acentúas.*

acera Es incorrecta la forma vulgar *cera: *Ve por la cera.*

acerbo / acervo No deben confundirse. **Acerbo** es adjetivo y significa 'cruel, desagradable': *críticas acerbas.* **Acervo** es sustantivo y tiene el sentido de 'montón o conjunto': *el acervo cultural de un país.* Ambas palabras son de uso preferentemente literario.

achicoria También se admite **chicoria**, pero se prefiere **achicoria**.

ácimo Ver **ázimo**.

acimut También se admite **azimut**, pero prefiere **acimut**. // Su plural es **acimutes** o **azimutes**, aunque algunos autores defienden también **acimuts** o **azimuts**.

acmé Designa el período de mayor intensidad de una enfermedad y es un sustantivo femenino: *la acmé*, aunque se utiliza más como masculino: *el acmé.* // Existe la forma **acme**, aunque no está recogida por la RAE.

acné Es un sustantivo femenino: *la acné*, pero es mucho más frecuente su uso como masculino: *el acné.* // Se admite también la forma **acne**, aunque se prefiere la forma acentuada.

acobardar(se) Es un verbo transitivo que se construye con un complemento directo introducido por **a** (pues suele tratarse de un ser animado): *acobardar a los más débiles.* Se utiliza también como pronominal y entonces rige complementos preposicionales introducidos por **ante, de, frente a, por**: *acobardar a los más débiles, acobardarse ante (o frente a) los problemas, acobardarse de verse sola, acobardarse por nada.*

acomodación / acomodamiento Estos sustantivos no son sinónimos. **Acomodación** es la acción de acomodar: *Se* *ha procedido a la acomodación de los invitados.* **Acomoda-miento** significa 'comodidad, conveniencia': *para nuestro acomodamiento.*

acompañante / acompañanta Se admite la forma **acompañanta** sólo para referirse a una mujer que acompaña a otra: *Busco acompañanta para mi madre.* En el resto de los casos se utiliza **acompañante** para los dos géneros: *Nos presentó a su bella acompañante.*

aconsejar(se) Es un verbo transitivo: *Te aconsejo un descanso, Te aconsejo que descanses.* Se utiliza también como pronominal, acompañado de un complemento preposicional con **de** y **con**: *Te aconsejo que descanses. Se aconsejó de (con) expertos.* Es incorrecta la construcción **aconsejar + de + que**: **Te aconsejo de que no vayas.* Ver apartado de gramática [2.8.1.].

acontecer Es un verbo irregular. Se conjuga como **agradecer**. También es defectivo; sólo se utilizan el infinitivo y las terceras personas de todos los tiempos: *acontece, acontecerán, aconteció,* y no: **acontecisteis, *aconteceremos.*

acopiar En cuanto al acento, se conjuga como **cambiar**: *acopias, acopia.*

acoquinar No confundir este verbo con **apoquinar**. **Acoquinar** significa 'asustar, acobardar': *A este valiente nadie le acoquina.* **Apoquinar** significa 'pagar': *Que cada cual apoquine lo que debe.*

acordar(se) Es un verbo irregular. Se conjuga como **contar**: *acuerdo.* // Se construye con la preposición **de**: *No me acuerdo de tu nombre,* aunque en ocasiones se omite la preposición en la lengua hablada: *No me acuerdo (de) por qué vine.* // No confundir con → **recordar**.

acordeonista Es incorrecto ***acordeoncista**.

acostar(se) Es un verbo irregular. Se conjuga como **contar**: *acuesto.*

acostumbrar Cuando equivale a **soler**, este verbo se suele construir con la preposición **a**: *Acostumbra a levantarse temprano,* aunque algunos autores lo utilizan sin preposición: *Acostumbraba visitarnos los sábados*. En América es más frecuente esta última construcción. Como verbo transitivo, siempre se construye con la preposición **a**: *Acostumbra a tu hijo a comer solo*. Sucede lo mismo cuando le sigue un infinitivo: *Acostúmbrate a vivir sin mí*.

acrecentar Es un verbo irregular. Se conjuga como **pensar**: *acreciento*.

acrecer Es un verbo irregular. Se conjuga como **agradecer**: *acrezca*.

acreditación Este sustantivo se usa mucho con el significado de 'documento que acredita a una persona': *El embajador presentó su acreditación*. Se recomienda, por ser más adecuado, sustituirlo por **credencial**: *El embajador presentó sus credenciales*.

acribillar Este verbo se construye con la preposición **a**: *acribillar a balazos a alguien*.

acrimonia Es incorrecto *acrimonía.

acrisolar Se construye con las preposiciones **en** o **con**: *La verdad se acrisola en (con) las pruebas*.

acrobacia Es incorrecto *acrobacía.

acrotera Debe evitarse la forma **acrótera**, a pesar de que su uso está muy extendido y es defendido por algunos autores.

actitud No confundir este sustantivo con **aptitud**. **Actitud** significa 'manera de comportarse o disposición de ánimo': *No me gusta tu actitud*. **Aptitud** es 'capacidad o condiciones para desempeñar un cargo o trabajo o para realizar una actividad': *Tiene aptitudes para la poesía*.

actividad Ver **activo**.

activo La locución **en activo** no es equivalente a **en actividad**. **En activo** se aplica sólo a personas: *A pesar de su edad, sigue en activo*. **En actividad** se refiere a cosas: *El volcán está en actividad*.

actora / actriz No son sinónimos. **Actora** designa a la 'mujer que demanda en un juicio'. **Actriz** es 'mujer que interpreta un papel en el cine, teatro o televisión'.

11

actuar Obsérvense los acentos en los tiempos de presente de indicativo y subjuntivo y en el imperativo: en algunas personas de estos tiempos, la **u** final de la raíz es tónica, mientras que en el resto de las formas de este verbo dicha **u** es átona. Ver cuadro.

ACTUAR		
INDICATIVO	**SUBJUNTIVO**	**IMPERATIVO**
Presente	Presente	
actúo	*actúe*	
actúas	*actúes*	*actúa*
actúa	*actúe*	
actuamos	*actuemos*	
actuáis	*actuéis*	*actuad*
actúan	*actúen*	

acuario Se prefiere este sustantivo a la forma latina **aquárium**.

acuatizar, **acuatizaje** Ver **amerizar, amerizaje**.

acuciar En cuanto al acento, se conjuga como **cambiar**: *acucias, acucia.*

acuerdo Es incorrecta la locución **de acuerdo a: *Obró de acuerdo a la ley.* Lo correcto es **de acuerdo con**. // Se construye con las preposiciones **con, en, entre** y **para**: *Llegó a un acuerdo con la empresa. Estamos de acuerdo en todo. Se alcanzó un acuerdo entre las partes. No hay acuerdo para la formación de gobierno.*

acullá Adverbio que indica un lugar menos determinado que **aquí** y **acá**, pero cercano al hablante. Se utiliza sobre todo en el lenguaje literario y suele ir en correlación con otros adverbios: *Aquí ríen, allá suspiran, acullá cantan.*

adaptar(se) Este verbo se construye con la preposición **a**: *adaptarse a las circunstancias.*

adecuar En cuanto al acento, este verbo se conjuga como **averiguar**: *adecuo, adecues*. Sin embargo está muy extendida la acentuación como **actuar** (*adecúo, adecúes*), aunque no es la académica. // Se construye con la preposición **a**: *adecuar los medios a los fines*.

adelante Este adverbio a menudo se refuerza con las preposiciones **hacia** o **para**: *ir hacia adelante, seguir para adelante*, aunque en tales casos es preferible utilizar **delante**. Estos dos adverbios se diferencian en que **adelante** siempre indica una idea de movimiento y **delante** expresa situación; así, *seguir adelante* significa 'avanzar', mientras que *seguir delante* significa 'continuar estando en la parte o posición delantera'. // En algunos países de América sustituye a **delante**: *adelante del jardín*, y también se emplea en las construcciones *adelante mío, tuyo*, etc., no admitidas en España. // Se considera vulgar el uso de **alante* y **palante* (para **alante*).

adenda o **addenda** Significa 'lo que hay que añadir'. La RAE sólo admite **adenda**, aunque en el lenguaje culto se sigue escribiendo la forma latina **addenda**.

adentro Este adverbio puede usarse precedido de las preposiciones **hacia**, **para** o **por**, nunca de **a**, pero en estos casos es preferible el adverbio **dentro**. Ambos adverbios alternan en el uso con verbos de movimiento: *Pasa adentro. Pasa dentro*. Sin embargo, cuando no hay expresión de movimiento, se recomienda usar **dentro**: *Está dentro*; pero no: *Está adentro*. // En América está generalizado su uso en sustitución de *dentro*: *Se halla adentro de casa*.

adherencia Este sustantivo no es sinónimo de **adhesión**. **Adherencia** hace referencia a la unión física de las cosas: *una cola de gran adherencia*. **Adhesión** es el hecho de adherirse o abrazar una idea, causa o partido: *El partido recibió muchas adhesiones*.

adherir Es un verbo irregular. Se conjuga como **sentir**: *adhiero*.

adhesión No confundir con → **adherencia**.

adición / adicción No confundir estos sustantivos. **Adición** es 'suma': *El resultado de la adición es trece.* **Adicción** significa 'dependencia de las drogas': *adicción a la heroína.*

adiestrar Este verbo se construye sobre todo con la preposición **en**: *adiestrar a alguien en la lucha.*

adjuntar Este verbo se construye con la preposición **a**: *Adjunte esta carta al informe.*

adjunto Con el significado de 'unido, agregado', este adjetivo se utiliza con frecuencia, en lenguaje comercial y administrativo, con valor de adverbio: *Adjunto remitimos la información requerida*, en lugar de: *Adjunta remitimos la información requerida.* // Referido a ayudantes, colaboradores o categorías profesionales, se construye generalmente con la preposición **a**: *profesora adjunta a la cátedra de Economía.*

adjurar No confundir con → **abjurar**.

administrar No confundir con → **suministrar**.

-ado Terminación de los participios de los verbos de la primera conjugación: *comprado, terminado, estudiado.* Debe evitarse la pronunciación vulgar en **-ao* (**comprao, *terminao, *estudiao*), muy difundida en la lengua hablada.

adolecer Es un verbo irregular. Se conjuga como **agradecer**: *adolezco, adoleces.* // Se construye con la preposición **de**: *Su discurso adolece de confusión.* // Significa 'tener cierta cualidad negativa': *Su explicación adolece de incoherencia.* Es incorrecto su uso con el significado de 'carecer': **Tu hermano adolece de sentido común.*

adonde / a donde Se escribe en una palabra (adverbio) cuando el antecedente está expreso: *la playa adonde te llevamos.* Cuando no está expreso, se escribe separado (**preposición + adverbio**): *Irán a donde les digas.* En las oraciones interrogativas y exclamativas se puede escribir en una o en dos palabras, pero siempre acentuado: *¿A dónde vas?* // Se construye con verbos de movimiento, por lo que es incorrecto su uso con verbos de estado, sustituyendo a **donde**: *Están a donde (adonde) los dejaste*.

adondequiera Este adverbio indefinido se usa con verbos de movimiento, nunca con verbos de estado: *adondequiera que te encuentres*; en cuyo caso debe utilizarse **dondequiera**. Asimismo, es incorrecto *a dondequiera. // Se construye en correlación con la conjunción **que**: *adondequiera que vayas*.

adoptar Este verbo se construye con la preposición **por**: *adoptar por hijo a alguien*.

adoradora / adoratriz La opinión más generalizada no los considera sinónimos; **adoradora** significa '(mujer) que adora': *adoradora de ídolos*; **adoratriz** es una religiosa de cierta orden: *monja adoratriz*. Sin embargo, la RAE admite ambos con el primer significado (*adoratriz de ídolos*) y con el segundo sólo **adoratriz**.

adormecer Es un verbo irregular. Se conjuga como **agradecer**: *me adormezco*.

adornar Este verbo se construye con las preposiciones **con** y **de**: *adornar con o de flores*.

adquirido Adjetivo y participio del verbo **adquirir**. No es muy correcto su empleo, con el sentido de 'contraer', en la expresión *obligación adquirida*.

adquirir Es un verbo irregular. Ver cuadro.

ADQUIRIR		
INDICATIVO	SUBJUNTIVO	IMPERATIVO
Presente	**Presente**	
adquiero	*adquiera*	
adquieres	*adquieras*	*adquiere*
adquiere	*adquiera*	
adquirimos	*adquiramos*	
adquirís	*adquiráis*	*adquirid*
adquieren	*adquieran*	

adscribir El participio de este verbo es irregular: *adscrito*. Son incorrectas las formas **ascribir* y **ascrito*.

adscrito Ver **adscribir**.

aducción No confundir con → **abducción**.

aducir Es un verbo irregular. Se conjuga como **conducir**: *aduzco, aduje*.

aductor No confundir con → **abductor**.

adueñarse Este verbo se construye con la preposición **de**: *adueñarse alguien de bienes ajenos*.

advenir Es un verbo irregular. Se conjuga como **venir**: *adviene*.

*adversión Forma incorrecta por **aversión**.

adverso Este adjetivo se construye con la preposición **a**: *El partido concluyó con un resultado adverso a nuestro equipo*.

advertir Es un verbo irregular. Se conjuga como **sentir**: *advierto, advirtamos*. // Con los significados de 'notar' o de 'prevenir, amonestar' se construye con la conjunción **que**: *He advertido que me evitas. Le advierto que no lo toleraré*. Con el sentido de 'hacer notar' se construye con la preposición **de**: *Le advertí de su error*. Debe evitarse el cruce entre estas dos construcciones: **Le advertí de que no volviese*.

adyacente Significa 'contiguo, colindante': *la finca adyacente a la nuestra*. No confundir con **circundante** ('que rodea o cerca un lugar'): **El valle está aislado por las montañas adyacentes*.

*aereo- Forma incorrecta por **aero-**.

aero- , **aeri-** Elemento prefijo cuyo significado es 'aire': *aeroplano, aeronáutica, aeropuerto, aerífero*. // Es incorrecta la forma **aereo-*: **aereopuerto*.

aeróbic o **aerobic** Ambas formas están admitidas, aunque se prefiere la primera.

aerobús Se prefiere esta forma a la inglesa *airbus*.

aeródromo No está aceptada la forma llana **aerodromo*, aunque su uso está muy extendido.

aerofagia Es incorrecta la forma **aerofagía*.

*aeropagita, ***aerópago** Formas incorrectas por **areopagita** y **areópago**.

aeróstato o **aerostato** Ambas formas están admitidas, aunque la RAE da preferencia a la primera por ser la etimológica; sin embargo, **aerostato** es la más corriente en el uso.

aferrar(se) Este verbo se construye con la preposición **a**: *aferrarse alguien a una idea*.

affaire Palabra francesa admitida por la RAE y que significa 'negocio, escándalo, asunto, caso'. A pesar de que se ha propuesto la escritura **afer**, la forma francesa está plenamente extendida.

afiche El sustantivo masculino **afiche** (del francés *affiche*) se usa mucho en América, pero no en España, aunque está admitido por la RAE. En España se prefiere la palabra **cartel**.

afición Este sustantivo se construye con las preposiciones **a**, **hacia**, **por**: *afición a los toros*, *hacia la lectura*, *por las matemáticas*.

afiliar En cuanto al acento, es más frecuente su conjugación como **cambiar**: *afilio*, aunque algunos autores prefieren la acentuación *afilío*. // Se construye con la preposición **a**: *afiliarse a un partido*.

afirmar(se) Es un verbo transitivo: *afirmar algo*, *afirmar que algo es cierto*. Se utiliza también como pronominal, acompañado de un complemento preposicional con **en**: *afirmarse uno en sus convicciones*. Es incorrecta la construcción **afirmar + de + que**: **Afirma de que eso no es así*. Ver apartado de gramática [2.8.1.].

afligir(se) Es un verbo transitivo que se construye con un complemento directo introducido por **a** (pues suele tratarse de un ser animado): *A María la aflige cualquier cosa*. Se utiliza también como pronominal y entonces rige complementos introducidos por las preposiciones **con**, **de**, **por**: *Se afligían de tanta calamidad*. *Se aflige por (con) cualquier cosa*.

afluir Es un verbo irregular. Se conjuga como **huir**. // Se construye con la preposición **a**: *El agua afluye a la superficie*.

aforar Es un verbo irregular cuando significa 'otorgar fueros'. En este caso se conjuga como **contar**: *afuere*. Para el resto de las acepciones es un verbo regular.

afrikaans No confundir con → **afrikáner**.

afrikáner No es sinónimo de **bóer**. Los bóers eran colonos, principalmente de origen holandés, que se establecieron en África austral y los afrikaners son los sudafricanos descendientes de aquellos. Tampoco debe confundirse con **afrikaans**, que es una lengua -variedad del neerlandés- hablada en la República Sudafricana. // Su plural es **afrikáners** o invariable.

afrodisíaco o **afrodisiaco** Ambas formas de este adjetivo están admitidas, aunque la RAE prefiere la primera. Lo mismo puede decirse de los términos formados con esta palabra: **anafrodisíaco** o **anafrodisiaco**.

afuera Es incorrecta la forma *a fuera. // Este adverbio suele acompañar a verbos de movimiento: *Sal afuera*. A veces se utiliza con verbos que no indican movimiento o se refuerza con las preposiciones **hacia**, **para**, **por**: *estar afuera*, *mirar hacia afuera*; en estos casos es preferible usar **fuera**.

agangrenarse Ver **gangrena**, **gangrenarse**.

agarrar Este verbo se construye con las preposiciones **de** y **por**: *Le agarró de (por) las orejas*. // En América ha perdido el matiz de 'coger fuertemente' y se utiliza con el significado general de 'asir', para evitar las connotaciones sexuales que tiene → **coger**.

agenciar En cuanto al acento, este verbo se conjuga como **cambiar**: *agencio*, *agencias*.

agenda Es influencia del inglés el empleo de este sustantivo en la acepción de 'conjunto de temas para tratar en una reunión'. Aunque es un uso admitido y frecuente, se considera más adecuado **orden del día** o **temario**.

aggiornamento Se prefiere la utilización del sustantivo **actualización**, o de la expresión **puesta al día**, en vez de este italianismo: *Es necesaria una actualización de los estatutos*, en lugar de *un aggiornamento de los estatutos*.

agnóstico No confundir con → **ateo**.

agobiar En cuanto al acento, este verbo se conjuga como **cambiar**: *agobio*, *agobias*.

agorar Es un verbo irregular. Se conjuga como **contar**: *agüera*, aunque se utiliza sobre todo en infinitivo: *No puedo agorarte nada bueno*. De cualquier forma, es mucho menos usual que el verbo **augurar**.

agradecer Es un verbo irregular. Ver cuadro.

AGRADECER	
INDICATIVO	**SUBJUNTIVO**
Presente	Presente
agradezco	*agradezca*
agradeces	*agradezcas*
agradece	*agradezca*
agradecemos	*agradezcamos*
agradecéis	*agradezcáis*
agradecen	*agradezcan*

agraviar(se) En cuanto al acento, este verbo se conjuga como **cambiar**: *agravian*. // Se construye con las preposiciones **de** y **por**: *agraviarse de alguien, agraviarse por algún motivo*.

agredir Es un verbo defectivo. Sólo se utilizan las formas que llevan en la terminación una **-i** (*agredimos, agredieron*); para el resto se prefiere un sinónimo como **atacar**. Sin embargo, es frecuente su uso como verbo regular en la lengua común: **Los jugadores se agreden*.

agresivo Este adjetivo significa 'violento, provocador, que tiende a atacar o agredir', por lo que no es muy aceptable utilizarlo con el sentido de 'audaz, emprendedor, dinámico', tomado del inglés y muy utilizado en el ámbito laboral: *un vendedor agresivo*.

agriar En cuanto al acento, es más frecuente su conjugación como **ansiar**: *agría, agríe*; aunque en el uso culto se prefiere la acentuación *agria, agrie*.

agroindustria Es un neologismo. En español se prefiere el uso de **industria agraria**.

agua Sustantivo femenino que en singular se construye con el artículo masculino: *el agua*. Ver apartado de gramática [2.2.].// **agua fuerte** Ver **aguafuerte**.

***aguadilla** Forma incorrecta por **ahogadilla**.

aguafortista Ver **aguafuertista**.

aguafuerte / agua fuerte Aunque se han empleado ambas formas casi indistintamente, con la primera se suele designar el grabado obtenido por acción del ácido nítrico y con la segunda el propio ácido. La RAE, sin embargo, registra **agua fuerte** con los dos significados. // **Aguafuerte** tiene género ambiguo, pero se utiliza sobre todo como masculino: *este aguafuerte*. Su plural es **aguafuertes**, no *aguasfuertes. **Agua fuerte** es femenino, aunque en singular lleva artículo masculino: *el agua fuerte*, *las aguas fuertes*. Ver apartado de gramática [2.2.].

aguafuertista o **aguafortista** Se prefiere la primera forma, aunque algunos autores admiten también el sustantivo **aguafortista**.

aguamarina Nombre femenino que, a pesar de estar compuesto por el sustantivo **agua**, en singular va acompañado por el artículo **la**: *la aguamarina*. Ver apartado de gramática [2.2.]. // Raramente aparece con la forma **agua marina**.

aguanieve Sustantivo femenino que en singular se construye con el artículo masculino, al estar formado por la palabra **agua**: *el aguanieve*. Ver apartado de gramática [2.2.]. // También se admite la forma **agua nieve**.

aguanieves Nombre que designa al pájaro denominado también **lavandera**, **aguzanieves** y **apuranieves**. Tiene forma de plural, pero es un sustantivo singular y de género masculino, pese a estar formado por las palabras **agua** y **nieve**: *el aguanieves*.

aguar En cuanto al acento, este verbo se conjuga como **averiguar**: *aguo*, *agüe*.

aguardar Este verbo se construye generalmente con las preposiciones **a** y **hasta**: *aguardar a alguien*, *aguardar a (hasta) que algo suceda*, *aguarda a (hasta) mañana*. Se construye sin preposición con complementos directos de carácter inanimado: *Aguardo noticias tuyas.*

agudización Es incorrecto el sustantivo *agudizamiento.

agudizar Con el significado de 'aumentar, agravarse', la RAE registra este verbo para referirse a enfermedades; sin embargo, se usa mucho aplicado a otras cosas: *agudizarse una crisis, un problema.*

aguerrir Es un verbo defectivo. Únicamente se utilizan las formas que llevan en la desinencia una -i: *aguerría, aguerríamos.* Sin embargo, en la práctica sólo se emplean el infinitivo y el participio en función de adjetivo: *un hombre aguerrido.*

ahí Indica un lugar más alejado que **aquí**, pero más cercano al hablante que **allí**. // Puede ir precedido de las preposiciones **de, desde, hasta, por**; pero nunca de **a**: **Vete a ahí.* // En América sustituye a **allí** en muchos casos: *ahí a lo lejos.* // No confundir con **ay**, interjección que expresa diversos sentimientos.

ahijar En cuanto al acento, este verbo se conjuga como **enraizar**: *ahíjo, ahíjas.*

ahilarse En cuanto al acento, este verbo se conjuga como **enraizar**: *se ahíla.*

ahínco Suele construirse con la preposición **con**: *trabajar con ahínco.*

ahogadilla Este sustantivo procede de *ahogar*; no es correcta la palabra *aguadilla, que es una formación popular a partir de agua, aunque su uso está muy extendido.

ahondar Se construye con la preposición **en**: *ahondar en un asunto.*

ahora Puede ir precedido de las preposiciones **por, desde, hasta**, pero nunca de **a**: *por ahora, desde ahora, hasta ahora,* y no **a ahora.* // Las formas **ahorita** y **ahoritita** son muy utilizadas en Canarias y América: *Voy ahorita mismo.*

ahorcar Se construye con la preposición **en**: *Se ahorcó en la viga.* Sin embargo, es frecuente su uso con **de**: *Se ahorcó de un árbol.*

ahumar En cuanto al acento, este verbo se conjuga como **aunar**: *ahúmo*, *ahúmas*.

airar En cuanto al acento, este verbo se conjuga como **enraizar**: *aíro*, *aíras*.

airbag Sustantivo masculino tomado de la expresión *air bag*. En español, su plural es invariable y suele escribirse todo junto, si bien algunos autores lo admiten también en dos palabras.

airbus Ver **aerobús**.

aislar En cuanto al acento, se conjuga como **enraizar**: *aíslo*, *aíslas*.

ajusticiar En cuanto al acento, se conjuga como **cambiar**: *ajusticio*, *ajusticias*.

al Contracción formada por la preposición **a** y el artículo **el**. Ver **el**.

¡alá! Esta interjección se escribe preferentemente **¡hala!**

*alante Forma vulgar por **adelante**.

alarmante / alarmista Por lo general, estos adjetivos no se utilizan exactamente como sinónimos: **alarmante** significa 'que alarma' y se usa referido a noticias y situaciones; y **alarmista** tiene el sentido de 'que propaga noticias alarmantes o tiende a creérselas' y se utiliza sobre todo aplicado a personas: *una situación alarmante, un hombre muy alarmista*; sin embargo, el diccionario de la RAE recoge el término **alarmista** con los dos sentidos.

albahaca o **albaca** Ambas formas están admitidas, aunque se prefiere la primera.

albóndiga Existe también la variante popular **almóndiga**.

alborear Es un verbo impersonal. Sólo se utiliza en el infinitivo y en las terceras personas de todos los tiempos: *alborea*, *alboreó*.

albricias Se utiliza siempre en plural. // Como sustantivo significa 'regalo que se otorga al mensajero que trae una buena noticia', aunque su uso se reduce prácticamente al de interjección de alegría. No debe utilizarse con el sentido de 'felicidades, enhorabuena'.

albufera Es incorrecta la forma *albúfera.

*alcahué, *alcahuet, *alcahuete Formas incorrectas por cacahuete.

álcali Es incorrecta la forma *alcalí. // Su plural es **álcalis**.

alcance No confundir con → **dimensión**.

alcoholímetro Sustantivo que designa el aparato para medir la concentración de alcohol en un líquido o un gas. Se denomina también **alcohómetro**, pero este nombre es menos conocido.

alcohómetro Ver **alcoholímetro**.

alderredor Ver **alrededor**.

aleatorio Este adjetivo significa 'fortuito, dependiente del azar': *El resultado de un sorteo es aleatorio*. No debe utilizarse con el sentido de 'discutible, relativo': **Lo que dices tiene un interés aleatorio*.

alegar No confundir con → **argumentar**.

alegrar(se) Este verbo se construye con las preposiciones **de, con, por**: *alegrarse de un éxito, alegrarse con la noticia, alegrarse por alguien*. // Se construye con la preposición **de** cuando va seguido de infinitivo o de la conjunción **que**: *Me alegro de verte. Me alegro de que te vaya bien, y no: *Me alegro que te vaya bien*. No lleva preposición si el infinitivo o la oración que sigue es el sujeto de **alegrar**: *Me alegró mucho verte. Nos alegra que seas feliz*.

alegro, alegreto Se prefieren estas formas castellanizadas a las italianas **allegro, allegretto**.

alelí Ver **alhelí**.

alentar Es un verbo irregular. Se conjuga como **pensar**: *aliento*.

alerta Como sustantivo es femenino: *Dieron la alerta*, aunque a veces se utiliza en masculino: *un alerta general*. // Como adjetivo se han usado en ocasiones las terminaciones **-o** y **-os** para el masculino (*los guardias alertos*), pero lo habitual es la forma **alerta** para ambos géneros, tanto en singular como en plural: *con los sentidos alerta, la mirada alerta*.

alfil No se admite la forma *álfil, aunque está bastante extendida.

alfoz Es un sustantivo de género ambiguo, aunque predomina el uso como masculino: *el alfoz de un municipio*.

algarada / algazara No confundir estos sustantivos. **Algarada** significa 'revuelta, motín o alboroto': *La protesta terminó en una algarada callejera*. **Algazara** es un griterío o bullicio de alegría: *Lo celebraron con una gran algazara*.

álgido Adjetivo que significa 'acompañado de un frío glacial': *fiebre álgida*. Aunque en un principio incorrecta, se admite por su frecuencia la acepción de 'punto culminante': *El debate está en su momento álgido*.

alguien Este pronombre indefinido siempre es masculino singular. // Por lo general, se considera incorrecto usar **alguien** en lugar de **alguno** en construcciones partitivas del tipo: **alguien de los que estáis aquí*. Sin embargo, se admite cuando no interesa precisar demasiado sobre una persona en cuestión, pues **alguien** designa a un individuo cualquiera de forma más vaga que **alguno, alguna**, y además no especifica su sexo: *No quiero señalar, pero alguien de esta familia no me quiere bien*.

algún Forma apocopada del indefinido **alguno** cuando éste es adjetivo y no pronombre; se usa antepuesta a un sustantivo masculino singular, aunque entre ellos haya un adjetivo: *algún mal asunto*. Por influencia de **un**, se utiliza a menudo ante sustantivos femeninos que comienzan por **a** tónica: *algún alma*, pero lo apropiado es: *alguna alma*.

alguno Pronombre y adjetivo indefinido; como adjetivo tiene también la forma apocopada → **algún**. // Ver **alguien**.

alhelí Existe también la forma **alelí**, aunque se prefiere **alhelí**. // Su plural es **alhelíes** o **alhelís**.

aliar(se) En cuanto al acento, este verbo se conjuga como **ansiar**: *se alía*. // Se construye con la preposición **con**: *aliarse con alguien*.

alicate o **alicates** Ambas formas están admitidas, pero se prefiere, y es más usada, la forma en plural.

aliciente Este sustantivo se construye con las preposiciones **a**, **de** y **para**: *un aliciente al estudio, del estudio* o *para el estudio*.

alimentar(se) Este verbo se construye con las preposiciones con y de: *alimentarse de (con) frutas.*

alimentario / alimenticio No confundir estos adjetivos. **Alimentario** alude a lo referente a la alimentación: *industria alimentaria.* **Alimenticio** significa 'que alimenta': *un manjar de gran contenido alimenticio.*

alineación Es incorrecta la forma vulgar *aliniación, de *linia en lugar de **línea.**

alinear Es incorrecta la forma vulgar *aliniar, de *linia en lugar de **línea.** // La acentuación correcta de este verbo es: *alineo, alineas.* Debe evitarse la acentuación *alíneo, *alíneas, formada por influencia de **línea.**

*aliniación Forma incorrecta por → **alineación.**

*aliniar Forma incorrecta por → **alinear.**

allá Este adverbio puede ir precedido de las preposiciones **por, hacia, de, desde, hasta,** pero no de **a:** *Vamos a allá.

allegro, allegretto Ver **alegro, alegreto.**

allende Esta palabra puede ir seguida de la preposición **de** sólo cuando se utiliza como adverbio con el significado de 'además': *allende de ser hermosa, era discreta.* Se usa más como preposición con el significado de 'más allá de', 'al otro lado de', en cuyo caso se construye siempre sin **de:** *allende los mares,* y no *allende de los mares. Es un término exclusivamente literario.

alma máter Locución latina que significa 'madre nutricia' y se aplica solamente a la universidad. Su género es femenino: *la alma máter,* ya que en este caso **alma** no es el sustantivo español, sino un adjetivo latino ('nutricia') que concuerda con **máter** ('madre'); por tanto, son incorrectas expresiones como: *Es el alma máter ('alma, inspirador') de la institución.

almóndiga Ver **albóndiga.**

almorzar Es un verbo irregular. Se conjuga como **contar.** // La **z** de la raíz cambia a **c** ante **e:** *almuerce, almorcemos.*

alocución Sustantivo que significa 'discurso breve dirigido por un superior a sus inferiores': *El director general pro-*

nunció una alocución para sus empleados, y no: *La alocución del diputado en el Parlamento*. // No confundir con **elocución** ('estilo, manera de hablar'): *Tiene una elocución clara y fluida*.

áloe o **aloe** Ambas formas están admitidas, aunque la RAE da preferencia a la primera.

alrededor Son incorrectos *al rededor y *alrrededor. Existe la forma **alderredor**, aunque es mucho menos frecuente. // Este adverbio se construye con la preposición **de**: *alrededor de la mesa*. // Como sustantivo masculino se construye en plural y con artículo y tiene el sentido de 'lugares próximos': *los alrededores del pueblo*.

alta fidelidad Ver **fidelidad**.

altavoz El género de este sustantivo es masculino, a pesar de estar compuesto del adjetivo **alta** y el sustantivo **voz**, ambos femeninos. // En América se usa el término **altoparlante** en lugar de **altavoz**.

alternativa Este sustantivo significa 'opción entre dos cosas, disyuntiva': *Le han puesto en la alternativa de escoger*, por lo que no son correctas expresiones del tipo: *Se halla entre dos alternativas*.

alto Este adjetivo forma parte de muchas expresiones de origen francés o inglés de uso generalizado en español: *alta fidelidad, alta costura, alto secreto*. Se prefieren estas formas y no *top-secret, HI-FI*, etc.

altoparlante Ver **altavoz**.

altorrelieve Se escribe también **alto relieve**, aunque se usa más **altorrelieve**.

altruismo Deben evitarse las formas acentuadas *altruísmo y *altruísta, aunque su uso está muy extendido.

alunizar, **alunizaje** Son formas incorrectas las formas *alunar y *alunaje. Aunque **alunizar** y **alunizaje** se crearon específicamente para designar la acción de posarse en la superficie lunar, algunos autores defienden en todos los casos el uso general de **aterrizar** ('posarse en tierra', no 'posarse en la superficie de la Tierra'): *Han aterrizado en la Luna*.

alveolo o **alvéolo** Ambas formas están admitidas, aunque en general se prefiere la primera.

amable Su superlativo es **amabilísimo**, no *amablísimo. // Se construye con las preposiciones **con**, **de**, **en** y **para con**: *amable con ella, amable en el (o de) trato, amable para con todos*.

amanecer, **anochecer**, **atardecer** Estos verbos son irregulares. Se conjugan como **agradecer**. También son impersonales; sólo se utilizan el infinitivo y las terceras personas de todos los tiempos: *amanece, anocheció, atardecía*. Sin embargo, **amanecer** y **anochecer** son verbos personales y se conjugan en todas sus formas con el significado de 'encontrarse en un lugar o situación al comenzar (o terminar) el día': *Amanecimos (o anochecimos) en París*.

amarar, **amaraje** Ver **amerizar, amerizaje**.

amargor / amargura Algunos autores afirman que no son totalmente sinónimos. **Amargor** es el 'gusto o sabor amargo': *el amargor del café*. **Amargura** es el 'estado de ánimo de aflicción o disgusto': *Tiene una gran amargura*. La RAE admite ambas para los dos sentidos, aunque para el segundo prefiere el uso de **amargura**.

amarizar, **amarizaje** Ver **amerizar, amerizaje**.

amateur Galicismo que significa 'aficionado, no profesional' (*jugador amateur*); se utiliza sobre todo en el lenguaje deportivo y se ha extendido también a otros campos (*cineasta amateur*). Aunque el diccionario de la RAE no recoge este adjetivo e, incluso, se ha sugerido sustituirlo por **aficionado**, su uso esta muy asentado en el idioma. // Su plural es **amateurs**.

ambages Sustantivo masculino plural que significa 'rodeo, circunloquio'. Son incorrectas las formas *ambagues y *ambajes. Se utiliza sobre todo en la locución **sin ambages**: *Dímelo sin ambages*.

ambidextro o **ambidiestro** Ambas formas están admitidas, aunque se prefiere la primera.

ambos Adjetivo y pronombre que significa 'los dos, uno y otro'. No confundir con → **sendos**. // Existe también la expresión ambos a dos, aunque es exclusivamente literaria; es incorrecto **ambos dos**: **Ambos dos se dirigieron a la vez hacia la puerta.*

*amedentrar, ***amedrantar** Formas incorrectas por **amedrentar**.

amedrentar Este verbo significa 'atemorizar' y no 'amenazar': **Me han amedrentado con matarme.* // Son incorrectas las formas ***amedentrar** y ***amedrantar**: **Los delincuentes tienen amedentrados a los vecinos.*

amenazar Se construye con **de** y **con**: *Le amenazó con expulsarle. Le amenazó de muerte.* Con el sentido de 'dar señales de un peligro o un mal', no lleva preposición: *El negocio amenaza ruina.*

amenguar En cuanto al acento, se conjuga como **averiguar**: *amengua.*

americano Ver **estadounidense**.

amerizar, **amerizaje** Se admiten también las formas **amarizar, amarar**, y sus sustantivos correspondientes: **amarizaje** y **amaraje**. En América se utiliza las formas **acuatizar** y **acuatizaje** con el mismo significado.

amiba Voz infrecuente; se prefiere **ameba**.

amigo Su superlativo culto es **amicísimo**, aunque está generalizado en la lengua común el uso de **amiguísimo**.

amnistía No confundir este sustantivo con **indulto**. Amnistía significa 'perdón colectivo de ciertos delitos': *Han concedido la amnistía a todos los presos políticos*, mientras que el **indulto** es un perdón individual: *Concedieron el indulto al reo*, pero no **concedieron la amnistía al reo.* Lo mismo puede decirse de los verbos correspondientes, **amnistiar** e **indultar**.

amnistiar En cuanto al acento, este verbo se conjuga como **ansiar**: *amnistían.* // No confundir con **indultar**. Ver **amnistía**.

amoblar Es un verbo irregular y se conjuga como **contar**: *amueblo, amoblaste*; sin embargo, se usa más el verbo regular **amueblar**. Lo mismo cabe decir de los verbos **desamoblar** y **desamueblar**.

amohinar En cuanto al acento, este verbo se conjuga como enraizar: *me amohíno, te amohínas*.

amolar Es un verbo irregular. Se conjuga como **contar**: *amuela*.

amoniaco o **amoníaco** Ambas formas están admitidas, aunque se tiende a usar preferentemente la primera.

amoral No confundir con → **inmoral.**

amortiguar En cuanto al acento, este verbo se conjuga como **averiguar**: *amortigua*.

ampliar En cuanto al acento, este verbo se conjuga como **ansiar**: *amplío, amplías*.

amueblar Ver **amoblar.**

amustiar(se) Ver **mustiar(se).**

an- Ver **a-.**

anaerobio Es incorrecto **anerobio.*

anafrodisíaco o **anafrodisiaco** Ver **afrodisíaco.**

ananás o **ananá** Ambas formas están admitidas, aunque la RAE da preferencia a la primera. // Es un sustantivo masculino singular: *el ananás*.

anatematizar Éste es el verbo correcto en español; debe evitarse la forma **anatemizar**, que es un italianismo.

andar Es un verbo irregular. Ver cuadro de la página siguiente. Debe evitarse el uso de las formas vulgares **andé, *andara, *andó*, etc., por *anduve, anduviera, anduvo*... Lo mismo puede decirse del derivado **desandar.**

anegar Es un verbo regular que se conjuga como **pagar**: *anego*, por lo que son incorrectas las formas **aniego, *aniegas*, etc. // Se construye con la preposición **en**: *anegar en sangre*.

anejar Ver **anexar.**

anejo Ver **anexo.**

anémona, **anemona** o **anemone** Las tres formas están admitidas, aunque es más frecuente la primera.

*anerobio Forma incorrecta por **anaerobio.**

anestesiar En cuanto al acento, este verbo se conjuga como **cambiar**: *anestesia*.

anexar / anexionar Estos verbos se definen como sinónimos en los diccionarios; sin embargo, **anexar** se usa con

ANDAR
INDICATIVO
Pretérito perfecto simple *anduve* *anduviste* *anduvo* *anduvimos* *anduvisteis* *anduvieron*
SUBJUNTIVO

Pretérito imperfecto	Futuro
anduviera, -ese	*anduviere*
anduvieras, -eses	*anduvieres*
anduviera, -ese	*anduviere*
anduviéramos, -ésemos	*anduviéremos*
anduvierais, -eseis	*anduviereis*
anduvieran, -esen	*anduvieren*

más frecuencia con el significado de 'unir una cosa a otra con dependencia de ella' y, para el sentido de 'agregar un territorio a otro', se prefiere **anexionar**. // Para **anexar** existe también la variante **anejar**, pero se prefiere la primera forma en lugar de esta última.

*anexionamiento No se admite el uso de este sustantivo; la acción de anexionar es la **anexión**: *Tras la contienda, se produjo la anexión de los territorios conquistados.*

anexo Como adjetivo es sinónimo de **anejo** con los significados de 'unido a otra persona o cosa' y 'propio, inherente': *La construcción presenta un edificio anexo* (o *anejo*). *La desidia ocasiona problemas anexos* (o *anejos*). // Como sustantivo, es mucho más frecuente la forma **anexo** cuando designa al libro unido como complemento a otra publicación: *El texto presenta varios anexos*. Con otros significados, **anejo** y **anexo** no son sinónimos; **anejo** designa a la iglesia sujeta a otra y, también, al grupo de población incorporado a otro u otros; **anexos**, en plural, son los órganos y tejidos que rodean el útero.

anglófono, **anglohablante** o **angloparlante** Los tres términos se pueden utilizar indistintamente, aunque es más usado el primero.

angustiar(se) En cuanto al acento, se conjuga como **cambiar**: *me angustio.*

anhídrido Es incorrecto *anhidrido.

anochecer Ver **amanecer.**

anofeles No es correcta la acentuación esdrújula *anófeles.

anquilosar Es incorrecto *enquilosar.

ánsar Es incorrecto *ansar.

ansiar Obsérvense los acentos en los tiempos de presente de indicativo y subjuntivo y en el imperativo: en algunas personas de estos tiempos, la **i** final de la raíz es tónica, mientras que en el resto de las formas de este verbo dicha **i** es átona. Ver cuadro.

ANSIAR		
INDICATIVO	**SUBJUNTIVO**	**IMPERATIVO**
Presente	**Presente**	
ansío	*ansíe*	
ansías	*ansíes*	*ansía*
ansía	*ansíe*	
ansiamos	*ansiemos*	
ansiáis	*ansiéis*	*ansiad*
ansían	*ansién*	

antagonizar La RAE no admite este verbo: **Ambos países antagonizan por el dominio del mercado agrícola.* Puede sustituirse por **enfrentarse, competir,** etc.: *Ambos países se enfrentan por el dominio del mercado agrícola.*

ante díem Locución adverbial latina que significa 'en el día precedente'. Suele incluirse en los avisos para convocar a reuniones, juntas, etc.: *citación ante díem.* Aunque la RAE prefiere el uso de la forma traducida **antedía**, es más frecuente **ante díem**.

ante meridiano o **ante meridiem** Ver **ante merídiem**.

ante merídiem Locución latina que significa 'antes del mediodía' y se aplica a las horas de la mañana. También existen las formas **antemeridiano**, **ante meridiano** y **ante meridiem** (estas dos últimas no admitidas por la RAE). Suele usarse en la forma abreviada **a.m.** (*las ocho a.m.*) y, tanto la expresión como su abreviatura, se emplean casi exclusivamente en lengua escrita, por ejemplo en documentos, horarios, etc. Su contrario es **post merídiem**.

antecocina Ver **office**.

antedecir Es un verbo irregular. Se conjuga como **decir**. En la práctica sólo se utiliza el participio **antedicho**, en función adjetiva: *el ejemplo antedicho*.

antediluviano Significa 'anterior al diluvio'. Está formado por el prefijo *ante-*, que expresa anterioridad. Es incorrecto **antidiluviano*, con el prefijo *anti-* ('contra'), que significaría 'contrario al diluvio'.

antemano Se construye con la preposición **de**. Es incorrecto **ante mano*: **Lo sabía de ante mano*.

antemeridiano Ver **ante merídiem**.

anteponer Es un verbo irregular. Se conjuga como **poner**. // Se construye con la preposición **a**: *Antepuse mis deseos a los suyos*.

anterior Este adjetivo puede ir precedido de **muy**, **bastante**, **algo**, **poco**, pero no de **mucho** o **más**: **un trimestre mucho más anterior*. En este caso, puede sustituirse por **muy**: *un trimestre muy anterior*. // Se construye con la preposición **a**: *anterior a hoy*.

anteriormente Se recomienda evitar la locución **anteriormente a**: *Anteriormente a que comenzara el partido, hubo un minuto de silencio*. Puede sustituirse por **antes de** o **con anterioridad a**: *Antes de que comenzara el partido, hubo un minuto de silencio*.

antes Este adverbio puede construirse con **mucho**, **poco**, **bastante**, **algo**: *Llegué mucho antes que él*. Precedido del adverbio **más**, se considera vulgar y es de uso regional: **Se lo dije más antes*. // Acompaña a sustantivos en construcciones como *la mañana antes*. Es incorrecto **la mañana de antes*. // Debe evitarse la construcción ***antes de ahora**: **Antes de ahora todo había resultado fácil*. Puede sustituirse por **hasta ahora**: *Hasta ahora todo había resultado fácil*.

anti- Prefijo que significa 'contrario, opuesto': *anticongelante*, *antitabaco*. Son incorrectos ***anti-robo**, ***anti-gripal**, etc. Debe escribirse **antirrobo**, **antigripal**, etc.

anticipar Verbo que significa 'hacer que algo ocurra antes de lo previsto': *anticipar las elecciones*. **Anticipar** con el sentido de 'prever' es un galicismo y se recomienda evitar su uso: **Se anticipa un fracaso general en los exámenes*.

anticoncepción, **anticonceptivo** Se prefieren estas formas a **contracepción** y **contraceptivo**, que también se admiten.

anticonstitucional Aunque se usa a menudo como sinónimo de **inconstitucional**, estos adjetivos tienen matices diferentes. **Anticonstitucional** califica lo que es contrario al contenido de la constitución de un país, mientras que **inconstitucional** se refiere a algo que no se ajusta a la constitución o no está regulado por ella, pero que no se opone necesariamente a algún artículo de la misma. Lo mismo puede decirse de los sustantivos **anticonstitucionalidad** e **inconstitucionalidad**.

anticonstitucionalidad Ver **anticonstitucional**.

anticuar(se) En cuanto al acento, se conjuga como **averiguar**: *se anticua*. Es incorrecto **se anticúa*.

*antidiluviano Forma incorrecta por **antediluviano**.

antidoping Ver **dopaje**.

*antifebrífugo Forma incorrecta por **febrífugo**.

antiguo El superlativo de este adjetivo es **antiquísimo**. Es incorrecto **antigüísimo*.

antiimperialismo, **antiimperialista** Son incorrectos **antimperialismo* y **antimperialista*.

antilogía o **antilogio** Ambos sustantivos designan la 'contradicción entre dos textos o expresiones', aunque la RAE da preferencia a **antilogía**. Es incorrecto **antilogia*.

*antimperialismo, ***antimperialista** Formas incorrectas por **antiimperialismo** y **antiimperialista**.

antinomia Es incorrecto *antinomía.

antipapa Sustantivo masculino que significa 'el que pretende ser considerado papa sin haber sido elegido como tal'. No debe emplearse como adjetivo con el sentido de **antipapista** ('que rechaza la autoridad del papa'): *un alegato antipapa*.

antipapado También se admite **antipontificado**, aunque la RAE da preferencia a **antipapado**.

antipapista Ver **antipapa**.

antípoda Con el significado de 'que habita en un lugar de la Tierra diametralmente opuesto al de la persona que habla' es adjetivo y sustantivo y tiene la misma forma para ambos géneros: *un (una) antípoda*. También se aplica a un lugar de la Tierra diametralmente opuesto a otro y a una postura o actitud totalmente opuesta a otra; en estos casos suele utilizarse como sustantivo, generalmente en plural, y su género es masculino: *viajar a los antípodas, ser una cosa los antípodas de otra*. Sin embargo, está muy extendido el uso de la forma femenina, también en plural: *viajar a las antípodas, ser algo las antípodas de otra*.

antipontificado Ver **antipapado**.

antiquísimo Ver **antiguo**.

antirreligioso Ver **irreligioso**.

***antivermífugo** Forma incorrecta por **vermífugo**.

antojarse Es un verbo defectivo; sólo se usa en tercera persona con los pronombres **me, te, le, nos, os, se**: *Siempre se le antoja salir en el momento menos oportuno*.

anunciar En cuanto al acento, este verbo se conjuga como **cambiar**: *anuncia, anuncie*.

anuncio Ver **spot**.

año Para designar un determinado período de diez años, se utilizan expresiones como *los años sesenta* o *la década de los sesenta*; con menor frecuencia se emplea *el decenio de 1960-70*, y esporádicamente, *los sesentas* (por influencia del inglés) o *los años sesentas*. Para designar de manera imprecisa algún año incluido en ese período, pueden utilizarse las expresiones *el año sesenta y tantos* o *por los años de 1967*. // El modo correcto de escribir numéricamente un año es *1969*, y no **1 969* o **1.969*. // Se recomienda evitar la expresión **año a año*: **Progresa año a año*, que puede sustituirse por **año tras año** o **de año en año**: *Progresa año tras año* (o *de año en año*).

apacentar Es un verbo irregular. Se conjuga como **pensar**: *apaciento*. Son incorrectas las formas **apacento*, **apacentas*, etc.

apacible Su superlativo es **apacibilísimo**. Es incorrecto **apaciblísimo*.

apaciguar En cuanto al acento, este verbo se conjuga como **averiguar**: *apaciguo*.

aparcadero Ver **aparcamiento**.

aparcamiento También se emplea **estacionamiento** con el sentido de 'lugar destinado para aparcar coches' y la palabra **aparcadero** con el mismo significado, pero el término usual es **aparcamiento**. En América se utiliza **parqueadero**, derivada del verbo **parquear**, aparcar. Aunque, en general, se recomienda evitar el anglicismo **parking**, su uso es muy frecuente y compite con **aparcamiento**, desplazando prácticamente a los otros términos españoles.

aparecer Es un verbo irregular. Se conjuga como **agradecer**: *aparezco, apareces*.

aparejar No confundir este verbo con **emparejar**. **Aparejar** significa 'preparar, disponer' (*aparejar lo necesario para un viaje*) y 'poner el aparejo' (*aparejar una mula, aparejar un barco*). **Emparejar** significa 'juntar formando pareja': *emparejar los bueyes del arado*.

aparente Adjetivo que significa 'que parece y no es': *Su alegría es sólo aparente*. No debe usarse con el sentido de 'evidente, notorio': **A lo largo de la reunión, su desinterés se hacía cada vez más aparente*.

apartamento También se admiten **apartamiento** y **departamento**, sustantivos poco frecuentes en España y más comunes en América.

apartamiento Ver **apartamento**.

apasionar(se) Este verbo se construye con las preposiciones **por** y **con**: *apasionarse por el juego, apasionarse con la música*.

apechar o **apechugar** Ambas formas están admitidas, aunque es más corriente la segunda. Los dos verbos se construyen con la preposición **con**: *apechugar (o apechar) con las consecuencias*.

apelar Este verbo se construye con las preposiciones **a**, **ante**, **contra**, **de**: *apelar a la compasión, apelar ante un tribunal, apelar contra (o de) una sentencia*.

apéndice Es un sustantivo masculino: *el apéndice*, y su uso como femenino se considera vulgar: **Le extirparon la apéndice*. // Se recomienda no emplear esta palabra en lugar de **apendicitis** ('inflamación del apéndice') en frases como **tener apéndice, *operar de apéndice*.

apercibir(se) Se construye con las preposiciones **de**, **contra**, **para**: *apercibirse de un error* (darse cuenta), *apercibirse contra posibles dificultades* (prepararse), *apercibirse para un asedio* (prepararse). // Debe evitarse la construcción ***apercibirse de**, un galicismo que, aunque rechazado por la Academia, se usa con frecuencia para significar 'percatarse de una cosa': **No me apercibí de su presencia*.

apertura No confundir con → **abertura**.

apetecer Es un verbo irregular. Se conjuga como **agradecer**. // Su uso transitivo es hoy poco frecuente: *Apetecían fama o dinero*.

aplicar(se) Se construye con las preposiciones **a** y **en**: *aplicar una compresa a la herida, aplicarse en los estudios*.

apocalipsis El diccionario de la RAE sólo recoge el significado de 'libro del Nuevo Testamento', aunque es frecuente su uso con el sentido de 'catástrofe'. Con el primer significado, se escribe con mayúscula y es de género masculino: *el Apocalipsis*. En el segundo caso se escribe con minúscula y su género es, asimismo, masculino: *Si no lo arreglamos, esto puede ser el apocalipsis*.

apócope También se admite **apócopa**, aunque esta última forma apenas se utiliza. Es un error frecuente atribuir a

apócope el género masculino: *"*Gran*" es el apócope de "grande"*; lo correcto sería: *"Gran" es la apócope de "grande"*.

apoderado Ver **manager**.

apoderar Con el significado de 'dar una persona poder a otra para que la represente', se recomienda evitar expresiones como *apoderar al diestro*, que significarían 'dar poder al diestro', cuando se pretende indicar justo lo contrario ('ser su apoderado'). // Este verbo se construye con la preposición **a**: *apoderar a alguien*; la forma pronominal significa 'apropiarse' y se construye con **de**: *apoderarse de una cosa*.

apoliticismo Es incorrecta la forma *apolitismo.

apoltronarse Es incorrecto *empoltronarse.

apoplejía No se admite la acentuación *apoplejia, aunque se dice mucho.

apoquinar No confundir con → **acoquinar**.

apostar Es un verbo irregular cuando significa 'arriesgar dinero u otros bienes' y 'estar seguro de algo'; se conjuga como **contar**: *Apuesto a que ganas*. Con el sentido de 'colocar a alguien o algo en un lugar para cierto fin', su conjugación es regular: *Los soldados se apostan en el camino*.

apostatar Se construye con la preposición **de**: *Apostató de sus creencias*.

apóstrofe / apóstrofo No confundir estos sustantivos. **Apóstrofe** significa 'recriminación' y su género es ambiguo, aunque se usa más como masculino: *Le dirigió duros apóstrofes*. **Apóstrofo** es un signo ortográfico (') que indica la supresión de una vocal: *Eugenio D'Ors*.

apotema / apotegma No confundir estos sustantivos. **Apotema** es femenino (*la apotema*) y designa el segmento trazado perpendicularmente desde el centro de un polígono regular a cualquiera de sus lados. **Apotegma** es masculino y significa 'dicho breve y sentencioso': *Adereza sus discursos con lapidarios apotegmas*.

apreciable Es un error su confusión con **apreciado**: *Apreciable amigo: te escribo...* **Apreciable** es alguien 'digno de estima', y **apreciado** es el que ya cuenta con el afecto de quien se dirige a él: *Apreciado amigo: te escribo...* // El adjetivo **apreciable** tiene, además, el significado de 'que se puede apreciar o percibir': *un cambio apreciable a simple vista*; pero no el de 'importante, cuantioso': **una apreciable suma de dinero.*

apreciar En cuanto al acento, este verbo se conjuga como **cambiar**. // Se debe evitar su uso con los significados de 'divisar': **A lo lejos se aprecia un pequeño valle*, y 'agradecer': **Aprecio de todo corazón sus atenciones.*

aprehender / aprender No confundir estos verbos. **Aprehender** significa 'llegar a comprender' (*aprehender un concepto abstracto*), mientras que **aprender** tiene el matiz de 'llegar a saber mediante el estudio, la práctica, la experiencia' (*aprender una lección, aprender a nadar*). A menudo también se confunden cuando **aprehender** significa 'apresar, capturar': *aprehender un alijo de droga*, pero no: **aprender un alijo de droga.*

apremiar En cuanto al acento, este verbo se conjuga como **cambiar**: *apremio.*

aprendiz Este sustantivo no es invariable, pues su femenino es **aprendiza**: *Hay una aprendiza nueva en la tienda*, no **una aprendiz.*

apretar Es un verbo irregular. Se conjuga como **pensar**: *aprietas, aprieta.*

aprisa Este adverbio también puede escribirse **a prisa**, aunque lo normal es **aprisa**. Su uso es más coloquial que **deprisa.**

aprobar Es un verbo irregular. Se conjuga como **contar**: *apruebo.*

apropiar En cuanto al acento, se conjuga como **cambiar**: *apropio.*

apropincuarse Término culto que significa 'acercarse' y hoy sólo se emplea en sentido festivo. No debe utilizarse con el significado de 'apoderarse o apropiarse': **Se apropincuó de un título que no le pertenecía.* // En cuanto al acento, este verbo se conjuga como **averiguar**: *apropincuo.*

aprovechar Este verbo se construye con la preposición **de** en su forma pronominal: *aprovecharse de las circunstancias*.

aproximación Es incorrecto **aproximamiento*.

aptitud No confundir con → **actitud**.

apunte Ver **sketch**.

aquárium Ver **acuario**.

aquejar Este verbo sólo se utiliza en tercera persona: *Le aqueja una enfermedad. Les aquejan grandes males.*

aquel, **aquella**, **aquello** Estas palabras y sus plurales **aquellos** y **aquellas** no se acentúan cuando son adjetivos demostrativos: *aquel chico, aquella mansión*. Cuando son pronombres, las formas del masculino y femenino suelen escribirse con acento, aunque pueden aparecer sin él siempre que no exista riesgo de confusión con los demostrativos: *Aquel ha llegado tarde*. No lleva acento el pronombre neutro **aquello**; tampoco los pronombres masculinos y femeninos cuando les sigue **que** o **quien**: *Aquel que ves ahí es mi hermano*. El sustantivo **aquel** no se acentúa: *Este libro tiene su aquel*. // Es un error frecuente el uso del demostrativo **aquel** ante nombres femeninos que comienzan por a tónica: **aquel agua, *aquel ánfora*; las formas correctas son *aquella agua, aquella ánfora*.

ara Sustantivo femenino que significa 'altar'. Se construye en singular con el artículo masculino: *el ara*. Ver apartado de gramática [2.2.]. // Se utiliza en la locución adverbial **en aras de**, que significa 'en obsequio u honor de': *en aras de la verdad*. No debe usarse esta construcción seguida de infinitivo: **en aras de progresar, *en aras de erradicar la violencia*, en lugar de *para progresar, para erradicar la violencia*.

árabe Este adjetivo significa 'de Arabia' y se aplica también a otros países islámicos de lengua y cultura árabes; no se puede identificar con **musulmán**, **islámico** o **mahometano**, términos que aluden a la religión del Islam y a todos los que la profesan, sean o no árabes.

aras en aras de Ver **ara**.

arbitrar Se utiliza mucho en expresiones del tipo *arbitrar ayudas*, *arbitrar recursos*; es preferible sustituir este verbo por **procurar** o **proporcionar**: *procurar ayudas, procurar recursos*.

árbitro No es una palabra invariable, pues existe la forma **árbitra** para el femenino. Sin embargo, aún es bastante frecuente la utilización **árbitro** en todos los casos: *Una de las vecinas se erigió en árbitro de la disputa*.

arcaizar En cuanto al acento, se conjuga como **enraizar**: *arcaíza*.

ardentísimo Superlativo de **ardiente**. Es incorrecto *ardientísimo.

arder Este verbo se construye con **en** y **de**: *arder en deseos, arder de indignación*.

ardiente El superlativo de este adjetivo es **ardentísimo**.

*ardientísimo Forma incorrecta por **ardentísimo**.

ardite Es incorrecto *árdite.

areopagita, **areópago** Son incorrectas las formas *aeropagita y *aerópago.

argüir Es un verbo irregular. Se conjuga como **huir**: *arguyo*.

argumentar No confundir este verbo con **alegar**. **Argumentar** significa 'dar argumentos a favor o en contra de algo': *argumentar contra una opinión*. Debe evitarse su uso en lugar de **alegar**, 'dar razones para explicar o justificar algo': **Argumentaron motivos de seguridad para suspender el acto*.

aristócrata No utilizar este sustantivo como adjetivo: **un apellido aristócrata*. Debe sustituirse por **aristocrático**: *un apellido aristocrático*.

armar(se) Este verbo se construye con las preposiciones **con** y **de**: *armar con cañones, armarse de coraje*.

armazón Es un sustantivo ambiguo en cuanto al género: *el armazón, la armazón*, aunque el uso parece decantarse por el masculino.

armonía, **armónico**, **armonizar** Existen también las formas **harmonía**, **harmónico**, **harmonizar**, mucho menos frecuentes en el uso escrito.

armonio o **armónium** Ambas formas están admitidas, aunque suele preferirse la primera. Sus plurales son **armonios** y **armóniums**. También se puede escribir **harmonio**.

arpa Se escribe también **harpa**, aunque en la actualidad apenas se usa esta forma.

arpía Existe también la forma **harpía**, aunque se usa más **arpía**, sobre todo cuando significa 'mujer de muy mala condición'.

arpillera También se admite **harpillera**, aunque es más frecuente **arpillera**.

arqueólogo No es una palabra invariable; existe la forma **arqueóloga** para el femenino, aunque no es raro encontrar **arqueólogo** para ambos géneros: *la arqueólogo*.

arraigar Este verbo se construye con la preposición **en**: *arraigar en la tierra*.

arramblar Este verbo se construye con la preposición **con**: *Arrambló con todas las ganancias*. // También se admite la variante popular **arramplar**.

arramplar Ver **arramblar**.

arrasar Este verbo, cuando es intransitivo, se construye con las preposiciones **de** y **en**: *arrasarse los ojos de o en lágrimas, arrasar en una competición*. En el sentido de 'destruir, asolar' este verbo es transitivo, aunque se usa también como intransitivo con la preposición **con**, sobre todo en América: *Arrasaron con la estancia*.

arrascar Este verbo está admitido, pero se considera vulgar y se prefiere la forma **rascar**.

arrebañar Ver **rebañar**.

arreciar En cuanto al acento, este verbo se conjuga como **cambiar**: *La lluvia arrecia*.

arreglo Forma la locución **con arreglo a**: *Actué con arreglo a la ley*. Es incorrecto ***con arreglo de**: **Actué con arreglo de la ley*.

arrejuntarse Aunque la RAE no admite su uso y se considera un término vulgar, hoy se emplea con frecuencia este verbo en el lenguaje familiar, con el sentido de 'convivir maritalmente sin estar casados': *Se arrejuntó con su novio.* Suele tener una connotación de censura o desaprobación.

arrellanarse Es incorrecto *arrellenarse.

arremangar Este verbo está admitido, pero se considera vulgar y se prefiere la forma **remangar**.

arrendar Es un verbo irregular. Se conjuga como **pensar**: *arrienda.*

arrepanchigarse Es incorrecto *arrepanchingarse.

arrepentirse Es un verbo irregular. Se conjuga como **sentir**. // Se construye con la preposición **de**: *Se arrepintió del mal que había causado.*

arrestar Aunque a menudo se utiliza como sinónimo de **detener**, el verbo **arrestar** se usa más comúnmente en el ejército y es preferible sustituirlo por aquél en otros contextos: *arrestar al ladrón, al fugitivo*, etc.

arriar En cuanto al acento, se conjuga como **ansiar**: *arrían.*

arriba Puede ir precedido de diversas preposiciones, excepto de **a**: *ir a arriba. // Son incorrectas construcciones como *arriba mío, tuyo*, etc., que deben sustituirse por **encima de mí, de ti**, etc. // Salvo en algunos países de América, no es sinónimo de **encima**, y la confusión entre ambos origina en España usos incorrectos como *lo puse arriba de la mesa. // No debe usarse con el sentido de 'por encima de' o 'más de': *El equipo entero te puede salir arriba de las cincuenta mil pesetas. // **subir arriba** Expresión pleonástica muy frecuente; es suficiente sólo con el verbo, pues subir siempre es hacia arriba.

arribista Es incorrecto *arrivista, aunque el sustantivo original francés sea *arriviste*.

arrollar / arroyar No confundir estos verbos. **Arrollar** significa 'atropellar': *Un coche arrolló a un peatón.* **Arroyar** quiere decir 'formar arroyos': *Las últimas crecidas del río han ido arroyando el campo a su paso.*

arte Es un sustantivo ambiguo. En general, suele emplearse como masculino en singular: *el séptimo arte*, y como femenino en plural: *las artes plásticas*. En singular, y aunque se use como femenino, lleva el artículo masculino, pues comienza por **a** tónica: *el arte poética*. Ver apartado de gramática [2.2.].

arteriosclerósico o **arteriosclerótico** Ambas formas están admitidas, aunque es mucho más usual la segunda.

arteriosclerosis o **arterioesclerosis** Ambas formas son correctas, aunque la RAE da preferencia a la primera.

asalto Puede sustituir a **round** con el significado de 'cada uno de los tiempos de un combate de boxeo', aunque el sustantivo inglés se usa tanto como el español.

ascendencia Significa 'serie de antecesores de una persona' u 'origen o procedencia'. No es correcto usar este sustantivo con el sentido de 'influencia o autoridad moral': **Tenía gran ascendencia sobre sus seguidores*. En este caso, puede emplearse **ascendiente**.

ascender Es un verbo irregular. Se conjuga como **tender**: *asciendo*.

ascendiente Ver **ascendencia**.

*ascribir, ***ascrito** Formas incorrectas por **adscribir** y **adscrito**.

asechanza No confundir con → **acechanza**.

asediar En cuanto al acento, se conjuga como **cambiar**: *asedian*.

asegurar(se) Con los significados de 'comprobar, cerciorarse' y 'hacer un seguro' se construye con las preposiciones **de** y **contra**, respectivamente: *Me aseguré de que la puerta quedase cerrada. Aseguró la casa contra posibles robos.* Con el significado de 'afirmar la certeza de lo que se dice', son incorrectas las construcciones con **de**: **Te aseguro de que estoy en lo cierto.* Ver apartado de gramática [2.8.1.].

asentar Es un verbo irregular. Se conjuga como **pensar**: *asiento*.

asentir Es un verbo irregular. Se conjuga como **sentir**. // Se construye con la preposición **a**: *Asintieron a la propuesta.*

asequible No confundir con → **accesible**.

aserrar Ver **serrar**.

aserrín Ver **serrín**.

asesinato Aunque este sustantivo suele utilizarse como sinónimo de **homicidio**, se diferencian en que éste se define como la acción general de 'matar a otro voluntariamente', mientras que en un asesinato concurren una serie de circunstancias agravantes, como el obrar con traición, premeditación, alevosía, etc.

asesorar(se) Se construye con las preposiciones **con, de, en**: *asesorarse con la legislación, asesorarse de abogados, asesorar a alguien en un asunto*.

asfixiar En cuanto al acento, este verbo se conjuga como **cambiar**: *asfixio*. // Es incorrecto **axfisiar*.

así Se consideran vulgares **asín*, **asina*. // **así mismo** Ver **asimismo**.

asimismo Se escribe también **así mismo**, aunque es más frecuente el uso de **asimismo**. Es incorrecto **asímismo*.

asíndeton Su género es masculino. Es incorrecto **la asíndeton*.

asir(se) Es un verbo irregular. Ver cuadro. // Se construye con las preposiciones **a, con, de, por**: *asirse a una idea, asir con las manos, asirse de una cuerda, asir por la camisa*.

ASIR	
INDICATIVO	SUBJUNTIVO
Presente	Presente
asgo	*asga*
ases	*asgas*
ase	*asga*
asimos	*asgamos*
asís	*asgáis*
asen	*asgan*

asistenta / asistente Se utiliza el sustantivo **asistenta** para designar a la 'mujer que sirve en una casa', pero suele emplearse **asistente**, como femenino, en expresiones como **asistente social**: *Es una asistente social muy cualificada*.

asocial No confundir con → **insociable** o **insocial**.

asociar En cuanto al acento, este verbo se conjuga como **cambiar**: *asocio*.

asolar Existen dos verbos **asolar**. El más usual significa 'destruir, arrasar', se forma a partir del sustantivo **suelo** y es un verbo irregular que se conjuga como **contar** (*Un terremoto asuela el país*), aunque se produce la tendencia general a conjugarlo de la forma regular: *asola*. El segundo está formado con el sustantivo **sol** y significa 'echar a perder los campos una sequía, el calor, etc.'; su conjugación es regular: *El calor asola todos los cultivos*.

asomar(se) Este verbo se construye con las preposiciones **a** y **por**: *asomarse a (o por) la ventana*. // Algunos autores consideran redundantes expresiones del tipo *asomarse al exterior*, aunque su uso es muy frecuente, ya que el verbo **asomar** indica por sí mismo la idea de 'sacar o mostrar al exterior'.

aspaventoso Es incorrecto *aspavientoso*.

asperjar o **asperger** Ambas formas están admitidas, aunque la RAE da preferencia a la primera.

áspero El superlativo culto de este adjetivo es **aspérrimo**, pero es mucho más frecuente el uso de la forma popular **asperísimo**.

aspirar Se construye con la preposición **a**: *Aspiran a ser grandes hombres*.

asta No confundir con → **hasta**.

astil Es incorrecto *ástil*.

asumir Este verbo significa 'tomar para sí, hacerse cargo, aceptar': *Asumió el riesgo. Asumo mis limitaciones*. Se recomienda evitar su uso con los sentidos de 'reconocer, confesar': **Asumió ante el juez su participación en los hechos*, y 'suponer, presumir, creer': **Hoy casi todo el mundo asume que puede existir vida extraterrestre*.

asunto No confundir este sustantivo con → **tema**.

atajo Ver **hatajo**.

atañer Es un verbo irregular y defectivo; sólo se conjuga en tercera persona. Las formas más empleadas son *atañe* y *atañen*: *Todo eso no me atañe. Sus problemas nos atañen.* Es incorrecto ***atañir**.

atardecer Ver **amanecer**.

ataviar En cuanto al acento, se conjuga como **ansiar**: *se atavía*.

atender Es un verbo irregular. Se conjuga como **tender**: *atiendo*.

atenerse Es un verbo irregular. Se conjuga como **tener**. // Se construye con la preposición **a**: *Aténganse a las consecuencias*.

atentar Existen dos verbos con este infinitivo. Cuando significa 'cometer un atentado' o 'atacar', es un verbo regular: *Su conducta atenta contra las buenas costumbres*. Con los sentidos de 'tentar, reconocer por el tacto' o 'proceder con cuidado', es un verbo irregular y se conjuga como **pensar** (*atiento*), aunque hoy no se utiliza en España y sólo se emplea en algunos países de América con el sentido de 'palpar'. // Con el primer significado, se construye con la preposición **contra**: *atentar contra la propia dignidad*. Se debe evitar la construcción ***atentar a**: **Esos modales atentan a la buena educación*.

atenuante Empleado como sustantivo, es de género femenino: *Existen varias atenuantes a su favor* ('existen varias circunstancias atenuantes a su favor').

atenuar En cuanto al acento, este verbo se conjuga como **actuar**: *atenúo*.

ateo Significa 'que niega la existencia de Dios'. Es un error frecuente su confusión con **agnóstico**, que es el que declara inalcanzable para el entendimiento todo lo absoluto, en especial la existencia de Dios, lo cual no presupone que la niegue.

aterir(se) Es un verbo defectivo; prácticamente, sólo se emplean el infinitivo y el participio, aunque también puedan conjugarse las formas que tienen una **-i** en la terminación: *se atería*.

aterrizar, **aterrizaje** Ver **alunizar**, **alunizaje**.

atestiguar En cuanto al acento, este verbo se conjuga como **averiguar**: *atestiguo*.

atiborrarse Es incorrecto ***atiforrarse**.

atmósfera o **atmosfera** La RAE admite las dos formas, aunque el uso de la segunda es muy poco frecuente.

atornillador Ver destornillador.

atracar Con el significado de 'arrimar una embarcación a otra, o a tierra', este verbo se construye con la preposición **en**: *atracar en el muelle*. Cuando significa 'atiborrarse', se construye con la preposiciones **a** y **de**: *atracarse de (o a) pasteles*.

atraer Es un verbo irregular. Se conjuga como **traer**: *atraigo, atrajera, atrayendo*. // Se construye con la preposición **a**: *atraer (a otro) a su causa*.

atrás Este adverbio suele acompañar a verbos de movimiento: *volver atrás*, o de situación: *estar atrás*, aunque en este último caso es más correcto utilizar **detrás**: *estar detrás*. Puede construirse con diversas preposiciones, excepto con **a**: **Miré a atrás*. // Son incorrectas construcciones como **atrás mío, tuyo*, etc., que deben sustituirse por *detrás de mí, de ti*, etc. // En España, atrás no puede ir seguido de un complemento preposicional: **atrás de la puerta*, en cuyo caso se utiliza **detrás**: *detrás de la puerta*. La construcción con un complemento es normal en muchos lugares de América, donde las diferencias entre **atrás** y **detrás** prácticamente se neutralizan.

atravesar Es un verbo irregular. Se conjuga como **pensar**. // Se recomienda evitar su uso con la preposición **por** en construcciones como: *El país atraviesa por una grave crisis*, que pueden sustituirse por: *El país atraviesa (o pasa por) una grave crisis*.

atrezo o **atrezzo** Hasta ahora se admitían ambas formas, pero la segunda —italianismo incorrecto o adaptación incompleta al español del original, *attrezzo*— está destinada a desaparecer en la vigesimosegunda edición del Diccionario de la RAE.

atribuir Es un verbo irregular. Se conjuga como **huir**: *atribuye*.

atribularse Este verbo se construye con las preposiciones **con**, **en** y **por**: *atribularse con cualquier problema, atribularse en la desgracia, atribularse por el sufrimiento*.

atrición Es incorrecto **atricción*.

atrofiar En cuanto al acento, este verbo se conjuga como **cambiar**: *atrofia*.

atronar Es un verbo irregular. Se conjuga como **contar**. // En el sentido estricto de 'producirse truenos' se prefiere **tronar**.

aturrullar(se) o **aturullar(se)** Ambas formas están admitidas. Aunque la RAE da preferencia a la primera, es más frecuente el uso de **aturullarse**.

audiencia Este sustantivo significa 'conjunto de personas que sigue a un programa de radio o televisión o a un acto público' por lo que no se debe utilizar con el sentido de 'importancia, eco, aceptación': **Esas ideas gozan hoy de una gran audiencia.*

audífono o **audiófono** Ambas formas están admitidas, aunque se prefiere la primera.

audímetro o **audiómetro** Ambas formas están admitidas, aunque se prefiere la primera.

auditar Son incorrectas las formas **auditorar* y **auditorizar*.

*auditorar Forma incorrecta por **auditar**.

auditorio o **auditórium** Ambas formas están admitidas, aunque la RAE da preferencia a la primera.

*auditorizar Forma incorrecta por **auditar**.

aullar En cuanto al acento, este verbo se conjuga como **aunar**: *aúlla*.

aun / aún No confundir estos adverbios. **Aun** significa 'hasta, incluso': *Aun los listos se equivocan*; seguido de un gerundio, funciona como una conjunción concesiva: *Aun copiando, suspendí*. **Aún** equivale a **todavía**: *Aún me duele. Es aún más alta que yo.*

aunar Obsérvense los acentos en los tiempos de presente de indicativo y subjuntivo y en el imperativo: en algunas personas de estos tiempos, la **u** de la raíz es tónica, mientras que en el resto de las formas de este verbo dicha **u** es átona y forma diptongo con la **a** que la precede. Ver cuadro. // Se construye con la preposición con: *aunarse con alguien*.

aupar En cuanto al acento, se conjuga como **aunar**: *aúpo*.

auriga Es incorrecto **áuriga*.

AUNAR		
INDICATIVO	SUBJUNTIVO	IMPERATIVO
Presente	Presente	
aúno	aúne	
aúnas	aúnes	aúna
aúna	aúne	
aunamos	aunemos	
aunáis	aunéis	aunad
aúnan	aúnen	

*ausentismo Forma incorrecta por → **absentismo**.

auspiciar En cuanto al acento, se conjuga como **cambiar**: *auspicia*.

autenticar o **autentificar** Ambas formas están admitidas. Aunque la RAE da preferencia a la primera, es más frecuente el verbo **autentificar**. Es incorrecto ***autentizar**.

auto Apócope de **automóvil**. Este sustantivo se usa también como prefijo: *autoescuela*, *autocamión*, pero debe distinguirse del prefijo griego **auto-**, 'por sí mismo', aunque éste forme parte de la palabra **automóvil** ('que se mueve por sí solo').

auto- Prefijo griego que significa 'por sí mismo', 'propio': *autocontrol*, *autobiografía*. No debe emplearse en palabras o frases que ya implican la idea expresada por el prefijo, dando lugar a redundancias como *autosuicidio o **autoproclamarse uno a sí mismo*. // No confundir con → **auto**.

autoclave Según la RAE, es un nombre femenino, aunque algunos autores lo consideran de género ambiguo, ya que a veces se utiliza como masculino: *El laboratorio dispone de varios autoclaves*.

autodidacto, **autodidacta** La RAE y algunos autores sostienen que **autodidacto** es la forma para el masculino (*un hombre autodidacto*) y **autodidacta** la de femenino (*una mujer autodidacta*); esta última es la más frecuente para los dos géneros: *un escritor autodidacta*, *una artista autodidacta*.

autoestop, **autoestopista** Ver **autostop**, **autostopista**.

autografiar En cuanto al acento, este verbo se conjuga como **ansiar**: *autografía*.

automación Ver **automática /automatización**.

automática / automatización No confundir estos sustantivos. **Automática** es la 'ciencia que trata de sustituir en un proceso el elemento humano por dispositivos electrónicos o mecánicos', y **automatización** es la aplicación de esta ciencia a determinado proceso, dispositivo, etc. // Algunos autores recomiendan evitar el empleo de **automación** (traducción del inglés *automation* y no admitida por la RAE) con el primer significado.

automoción Este sustantivo es sinónimo de **automovilismo** cuando se refiere a lo relacionado con la fabricación, funcionamiento y conducción de automóviles: *el sector de la automoción, del automovilismo*. Sin embargo, sólo se usa el término **automovilismo** para referirse al deporte que se practica con automóviles: *carrera de automovilismo, campeonato de automovilismo*.

automotor, **automotora** (o **automotriz**) Automotora o automotriz son las formas de femenino de **automotor**, por lo que es un error utilizar **automotriz** con nombres masculinos, en lugar de **automotor** o de **automovilístico**: **El sector automotriz*. // Este adjetivo hace referencia a los vehículos de tracción mecánica, por lo que se deben evitar construcciones del tipo *fábrica automotriz*, que puede sustituirse *por fábrica de automóviles*.

automovilismo Ver **automoción**.

automovilista Sustantivo que significa 'persona que conduce un automóvil', por lo que no debe usarse, como adjetivo, en construcciones como **carrera automovilista, por carrera automovilística, de automovilismo o de automóviles*.

autorradio Aunque algunos autores consideran femenino este sustantivo (al igual que la radio), suele utilizarse como masculino: *Actualmente, los autorradios son digitales*. También puede escribirse **auto-radio**.

autoservicio Ver **self service**.

autostop, **autostopista** También se utilizan las formas **autoestop** y **autoestopista**, aunque la RAE no las registra. // Puede escribirse también **auto-stop**.

auxiliar En cuanto al acento, este verbo se conjuga como **cambiar**: *auxilio*.

avance Ver **tráiler**.

avanzar Verbo que significa 'ir o mover hacia adelante' o 'progresar'. No debe usarse con el sentido de 'anticipar, adelantar': **Me avanzaron una noticia que se publicará mañana.*

avenir(se) Es un verbo irregular. Se conjuga como **venir**: *me avengo, se aviene*. // Se construye con las preposiciones **a** y **con**: *avenir a los contendientes, avenirse a un acuerdo; avenirse alguien con su enemigo.*

aventajar Este verbo se construye con las preposiciones **a** y **en**: *aventajar a los demás en los estudios.*

aventar Es un verbo irregular. Se conjuga como **pensar**: *avienta*. Son incorrectos **avento, *aventas*, etc.

avergonzar(se) Es un verbo irregular. Se conjuga como **contar**. Delante de **e**, la **z** de la raíz cambia a **c** y las formas con el grupo **gu** llevan diéresis en la **u**: *avergoncemos, avegüence*. // Se construye con las preposiciones **de** y **por**: *No se avergüenza de nada. Me avergoncé por mi mal comportamiento.*

averiar En cuanto al acento, este verbo se conjuga como **ansiar**: *se avería.*

averiguar En este verbo, a diferencia de otros verbos acabados en **-uar**, no se acentúa la **u** del final de la raíz en ninguno de sus tiempos y dicha vocal forma diptongo con la siguiente: *averiguo, averiguas...* La **u**, al estar precedida de **g**, se escribe con diéresis delante de **e**: *averigües, averigüemos...*

aversión Es incorrecto **adversión*.

avestruz Es un sustantivo masculino: *el avestruz, los avestruces*, pero no **la avestruz, *las avestruces.*

aviar En cuanto al acento, se conjuga como **ansiar**: *me avío*. // Se construye con las preposiciones **a**, **de**, **para**: *aviar a alguien, aviar (o aviarse) de ropa, para salir*, etc.

*axfisiar Forma incorrecta por **asfixiar**.

axial o **axil** Ambas formas están admitidas, aunque es más frecuente **axial**: *geometría axial*.

¡ay! Interjección que expresa dolor. No confundir al escribir con su homófono **hay**, tercera persona del presente de indicativo del verbo **haber**. // No confundir con **ahí**, adverbio de lugar.

ayer A veces aparece este adverbio antepuesto a **mañana, tarde** o **noche**: *Ayer mañana me levanté cansado. Ayer tarde nos despedimos. Ayer noche cené poco.* El primer caso, que equivale a **ayer por la mañana**, es bastante infrecuente; los otros dos se utilizan más, aunque son algo más corrientes las expresiones **ayer por la tarde** y **ayer por la noche** o **anoche**, respectivamente.

ayo, **aya** Significa 'persona encargada del cuidado y educación de un niño': *Siempre iba acompañado de su ayo.* No debe confundirse al escribir con **hallo** (forma del verbo *hallar*). Asimismo, debe evitarse la confusión entre los homófonos **aya** (femenino de *ayo*), **halla** (forma del verbo *hallar*) y **haya** (forma del verbo *haber* y nombre de un árbol).

ayudanta / ayudante Suele emplearse **ayudanta** sólo con el sentido de 'mujer que realiza trabajos subalternos, generalmente manuales': *Han contratado una ayudanta de cocina.* En el resto de los casos, normalmente se emplea para el femenino la forma **ayudante**: *la ayudante del director.*

azaramiento Ver **azorar**.

azarar Ver **azorar**.

ázimo También se admite **ácimo**, aunque la RAE da preferencia a la primera forma.

azimut Ver **acimut**.

ázoe Es sinónimo de **nitrógeno**, aunque se usa más este último verbo. Es incorrecta la forma ***azoe**.

azora Ver **sura**.

azoramiento Ver **azorar**.

azorar Hoy se emplea como sinónimo de **azarar**. Suele darse preferencia a la forma **azorar**, aunque en el lenguaje común no es infrecuente el uso de **azarar**: *Se azara por cualquier cosa*. La RAE señala, no obstante, algunas diferencias de significado entre estos dos verbos: ambos comparten el sentido de 'turbar, sobresaltar', pero **azarar** significa además 'avergonzar', y la forma pronominal **azararse** equivale a 'ruborizarse'. **Azorar** expresa idea de 'irritar', aunque con este sentido hoy está en desuso. Sucede lo mismo con **azaramiento** y **azoramiento**.

azteca Se usa frecuentemente como sinónimo de **mejicano**: *El equipo azteca se ha clasificado para la final*, aunque su significado estricto alude a los miembros de un antiguo pueblo precolombino que dominó México antes de su conquista por españoles. // Ver **nahua** o **náhuatl**.

azúcar Es un sustantivo ambiguo: *azúcar moreno, azúcar blanquilla*. Suele preferirse la forma masculina, y el plural es siempre **los azúcares**. Su diminutivo es **azuquítar** y existe la forma regional **azuquita**.

azumbre Es un sustantivo ambiguo, aunque en general se utiliza como femenino: *la azumbre*.

b

babel Es un sustantivo ambiguo: *El coloquio se convirtió en un verdadero* (o *una verdadera*) *babel*.

baby-sitter Ver **canguro**.

baca No confundir, al escribir, este sustantivo con su homófono **vaca**. Una **baca** es el armazón que se coloca en la parte superior de los vehículos para transportar bultos y **vaca** es la hembra del toro.

bacante No confundir, al escribir, con su homófono **vacante**. **Bacante** es sustantivo femenino y significa 'mujer que participaba en las fiestas bacanales', y **vacante** es adjetivo y sustantivo femenino y se aplica al cargo o empleo que aún no ha sido ocupado: *Ya han salido las plazas vacantes para esos puestos*.

bacará o **bacarrá** Ambas formas están admitidas, aunque es más frecuente la segunda. Se recomienda emplear estos sustantivos españoles en lugar de las formas francesas *baccara* o *baccarat*.

bachiller, **bachillera** Aunque la forma femenina bachillera es correcta, es mucho más frecuente **bachiller** para ambos géneros: *La joven bachiller avanzó hacia el estrado*.

bacía 'Vasija que los barberos colocaban bajo la barbilla para remojar la barba'. No confundir este sustantivo con su homófono **vacía**, forma de femenino del adjetivo **vacío**, 'sin contenido'.

bacon o **bacón** La RAE ha admitido recientemente la forma castellanizada **bacón**; sin embargo, el sustantivo inglés bacon está plenamente extendido en nuestro idioma, siendo frecuente incluso verlo escrito como su pronunciación inglesa: **beicon**. Debe evitarse esta última forma.

bádminton o **badminton** Ambas formas están admitidas, aunque suele preferirse la primera.

bafle Forma castellanizada del sustantivo inglés *baffle*; ambos términos se emplean habitualmente como sinónimos de **altavoz**, sobre todo referido a los equipos de sonido de alta fidelidad, aunque específicamente designan el soporte en que están montados los conos de los altavoces.

bailaor Variante regional, recogida por la RAE, de **bailador** y de uso más generalizado que esta última. Designa al bailarín que ejecuta bailes populares andaluces.

bajá Título de un importante funcionario del imperio otomano. En español se llama también **pachá**, que se usa en la locución **vivir como un pachá** ('vivir muy bien'), aunque, exceptuando dicha expresión, debe usarse preferentemente bajá.

bajamar Es incorrecta la forma **baja mar*: **Aprovechamos la baja mar para navegar hasta la isla.*

bajar Se recomienda evitar el uso de la expresión redundante **bajar abajo**, pues el verbo **bajar** ya indica idea de 'ir hacia un lugar más bajo'.

bajo Como adjetivo, presenta las variantes **inferior** o **más bajo** para el grado comparativo, según el contexto: *una calidad inferior a ésta; un poco más bajo que yo.* **Inferior** se construye con la preposición **a**: *Es inferior a ti,* y **más bajo**, con la conjunción **que**: *Soy más baja que tú.* Es incorrecto **más inferior*: **El precio de ese coche es más inferior al de éste.* El superlativo de **bajo** presenta las variantes **bajísimo** o **ínfimo** (esta última, con valor más enfático): *un sueldo bajísimo, un sueldo ínfimo.* // Con valor de preposición alterna con otras en expresiones como: *bajo el punto de vista, bajo el pretexto, bajo ciertas condiciones, bajo multa de, bajo el reinado de,* etc., aunque en estos casos se consideran más correctas las construcciones *desde el punto de vista, con el pretexto, con ciertas condiciones, con una multa de, durante el reinado de.* Se recomienda evitar las expresiones *bajo demanda* y *ba-*

55

jo encargo, que son un calco del francés y pueden sustituirse por las españolas *a petición* y *por encargo*. Es incorrección **bajo la base de* en lugar de *sobre la base de*.

bajorrelieve Se escribe también **bajo relieve**, aunque se usa más **bajorrelieve**.

*bakelita Forma incorrecta por **baquelita**.

bala En el sentido figurado de 'golfo, persona alocada', es sustantivo masculino, y también se dice **bala perdida**: *un bala perdida*.

baladrón, **baladronada**, **baladronear** Son incorrectos **balandrón*, **balandronada* y **balandronear*.

balalaica o **balalaika** La primera forma, más cercana al español, es la admitida por la RAE y la que se recomienda usar.

balance Algunos autores recomiendan evitar el uso de este sustantivo con el significado de 'síntesis, valoración': *hacer balance de la situación*, ya que su sentido estricto corresponde a la 'comparación del activo y el pasivo de una sociedad, para determinar su situación económica'. No obstante, su utilización con el primer significado es muy frecuente.

balaustrada No confundir con → **balaustre** o **balaústre**.

balaustre o **balaústre** Ambas formas son correctas, aunque algunos autores prefieren la primera. // No debe confundirse con **balaustrada**. Un **balaustre** es cada una de las pequeñas columnas que forman las barandillas de balcones, escaleras, etc., y **balaustrada** es la barandilla formada por balaustres.

balbucear Ver **balbucir**.

balbucir Es un verbo defectivo. No se conjuga en primera persona singular del presente de indicativo ni en todo el presente de subjuntivo. Estas formas se suplen con las correspondientes del verbo **balbucear**: *balbuceo, balbucee*.

balde En el diccionario de la RAE se consideran las locuciones adverbiales **de balde** y **en balde** como sinónimas, aunque en realidad suele usarse la primera para el significado de 'gratis': *trabajar de balde*. La locución **en balde** se emplea más con el significado de 'en vano': *Sus esfuerzos fueron en balde*.

balido Este sustantivo no debe confundirse, al escribir, con su homófono **valido**. Un **balido** es la voz de algunos animales, como la oveja o la cabra, y el **valido** era la persona que gozaba de la confianza del rey y tenía gran influencia en el gobierno del Estado.

ballet Este sustantivo de origen francés se escribe siempre con dos **eles** que se pronuncian como una sola, /balet/. // No confundir con → **valet**.

balompié, **balompédico** Ver **fútbol**.

baloncesto El diccionario de la RAE recoge como sinónimos de este sustantivo las formas **básquet** y **basquetbol**, de las inglesas *basket* y *basketball*, cuyo uso es más frecuente en América. En España se prefiere **baloncesto**.

balonvolea Traducción del inglés *volley-ball*; no debe usarse la voz inglesa. Existe también la forma españolizada **voleibol**, que es la más utilizada.

*bandidismo No se admite el uso de este sustantivo, que puede sustituirse por **bandolerismo** o **bandidaje**.

bandolina Ver **mandolina**.

bangladesí Ver **bengalí**.

banjo Préstamo del inglés que designa un instrumento musical. Se suele pronunciar a la manera inglesa /bányo/, lo que ha originado la variante **banyo**, recogida en el diccionario de la RAE.

bañar Este verbo se construye con las preposiciones **con**, **de** y **en**: *bañar con licor, bañar de lágrimas, bañar en leche*.

baño de María o **baño María** Ambas formas están admitidas, aunque la primera hoy está prácticamente en desuso.

baquelita Es incorrecto ***bakelita**.

baqueta Este sustantivo designa una vara de hierro o madera que tiene diversos usos; no debe confundirse, al escribir, con su homófono **vaqueta**, que es un tipo de cuero.

barahúnda También se admite la forma **baraúnda**, aunque la RAE da preferencia a **barahúnda**.

barajar Es incorrecto ***barajear**: **Tú barajeas y yo reparto*. // Este verbo tiene, además de su significado recto, el senti-

do figurado de 'utilizar o tener en cuenta varias solucio-
nes, datos, etc.', por lo que no se debe usar como 'considerar' o 'meditar' con un complemento singular: *Baraja
la posibilidad de dimitir*. Su significado correcto exige complemento plural: *Barajó las distintas opciones a su alcance*.

baraúnda Ver **barahúnda**.

barman Sustantivo inglés no admitido por la RAE, pero muy
asentado hoy en español. Aunque algunos autores prefieren
el término **camarero**, ambos sustantivos no son exactamente
sinónimos. **Barman** se aplica sólo a la persona que atiende
la barra de un bar, mientras que un **camarero** también puede servir mesas, arreglar habitaciones, etc. // Su plural en inglés es *barmen*, pero en España suele usarse **bármans**.

barón No confundir este sustantivo con su homófono **varón**.
Barón es un título nobiliario: *el barón de Münchhausen*, y
varón es la persona del sexo masculino: *hijos varones*.

basamento Es incorrecto *basamiento.

basca No confundir este sustantivo con su homófono **vasca**.
La primera palabra significa 'náusea', 'arranque de ira' o
'grupo de gente, pandilla': *Se presentó en la fiesta con toda su
basca de amigotes*, y **vasca** es el femenino del adjetivo y sustantivo **vasco**, 'del País Vasco'.

bascular No confundir, al escribir, este verbo con el adjetivo
homófono **vascular**. **Bascular** significa 'balancear': *El pén-
dulo comenzó a bascular monótonamente*, y **vascular** se aplica
a lo relativo al aparato circulatorio: *una dolencia vascular*.

base El diccionario de la RAE recoge este sustantivo como
sinónimo de **basa** con el significado 'elemento sobre el
que se apoya una columna', pero en realidad es este último el término usado en el lenguaje arquitectónico: *Las columnas se componen de basa, fuste y capitel*. // Se deben evitar las locuciones prepositivas **en base a** (*Actuó en base a
sus principios morales*), aunque su uso sea correcto en el lenguaje forense, y **con base en**. Ambas construcciones pueden sustituirse por **sobre la base de** o **basándose en**: *Actuó basándose en sus principios morales*. // Resulta redundante

la expresión **la base fundamental**: *La base fundamental de la amistad es la comprensión*, puesto que el sustantivo **base** ya incluye la idea de 'fundamento o apoyo principal': *La base de la amistad es la comprensión*.

baseball Ver **béisbol**.

basket o **basketball** Ver **baloncesto**.

básquet o **basquetbol** Ver **baloncesto**.

bastedad Ver **basto**.

bastimento Es incorrecto *bastimiento*.

basto No confundir este adjetivo con su homófono **vasto**. La primera forma significa 'grosero, ordinario' o 'áspero': *un lenguaje basto, un tejido basto*, y el adjetivo **vasto** equivale a 'muy grande o extenso': *Poseía un vasto conocimiento de las ciencias*. Lo mismo puede decirse de los sustantivos correspondientes, **bastedad** y **vastedad**: *Sus rasgos distinguidos contrastaban con la bastedad de sus modales. Me impresionó la vastedad de la llanura*.

batahola También se admite la forma **bataola**, aunque la RAE da preferencia a **batahola**.

batallar Este verbo se construye con las preposiciones **con** y **por**: *batallar con el adversario, batallar por la libertad*. Se recomienda evitar su uso con la preposición **contra**: *batallar contra el enemigo*, pues el verbo **batallar** ya implica el significado de 'oposición, lucha o enfrentamiento' aportado por dicha preposición.

bataola Ver **batahola**.

bate No confundir este sustantivo con su homófono **vate**. Un **bate** es el palo usado para jugar al béisbol y **vate** significa 'poeta' o 'adivino' y es de uso culto y literario.

batir Por influencia del francés, se usa este verbo en construcciones del tipo: *El corazón le batía furiosamente*; se prefieren los verbos **latir** o **palpitar**: *El corazón le latía* (o *le palpitaba*) *furiosamente*.

bayonesa El significado de este sustantivo es 'especie de pastel relleno de cabello de ángel'; es un vulgarismo su uso en lugar de **mayonesa**.

bazoca o **bazuca** El diccionario de la RAE sólo admite la forma **bazuca**, correspondiente a la pronunciación del inglés *bazooka*, pero es mucho más frecuente la forma castellanizada **bazoca**. // No hay acuerdo sobre el género de **bazoca** o **bazuca** pues, aunque la RAE le asigna por su terminación el género femenino, se usa muy a menudo como masculino: *un bazoca, un bazuca*.

becado o **becario** Ambas formas están admitidas, aunque suele darse preferencia a **becario**.

bechamel Es muy frecuente este sustantivo, adaptación literal del francés *béchamel*, aunque la RAE sólo recoja las formas **besamel** y **besamela**, esta última raramente usada.

bedel Existe la forma femenina **bedela** para este sustantivo, aunque suele utilizarse más el masculino **bedel** para ambos géneros: *Rosa es la bedel del instituto*.

begonia Es incorrecta la forma *begoña, error originado por el parecido del nombre de la planta y su flor con el nombre propio **Begoña**.

behaviorismo Ver **conductismo**.

beige Adjetivo francés que designa el color marrón claro: *una falda beige*. También se escribe **beis**, que es como se pronuncia en castellano la anterior forma francesa.

béisbol Se prefiere el uso de este sustantivo español al de la palabra inglesa *baseball*.

belicista / bélico / belicoso Estos tres adjetivos no son sinónimos: **belicista** significa 'partidario del belicismo'; **bélico**, 'perteneciente a la guerra', y **belicoso**, 'agresivo, pendenciero'.

beligerante Algunos autores recomiendan evitar el uso de este adjetivo, aplicado a personas, con los significados de 'combativo, agresivo': *Se mostró muy beligerante durante la reunión*, y proponen sustituirlo por **belicoso** o alguno de los adjetivos citados. No obstante, su utilización con el sentido anterior es muy frecuente.

bello No confundir este adjetivo con el sustantivo homófono **vello**. **Bello** significa 'hermoso', y **vello** es el pelo del cuerpo.

bendecir Es un verbo irregular. Se conjuga como **decir**, salvo en el futuro de indicativo, condicional, imperativo y participio pasado, que son regulares. Ver cuadro.

BENDECIR		
INDICATIVO		**IMPERATIVO**
Futuro	**Condicional**	
bendeciré	*bendeciría*	
bendecirás	*bendecirías*	*bendice*
bendecirá	*bendeciría*	
bendeciremos	*bendeciríamos*	
bendeciréis	*bendeciríais*	*bendecid*
bendecirán	*bendecirían*	
PARTICIPIO		
bendecido		

beneficencia Es incorrecto *beneficiencia*.

beneficiar En cuanto al acento, se conjuga como **cambiar**: *beneficio*. // Se construye sin preposición: *beneficiar la tierra*, y en su uso pronominal, con la preposición **de**: *beneficiarse de algo* o *de alguien*. También existe una acepción vulgar de la forma pronominal con la preposición **a**: *beneficiarse a alguien* ('tener relaciones sexuales con alguien').

benevolente o **benévolo** Ambas formas están admitidas, aunque es más común el uso de la segunda. Es incorrecto el superlativo *benevolísimo*, que debe sustituirse por **benevolentísimo**.

bengalí Gentilicio de Bengala, región del sur de Asia dividida en el estado de Bengala Occidental (India) y la República de Bangladesh (antiguo Pakistán Oriental); designa tanto a la etnia que habita esa región como a su idioma. Algunos autores utilizan este gentilicio para designar también a los habitantes de Bangladesh, sean o no de etnia bengalí, aunque la cuestión no está clara, pues los diccionarios no recogen esta acepción. Otros autores proponen

el término **bangladesí** o **bangladeshí** como gentilicio de
Bangladesh, distinguiéndolo así de **bengalí** ('de Bengala').

beréber, bereber o **berebere** Las tres formas son correctas,
aunque suele preferirse la primera. Son menos frecuentes en
la actualidad los adjetivos sinónimos **berberí** o **berberisco**.

berilio / berilo No confundir estos dos sustantivos. El **berilio** es un metal, y el **berilo**, una piedra preciosa.

besalamano / besamanos No confundir estos dos sustantivos. **Besalamano** es la carta o tarjeta redactadas en tercera persona con las que una persona se dirige a otra para co-
municarle algo, hacerle una invitación, etc. **Besamanos** es
el acto público de adhesión a los reyes, autoridades, etc. o la
forma de saludo en que se hace el gesto de besar la mano.

besamel o **besamela** Ver **bechamel**.

best-seller o **bestseller** Se admite este anglicismo para designar el 'libro que obtiene un gran éxito de ventas'. Sus
equivalentes españolas son construcciones más complejas
y de mucho menos uso como *libro de mayor venta*, *libro más
vendido*, *número uno en ventas*.

bestialismo Es inapropiado usar este sustantivo con el sentido de 'brutalidad o irracionalidad': **Toda violación es un acto
de bestialismo*. Su significado correcto es el de 'atracción erótica hacia los animales' y como tal es sinónimo de **zoofilia**.

beta Nombre de la segunda letra del alfabeto griego (β). No
confundir este sustantivo, al escribir, con su homófono **veta**, 'franja o lista'.

bi- Prefijo que significa 'dos': *bimestral*. Presenta las variantes
bis- y **biz-**: *bisnieto*, *biznieto*, *bizcocho*; ante vocal toma sólo
la forma **bis-**: *bisabuelo*, *bisojo*.

bianual No confundir este adjetivo con **bienal**. **Bianual** significa 'que ocurre dos veces al año': *pagos bianuales*, y **bienal** se aplica a lo que sucede cada dos años: *exposición bienal*, o dura dos años: *contrato bienal*.

bíceps Es incorrecta la forma **biceps*, pues aunque, según la
regla general, las palabras llanas acabadas en **-n** o **-s** no
llevan tilde, deben acentuarse aquellas en que **-n** o **-s** van

precedidas de otra consonante, como ocurre con **bíceps, tríceps** o **fórceps**.

bidé o **bidet** Se usan ambas formas, aunque se prefiere el sustantivo **bidé**, más cercano al español que el francés **bidet**, y el único registrado por la RAE.

bienal No confundir con → **bianual**.

bienvenido Este adjetivo también puede aparecer escrito en dos palabras, sobre todo como exclamación: *¡Sed bien venidos a esta casa!*

bife, **biftec** Ver **bisté** o **bistec**.

bikini Ver **biquini**.

bilbaíno La pronunciación /bilbáino/ es regional.

billetero o **billetera** Ambas formas están admitidas, aunque se prefiere la primera.

billón Este sustantivo en español significa 'un millón de millones'. En Estados Unidos, el billón, *billion* en inglés, equivale a mil millones, por lo que no debe traducirse por la palabra española.

bimensual / bimestral No confundir estos dos adjetivos. **Bimensual** significa 'que se hace o sucede dos veces cada mes'. **Bimestral** significa 'que se hace cada dos meses o dura dos meses'.

biografiar En cuanto al acento, se conjuga como **ansiar**: *biografía*.

biosfera Es incorrecta la forma *biósfera.

biotopo o **biótopo** La RAE no admite la forma **biotopo**, aunque su uso está muy extendido.

bípede o **bípedo** Ambas formas están admitidas, aunque se prefiere la segunda.

biquini También está admitida y se utiliza mucho la forma **bikini**, aunque la RAE prefiere la forma **biquini**, más cercana a la ortografía española.

bis- Ver **bi-**.

bisbisar o **bisbisear** Ambas formas son correctas, aunque es más usual la segunda.

biscocho Ver **bizcocho**.

biscuit Este sustantivo de origen francés se utiliza a menudo, aunque algunos autores no admiten su uso, con el significado de 'galleta, bizcocho', o con el de 'porcelana': *una figura de biscuit*. Su género es masculino.

bisector / bisectriz No debe confundirse su uso. Ambos son adjetivos con el significado 'que divide algo en dos partes iguales', pero **bisector** es la forma masculina: *plano bisector*, y **bisectriz** es femenino: *recta bisectriz*, y no **plano bisectriz*. **Bisectriz** también es sustantivo: *trazar una bisectriz*.

bisemanal Este adjetivo significa 'que sucede dos veces por semana' o 'cada dos semanas': *una revista bisemanal* (que se edita dos veces por semana o cada dos semanas). Algunos autores no admiten el segundo significado.

bisílabo o **bisilábico** Son sinónimos, aunque es más usado **bisílabo**: *un adjetivo bisílabo*.

bisnieto Se dice también **biznieto**.

bisté o **bistec** Ambas formas están admitidas, aunque se prefiere la segunda. Sus plurales son **bistés** y **bistecs**, respectivamente. En América se usan las formas **bife** y **biftec**. Debe evitarse el uso de la palabra inglesa *beefsteak*.

bistró Sustantivo de origen francés (de *bistro*) que significa 'taberna, tasca'. Se prefieren los sustantivos españoles equivalentes.

bisturí En la lengua culta se prefiere para este sustantivo el plural **bisturíes**; aunque está muy extendido el uso coloquial de la forma **bisturís**. Ambas formas están admitidas por la RAE.

bit No confundir este sustantivo con **byte**. **Bit** está constituido por las siglas de *Binary Digit* ('dígito binario') y designa en informática a la mínima unidad de información. Su plural es **bits**. **Byte** es el conjunto de 8 bits, y su plural es **bytes**.

bíter Se prefiere esta forma castellanizada a la inglesa **bitter**. Su plural es **bíteres**.

biz- Ver **bi-**.

bizcocho o **biscocho** Ambas formas están admitidas, aunque es mucho más usual la primera.

biznieto Se dice también **bisnieto**.

blandir Es un verbo defectivo. Se conjuga como **abolir**. Las formas que no existen (*blando*, *blandas*) pueden suplirse con las correspondientes del verbo regular **blandear** (*blandeo*, *blandeas*); sin embargo, esta palabra es muy poco frecuente.

blando Este adjetivo se construye con las preposiciones **a**, **con** y **de**: *blando al tacto, blando de carácter, blando con los demás*.

blanquecer Es un verbo irregular. Se conjuga como **agradecer**: *blanquezco*.

blasfemar Este verbo se construye con la preposición **contra** y, más raramente, con la preposición **de**: *blasfemar contra Dios, blasfemar de las cosas sagradas*.

blasonar Con el significado de 'jactarse, presumir', este verbo se construye con la preposición **de**: *Blasona de su linaje*.

blíster Castellanización del inglés *blister*, que designa cierto tipo de envase. Su plural es **blísteres**.

bloc El diccionario de la RAE designa con la palabra **bloque** el conjunto de hojas unidas por uno de sus cantos; sin embargo, el nombre que se usa es la voz francesa **bloc** y su plural **blocs**. Debe evitarse la forma **block**.

block Ver **bloc**.

blondo Este adjetivo significa 'rubio', y se utiliza sobre todo en el lenguaje literario. No es correcto su uso con el significado de 'rizado', tal vez por influencia de **onda**: *Tiene el pelo negro y blondo*.

bloque Ver **bloc**.

blue-jeans Úsese siempre la traducción española de este término inglés: (pantalones) **vaqueros** o **tejanos**.

bluff Sustantivo inglés que equivaldría a **farol** en su sentido de 'falsedad, bulo, fanfarronada'; tiene cierto uso, sobre todo en prensa y en la lengua escrita, aunque puede sustituirse por el término español. En algunos países americanos, la adaptación ha resultado en la forma **blof**. // Su plural es **bluffs**.

boa Este sustantivo es femenino cuando se refiere a una serpiente: *En el zoo hay una boa de 10 metros*, aunque no es raro encontrarlo como masculino, sobre todo en América. Con el significado de 'prenda femenina de piel en forma de serpiente', su género es masculino: *un boa de plumas*, aunque habitualmente se usa como femenino.

board Anglicismo utilizado con el significado de 'consejo de administración': *una decisión del board*. Se prefiere el uso de la expresión española equivalente.

boardilla Ver **buhardilla**.

bobina No confundir el sustantivo **bobina**, 'carrete', con el adjetivo homófono **bovina**, femenino de **bovino**, 'relativo al buey o al ganado vacuno en general'.

bobsleigh Sustantivo inglés que designa a un deporte en el que se utiliza un tipo de trineo y el propio trineo. No tiene traducción al español y su uso está difundido internacionalmente, a pesar de que el diccionario de la RAE (1992) no lo recoge.

bocabajo Es incorrecta la forma *bocaabajo. // Aunque está admitido, la RAE prefiere la expresión boca abajo.

bocacalle Es incorrecta la forma *boca calle. El plural de este sustantivo es **bocacalles**, no *bocascalles.

bocajarro a bocajarro Es incorrecto *a boca jarro. // Los diccionarios también recogen la variante **a boca de jarro**, pero prácticamente no se usa.

bocal Variante poco frecuente del adjetivo **bucal**, 'relativo a la boca'. No confundir con **vocal**, 'relativo a la voz'.

bocata Variante popular y coloquial de **bocadillo**, registrada por la RAE.

bocaza o **bocazas** Ambas formas se pueden usar indistintamente con el significado de 'persona indiscreta que habla más de lo debido', aunque se utiliza mucho más **bocazas**, tanto para el singular como para el plural: *un bocazas*, *unos bocazas*. Lo mismo puede decirse de los sinónimos **bocera** y **boceras**.

bocera o **boceras** Ver **bocaza** o **bocazas**.

bocoy Este sustantivo significa 'barril grande'. Su plural es **bocoyes**, no *bocoys.

bodegonero / bodeguero No deben confundirse estos dos sustantivos. **Bodegonero** es 'el que tiene un bodegón o taberna'. **Bodeguero**, 'el que tiene una bodega'.

bóer No confundir con → *afrikaner*. // Su plural es **bóers**.

bogie Ver **boje**.

bohardilla Ver **buhardilla**.

boicot o **boicoteo** Ambas formas están admitidas, aunque la RAE prefiere la segunda, más cercana al español sobre todo en el plural **boicoteos**. // Debe evitarse el uso de la forma **boycot**. // No confundir con → **embargo**.

boina Existe la acentuación **boína** en Andalucía y algunos países de América. Se prefiere, sin embargo, la forma **boina**.

boîte Se recomienda evitar este galicismo. Se prefieren las expresiones españolas **discoteca**, **sala de fiestas** o **sala de baile**.

boje Sustantivo que procede del inglés *bogie*. Aunque la forma **bogie** se utiliza en mecánica con el significado de 'conjunto de ruedas', la RAE no la admite.

bolchevismo o **bolcheviquismo** Ambas formas están admitidas, aunque la segunda es mucho menos frecuente.

bolígrafo En América es frecuente el uso de los sustantivos **esferográfico** o **esferográfica** en lugar de **bolígrafo**, que es el término que se emplea en España.

bolo En plural, este sustantivo designa al juego de bolos, por lo que no es necesario acudir a la palabra inglesa *bowling*.

bongo / bongó No confundir estos dos sustantivos. El **bongo** es una especie de canoa usada por los indios americanos. El **bongó** es un instrumento musical de percusión de origen africano. Es frecuente, sin embargo, el uso de la forma **bongo**, o su plural **bongos**, para designar a este instrumento: *Toca los bongos*.

boom Sustantivo inglés muy difundido con el significado de 'auge, furor, moda, apogeo': *el boom de la literatura hispa-*

noamericana, aunque no está registrado en el diccionario de la RAE en su edición de 1992. Se pronuncia /bum/. // Su plural es **booms**, aunque algunos consideran **boom** como forma invariable para singular y plural.

boomerang Ver **bumerán**.

borceguí El plural de este sustantivo es borceguíes, aunque está muy extendido el uso de la forma **borceguís**, también admitida.

bóreas Es incorrecta la forma *boreas. // Este sustantivo se utiliza sobre todo en el lenguaje literario, y designa a un viento que sopla del norte. No varía en plural.

borujo Ver **burujo**.

botar No confundir con su homófono → **votar**.

***botellería** Forma incorrecta por **botillería**.

botillería Es incorrecta la forma *botellería.

boto No confundir con su homófono → **voto**.

botonadura Se admite también la forma **abotonadura**, aunque se prefiere **botonadura**.

boudoir Sustantivo francés que significa 'tocador, gabinete'. Es preferible usar sus equivalentes españoles.

bouillabaisse Ver **bullabesa**.

boulevard Ver **bulevar**.

bouquet Sustantivo francés con que se designa el aroma del vino. La RAE lo castellaniza, de acuerdo con su pronunciación, con la forma **buqué**, aunque es muy usada la palabra francesa.

boutade Sustantivo francés no admitido por la RAE, que prefiere las expresiones españolas **salida de tono**, **desplante** o **exabrupto**.

boutique Se admite este sustantivo francés para referirse a una tienda de modas: *boutique femenina*, o, en general, a una tienda donde se venden artículos selectos: *la boutique del pan*. // Su plural es **boutiques**.

bovino No confundir este adjetivo y sustantivo con **ovino**. **Bovino** significa 'relativo al toro, la vaca o el buey'. **Ovino** significa 'referente a la oveja y animales de la misma familia'. // En su forma femenina, **bovina** no debe confundirse con el sustantivo homófono → **bobina**.

box, **boxeo** En América es frecuente el anglicismo **box**, en España está generalizado el sustantivo español **boxeo**.

bracmán Ver **brahmán**.

braga Este sustantivo se utiliza sobre todo en plural: *las bragas*.

bragazas Se utiliza en la lengua coloquial para referirse al hombre que se deja dominar fácilmente, sobre todo por su mujer. Es un sustantivo masculino y su forma es invariable para singular y plural: *un bragazas*.

brahmán, **brahmín** o **bracmán** Las tres formas están admitidas, aunque se prefiere la primera.

brand Sustantivo de origen inglés que significa 'marca o denominación'. Se prefiere el uso de los sustantivos españoles equivalentes.

brandy Ver **coñá** o **coñac**.

braqui- / braquio- No confundir estos dos prefijos de origen griego. **Braqui-** significa 'corto': *braquicéfalo*, y **braquio-** significa 'brazo': *braquiópodo*.

brasserie Sustantivo francés que significa 'cervecería'. En España, sin embargo, designa a menudo a un restaurante especializado en platos franceses.

break Debe evitarse este anglicismo, muy utilizado en el lenguaje comercial y bursátil con el significado de 'baja notable': *Se ha producido un break en los tipos de interés*. Se prefieren los equivalentes españoles **baja** o **caída**.

brécol También están admitidas las formas **brócol**, **brócul** y **bróculi**, aunque se prefiere el uso de **brécol**. **Brócol** y **brócul** son formas regionales.

bregar Este verbo se construye con las preposiciones **con** y **en**: *bregar con las dificultades, bregar en las faenas de la casa*.

breve Debe evitarse la expresión **en breves minutos*: **En breves minutos podrán ver ustedes la película*. Sustitúyase por **en unos pocos minutos** o **en pocos minutos**.

brevedad Es incorrecta la expresión **a la mayor brevedad*, muy extendida en el lenguaje comercial y administrativo:

Envíemelo a la mayor brevedad. Debe decirse **con la mayor brevedad.**

brevemente Este adverbio significa 'de manera breve': *Expuso sus ideas brevemente.* Debe evitarse su uso, por influencia del francés, con el significado de 'en una palabra, en resumen': **Estudia, hace deporte, sale con sus amigos... Brevemente, hace la vida de cualquier joven de su edad.*

bricolaje Debe evitarse el uso de la forma francesa *bricolage*. Algunos autores defienden los derivados **bricolar** y **bricolador,** aunque la RAE no los admite.

bricolar, bricolador Ver **bricolaje.**

bridge Palabra de origen inglés difundida internacionalmente para designar a un juego de naipes. No tiene traducción al español y su uso está muy extendido a pesar de que el diccionario de la RAE no la registra en su edición de 1992.

briefing Sustantivo inglés que significa 'informe' y 'sesión informativa', utilizado en el mundo laboral. Es preferible usar expresiones españolas equivalentes.

*brilloso Forma incorrecta por **brillante.**

brindar Este verbo suele construirse con las preposiciones **por** y **a**: *brindar por alguien, brindar algo a alguien.*

briofito Es incorrecta la forma ***briófito.**

británico Ver **inglés.**

brócoli, brócul o **bróculi** Ver **brécol.**

broker Sustantivo inglés que designa a un agente u operador financiero. Su uso está muy extendido en el lenguaje comercial y bursátil, a pesar de que la RAE no lo recoge en su diccionario.

brotar Este verbo se construye con las preposiciones **de** y **en**: *brotar de un manantial, brotar en un peñascal.*

bruñir Es un verbo irregular. Se conjuga como **mullir**: *bruñendo, bruñí.*

bucal También está admitida la forma **bocal,** aunque es poco usada.

bucear Este verbo se construye con la preposición **en**: *Le gusta bucear en los problemas ajenos.*

budín Ver **pudín** o **pudin**.

buen Forma apocopada de → **bueno**.

buenaventura / buena ventura No deben usarse indistintamente. Ambas significan 'buena suerte', pero el sustantivo **buenaventura** se usa con los verbos *echar* o *decir* con el sentido de 'adivinar el futuro de alguien': *decir la buenaventura*, y **buena ventura** suele emplearse en la locución **a la buena ventura**, 'a lo que salga, a lo que depare la suerte'.

bueno El comparativo de superioridad de este adjetivo es **mejor**, y los superlativos, **bonísimo** y **óptimo**; aunque en la lengua coloquial están muy extendidas las formas **más bueno** y **buenísimo** respectivamente. // Se utiliza la forma apocopada **buen** cuando precede directamente a un sustantivo masculino singular: *un buen hombre*. Si entre el adjetivo y el sustantivo hay otra palabra, debe usarse la forma plena **bueno**: *un bueno y cómodo par de zapatos*, y no **un buen y cómodo par de zapatos*. // Debe evitarse su uso abusivo como muletilla.

buey El diminutivo de este sustantivo es **bueyecito**, no ***bueicito**. Su plural es **bueyes**.

bufé Deben evitarse la forma francesa *buffet* y su adaptación **bufet**. // Este sustantivo significa 'comida compuesta de platos fríos y calientes dispuesta para que los comensales se sirvan por sí mismos' y 'lugar donde se dispone dicha comida': *la comida consistió en un bufé*, *acércate al bufé para comer algo*. No debe confundirse con **bufete**, 'tipo de escritorio' y 'despacho de un abogado'.

bufete No debe confundirse con → **bufé**.

buharda Ver **buhardilla**.

buhardilla Es incorrecta la forma ***buardilla**. // Existen las variantes **boardilla**, **bohardilla**, **buharda** y **guardilla**, pero la forma predominante es **buhardilla**.

bulevar Debe evitarse el uso de la forma francesa *boulevard*. El plural de este sustantivo es **bulevares**.

bulkcarrier Debe evitarse el uso de esta palabra inglesa. Se prefiere la expresión española **barco granelero**.

bullabesa Sustantivo procedente del francés *bouillabaisse*, que debe usarse en lugar de la palabra francesa.

bullanga Es incorrecta la forma **bullanguería*.

*bullanguería Forma incorrecta por **bullanga**.

bullir Es un verbo irregular. Se conjuga como **mullir**: *bullendo, bullí*.

bumerán Adaptación al español del inglés *boomerang*. Se prefiere **bumerán** a la forma inglesa y, también, a las variantes **bumerang** o **búmeran**. Es un sustantivo de género masculino y su plural es **bumeranes**.

bungaló Sustantivo registrado en el diccionario de la RAE como adaptación española del inglés *bungalow*. Su plural es **bungalós**.

búnker El plural de este sustantivo es **búnkers**.

buñolería 'Establecimiento donde se hacen o venden buñuelos'. Es incorrecta la forma **buñuelería*.

buqué Ver **bouquet**.

burdeos Como nombre de color, este sustantivo se usa en aposición: *una camisa burdeos*. No varía en plural: *los coches burdeos*.

bureau Ver **buró**.

burger La traducción de anglicismo es **hamburguesería**; sin embargo, el término español no ha logrado imponerse al inglés.

burlar(se) Este verbo se construye con las preposiciones **a** y **de**: *burlar a los vigilantes, burlarse de los demás*.

buró Se prefiere este sustantivo a la palabra francesa *bureau*. // Se recomienda evitar su uso con el significado de 'oficina, comité, comisión', aunque actualmente se emplea este término con frecuencia para referirse al órgano dirigente de algunos partidos: *el buró político del partido comunista*.

burujo Se admite también el sustantivo **borujo**, aunque se prefiere la forma **burujo**.

bus El uso de este sustantivo está muy extendido en la lengua coloquial (*la parada del bus*), aunque se prefiere la forma

autobús. El término **bus** se emplea sobre todo en las señales de tráfico.

busca Es sustantivo femenino cuando significa 'acción de buscar' y se utiliza precedido de la preposición **en** y seguido por **de**: *ir en busca del destino*. Cuando se trata de la forma abreviada de **buscapersonas**, es sustantivo masculino: *Me han llamado al busca*. // Es frecuente la utilización del sustantivo **búsqueda** en su lugar en la locución ***orden de búsqueda y captura**, cuando lo correcto es **orden de busca y captura**.

buscapersonas Ver **busca**.

buscar Debe evitarse la construcción **buscar + infinitivo** con el significado de 'pretender, aspirar a, tratar de': **Busca encontrarse a sí mismo*.

business Sustantivo inglés que significa 'negocio'. Actualmente se usa con frecuencia en el lenguaje coloquial, a menudo escrito *bisnes* como su pronunciación: *Me han propuesto un business* (o *bisnes*). En otros registros se deben utilizar sustantivos españoles equivalentes (*negocio*, *asunto*, etc.).

búsqueda Ver **busca**.

butano Como nombre de un color, se usa en aposición: *un vestido butano*.

buten (de) Locución coloquial que significa 'estupendo, excelente': *Esta comida está de buten*. De esta expresión ha surgido el término **dabuten** y su variante **dabuti**, que son los que se usan en la práctica, aunque la locución mencionada sea la forma tradicional y la única que registra el diccionario de la RAE.

byte No confundir con → **bit**.

C

cabalgar Se construye con la preposición **en** y **sobre**: *Cabalgaba en* (o *sobre*) *una hermosa yegua*.

caballo Es incorrecto *a matacaballo por la locución **a mata caballo**.

cabaré o **cabaret** La RAE admite ambas formas, que alternan con las denominaciones **club nocturno** y **sala de fiestas**.

cabe Preposición que significa 'cerca de', 'junto a': *Está situado cabe la ventana*. Es un término antiguo, y sólo se utiliza en lenguaje literario. // Es incorrecta la construcción *cabe a: *Colócate cabe a la entrada*.

caber Es un verbo irregular. Ver cuadro. // Se construye con las preposiciones **en** y **por**: *caber en la cabeza, caber por la puerta*. Con el significado de 'ser posible' se construye seguido de infinitivo: *Cabe pensar que se trata de una equivocación*.

cabestrante Ver **cabrestante**.

cabila Es incorrecta la acentuación *cábila. // Este sustantivo de origen árabe puede aparecer escrito **kabila**, pero se prefiere la forma **cabila**, que es la que se recoge en el diccionario de la RAE.

cablegrafiar En cuanto al acento, este verbo se conjuga como **cambiar**: *cablegrafío*.

cabrestante También se admite la forma **cabestrante**, aunque la RAE da preferencia a **cabrestante**.

cabriolé Forma propuesta por la RAE para sustituir en español al sustantivo francés *cabriolet*.

cacahuete Se admiten los sustantivos **cacahué** (de uso popular) y **cacahuate** (más frecuente en América), aunque el término habitual en España es **cacahuete**. El diccionario

CABER			
INDICATIVO			
Presente	Pretérito perf. simple	Futuro	Condicional
quepo	*cupe*	*cabré*	*cabría*
cabes	*cupiste*	*cabrás*	*cabrías*
cabe	*cupo*	*cabrá*	*cabría*
cabemos	*cupimos*	*cabremos*	*cabríamos*
cabéis	*cupisteis*	*cabréis*	*cabríais*
caben	*cupieron*	*cabrán*	*cabrían*
SUBJUNTIVO			
Presente	Pretérito perfecto	Futuro	
quepa	*cupiera, -ese*	*cupiere*	
quepas	*cupieras, -eses*	*cupieres*	
quepa	*cupiera, -ese*	*cupiere*	
quepamos	*cupiéramos, -ésemos*	*cupiéremos*	
quepáis	*cupierais, -eseis*	*cupiereis*	
quepan	*cupieran, -esen*	*cupieren*	

de la RAE no recoge la variante **cacahuet,** y tampoco **cacahués** y **alcahués,** que se consideran vulgares. Son incorrectas las formas ***alcahué,** ***alcahuet** y ***alcahuete.**

caché o **cachet** Se admiten ambas formas del sustantivo. La primera es una forma castellanizada de la segunda, el francés *cachet.*

cacique El femenino de este sustantivo es **cacica,** no ***la cacique:** *Quien de verdad mandaba en la hacienda era la cacica.*

cactus o **cacto** Ambas formas están admitidas y, aunque la RAE da preferencia a la primera, es más frecuente la segunda.

cada Es incorrecta la locución ***a cada cual más:** **Son a cada cual más exigente.* Debe decirse **a cuál más:** *Son a cuál más exigente.* // La locución distributiva **cada cual** equivale, aplicada sólo a personas, a **cada uno:** *Allá cada cual (o cada uno) con su conciencia;* pero no puede sustituir a esta última cuando tiene valor partitivo: **Conoce personalmente a cada cual del grupo* (lo normal sería *cada uno del grupo*). La

sustitución de **cada cual** por **cada quien** es frecuente en
América: *Vinieron todos, cada quien con su regalo.*

caddie o **caddy** Sustantivo inglés con que se designa a la persona que acompaña a un jugador de golf para asistirle y llevarle los palos. No tiene equivalentes en español, aunque se ha propuesto sustituirlo por **ayudante** o españolizarlo con la grafía **cadi**, única forma reconocida por la RAE.

caer Es un verbo irregular. Ver cuadro. // Es vulgarismo su uso por **tirar** o **dejar caer**: **¡Cuidado, no caigas esa copa!* // No confundir las formas verbales homófonas **cayó** y **calló**. Ver **callar**.

CAER		
GERUNDIO		
cayendo		
INDICATIVO		
Presente	**Pretérito perfecto simple**	
caigo	*caí*	
caes	*caíste*	
cae	*cayó*	
caemos	*caímos*	
caéis	*caísteis*	
caen	*cayeron*	
SUBJUNTIVO		
Presente	**Pretérito perfecto**	**Futuro**
caiga	*cayera, -ese*	*cayere*
caigas	*cayeras, -eses*	*cayeres*
caiga	*cayera, -ese*	*cayere*
caigamos	*cayéramos, -ésemos*	*cayéremos*
caigáis	*cayerais, -eseis*	*cayereis*
caigan	*cayeran, -esen*	*cayeren*

café El plural de este sustantivo es **cafés**; la forma **cafeses* es vulgar. Para el diminutivo, se prefiere el uso de la expresión **cafetito**, en lugar de la forma popular **cafelito**. //

Es extraña al español la expresión **café negro** (de influencia francesa) para referirse al café que se sirve sin leche; lo apropiado es **café solo** o **café puro**. // Las construcciones **café-cantante** y **café-teatro** pueden aparecer también escritas sin guión. Sus plurales son **cafés-cantante** y **cafés-teatro**. Ver apartado de gramática [2.10.6.].

caficultor Es incorrecto *cafeicultor.

caki Ver **caqui**.

***calcamonía** Forma vulgar por **calcomanía**.

calcáneo / calcáreo No confundir estas dos palabras. **Calcáneo** es sustantivo y designa al hueso del tarso que en el hombre forma el saliente del talón del pie. **Calcáreo** es adjetivo y se aplica a lo que tiene cal: *aguas calcáreas*.

calcomanía Debe evitarse la forma vulgar *calcamonía, que se emplea frecuentemente en lugar de **calcomanía**.

calé No confundir este adjetivo y sustantivo con el sustantivo **caló**. La primera forma significa 'gitano' (*flor de la raza calé*), y **caló** es el lenguaje de los gitanos, muchos de cuyos términos se usan en el habla popular y coloquial.

caleidoscopio El diccionario de la RAE da preferencia a la forma **calidoscopio**, aunque el sustantivo **caleidoscopio** es tanto o más frecuente.

calentar Es un verbo irregular. Se conjuga como **pensar**: *caliento*. // Tiene una acepción intransitiva ('desentumecer los músculos') muy utilizada en el argot deportivo: *Conviene calentar los tobillos antes de correr. Comenzó a calentar durante el descanso*. Algunos autores proponen la forma pronominal **calentarse** (*comenzó a calentarse durante el descanso*), pero ésta nunca se emplea con ese sentido y, en cambio, puede inducir a error, ya que suele usarse con el significado de 'apasionarse' o 'enfadarse'.

calidad Se recomienda evitar el uso abusivo de la locución **en calidad de**, la mayor parte de las veces sustituible por **como**: *Asiste a clase en calidad de oyente. Asiste a clase como oyente*.

calidoscopio Ver **caleidoscopio**.

caliente Este adjetivo tiene un superlativo irregular: **calentísimo**. Debe evitarse el vulgarismo *calientísimo.

calificar Se construye con las preposiciones **de** y **con**: *calificar de inepto, calificar con aprobado.*

caligrafiar En cuanto al acento, este verbo se conjuga como **ansiar**: *caligrafío.*

calima o **calina** Ambas formas están admitidas, aunque la RAE da preferencia al sustantivo **calina**.

callado No confundir al escribir este adjetivo y participio del verbo **callar** con el sustantivo homófono **cayado**, 'bastón'.

callar Debe evitarse el frecuente uso de la forma incorrecta *callaros (infinitivo + os) en lugar del imperativo: *¡Callaros ahora mismo!* La forma correcta es **callaos**: *¡Callaos ahora mismo!* // Se considera vulgar emplear la forma pronominal **callarse** para dirigirse a las segundas personas *(tú, usted, vosotros, ustedes): *¡Callarse, por favor!* La frase correcta sería *¡Cállate (cállese, callaos o cállense), por favor!* // No confundir al escribir los homófonos **calló** (tercera persona singular del pretérito perfecto simple del verbo **callar**) y **cayó** (tercera persona singular del pretérito perfecto simple del verbo **caer**).

calle Aunque se ha hecho habitual, por economía o por relajación, la construcción sin la preposición **de** en los nombres de las calles *(calle Carretas, calle Atocha)*, téngase en cuenta que lo correcto es *calle de Carretas, calle de Atocha.* Cuando el nombre de la calle es originariamente un adjetivo, se construye siempre sin preposición: *calle Central, calle Mayor.*

callicida En el diccionario de la RAE, el género de este sustantivo se considera ambiguo, sin embargo suele utilizarse únicamente en masculino: *Compré un callicida en la farmacia.*

callo No confundir este sustantivo al escribir con su homófono **cayo**. Un **callo** es la dureza que se forma en pies, manos, etc. y , familiarmente, una persona fea; **cayo** significa 'isla rala y arenosa': *los cayos de Florida.*

caló No confundir con → **calé**.

calor El género de este sustantivo es masculino y su uso como femenino es propio de la lengua rústica o arcaizante: *¡Cómo aprieta la calor!*

calumniar En cuanto al acento, este verbo se conjuga como **cambiar**: calumnio.

cámara En su significado, como sustantivo masculino y femenino, de 'persona que maneja la cámara de cine o televisión', puede alternar en el uso con **camarógrafo** o, el más común, **operador**, pero debe usarse cualquiera de estas formas en lugar de la voz inglesa *cameraman*.

cambiar En la conjugación de este verbo, a diferencia de otros verbos terminados en **-iar**, como *ansiar* (*ansío, ansías*), la vocal **i** es átona y forma diptongo con la vocal siguiente: *cambia, cambie*. // Se construye con diversas preposiciones: *cambiar de trabajo, cambiar billetes en monedas, cambiarse por otra persona.* // Ver **descambiar**.

cambio No deben usarse indistintamente las locuciones adverbiales **en cambio** y **sin embargo**. La primera establece un contraste o señala una diferencia: *A mí me gusta el campo; él, en cambio, lo odia.* Con **sin embargo** se oponen también dos acciones o hechos, pero no de forma absoluta: *Estaba enfermo; sin embargo, vino.* Fruto de lo dicho anteriormente es la expresión incorrecta **sin en cambio*: **Yo quería salir; sin en cambio, él decidió quedarse en casa.*

cambriano o **cámbrico** Ambas formas están admitidas, aunque suele darse preferencia al adjetivo **cámbrico**.

cameraman Ver **cámara**.

camino La locución prepositiva **camino de**: *Vas camino de tu perdición*, en América se sustituye por **camino a**: *Vas camino a tu perdición*.

camioneta Este sustantivo significa 'camión pequeño para transportar mercancías', sin embargo, en el habla popular, se usa impropiamente en lugar de **autobús** o **coche de línea** : *Ya pasó la camioneta para Madrid.*

campamento Ver **camping**.

camping Sustantivo inglés recogido por el diccionario de la RAE. Algunos autores contemplan también la forma acentuada **cámping**. Corresponde al significado de 'lugar preparado para hacer vida al aire libre en tienda de campaña o caravana, mediante un pago establecido': *Fuimos a un camping de El Escorial*, y también puede indicar que consiste en acampar en esas instalaciones: *Nos vamos de camping*. Suelen proponerse las formas españolas **acampada** y **campamento** como sustitutos del término inglés, aunque sin demasiado éxito, ya que, normalmente, **acampada** se utiliza con el sentido de 'acción de detenerse e instalarse en el campo, en tiendas o al aire libre': *Hicimos una acampada en el bosque*, mientras que un **campamento** se concibe como una instalación temporal y no como un negocio estable: *un campamento de verano*.

campista Este sustantivo se aplica tanto a la 'persona que va de acampada, de campamento o de camping' (ver **camping**), aunque la RAE no recoge estos significados en su diccionario.

campo Suelen considerarse incorrectas las locuciones **campo a traviesa**, **a campo a través**, **a campo través** y **campo a través**, aunque las dos últimas se usan tanto o más que la forma admitida por la RAE, **a campo traviesa**: *una carrera a campo traviesa*. En el diccionario de la RAE se recoge como variante la locución **a campo travieso**, aunque ésta apenas se usa.

campo santo o **camposanto** Ambas formas son correctas, y aunque la RAE da preferencia a la primera, es más frecuente el sustantivo **camposanto**.

canal En el diccionario de la RAE, este sustantivo se considera ambiguo salvo con los significados de 'estrecho marítimo' y 'banda de frecuencia por la que emite una estación de televisión', en que figura como masculino. Normalmente, se usa también en masculino en el resto de las acepciones: 'conducto de un animal o de un vegetal' (*el canal torácico*), 'conducto o cauce artificial de agua' (*un ca-*

nal de riego), 'estría de algunos cuerpos' (*los canales de una columna*), etc.

canalé Aunque en el diccionario de la RAE no figura este sustantivo francés, y algunos autores proponen sustituirlo por los adjetivos **acanalado** o **estriado**, su uso está muy extendido: *una camiseta de canalé*.

canalón Este sustantivo y **canelón** ('pieza rectangular de pasta de harina con relleno comestible') se utilizan hoy prácticamente como sinónimos, también con el sentido de 'cañería que vierte el agua de los tejados', aunque se prefiere **canelón** para el comestible y **canalón** para el conducto de agua.

cancán Forma española para el sustantivo francés *cancan*. Se considera incorrecta la grafía *can-can*.

cancel / cancela No confundir estos sustantivos. Un **cancel** es una contrapuerta, y **cancela** es la verja del umbral de las casas.

cancioneta Se prefiere el uso de este diminutivo de **canción** a la forma italiana *canzonetta* o su forma españolizada **canzoneta**.

cande o **candi** Ambas formas están admitidas y, aunque la RAE da preferencia a la primera, es más frecuente el adjetivo **candi**: *azúcar candi*.

***candidatarse** Evítese este verbo, no está admitido por la RAE; en su lugar, puede utilizarse la expresión **presentarse como candidato**.

candidato La forma femenina para este sustantivo es **candidata**: *la candidata a la presidencia*, aunque aún es muy frecuente el uso del masculino para ambos géneros: *la candidato a la alcaldía*.

candidatura Algunos autores prefieren este sustantivo a **nominación**, aunque esta última forma se emplea frecuentemente en español. Ver **nominar**.

canelón Ver **canalón**. // Se prefiere el plural español **canelones** (o **canalones**) para este sustantivo, en lugar del italianizante **canelonis**.

*cangrena, ***cangrenar(se)** Formas vulgares por **gangrena, gangrenarse**.

canguelo También se dice **canguis**, variante coloquial contemplada por la RAE. // La pronunciación /cangüelo/ es incorrecta.

canguro Nombre masculino y femenino con que se conoce popularmente a la persona a la que se contrata para cuidar a los niños a domicilio. Se prefiere este sustantivo al inglés *baby-sitter*.

canónico / canónigo No confundir estas dos palabras, **Canónico** es adjetivo y significa 'que se ajusta a los cánones, especialmente los de la Iglesia' o se aplica a los libros de la tradición judeocristiana que la Iglesia católica considera inspirados por Dios: *preceptos canónicos; tratado canónico*. **Canónigo** es sustantivo masculino y designa al sacerdote miembro del cabildo de una catedral: *una reunión de canónigos*.

canotier En el diccionario de la RAE no se incluye este sustantivo francés, sin equivalentes exactos en español. Algún autor propone sustituirlo por construcciones como *sombrero de paja de ala recta*, pero, por economía, se prefiere la forma francesa.

cansar Se construye con las preposiciones **con** y **de**: *Me cansa con tanta charla. Se cansó de escucharle*.

cantaor Variante regional, recogida por la RAE, de **cantador** y de uso más generalizado que esta última. Designa a la persona que canta flamenco.

cantautor Es incorrecto *canta-autor.

cantiga o **cántiga** Se admiten ambas formas, pero se prefiere **cantiga**.

cantilena o **cantinela** Ambas formas están admitidas y, aunque la RAE da preferencia a la primera, es más usual **cantinela**.

canzoneta o **canzonetta** Ver **cancioneta**.

caolín Se considera incorrecta la grafía *kaolín para este sustantivo.

caparazón El género de este sustantivo es masculino: *el caparazón*; a veces se utiliza como femenino en algunos lugares de España y en gran parte de América, de acuerdo con su terminación **-azón**, característica de sustantivos femeninos como *hinchazón, quemazón*, etc.

capataz El femenino de este sustantivo es **capataza**, aunque es frecuente la forma masculina para ambos géneros: *la capataz de la finca*.

capaz Este adjetivo suele construirse con las preposiciones **de** o **para**: *Es capaz de eso y más. Soy perfectamente capaz para solucionarlo.* // En algunos países de América, se usa el adjetivo **capaz** o la construcción **es capaz** en lugar de **es posible**: *Si no llueve, capaz* (o *es capaz*) *que vuelva esta noche.* // No confudir con → **susceptible**.

capitalino / capitolino No confundir estos dos adjetivos. **Capitalino** significa 'perteneciente o relativo a la capital del Estado': *urbanismo capitalino*, y **capitolino** se aplica a lo relativo al capitolio: *una estatua de Júpiter capitolino*.

capitel También se admite la forma **chapitel**, aunque es mucho más frecuente **capitel**.

capitoné El diccionario de la RAE no recoge este sustantivo (del francés *capitonné*, 'acolchado'), pero se utiliza en nuestro idioma referido al vehículo cerrado preparado para transportar muebles.

capitular Este verbo se construye con las preposiciones **ante** y **con**: *capitular ante* (o *con*) *las tropas ofensivas*.

capo Voz italiana que significa 'jefe, patrón' y suele aplicarse a los jefes de la Mafia; el término se emplea cada vez más para referirse a los dirigentes de otras organizaciones delictivas: *los capos del narcotráfico*.

capó Adaptación de la palabra francesa *capot*; no debe emplearse esta última.

cappa Ver **kappa**.

captor Este adjetivo y sustantivo significa estrictamente 'que captura', por lo que no es muy apropiado usarlo con el sentido de 'secuestrador', quizá por influencia de **rap-**

tor: *Sus captores lo mantuvieron encerrado en una habitación oscura*.

caquéctico Este es el adjetivo derivado del sustantivo **caquexia**, y no *caquéxico.

caquexia, *caquéxico Ver **caquéctico**.

caqui Se prefiere esta forma a **kaki**, **khaki** o **caki**, derivadas del inglés.

cara No se debe abusar de la expresión **de cara a**, que puede alternarse perfectamente con **ante**, **con vistas a** o **para**.

carabao / cárabo No confundir estos dos sustantivos. El **carabao** es un rumiante asiático parecido al búfalo y el **cárabo** es un ave rapaz nocturna.

carácter El plural de este sustantivo es **caracteres**. Es incorrecto *carácteres. // Se recomienda evitar su uso como sinónimo del inglés *character* en lo referente al cine o al teatro: *los caracteres de una obra*. Con este significado, puede sustituirse por los sustantivos **personaje** o **papel**: *los personajes* (o *los papeles*) *de la obra*.

caradura o **cara dura** Se utilizan las dos formas y ambas variantes admiten la construcción con adjetivos, aunque en este caso se usa casi siempre **caradura**: *Tiene una caradura impresionante*; la expresión **cara dura** admite un adverbio intercalado: *Tienes una cara muy dura*.

carbunclo Este sustantivo es sinónimo de **carbunco** y **carbúnculo**, pero en acepciones diferentes, por lo que estos últimos no deben confundirse entre sí; el **carbunco** es una enfermedad infecciosa conocida también como *ántrax*, y un **carbúnculo** es un rubí.

carbunco / carbúnculo Ver **carbunclo**.

card Evítese este anglicismo; el término español correspondiente es **tarjeta**.

cardíaco o **cardiaco** Ambas formas están admitidas, aunque la RAE da preferencia a la primera.

cardumen o **cardume** Ambas formas están admitidas, aunque se prefiere la primera. // El plural de ambas formas es **cardúmenes**.

carear No confundir con → **cariar**.

carecer Es un verbo irregular. Se conjuga como **agradecer**: carezco. // Se construye con la preposición **de**: *carecer de ambiciones*.

carey Su plural es **careyes** o **careys**.

cargar Este verbo se construye con las preposiciones **a, con, de, sobre** y **contra**: *cargar a hombros, cargar con las culpas, cargar de problemas, cargar sobre (o contra) los enemigos*.

cargo Con el significado de 'conjunto de faltas de que se acusa a alguien', este sustantivo se usa sobre todo en plural: *¿Cuáles son los cargos contra mí?*

cariar En cuanto al acento, este verbo se conjuga como **cambiar**: *Se me carió una muela*. // Son incorrectos ***carear** y ***careado** por **cariar** ('producir caries') y su participio **cariado**. Existe un verbo **carear**, pero proviene de cara y significa 'poner frente a frente a dos o más personas e interrogarlas juntas para averiguar la verdad': *El juez decidió carear a los acusados*.

caries Es incorrecto ***carie**.

carillón Es incorrecto ***carrillón**.

carioca Se recomienda evitar el uso de este adjetivo y sustantivo como sinónimo de **brasileño**, ya que **carioca** significa exclusivamente 'de Río de Janeiro'.

carmesí El plural de este adjetivo o sustantivo es **carmesíes**, aunque también se usa **carmesís**. Como adjetivo calificativo, muchas veces es de número invariable: *labios carmesí*.

carnaval Se prefiere la utilización de este sustantivo a la palabra **carnestolendas**, hoy prácticamente en desuso. // Suele considerarse inadecuada la utilización del plural **carnavales** para designar una única festividad: *los carnavales de este año*, pues la forma singular ya alude al periodo de tres días que preceden al miércoles de ceniza y a las fiestas que se celebran en ellos: *El carnaval de este año*.

carné o **carnet** Ambas formas están admitidas. De las dos, es **carnet** la más utilizada en la lengua escrita.

*carnecería Forma vulgar por **carnicería**.

carnestolendas Ver **carnaval**. // Es incorrecto ***carnes to-lendas**.

carnet Ver **carné**.

carnicería Se considera vulgar la forma ***carnecería**.

carpintero, **carpintera** Con el significado de 'mujer que trabaja la madera', el sustantivo femenino **carpintera** aún no está recogido en el diccionario de la RAE, aunque su uso es preferible al de **carpintero** en frases cuyo sujeto sea femenino: *Elisa es una excelente carpintera*.

*carrillón Forma incorrecta por **carillón**.

carrusel Se prefiere este sustantivo al de la forma francesa *carroussel* (no admitida por la RAE) para el significado de 'espectáculo en que varios jinetes ejecutan evoluciones'. Con el sentido de 'caballitos de feria', es más frecuente **tiovivo**.

carst Este sustantivo también se escribe **karst**.

cartel 'Anuncio que se pega en un sitio público'. No confundir con → **cártel**.

cártel o **cartel** Aunque la RAE da preferencia a la forma de acentuación aguda **cartel**, es más frecuente **cártel** con los sentidos de 'acuerdo entre dos o más empresas con el objeto de controlar la producción y los precios de un producto' y, más recientemente, 'organización delictiva vinculada al tráfico de drogas o de armas': *el cártel de Medellín*. El uso de la forma llana **cártel** permite evitar su confusión con cartel, 'anuncio que se pega en un sitio público'.

cartero El femenino de este sustantivo es cartera, aunque a veces se utilice la forma masculina para ambos géneros: *La cartero no ha venido hoy*.

cartomancia o **cartomancía** Ambas formas están admitidas, aunque es más frecuente **cartomancia**.

casa Conviene evitar la expresión popular **ir en casa de** por **ir a casa de**, así como la apócope del sustantivo **casa** en la forma **ca'** (*Voy en casa -o en ca'- de mi hermana*), que resultan extrañas en el uso normal. // Cuando este sustantivo forma parte del nombre de algunos establecimientos co-

merciales junto a un nombre propio, lo usual es la construcción sin la preposición **de**: "*Casa Paco*", y no: "*Casa de
Paco*".

casar Con el significado de 'contraer matrimonio', este verbo puede ser intransitivo (*Casó a edad temprana*), aunque
se usa más como verbo pronominal y se construye con
las preposiciones **con, en** y **por**: *Se casó a edad temprana
con un hombre rico. Se casó en segundas nupcias. Se casó por
poderes*.

caserna Se debe evitar el uso de este sustantivo con el sentido de 'cuartel' (por influencia del francés *caserne*); en español esta palabra significa 'bóveda a prueba de bombas
que sirve para alojar soldados y almacenar víveres'.

casete Sustantivo propuesto por la RAE para sustituir al francés **cassette**. Se considera de género ambiguo y, cuando
designa la cajita que contiene una cinta magnética para reproducir sonido y a esta misma cinta, se utiliza indistintamente en masculino o femenino (aunque predomina este
último género), pero con el sentido de 'aparato grabador
o reproductor de sonidos' se emplea sólo en masculino:
Apaga el casete.

casi Se considera vulgar la locución **casi que**, aunque su uso
está recogido por la RAE: *Casi que parece que sólo le falta
hablar*. // Se debe evitar la expresión ***la casi totalidad**
(**Asistió la casi totalidad de los invitados*) en lugar de **casi la
totalidad** o **casi todos**: *Asistió casi la totalidad de los invitados* (o *Asistieron casi todos los invitados*).

casida Ver **qasida**.

caso Ver **affaire**. // No deben confundirse las locuciones **en
tal caso** y **en todo caso**. La primera significa 'en ese caso': *Sigue así y, en tal caso, me iré*, y la segunda, 'de todas
maneras': *No voy a salir, pero, en todo caso, pasa por mi casa*.

cassette Ver **casete**.

castaño Este adjetivo no es totalmente sinónimo de **marrón**.
Castaño se usa para referirse a lo que es naturalmente de
ese color: *pelo castaño, ojos castaños, yegua castaña*. Para los

objetos que son resultado de una manipulación, se prefiere **marrón**: *vestido marrón, bolso marrón, rotulador marrón*.

castellano Ver **español**.

castellanohablante / castellanoparlante Se considera más apropiado el primer término que la forma **castellanoparlante**, no recogida en el diccionario de la RAE.

casual Por influencia del inglés *casual* (*wear*), este adjetivo ha adquirido un nuevo valor semántico en el uso ('informal'): *ropa casual*. Es preferible utilizar el español **informal**: *ropa informal*.

catalanohablante / catalanoparlante Se considera más correcto el primer término que **catalanoparlante**, aunque en catalán se diga **catalanoparlant**.

catavino / catavinos No confundir estos sustantivos. El primero es una copa u otro recipiente para probar el vino: *un catavino de cristal*, y **catavinos** es un sustantivo de género común y número invariable que designa a la persona catadora de vinos: *El oficio de catavinos requiere mucha experiencia*.

catch Sustantivo inglés que designa un tipo de lucha espectáculo; el término se ha popularizado gracias a los medios de comunicación, pero su nombre en español es **lucha libre**.

catchup El diccionario de la RAE no recoge este sustantivo de origen inglés; sin embargo, es muy frecuente en nuestro idioma, al igual que el de sus variantes **ketchup** y **kechup**.

catecúmeno El femenino de este sustantivo es **catecúmena**, no *la *catecúmeno*.

catedrático Existe el femenino **catedrática** para este sustantivo: *la catedrática de literatura inglesa*, aunque a menudo se utilice **catedrático** para ambos géneros: *Subí al despacho de la catedrático*.

catering Voz inglesa que ha sido incluida por la RAE en su diccionario; designa un servicio de comidas preparadas, como el que se suministra a las líneas aéreas. Es de género masculino.

cátodo Es incorrecta la acentuación *catodo.

catorceavo También se admite **catorzavo**, aunque este último adjetivo está en desuso. // Es un vulgarismo frecuente el uso de este numeral partitivo en lugar del ordinal correspondiente: *Es la catorceava vez que se lo digo* (por *decimocuarta vez*).

catorceno Ver **decimo-**.

catorzavo Ver **catorceavo**.

caucioso Se recomienda evitar este anglicismo (derivado de *cautious*), que no aporta nada al idioma respecto a los adjetivos españoles **cauto** o **cauteloso**.

cava Ver **champán** o **champaña**.

cayo No confundir con → **callo**.

cazabombardero Es incorrecto **cazabombarderos** para referirse a un solo aparato: *un cazabombarderos*. // Es incorrecto *caza-bombardero.

CD-ROM Siglas inglesas de *Compact Disc Read-Only Memory*, utilizadas en el argot informático para designar un disco compacto que sirve de soporte de información digital. Estas siglas se emplean como sustantivo masculino y suelen abreviarse como CD. // Se admite también la forma correspondiente a su pronunciación en español: **cederrón**.

cebar(se) Se construye con las preposiciones **con** y **en**: *Suele cebarse con la desgracia ajena. Se cebaron en su víctima.*

ceda Ver **zeta**.

ceder Se construye con las preposiciones **a, ante, de, en**: *ceder a los deseos de otro, ceder ante la autoridad, ceder alguien de sus derechos, ceder uno en su postura.*

cederrón Ver **CD-ROM**.

cedilla También se admite **zedilla**, aunque la RAE da preferencia a **cedilla**.

cefalalgia / cefalea Estos dos sustantivos suelen utilizarse como sinónimos, aunque el diccionario de la RAE hace una matización entre ambos: define **cefalalgia** sólo como 'dolor de cabeza' y **cefalea** con el significado de 'cefalalgia violenta y tenaz'.

-cefalia Forma sufija de origen griego que significa 'cabeza' y forma sustantivos femeninos: *dolicocefalia*, *mesocefalia*. Es incorrecto *-cefalía*: *mesocefalía*.

cefalorraquídeo Es incorrecto ***encefalorraquídeo**: *líquido cefalorraquídeo*, no *líquido encefalorraquídeo*.

cegar Es un verbo irregular. Se conjuga como **pensar**. La **g** de la raíz cambia a **gu** delante de **e**: ciegue.

ceilandés Ver **cingalés**.

celebérrimo Ver **célebre**.

célebre El superlativo de este adjetivo es **celebérrimo**, no *celebrísimo*.

celentéreo Es incorrecto *celenterio*.

cello Ver **violonchelo**, **violonchelista**.

celtíbero o **celtibero** Ambas formas están admitidas, y aunque suele preferirse el uso de la primera, es frecuente el uso de **celtibero** (por influencia de **ibero**).

celulitis Aunque el diccionario de la RAE no recoge este sustantivo, su uso es muy frecuente.

cenagal Es incorrecto *cenegal*.

cenefa Es incorrecto *fenefa*.

cenit Se escribe también **zenit**, aunque esta última forma se emplee menos. // Aunque su uso está muy extendido, son incorrectas la pronunciación y la escritura *cénit* o *zénit*: *Llegó al cénit de su carrera a los veinticinco años*.

cenotafio El significado de este sustantivo es 'monumento funerario en que no está el cadáver, pero que recuerda la memoria de un personaje fallecido', por lo que no debe emplearse con los sentidos de 'panteón', 'sepulcro' o 'tumba', lugares para dar sepultura a cadáveres.

censurar Se construye con las preposiciones **a** y **en**: *censurar algo a o en alguno*.

centígrado, **centigramo**, **centilitro**, **centímetro** Son incorrectos *centigrado*, *centígramo*, *centílitro*, *centímetro*.

centolla o **centollo** Ambas formas están admitidas, aunque suele preferirse el uso de la segunda.

centrar(se) Evítese la construcción ***centrarse en torno a**: **El discurso se centró en torno al tema del medio ambiente*. Puede sustituirse por **girar en torno a**: *El discurso giró en torno al tema del medio ambiente*.

centro En algunos países de América se utiliza la construcción de influencia francesa **al centro** en lugar de la habitual en España **en el centro**: *Se colocó al centro, rodeado de sus familiares*.

ceñir(se) Es un verbo irregular. Ver cuadro. // En su forma pronominal, se construye con la preposición **a**: *Me ceñí a todas sus exigencias sin protestar*.

CEÑIR			
GERUNDIO			
ciñendo			
INDICATIVO			
Presente		**Pretérito perfecto simple**	
ciño		*ceñí*	
ciñes		*ceñiste*	
ciñe		*ciñó*	
ceñimos		*ceñimos*	
ceñís		*ceñisteis*	
ciñen		*ciñeron*	
SUBJUNTIVO			**IMPERATIVO**
Presente	**Pretérito imperfecto**	**Futuro**	
ciña	*ciñera, -ese*	*ciñere*	
ciñas	*ciñeras, -eses*	*ciñeres*	*ciñe*
ciña	*ciñera, -ese*	*ciñere*	
ciñamos	*ciñéramos, -ésemos*	*ciñéremos*	
ciñáis	*ciñerais, -eseis*	*ciñereis*	*ceñid*
ciñan	*ciñeran, -esen*	*ciñeren*	

*cera Forma incorrecta por **acera**.

cerca Son incorrectas construcciones como ***cerca mío, tuyo**, etc.: **Me gusta estar cerca tuyo*. Debe emplearse **cerca de mí, de ti**, etc.: *Me gusta estar cerca de ti*. // Es incorrecto omitir la preposición **de** en la locución **cerca de**: *Eran cerca las cinco de la tarde*. Asimismo, no debe emplearse esta locución con el significado de 'ante': **el embajador de España cerca de la Santa Sede*. La expresión correcta sería: *el embajador de España ante (o en) la Santa Sede*. En algunos países de América se utiliza **cerca a** en lugar de **cerca de**.

cercano Este adjetivo suele construirse con la preposición **a**: *Se siente cercano a la muerte*. Su construcción con la preposición **de** no es usual: *cercano de la muerte*. // Se deben evitar expresiones como **cercano nuestro, vuestro*, etc., en lugar de **cercano a nosotros, a vosotros**, etc.: *Siempre se mantuvo muy cercano a vosotros*.

cerciorarse Este verbo se construye con la preposición **de**: *Se cercioró de que estábamos a salvo*. Son incorrectas las construcciones sin preposición: **Se cercioró que estábamos a salvo*.

céreo No confundir con → **cerúleo**.

cerner Es un verbo irregular. Se conjuga como **tender**: *cierno, cernemos, cerneremos, cerneríamos*. // Es sinónimo de **cernir**, aunque suele darse preferencia a **cerner**. No confundir las respectivas conjugaciones de estos dos verbos.

cernir Es un verbo irregular. Se conjuga como **discernir**: *cierno, cernimos, cerniremos, cerniríamos*. No confundir su conjugación con la de su sinónimo **cerner**. // Son incorrectas formas como **cirnió, *cirnieron*, etc. por *cernió, cernieron*, etc.

cero Como adjetivo numeral cardinal, el sustantivo al que determina siempre aparece en plural: *Ha tenido cero faltas en el ejercicio*.

cerrar Es un verbo irregular. Se conjuga como **pensar**: *cierro*. // Se construye con diversas preposiciones: *cerrarse a la razón, cerrar con (o contra) los enemigos, cerrarse en el silencio*.

certamen Se recomienda evitar el uso de este sustantivo como sinónimo de 'exposición' o 'exhibición', ya que su sentido correcto es 'concurso' o 'disputa literaria': *El ganador del certamen fue un poeta novel*.

cerúleo No confundir este adjetivo con **céreo**. **Cerúleo** significa 'de color azul como el del cielo' y **céreo** significa 'de cera o parecido a ella': *Tenía el rostro céreo de espanto*, pero no **cerúleo de espanto*.

cerval Es incorrecto **ferval*: **miedo ferval*.

cesar Es un verbo intransitivo y significa 'parar, acabar' y 'dejar de desempeñar algún empleo o cargo'. Son incorrectas construcciones transitivas del tipo **cesaron al ministro*, **el gerente fue cesado*. En estos casos, deben emplearse verbos como **destituir**, **deponer**, **relevar**, etc.: *destituyeron al ministro*. // Se construye con las preposiciones **de** y **en**: *cesar de hablar, cesar alguien en sus funciones*.

cese Suele recomendarse evitar emplear este sustantivo con el significado de 'suspensión', 'término', 'final', en frases como *el cese de las conversaciones, de las hostilidades*, etc., aunque su uso es muy frecuente. Puede sustituirse por los sustantivos antes citados: *la suspensión de las conversaciones, el final de las hostilidades*, etc.

ceta Ver **zeta**.

ceugma Ver **zeugma**.

ch Combinación de grafías que se ha considerado tradicionalmente como la cuarta letra del alfabeto español, y la tercera de sus consonantes. En este y otros muchos diccionarios ha sido englobada en la **c**, siguiendo las normas de alfabetización universal.

chachi 'Estupendo, muy bueno'. Aunque la RAE da preferencia al adjetivo **chanchi**, el uso de esta última forma es mucho menor que el de **chachi**. Estos adjetivos se restringen a un uso coloquial del lenguaje.

chalé o **chalet** Aunque la RAE da preferencia a la forma **chalé**, también recoge en su diccionario el sustantivo francés *chalet*, cuyo uso es muy frecuente en español.

champagne Ver **champán** o **champaña**.

champán o **champaña** Ambas formas están admitidas, aunque es más frecuente **champán** (sobre todo en la lengua hablada), y las dos se prefieren a la forma francesa *cham-*

pagne. En el ámbito comercial se da el nombre de **champán** únicamente al vino elaborado en Champagne (Francia), por lo que en España se utiliza el término **cava** para designar a los vinos elaborados de modo similar. Sin embargo, **champán** es el nombre que comúnmente se usa.

champú Se prefiere el uso de este sustantivo al de la voz inglesa *shampoo*. // Su plural es **champús**.

chance La RAE no admite este sustantivo inglés (utilizado como masculino o femenino y más extendido en América), y es preferible su sustitución por **oportunidad** u **ocasión**: *Aún tiene una oportunidad*, en lugar de *Aún tiene una chance*.

chanchi Ver **chachi**.

chándal Su plural es **chándales**, no **chandals*.

chantaje Es incorrecto **chantage*, calco del francés *chantage*.

chantillí o **chantilly** El diccionario de la RAE sólo admite el sustantivo masculino **chantillí**, preferible al francés *chantilly*.

chapitel Ver **capitel**.

chaqué Se prefiere este sustantivo a la forma **chaquet**, más cercana al francés *jaquette*. // No es sinónimo de **frac**; esta prenda es por delante como una chaquetilla que llega hasta la cintura y por detrás está rematada en dos puntas, mientras que el **chaqué** se abre hacia atrás a partir de la cintura, formando dos faldones.

chárter Forma española —admitida por la RAE— para el sustantivo inglés *charter*.

chauvinismo, **chauvinista** Ver **chovinismo**, **chovinista**.

checoeslovaco o **checoslovaco** Ambas formas están admitidas para designar a los naturales de la desaparecida **Checoeslovaquia** o **Checoslovaquia**, aunque se da preferencia a las formas **checoslovaco** y **Checoslovaquia**.

chef La RAE no admite este sustantivo francés y algunos autores proponen sustituirlo por **jefe de cocina**, **primer cocinero** o **maestro de cocina**, aunque la forma **chef** está plenamente asentada en español: *Mis felicitaciones al chef*.

chelo Ver **violonchelo, violonchelista**.

chequear(se), chequeo Anglicismos (del verbo *to check*), que en España significan, respectivamente, 'hacerse una revisión médica' (**chequearse**) y 'esta misma revisión' (**chequeo**). La RAE, para la vigésima segunda edición de su diccionario, ha admitido como general el uso del verbo **chequear** con el significado original de 'comprobar', 'examinar', que consideraba propio de Hispanoamérica.

chérif Ver **shériff** o **shérif**.

cheroque o **cheroqui** Adjetivo y sustantivo no incluido en el diccionario de la RAE, que denomina a un pueblo indio de los Estados Unidos. También se escribe **cherokee**, como en inglés, o **cheroki**, aunque se prefiere la forma **cheroqui**.

cheviot o **chevió** Ambas formas están admitidas, aunque es más frecuente la primera.

chicle Se recomienda evitar las formas como **chiclé** y **chiclet**.

chiclé Sustantivo masculino, no recogido en el diccionario de la RAE, derivado del francés *gicleur*. Es el nombre de la pieza que regula el paso de algunos fluidos, por ejemplo el gas en los quemadores de las cocinas o el combustible en el carburador de los automóviles. Algunos autores prefieren los términos españoles **inyector** o **pulverizador** (de un carburador), pero **chiclé** está muy extendido en nuestro idioma. // No debe confundirse con **cliché**, 'plancha o grabado para la impresión' y 'negativo fotográfico'.

chiffonnier 'Especie de cómoda alta con cajones superpuestos'. Sustantivo masculino francés muy utilizado, pese a no estar registrado por la RAE. Los castellanohablantes suelen pronunciar /sifonié/, pero a veces se dice erróneamente */sinfonier/. No tiene equivalentes exactos en español, aunque algunos autores proponen los términos **cómoda** o **tocador**.

chií, chiita, chiismo De acuerdo con las directrices ortográficas aprobadas por la RAE, es incorrecta la escritura *chiíta, debiendo emplearse la forma sin tilde **chiita**, pues se trata de una palabra llana acabada en vocal y los hiatos siguen las normas generales de acentuación. La mismo se aplica a ***chiísmo**, que ha de escribirse **chiismo**. // La RAE, no inclulye en su diccionario el término **chií** (con plural **chiíes** y, más raro, **chiís**), aunque aparece en nuestra lengua con la misma frecuencia que **chiita**. También puede encontrarse la forma **shií** (con plural **shiíes**), pese a no ser la variante más corriente.

*chiíta, *chiísmo Escritura incorrecta por **chiita** y **chiismo**, respectivamente.

chinche Con los significados de 'insecto hemíptero' y 'chincheta', el género de este sustantivo es femenino: *una chinche*, aunque existe un uso masculino regional en España y América. Con el sentido de 'persona demasiado exigente' o 'persona molesta', es masculino y femenino: *Tu marido es un chinche. Mi jefa es una chinche.*

*chinología, *chinólogo Formas incorrectas por **sinología** y **sinólogo**.

chip Este sustantivo inglés puede traducirse por los términos españoles **pastilla** o **microprocesador**, aunque la forma inglesa está plenamente asentada en nuestro idioma.

chiquilicuatro o **chiquilicuatre** En el diccionario de la RAE sólo se recoge la forma familiar **chiquilicuatro**, aunque también es frecuente el uso del sustantivo **chiquilicuatre**.

chirriar En cuanto al acento, este verbo se conjuga como **ansiar**: *chirría*.

chistu, chistulari Formas castellanas para los sustantivos vascos **txistu** y **txistulari**.

choc Ver **shock**.

chocar Se construye con las preposiciones **a, con, contra**: *Eso chocará a todo el mundo. Siempre choca con sus compañeros. Choqué contra una farola.* // En América existe un uso transitivo: *No vio el auto y lo chocó.*

chófer o **chofer** Ambas formas están admitidas, aunque la primera se utiliza fundamentalmente en España y la segunda en América. // El femenino **choferesa** es muy poco frecuente y no está admitido por la RAE; tampoco suele utilizarse demasiado **chófer** (*la chófer*), prefiriéndose el término **conductora**.

choque Ver **shock**.

chotis o **chotís** En el diccionario de la RAE sólo se recoge la primera forma. El sustantivo **chotís** es de uso popular y hoy apenas se emplea; tampoco se utiliza el alemán *schottisch*, del que proceden las formas españolas.

chovinismo, **chovinista** También existen **chauvinismo** y **chauvinista**, más cercanos al francés *chauvinisme*, aunque se prefieren **chovinismo** y **chovinista**. // Estos términos no son totalmente equivalentes a **patriotería** y **patriotero**. Estos últimos expresan idea de 'presunción excesiva de patriotismo', mientras que **chovinismo**, **chovinista** indican 'exaltación de todo lo nacional y desprecio por lo extranjero'.

christmas o **christma** Ver **crisma** o **crismas**.

chucrú o **chucrut** Sustantivos procedentes del alemán que designan al 'plato típico alsaciano a base de col fermentada y diversos condimentos'. Es más frecuente la forma **chucrut**, aunque la grafía **chucrú** sea más cercana al español. Se prefiere la utilización de cualquiera de estas dos formas a otras como **choucrute**, **surkrut** o **sauerkraut**.

chut Voz inglesa. También se dice **chutazo**, aunque ninguno de estos dos sustantivos está recogido en el diccionario de la RAE, que en cambio sí admite **chutar**. Su uso es muy frecuente.

cicerone Sustantivo que proviene del italiano *Cicerone*. Aunque en el diccionario de la RAE se le atribuye únicamente el género masculino, se utiliza como sustantivo masculino y femenino: *el cicerone, la cicerone*.

cíclope o **ciclope** Ambas formas están admitidas, aunque el sustantivo **ciclope** está en desuso.

ciego El superlativo de este adjetivo y sustantivo es **cieguísimo**, no *cieguecísimo, y sus diminutivos son **cieguecito** o **cieguecillo**. La forma diminutiva **cieguito**, aunque no muy correcta, es muy frecuente.

cielo Es incorrecto *cielorraso por la expresión **cielo raso**. Su plural es **cielos rasos**.

cien Apócope de → **ciento**.

ciencia ficción o **ciencia-ficción** La RAE registra la primera grafía y no la forma con guión, aunque esta última construcción es defendida por algunos autores.

cientificismo, **cientificista** En el diccionario de la RAE sólo se recogen estas formas (sustantivo y adjetivo, respectivamente), aunque son frecuentes **cientifismo** y **cientifista** y, en menor medida, **ciencismo** y **ciencista**.

ciento Este adjetivo numeral ordinal, delante de otros numerales, se suma a ellos: *ciento veintidós*, pero se emplea su apócope cien cuando precede a un sustantivo: *cien caminos*, o cuando va delante de otro numeral al que multiplica por 'cien': *cien mil pesetas*. // **por ciento** Son incorrectas formas como **el siete por cien*. Debe decirse *el siete por ciento*. Excepto en la expresión *cien por cien*, en la que se usa apocopado. Se representa con el signo %.

cierto Con el significado de 'sabedor, seguro de algo', este adjetivo se construye con la preposición **de**: *cierto de sus teorías*. // Superlativos de **cierto**: **certísimo**, más culto, y **ciertísimo**, más popular.

cifrar Este verbo se construye con la preposición **en**: *Suele cifrar sus ilusiones en puras utopías*.

cigoto Se escribe también **zigoto**.

cimentar Es un verbo irregular que se conjuga como **pensar**: *cimiento*, *cimientas*, aunque es corriente su uso como verbo regular: *cimento*, *cimentas*.

cinc Se escribe también **zinc**. Es incorrecto **cinz*.

cine Sustantivo masculino, apócope de **cinematógrafo**. Su uso es mucho más frecuente que el de esta última forma, y se prefiere al de **cinema** y **cinematografía** (sustantivo derivado de cinematógrafo): *¿Vienes al cine? Intenta abrirse camino en la industria del cine*.

cineasta Algunos autores consideran admisible la variante **cineísta** para este sustantivo, aunque esta última forma no es usual ni está admitida por la RAE.

cinematografiar En cuanto al acento, este verbo se conjuga como **ansiar**: *cinematografían*.

cingalés Este adjetivo y sustantivo es el gentilicio correspondiente a Ceilán, isla asiática hoy constituida en la República de Sri Lanka. Algunos medios de comunicación emplean el gentilicio **srilankés** o **srilanqués**, ya que los *cingaleses* son sólo una de las dos etnias del país y el *cingalés* o *singalés* es su lengua; los *tamiles* son la otra etnia y su idioma es el *tamil*. Otros proponen el término **ceilandés**, aunque Ceilán no es el nombre oficial del país.

cíngaro Se prefiere este adjetivo y sustantivo a la forma italiana **zíngaro**, no admitida por la RAE.

cinia Ver **zinnia**.

circón / circonio No confundir estos dos sustantivos. **Circón** es el mineral silicato de circonio, y **circonio** es el elemento químico metálico que se extrae del circón. // También se escriben **zircón** y **zirconio**.

circuir Es un verbo irregular. Se conjuga como **huir**.

circun- Prefijo latino que significa 'alrededor': *circuncisión, circunsolar*. Ante **p** presenta la variante **circum-**: *circumpolar*.

circunnavegar Es incorrecto ***circumnavegar**.

circunscribir Este verbo se conjuga como **escribir**, pero su participio tiene dos formas: **circunscrito** o **circunscripto**, esta última menos usual. // Se construye con la preposición **a**: *Su intervención se circunscribió al tema del debate*.

circunvolar Es un verbo irregular. Se conjuga como **contar**: *circunvuela*.

-císimo Ver **-ísimo**.

cisma Es un sustantivo masculino: *el cisma*. Su uso como femenino es arcaico: *la Cisma de Occidente*.

citadino Adjetivo de origen francés (*cité*) o italiano (*città*), utilizado en algunos lugares de América en lugar de **urbano**.

cizalla o **cizallas** Ambas formas se admiten para designar un único objeto, aunque es preferible la primera.

clac También existe la forma **claque**, más acorde con la ortografía española, pero que es menos usada. Es sustantivo femenino: *la clac, la claque.*

clamar Este verbo se construye con las preposiciones **a** y **por**: *clamar al Cielo, clamar por la justicia.*

clap, **clapman** Ver **claqueta**, **claquetista**.

claque Ver **clac**.

claqueta, **claquetista** Estos sustantivos corresponden en español a los ingleses *clap* y *clapman*, por lo que no es preciso recurrir a estas últimas formas.

clarecer Es un verbo irregular. Se conjuga como **agradecer**: *clarezca.* // Es sinónimo de **amanecer** y, al igual que este verbo, es impersonal y sólo se conjuga en tercera persona.

claridad No confundir con → **clarividencia**.

clarividencia, **clarividente** Son incorrectas las formas *clarevidencia, *clarevidente*. // **Clarividencia** significa 'lucidez, perspicacia': *Es un hombre de gran clarividencia.* No debe utilizarse como **claridad**, que es la 'cualidad de claro': *Se expresa con gran claridad*, y no *con gran clarividencia.* Lo mismo puede decirse de **clarividente** y **claro**.

clasificado Debe evitarse el uso de este adjetivo, por influencia del inglés, con el sentido de 'secreto' o 'reservado' en expresiones como *materia clasificada*.

clavar Este verbo se construye con las preposiciones **a** y **en**: *clavar a (o en) la puerta.*

clavellina Es incorrecta la forma *clavelina*.

claxon Su plural es cláxones no *cláxons*.

cliché Con el significado de 'plancha o grabado para la impresión', también se dice **clisé**, aunque es más corriente la primera forma. // No confundir con → **chiclé**.

cliente Es un sustantivo de género común: *el cliente, la cliente.* Sin embargo, no es infrecuente el femenino **clienta**, sobre todo con el significado de 'mujer que compra en un establecimiento': *Atiende a esa clienta.*

clima Cuando este sustantivo significa 'ambiente, situación', no debe confundirse con **clímax**, 'punto más elevado de una gradación': *Lo enconado de las posiciones llevó la reunión un clímax de gran tensión.*

climatología Este sustantivo designa la ciencia que trata del clima y, por extensión, las condiciones propias de un clima determinado: *Los pastos abundan en zonas de climatología húmeda.* No es adecuado emplearlo, como es bastante habitual, con el sentido de 'condiciones atmosféricas': *La climatología adversa impidió la celebración de la regata.*

clímax Este sustantivo es femenino y no varía en plural: *el clímax, los clímax.* // No confundir con → **clima**.

clip o **clipe** Ambas formas están admitidas, aunque la inglesa **clip** se emplea mucho más que **clipe**, adaptación española de aquélla. Su plural es **clips** o **clipes** respectivamente.

clocar Es un verbo irregular. Se conjuga como **contar**: *clueca.*

clon Forma españolizada del sustantivo inglés **clown**, 'payaso'. Las dos variantes están admitidas por la RAE, aunque en España se suele dar este nombre únicamente al payaso que forma pareja con otro llamado *augusto.*

clorofila Es incorrecto **clorófila.*

clown Ver **clon**.

club o **clube** Se admiten ambas formas, aunque es mucho más frecuente la primera. Su plural es **clubs** o **clubes**.

co- Ver **con-**.

coach Se prefiere el uso de las formas españolas **entrenador, instructor** o **preparador** en lugar de este sustantivo inglés.

*coalicionar(se) Forma incorrecta por **coligarse** o **coaligarse**.

coaligarse Ver **coligarse**.

cobaya Sustantivo invariable para masculino y femenino: *el cobaya, la cobaya.* Existe también la forma **cobayo** para masculino, pero es poco usada.

cóccix Se dice también **cóxis**. Ambas formas no varían en plural.

cocer Es un verbo irregular. Se conjuga como **mover**. La *c* de la raíz cambia a **z** ante **a** y **o**: *cozamos, cuezo*.

cochambre La RAE considera este sustantivo como de género ambiguo (*el cochambre, la cochambre*), aunque el uso general es femenino.

coche-cama El plural de este sustantivo compuesto masculino es **coches-cama**; también, en menor medida, se utiliza **coches-camas**. Puede escribirse también sin guión: **coche cama**. Ver apartado de gramática [2.10.6.].

*cocreta Forma incorrecta por **croqueta**.

cóctel o **coctel** Se admiten ambas formas, aunque se prefiere la primera. Debe evitarse, por innecesario, el término inglés *cocktail*. // Su plural es **cócteles** o **cocteles** y no ***cóctels**, posiblemente influjo de *cocktails*.

codiciar En cuanto al acento, este verbo se conjuga como **cambiar**: *codician*.

codicioso Este adjetivo se construye con la preposición **de**: *codicioso de éxitos*.

*coechar Forma incorrecta por **cohechar**.

coetáneo Este adjetivo se construye con la preposición **de**: *Lope era coetáneo de Calderón*.

*coexión, ***coexionar** Formas incorrectas por **cohesión**, **cohesionar**.

coexistir Este verbo se construye con la preposición **con**: *coexistir con otros*.

cofrade Debe evitarse la acentuación vulgar ***cófrade**. // Está generalizado su uso como sustantivo de género común: *el cofrade, la cofrade*; aunque algunos autores defienden el femenino **cofrada**.

coger En gran parte de América significa 'poseer sexualmente', por lo que en sus otras acepciones es sustituido por verbos como **tomar, agarrar** o **asir**. // La **g** de la raíz cambia a **j** ante **a** y **o**: *cojo, cojamos*.

cohechar Es incorrecta la forma ***coechar**.

cohesión, **cohesionar** Son incorrectas las formas ***coexión**, ***coexionar**.

cohibir En cuanto al acento, este verbo se conjuga como **prohibir**: *cohíbo*.

coiné También se escribe **koiné**.

cok Ver **coque**.

colaborar Este verbo se construye con las preposiciones **con**, **en**: *colaborar con la policía, colaborar en el rescate*.

colage Ver **collage**.

colar Es un verbo irregular. Se conjuga como **contar**: *cuelo*.

colegiación Es incorrecta la forma *colegialización.

colegiar En cuanto al acento, este verbo se conjuga como **cambiar**: *colegia*.

colegir Es un verbo irregular. Se conjuga como **pedir**. La **g** de la raíz cambia a **j** ante **a** y **o**: *colijamos, colijo*. // Se construye con la preposición **de**: *colegir esto de aquello*.

cólera Es sustantivo masculino cuando se refiere a la enfermedad epidémica e infecciosa: *el cólera*. Es femenino cuando significa 'enfado muy violento': *la cólera*.

colgar Es un verbo irregular. Se conjuga como **contar**. La **g** de la raíz cambia a **gu** delante de **e**: *cuelgue*. // Se construye con las preposiciones **de** y **en**: *colgar de una cuerda, colgar en la percha*.

colibrí En la lengua culta se prefiere para este sustantivo el plural **colibríes**, aunque está muy extendida la forma coloquial **colibrís**.

coligarse Se dice también **coaligarse**, aunque originariamente sólo se admitía **coligarse**. Es incorrecto *coalicionarse*. // Ambos verbos se construyen con la preposición **con**: *coligarse (o coaligarse) con otros*.

colindante Este adjetivo se construye con la preposición **con**: *colindante con mi casa*.

coliseo Se prefiere esta forma a la latina **coliseum**.

collage La RAE sólo admite la forma españolizada **colage**; no obstante, se emplea con mucha mayor frecuencia el término francés *collage*.

colombiano / colombino No confundir estos adjetivos. **Colombiano** es la 'persona natural de Colombia'. **Co-**

lombino significa 'relacionado con Cristóbal Colón': *biblioteca colombina*.

colon / colón El sustantivo que designa cierta parte del intestino grueso es **colon**, y no *****colón**. Existe la palabra **colón**, pero es el nombre de la unidad monetaria de Costa Rica y El Salvador.

color En el uso corriente, el género de este sustantivo es masculino: *el color de tus ojos*. Su uso como femenino se considera anticuado o rústico: *la color de tu rostro*. // Son correctas expresiones como *láminas a todo color* o *fotos en color*; no así *****fotos a color*. // En la expresión de color es muy corriente la supresión de la preposición: *cortinas color marfil* (o *de color marfil*). // Para la concordancia de los calificativos que designan colores, ver apartado de gramatica [2.1.1.].

colorir Es un verbo defectivo. Se conjuga como **abolir**.

columpiar En cuanto al acento, este verbo se conjuga como **cambiar**: *columpio*.

com- Ver **con-**.

coma Es sustantivo femenino cuando se refiere al signo ortográfico. Existe un sustantivo homógrafo **coma**, aunque es masculino y significa 'estado de inconsciencia profunda': *Ya ha salido del coma*.

comandar Este verbo significa 'mandar un ejército, un destacamento, etc.'. Fuera del lenguaje militar son preferibles otros verbos como **dirigir**, **mandar** o **guiar**.

combatir Este verbo se construye con las preposiciones **con**, **contra**, **por**: *combatir con el enemigo, combatir contra la injusticia, combatir por una causa justa*.

combinar Este verbo se construye con la preposición **con**: *combinar un color con otro*.

comecocos Este sustantivo es claramente masculino cuando se refiere a aquello que obsesiona o preocupa a alguien, pero la RAE y otros autores consideran que puede ser también femenino cuando alude a una persona que confunde o convence a otra, por lo que se trataría de una voz invariable respecto al género y al número: *No les hagas caso, son unas comecocos.*

comedirse Es un verbo irregular. Se conjuga como **pedir**: *comidiéndose.* // Se construye con la preposición **en**: *comedirse en las palabras.*

comentar Este verbo significa 'hacer comentarios sobre alguien o algo': *Comentaron el incidente.* No es muy correcto, aunque está muy extendido, su uso con el significado de 'contar': **No comentes a nadie lo que te he dicho.*

comenzar Es un verbo irregular. Ver cuadro. // Se construye con las preposiciones **a** y **por**: *comenzar a comer, comenzar por el principio.*

COMENZAR		
INDICATIVO		**SUBJUNTIVO**
Presente	**Pret. perf. simple**	**Presente**
comienzo	*comencé*	*comience*
comienzas	*comenzaste*	*comiences*
comienza	*comenzó*	*comience*
comenzamos	*comenzamos*	*comencemos*
comenzáis	*comenzasteis*	*comencéis*
comienzan	*comenzaron*	*comiencen*
IMPERATIVO		
comienza		*comenzad*

comerciar En cuanto al acento, este verbo se conjuga como **cambiar**: *comercio.* // Se construye con las preposiciones **con** y **en**: *comerciar con* (o *en*) *alimentos.*

comezón Es un sustantivo de género femenino: *la comezón.* Es incorrecto sus uso como masculino: **el comezón.*

cómic Sustantivo de origen inglés (*comic*) incluido en la vigésima primera edición (1992) del diccionario de la RAE. Su uso está muy extendido, a pesar de que existen otros sustantivos españoles como **tebeo** o **historieta**. // Su plural es **cómics**.

comicios Este sustantivo sólo se utiliza en plural: *los próximos comicios,* y no **el próximo comicio.*

como Debe evitarse el empleo innecesario de este adverbio en expresiones del tipo: **Con ese peinado pareces como más joven,* en lugar de: *pareces más joven.* // No confundir con **cómo,** que es adverbio interrogativo o exclamativo: *¿Cómo dices? ¡Cómo me gusta esto!* Se acentúa también cuando funciona como sustantivo: *Quiero saber el cómo, el cuándo y el porqué.* // **Como quiera.** Ver **comoquiera.**

cómo No confundir con → **como.**

comoquiera Este adverbio suele ir seguido de la conjunción **que**: *Comoquiera que lo hagas, estará bien hecho.* // También puede escribirse **como quiera,** aunque es menos usual.

compadecer Es un verbo irregular. Se conjuga como **agradecer**: *compadezco.* // Se construye con la preposición **de**: *Compadécete de él.*

compañía Este sustantivo se construye con la preposición **de**: *en compañía de otros.* // Ver **troupe.**

comparable, comparar Este adjetivo y este verbo se construyen con las preposiciones **a** y **con**: *Nadie es comparable a ti. Nada es comparable con esto. Comparar una cosa a (o con) otra.*

comparación Es incorrecta la expresión de **en comparación a*: **Hace calor, en comparación a ayer.* Debe decirse: *en comparación con ayer.*

comparecencia Es incorrecta la forma **comparecimiento.*

comparecer Es un verbo irregular. Se conjuga como **agradecer**: *compadezco.* // Se construye con la preposición **ante**: *comparecer ante el juez.* // No confundir con → **concurrir.**

*comparecimiento Forma incorrecta por **comparecencia.**

compartimiento o **compartimento** Ambas formas están admitidas; se prefiere la primera, aunque la segunda se usa con mucha frecuencia.

compartir Este verbo se construye con la preposición **con**: *compartir con los demás.*

compeler Este verbo se construye con la preposición **a**: *La policía les compelió a entregarse.*

compendiar En cuanto al acento, este verbo se conjuga como **cambiar**: *compendia*.

compenetrarse Este verbo tiene valor recíproco y se construye con la preposición **con**: *Se compenetra muy bien con su compañera de piso*.

competer Este verbo significa 'corresponder una cosa, acción, obligación, etc. a una persona u organismo': *A mí no me compete esa decisión*, y su conjugación es regular; no debe confundirse con → **competir**, 'rivalizar'. A **competer** le corresponde el adjetivo **competente**; a **competir**, el sustantivo **competición**, y el adjetivo y sustantivo **competidor**. El sustantivo **competencia** pertenece a ambas familias.

competir Es un verbo irregular. Se conjuga como **pedir**: *compitió*. // Se construye con las preposiciones **con**, **en** y **por**: *competir con otro*, *competir en un campeonato*, *competir por llegar el primero*. // No confundir con → **competer**, 'corresponder'.

complacer(se) Es un verbo irregular. Se conjuga como **agradecer**: *complazco*, *complació*, y no como **placer**: *complugo. // Se construye con las preposiciones **en**, **con**, **de**: *complacerse en desgracia ajena*, *complacerse con el triunfo*, *complacerse de recibir una noticia*.

complementariedad Son incorrectos *complementaridad y **complementareidad*.

cómplice Este sustantivo se construye con las preposiciones **con**, **de** y **en**: *ser cómplice de* (o *con*) *otro*, *ser cómplice en sus fechorías*.

complot o **compló** Algunos emplean la forma castellanizada **compló** y su plural **complós**, aunque la RAE sólo admite **complot**. Su plural es **complots**.

componente Este sustantivo es masculino cuando significa 'ingrediente o elemento': *Analizaron los componentes de esta sustancia*. Es femenino cuando se refiere a la fuerza concurrente en un viento: *la componente norte*.

componer(se) Es un verbo irregular. Se conjuga como **poner**: *compongo*. // **Componerse**, 'estar formado', se construye con la preposición **de**: *componerse algo de varios elementos*.

compraventa Es incorrecto *compra venta.

comprensible Este adjetivo se construye con la preposición **para**: *comprensible para cualquiera.*

compresión / comprensión No confundir estos dos sustantivos. **Compresión** es la 'acción y efecto de comprimir': *la compresión del aire.* **Comprensión** es 'acción y efecto de comprender': *Ten un poco de comprensión.*

comprobar Es un verbo irregular. Se conjuga como **contar**: *compruebo.*

comprometer(se) Este verbo se construye con las preposiciones **a, con, en**: *comprometerse a venir, comprometerse con alguien, comprometerse en un trabajo.*

compromiso Es un sustantivo que significa 'acuerdo o promesa de alguien por la que se obliga a realizar algo': *cumplir alguien sus compromisos.* No es muy propio, aunque frecuente , su uso con el significado general de 'acuerdo', 'arreglo': **Las partes enfrentadas llegaron a un compromiso.*

compuesto Este adjetivo se construye con las preposiciones **de** y **por**: *compuesto de (o por) varios elementos.*

computación Aunque este sustantivo está admitido, se prefiere el término **informática**.

computador o **computadora** Estos sustantivos se utilizan sobre todo en América. En España se usa el término **ordenador**.

computadorizar o **computarizar** No son correctas las formas *computerizar* y *computorizar*. No obstante, se utiliza más el verbo **informatizar** o la **expresión procesar datos**.

comunicar(se) Este verbo se construye con las preposiciones **con, entre**: *comunicar una cosa con otra, comunicarse entre sí.*

con En lugares de Hispanoamérica existe el uso de esta preposición, en lugar de **a**, con verbos como *presentar, acusar, quejarse, recomendar*: *Me ha presentado con su familia. Lo acusó con la policía.* En el castellano de España, estos verbos rigen la preposición **a**.

con- Prefijo de origen latino que significa 'unión, compañía': *confluir, convenir.* En ocasiones adquiere la forma **co-** (*coetáneo, cooperar*), y **com-** ante **b** o **p,** (*combinar, componer*).

concebir Es un verbo irregular. Se conjuga como **pedir**: *concibo.*

concejal Es corriente el uso de la forma **concejal** referida a cualquiera de los dos géneros, aunque este sustantivo tiene el femenino **concejala**: *la concejala de urbanismo.*

concentrar Este verbo se construye con la preposición **en**: *Concéntrate en lo que estás haciendo.*

conceptuar En cuanto al acento, este verbo se conjuga como **actuar**: *conceptúo.* // Se construye con la preposición **de** y el adverbio **como**: *Le conceptúan de* (o *como un*) *caballero.*

concernir Es un verbo irregular. Se conjuga como **discernir**. También es defectivo. Sólo se utilizan las formas no personales y las terceras personas del presente y el pretérito imperfecto de indicativo y subjuntivo: *concerniendo, concierne, concernía,* etc.

concertación Ver **concierto**.

concertar(se) Es un verbo irregular. Se conjuga como **pensar**: *concierto.* // Se construye con las preposiciones **con, en** y **entre**: *concertarse con otro, concertar en género y número, concertar un acuerdo entre las partes.*

conciencia Este sustantivo suele considerarse sinónimo de **consciencia**, aunque con el significado de 'noción del bien y del mal' sólo se utiliza la forma **conciencia** y para el concepto general de 'conocimiento' se pueden utilizar cualquiera de las dos formas. **Consciencia**, sin embargo, es poco frecuente fuera del lenguaje de la medicina y la psicología. La mayoría de los derivados se basan en la forma **conciencia (concienciar, concienzudo,** etc.), salvo **consciente, conscientemente,** y sus contrarios **inconsciente** e **inconscientemente,** e **inconsciencia.**

concienciación Son incorrectos *concienciamiento, *concienzación y *concientización.

*concienciamiento Forma incorrecta por **concienciación**.

concienciar En cuanto al acento, este verbo se conjuga como **cambiar**: *conciencio*. // Son incorrectos *****concienzar** y *****concientizar**.

*****conciente**, *****concientemente** Formas incorrectas por *consciente, conscientemente*.

*****concienzación**, *****concientización** Formas incorrectas por **concienciación**.

*****concienzar**, *****concientizar** Formas incorrectas por **concienciar**.

concierto Con el significado de 'función en la que se ejecutan en público obras musicales', este sustantivo se refiere especialmente a los casos en los que domina la orquestación musical: *un concierto de violín y piano*. Cuando lo que predomina es la voz, algunos autores proponen el sustantivo **recital**, aunque en el uso corriente se emplea **concierto** en ambos casos: *un concierto de rock and roll*. // Con el significado de 'acuerdo, convenio', se prefiere el término **concertación**.

conciliar En cuanto al acento, este verbo se conjuga como **cambiar**: *concilio*. // Se construye con la preposición **con**: *conciliar unos intereses con otros*.

concitar Este verbo significa 'atraer un sentimiento o actitud desfavorable hacia uno mismo o hacia otro': *Con estas medidas el gobierno sólo logrará concitar contra sí el descontento popular. Concitó al pueblo contra el tirano*. No debe usarse como **suscitar**, 'causar, provocar': **El orador concitó el entusiasmo de los presentes*.

cónclave o **conclave** La RAE da preferencia a la forma **conclave** por ser la etimológica, aunque es mucho más frecuente **cónclave**.

concluir Es un verbo irregular. Se conjuga como **huir**: *concluyo*. // Se construye con las preposiciones **de**, **en** y **con**: *concluir de comer, concluir en vocal, concluir con el trabajo*.

concordar Es un verbo irregular. Se conjuga como **contar**: *concuerda*. // Se construye con la preposición **con**: *Mi versión no concuerda con la suya*.

concreción Es incorrecta la forma *concrección. // Se prefiere este sustantivo al término **concretización**.

concretar Este verbo significa 'precisar': *concretar el tema de una reunión*. Debe evitarse su uso con el significado de 'resolver', 'culminar': *La jugada se concretó en gol*. // Se prefiere este verbo al término **concretizar**.

concretización Ver **concreción**.

concretizar Ver **concretar**.

concurrir Este verbo significa 'juntarse en un mismo sitio varias personas o cosas'; no debe usarse como **comparecer**: *Concurrió en el juzgado a las 12*. // Se construye con las preposiciones **a**, **con** y **en**: *concurrir a* (o *en*) *un punto, concurrir con otros*.

condenar Este verbo se construye con las preposiciones **a**, **con** y **en**: *condenar a muerte* (o *con la muerte*), condenar en las costas ('a pagar las costas de un juicio').

condescender Es un verbo irregular. Se conjuga como **tender**: *condesciendo*. // Se construye con las preposiciones **a**, **con** y **en**: *condescender a un ruego, condescender con las exigencias de alguien, condescender en recibir a alguien*.

condolerse Es un verbo irregular. Se conjuga como **mover**: *se conduele*. // Se construye con la preposición **de**: *condolerse de la desgracia ajena*.

cóndor Es incorrecto *condor.

conducir Es un verbo irregular. Ver cuadro de la página siguiente. // Se construye con las preposiciones **a**, **hacia** y **hasta**: *Esta carretera conduce a* (o *hacia, hasta*) *la playa*.

conductismo Nombre de cierta corriente psicológica. Este sustantivo es la traducción del inglés *behaviourism* (de *behaviour*, 'conducta'), por lo que se prefiere a la forma **behaviorismo**, españolización del término original.

conductividad o **conductibilidad** Ambas formas están admitidas, aunque se prefiere la primera.

confabularse Este verbo se construye con la preposición **con**: *confabularse con los otros*.

CONDUCIR		
INDICATIVO		
Presente		**Pretérito perfecto simple**
conduzco		*conduje*
conduces		*condujiste*
conduce		*condujo*
conducimos		*condujimos*
conducís		*condujisteis*
conducen		*condujeron*
SUBJUNTIVO		
Presente	**Pretérito imperfecto**	**Futuro**
conduzca	*condujera, -ese*	*condujere*
conduzcas	*condujeras, -eses*	*condujeres*
conduzca	*condujera, -ese*	*condujere*
conduzcamos	*condujéramos, -ésemos*	*condujéremos*
conduzcáis	*condujerais, -eseis*	*condujereis*
conduzcan	*condujeran, -esen*	*condujeren*

confederar Este verbo se construye con la preposición **con**: *confederarse un estado con otros países.*

conferenciante En América, es frecuente el término **conferencista**, pero en España se emplea siempre el sustantivo **conferenciante**.

conferenciar En cuanto al acento, este verbo se conjuga como **cambiar**: *conferencio.* // Se construye con la preposición **con**: *conferenciar con los demás.*

conferencista Ver **conferenciante**.

conferir Es un verbo irregular. Se conjuga como **sentir**: *confiere.*

confesar(se) Es un verbo irregular. Se conjuga como **pensar**: *confieso.* // Se construye con las preposiciones **a**, **con** y **de**: *confesar a alguien, confesarse con otro, confesarse uno de sus culpas.*

confesionario o **confesonario** Ambas formas están admitidas. La RAE da preferencia a la segunda, pero es más frecuente el sustantivo **confesionario**.

confeti Debe evitarse el uso de la forma italiana *confetti*. // Es un sustantivo colectivo, que no tiene plural: *Compra el confeti para la fiesta*. En ocasiones se utiliza como individual, y su plural, en este caso, es **confetis**: *Barre los confetis del suelo*.

confiar En cuanto al acento, este verbo se conjuga como **ansiar**: *confío*. // Se construye con la preposición **en**, o con la suma **en + que**: *confiar en tu palabra, confío en que lo hagas* (no *confío que lo hagas).

confinar Este verbo se construye con las preposiciones **con** y **en**: *España confina con Portugal. Le confinaron en un lugar remoto*.

confirmar Este verbo se construye con la preposición **en**: *confirmar en un cargo, confirmarse uno en sus ideas*.

confiscar No confundir con → **expropiar**.

confitería También está admitida la forma **dulcería**, aunque es más frecuente **confitería**.

confluir Es un verbo irregular. Se conjuga como **huir**. // Se construye con la preposición **en**: *confluir en un punto*.

conformar No debe usarse este verbo en lugar de **formar**. **Conformar** significa 'dar forma a una cosa': *conformar una idea*. **Formar** es 'hacer una cosa con un material o con distintos elementos dándole la forma debida': *los ingredientes que forman esta mezcla*, y no *que conforman esta mezcla. // Este verbo, en su sentido de 'poner de acuerdo, armonizar', se construye con las preposiciones **a** y **con**: *conformar mi opinión a (o con) la tuya*.

conforme Como adjetivo, se construye con la preposición **con**: *Estoy conforme con lo que has dicho*. // Como adverbio, se construye con la preposición **a**: *conforme a lo acordado* (no *conforme lo acordado).

conformidad Es incorrecta la locución *en conformidad a: **en conformidad a lo que acordamos*. Debe decirse de conformidad con: *de conformidad con lo que acordamos*.

confort Sustantivo de origen francés que significa 'bienestar, comodidad'. Aunque su uso está muy extendido, ha sido admitido recientemente por la RAE para su inclusión en el diccionario.

confrontar Este verbo se construye con la preposición **con**: *confrontar un texto con otro*.

confucianismo o **confucionismo** Doctrina filosófica china. Ambas formas están admitidas, aunque se prefiere la primera.

congeniar En cuanto al acento, este verbo se conjuga como **cambiar**: *congenio*. // Se construye con la preposición **con**: *No congenia con nosotras*.

congraciar(se) En cuanto al acento, este verbo se conjuga como **cambiar**: *se congracia*. // Se construye con la preposición **con**: *congraciarse con alguien*. // No confundir con → **congratularse**.

congratularse Significa 'alegrarse': *Me congratulo de tu éxito*. No debe usarse en lugar de congraciarse, 'ganarse la amistad o la simpatía de alguien': *Se deshizo en halagos para congraciarse con él*, pero no **para congratularse con él*. // Se construye con las preposiciones **de** y **por**: *congratularse de (o por) la buena noticia*.

congresal / congresista El primer sustantivo se utiliza en América por **congresista**, pero no así en España.

congresual o **congresional** Lo 'relacionado con un congreso' es **congresual**; debe evitarse el anglicismo **congresional** (del inglés *congressional*).

conmigo Es incorrecto **con migo*.

conmover Es un verbo irregular. Se conjuga como **mover**: *conmueve*. // Se construye con la preposición **con**: *conmoverse con la poesía*.

conmutar Este verbo se construye con las preposiciones **con**, **en** y **por**: *conmutar una cosa con (o por) otra, conmutar una pena en otra*.

connotar No confundir con → **denotar**.

conocer Es un verbo irregular. Se conjuga como **agradecer**: *conozco*. // Se construye con las preposiciones **de** y **por**: *conocer de vista, conocer por una fotografía*.

conque / con que / con qué Conque es conjunción consecutiva y se utiliza sobre todo en oraciones interrogativas y exclamativas: *¿Conque no querías? ¡Conque al final lo has hecho!* No debe confundirse con las locuciones **con que** (preposición + relativo) y **con qué** (preposición + pronombre interrogativo): *Éste es el coche con que* (con el cual) *practico. ¿Con qué te has golpeado?*

consanguineidad o **consanguinidad** Ambas formas son correctas, a pesar de que el diccionario de la RAE (vigésima primera edición, 1992) sólo recoge la segunda.

consciencia, **consciente**, **conscientemente** Ver **conciencia**.

consecuencia Es incorrecta la locución *de consecuencia de, en lugar de las construcciones **a consecuencia de** o **como consecuencia de**: **Está escayolado de consecuencia de la caída.*

consecuente Este adjetivo se construye con la preposición **con**, nunca con **a**: *Actuó de forma consecuente con sus ideas;* pero no: **Actuó de forma consecuente a sus ideas.*

conseguir Es un verbo irregular. Se conjuga como **pedir**. Delante de **a** y **o** el grupo **gu** de la raíz cambia a **g**: *consiga, consigo.* // Se construye con la preposición **de**: *conseguir algo de alguien.*

consentir Es un verbo irregular. Se conjuga como **sentir**: *consiento.* // Se puede construir con la preposición **con**, o más corrientemente sin ella, y con la preposición **en**, pero nunca con **a**: *consentir* (con) *los caprichos de alguien, consentir en venir*; pero no: **consentir a pactar.*

considerar Este verbo se utiliza a menudo, por influencia del inglés, con el significado de 'pensar en la conveniencia de alguna cosa': *¿Ha considerado presentarse a las elecciones?* Es más correcto decir considerar la posibilidad o expresiones similares. // Se construye con las preposiciones **en** y **bajo**: *considerar algo en* (o *bajo*) *todos sus aspectos.*

consigo Es incorrecto *con sigo.

consistir Este verbo se construye con la preposición **en**: *Mi trabajo consiste en llevar la contabilidad.* // Es incorrecto su uso con el significado de 'estar compuesto': *El libro consiste en doce cuentos.*

consola Debe evitarse la acentuación vulgar *cónsola.

consolar(se) Es un verbo irregular. Se conjuga como **contar**: *consuelo.* // Se construye con las preposiciones **con**, **de** y **en**: *consolarse con algo, consolarse uno de sus penas, consolarse en los amigos.*

consomé Debe evitarse el término francés *consommé.*

conspirar Este verbo se construye con las preposiciones **a**, **con**, **contra** y **en**: *conspirar a un fin, conspirar con otros, conspirar contra alguien, conspirar en un asunto.* // En América existe el verbo **complotar**, de **complot**, con el mismo significado.

constar Este verbo se construye con las preposiciones **de**, **en** y **por**: *constar de tres partes, constar en acta, constar por escrito.*

constiparse Se dice también **costiparse**, aunque se prefiere **constiparse**.

constituir(se) Es un verbo irregular. Se conjuga como **huir**: *constituye.* // Se construye con las preposiciones **en** y **por**: *constituirse en defensor de la familia, constituido por varias partes.*

constreñir Es un verbo irregular. Se conjuga como **ceñir**: *constriñe.*

construir Es un verbo irregular. Se conjuga como **huir**: *construyo.*

cónsula / consulesa La opinión más generalizada no los considera sinónimos; **cónsula** es la mujer del **cónsul**, mientras que **consulesa** designa a una mujer al frente de un **consulado**. Sin embargo, la RAE admite ambas con el primer significado y con el segundo, sólo **consulesa**. También es frecuente el uso de **cónsul** para los dos géneros: *la cónsul honoraria.*

consulting o **consultoría** Se prefiere este último sustantivo, o la expresión empresa **consultora**, a la palabra inglesa *consulting.*

consumir(se) Este verbo se construye con las preposiciones **con**, **de** y **en**: *consumirse con (o en) la duda, consumirse de dolor.*

consustancial o **consubstancial** Ambas formas están admitidas. Aunque la RAE da preferencia a la segunda, en la lengua corriente es más frecuente la primera.

contactar Aunque este verbo está admitido por la RAE, se prefieren expresiones como **establecer contacto con** o **entrar en contacto con**. // Está generalizado el uso de este verbo como intransitivo, seguido de la preposición **con**: *contactar con otras personas*, aunque la RAE lo considera transitivo: *contactar a otras personas*.

contagiar En cuanto al acento, este verbo se conjuga como **cambiar**: *contagio*. // Se construye con la preposición **de**: *contagiarse de una enfermedad*.

container Ver **contenedor**.

contaminar Este verbo se construye con las preposiciones **con** y **de**: *contaminarse con* (o *de*) *ideas extrañas*.

contar Es un verbo irregular. Ver cuadro. // Se construye con la preposición **con**: *Contamos con vosotros*.

CONTAR		
INDICATIVO	SUBJUNTIVO	IMPERATIVO
Presente	Presente	
cuento	*cuente*	
cuentas	*cuentes*	*cuenta*
cuenta	*cuente*	
contamos	*contemos*	
contáis	*contéis*	*contad*
cuentan	*cuenten*	

contencioso Adjetivo y sustantivo que alude a la materia que se disputa en un pleito: *recurso contencioso administrativo*. No debe utilizarse, en lugar de litigio, con el sentido de 'cualquier disputa o enfrentamiento': **España y el Reino Unido tratarán el contencioso de Gibraltar*.

contender Es un verbo irregular. Se conjuga como **tender**: *contienden*. // Se construye con las preposiciones **con, con-**

tra, en y **por**: *contender con* (o *contra*) *otro por la victoria, contender en belleza.*

contenedor Sustantivo español equivalente al inglés *container*; debe evitarse el uso de esta última forma.

contener Es un verbo irregular. Se conjuga como **tener**: *contengo.* // Se construye con la preposición **en**: *contener una cosa algo en su interior.*

contertulio o **contertuliano** Ambas formas están admitidas, aunque se prefiere la primera.

contestar Este verbo se construye con la preposición **a**: *contestar a una pregunta.*

contexto Este sustantivo significa 'lo que precede o sigue en un texto' o 'circunstancias que rodean a alguien o algo': *Analiza la oración en su contexto. El contexto histórico de un suceso.* Debe evitarse su uso innecesario (**Me lo confesó en el contexto de la conversación*) o sustituyendo al sustantivo texto (**El contexto de la ley es claro*).

contextuar En cuanto al acento, este verbo se conjuga como **actuar**: *contextúan.*

contigo Es incorrecto **con tigo.*

continuar En cuanto al acento, este verbo se conjuga como **actuar**: *continúo.* // Se construye con distintas preposiciones: *continuar con lo que se estaba haciendo, continuar por lo último, continuar en su lugar.*

contonearse Es incorrecta la forma **contornearse.*

contra Debe evitarse el uso vulgar de esta preposición con el valor del adverbio **cuanto**: **Contra más le explico, menos me entiende*, o de la preposición **sobre**: **Contra gustos no hay nada escrito.* // Debe evitarse la omisión de la última preposición en la locución preposicional **en contra de**: **en contra lo previsto, por en contra de lo previsto.*

contraalmirante o **contralmirante** Se admite ambas formas; la RAE da preferencia a **contraalmirante**, aunque otros autores aconsejan la forma **contralmirante**.

contraatacar, contraataque Son incorrectos **contratacar* y **contrataque.*

contracepción, **contraceptivo** Son incorrectas las formas *contraconcepción y *contraconceptivo. // Se prefieren los términos **anticoncepción** y **anticonceptivo**.

contradecir Es un verbo irregular. Se conjuga como **decir**: *contradigo, contradiré, contradice, contradicho.*

contraer Es un verbo irregular. Se conjuga como **traer**. // Se construye con la preposición **con**: *Ha contraído matrimonio con mi hermana.*

contralmirante Ver **contraalmirante**.

contraluz Según la RAE, el género de este sustantivo es femenino (*la contraluz*); sin embargo, se utiliza mucho más como masculino (*el contraluz*). // Suele construirse con la preposición **a**: *poner a contraluz.*

contramedida Este sustantivo no está admitido por la RAE, a pesar de que su uso es relativamente frecuente.

contraponer Es un verbo irregular. Se conjuga como **poner**: *contrapongo.* // Se construye con las preposiciones **a** y **con**: *contraponer una cosa a* (o *con*) *otra.*

*contrareforma Forma incorrecta por **contrarreforma**.

*contrareloj Forma incorrecta por **contrarreloj**.

*contrarestar Forma incorrecta por **contrarrestar**.

*contrarevolución Forma incorrecta por **contrarrevolución**.

contrariar En cuanto al acento, este verbo se conjuga como **ansiar**: *contraría.* // Significa 'contradecir' (*Contrariando el deseo de sus padres, colgó los estudios*), aunque en la lengua coloquial es frecuente su uso con el sentido de 'molestar, disgustar': *Tus palabras la han contrariado.* La RAE no admite, sin embargo, este último significado.

contrario Este adjetivo se construye con las preposiciones **a** y **en**: *Es contrario a las reformas, son contrarios en ideas.*

contrarreforma Es incorrecto *contrareforma.

contrarreloj Es incorrecto *contrareloj. // Es sustantivo femenino y se escribe en una sola palabra cuando alude a cierta prueba ciclista: *correr la contrarreloj.* Cuando se quiere expresar que algo marcha o se hace en oposición al paso del tiempo, se escribe separado: *Trabajan contra reloj para cumplir el plazo.*

contrarrestar Es incorrecto *contrarestar.

contrarrevolución Es incorrecto *contrarevolución.

contravenir Es un verbo irregular. Se conjuga como **venir**: *contravengo.* // Es transitivo: *contravenir órdenes,* aunque con frecuencia se utiliza como intransitivo, seguido de la preposición **a**: *contravenir a la ley.*

contribuir Es un verbo irregular. Se conjuga como **huir**: *contribuyo.* // Se construye con las preposiciones **a, con** y **para**: *contribuir a un fin, contribuir con una aportación, contribuir para la causa.*

contrición Es incorrecto *contricción.

controvertir Es un verbo irregular. Se conjuga como **sentir**: *controvierten.* // Es incorrecto *controverter.

convalecer Es un verbo irregular. Se conjuga como **agradecer**: *convalezco.* // Se construye con la preposición **de**: *convalecer de una enfermedad.*

convección / convención No confundir estos dos sustantivos. **Convección** es 'propagación del calor a través de masas móviles de materia': *calefacción por convección,* y no *calefacción por convención. **Convención** significa 'asamblea', 'acuerdo', 'norma': *asistir a una convención de médicos, firmar una convención, respetar las convenciones sociales.*

convencer Este verbo se construye con la preposición **de**: *convencerse de la verdad.*

convención No confundir con → **convección**.

convenir Es un verbo irregular. Se conjuga como **venir**: *convengo, convienen.* // Se construye con las preposiciones **con** y **en**: *convenir con alguien en algo.*

converger o convergir Las dos variantes son igualmente válidas, aunque difieren en sus conjugaciones, ambas regulares; **converger** se conjuga como **coger** y **convergir** como **surgir**. Son, por tanto, incorrectas formas como *convirgió, *convirgiese, *convirjáis, en lugar de **convergió, convergiese, converjáis.**

conversar Este verbo se construye con las preposiciones **con, sobre**: *conversar con alguien, conversar sobre un tema*. // En algunos lugares de América se construye con un complemento indirecto: *Me conversó largamente*.

convertir(se) Es un verbo irregular. Se conjuga como **sentir**: *convierto*. // Se construye con las preposiciones **a** y **en**: *convertirse al catolicismo, convertirse en otra cosa*.

convicción Es incorrecto **convinción*. // Este sustantivo se construye con la preposición **de**: *Tengo la convicción de que no vendrá*.

convoy Es incorrecto **convoi*. Su plural es **convoyes**, no **convois* ni **convoys*.

cónyuge Sustantivo invariable en cuanto al género: *el cónyuge, la cónyuge*. Es una incorrección pronunciar o escribir **cónyugue*.

coñá o **coñac** Ambas formas están admitidas, aunque es más frecuente **coñac**. Su plural es **coñás** o **coñacs**. // En el ámbito comercial se denomina **coñac** sólo al genuino licor producido en Cognac (Francia), debiendo utilizarse el término inglés *brandy* para designar otros licores similares. No obstante, en el uso cotidiano, se emplea la denominación **coñá** o **coñac**.

cooperar Este verbo se construye con las preposiciones **a, con** y **en**: *cooperar al desarrollo, cooperar en alguna cosa, cooperar con alguien*.

copia Debe evitarse el uso de este sustantivo —por influencia del inglés— en lugar de **ejemplar**, en oraciones como: **Se han vendido 50.000 copias de su novela*.

copiar En cuanto al acento, este verbo se conjuga como **cambiar**: *copio*. // Se construye con las preposiciones **a, de** y **en**: *copiar a mano, copiar del natural, copiar en todo*.

coque 'Tipo de carbón'. Existe también la forma **cok**, aunque se prefiere **coque**. Su plural, en cualquier caso, es **coques**. Deben evitarse las formas **cock** o **coke**.

corbeta Denominación de un barco ligero de guerra. No confundir este sustantivo con **corveta**, 'movimiento del caballo que consiste en caminar sobre las patas traseras manteniendo las delanteras en alto'.

corifeo Este sustantivo designa hoy a la persona a la que otros siguen o que habla en nombre de otros: *Se erigió en corifeo de los manifestantes*. Se usa a menudo, incorrectamente, con el significado de 'adulador, cobista': **El director llegó rodeado de sus corifeos*.

córner Sustantivo de origen inglés muy difundido en el lenguaje deportivo. Su uso está admitido, aunque se puede suplir con su equivalente español **saque de esquina**. Su plural es **córners** o **córneres**.

cornúpeta o **cornúpeto** Ambas formas son válidas, pero se prefiere el adjetivo y sustantivo **cornúpeta** para los dos géneros: *animal cornúpeta, res cornúpeta*. **Cornúpeto** siempre es sustantivo masculino.

coronar Este verbo se construye con las preposiciones **con, de, por**: *coronar con (o de) flores, coronar por monarca (o coronar monarca)*.

córpore insepulto Locución latina que significa 'de cuerpo presente' y se utiliza en la expresión **misa córpore insepulto**; es incorrecto **de córpore insepulto*.

corporeizar Es incorrecta la forma **corporizar*. // En cuanto al acento, este verbo se conjuga como **enraizar**: *corporeíza*.

corpus Este sustantivo no varía en plural: *los corpus de textos*. // Cuando se refiere a la fiesta religiosa de **Corpus Christi**, se escribe siempre con mayúscula: *la procesión del Corpus*.

corregir Es un verbo irregular. Se conjuga como **pedir**. La **g** de la raíz cambia a **j** ante **a** y **o**: *corrijamos, corrijo*. // Se puede construir con la preposición **de**: *corregir a uno (de) sus faltas*.

corresponder Este verbo se construye con las preposiciones **a** y **con**: *corresponder a un favor con otro favor*.

correveidile o **correvedile** Ambas formas están admitidas, aunque se prefiere la primera.

corriente El superlativo de este adjetivo es **correntísimo** o **corrientísimo**, aunque es más frecuente la segunda forma.

corroer Es un verbo irregular. Se conjuga como **roer**: *corroo*.

corsé Debe evitarse el sustantivo francés *corset*.

cortacircuitos / cortocircuito No confundir estos sustantivos. **Cortacircuitos** significa 'aparato que corta la corriente cuando es excesiva'; no varía en plural: *los cortacircuitos*. **Cortocircuito** es el 'fenómeno eléctrico que se produce accidentalmente por contacto de dos conductores, originándose una corriente de gran intensidad': *Se ha producido un cortocircuito*. Es incorrecta la forma **cortacircuito*.

cortaplumas Este sustantivo no varía en plural, y su género es masculino: *el (los) cortaplumas*. Es incorrecto **cortapluma*.

corveta No confundir con → **corbeta**.

costar Es un verbo irregular. Se conjuga como **contar**: *cuesta*.

costiparse Ver **constiparse**.

cotidianidad Es incorrecta la forma **cotidianeidad*.

cotilla Es un sustantivo de género común: *el cotilla, la cotilla*; aunque en la lengua coloquial a veces se utiliza la forma **cotillo** para masculino, que no está admitida.

couché Ver **cuché**.

couplet Ver **cuplé**.

cowboy Anglicismo no recogido por la RAE, pero muy popular. Es preferible utilizar su equivalente español **vaquero**. Su plural es **cowboys**.

cóxis Ver **cóccix**.

crac Ver **crack**.

crack Sustantivo inglés que significa 'quiebra' y se aplica a una caída brusca de la actividad financiera. Es preferible usar la forma españolizada **crac**: *el crac de la Bolsa*. // Se utiliza también en lenguaje futbolístico para referirse a un delantero de gran eficacia en el ataque: *Es el crack del equipo*. Puede suplirse perfectamente por los términos españoles **rompedor** o **ariete**. // Es también el nombre de un tipo de droga derivado de la cocaína, que no tiene traducción en español.

craquear, **craqueo** Significa 'ruptura de las moléculas de algunos hidrocarburos'. Debe evitarse la forma inglesa *cracking*.

crawl Ver **crol**.

crecer Es un verbo irregular. Se conjuga como **agradecer**: *crezco*.

credibilidad Debe evitarse el uso de este sustantivo, en lugar de **crédito**, con el significado de 'aceptación de algo como cierto o verdadero': **Sus palabras son dignas de toda credibilidad*; lo correcto sería decir *dignas de todo crédito*.

*credible Forma incorrecta por **creíble**.

crédito Ver **credibilidad**.

creíble Es incorrecta la forma ***credible**.

crêpe Sustantivo francés que designa una especie de torta muy fina que se prepara a la plancha y suele tomarse enrollada y rellena con algún alimento. Su género es femenino, aunque mucha gente tienda a usarlo como masculino: **un crêpe*, por *una crêpe*.

cretácico o **cretáceo** Ambas formas están admitidas, aunque se prefiere el uso de la primera.

criar En cuanto al acento, este verbo se conjuga como **ansiar**: *crío*.

cricket Ver **críquet**.

criptón Ver **kriptón**.

críquet Se recomienda evitar la forma inglesa *cricket*.

crisma o **crismas** Algunos autores prefieren la expresión **tarjeta de Navidad**, aunque está muy difundido el sustantivo de género masculino **crisma**. Es frecuente su uso en plural con valor de singular: *Envíame un crismas*. También se usa la forma inglesa ***christmas***, admitida por la RAE, y, aunque más rara, la variante **christma**.

crocanti o **crocante** Es frecuente el uso de ambas formas, a pesar de que algunos autores prefieren el sustantivo **guirlache**. La RAE, en su edición de 1992, no recoge la forma **crocanti**.

croché o **crochet** Es frecuente el uso de ambas formas: *un pañito de croché* (o *crochet*), aunque es preferible utilizar sustantivo español equivalente **ganchillo**.

croissant Ver **cruasán**.

crol Se recomienda evitar la forma inglesa *crawl* para referirse a este estilo de natación.

croqueta Es incorrecta la forma **cocreta*.

cross Este sustantivo de origen inglés está muy difundido en el lenguaje deportivo. Su equivalente español sería la expresión **carrera a campo traviesa**, pero en el uso se prefiere el término inglés, admitido por la RAE. Algunos autores proponen la forma castellanizada **cros**. // No varía en plural.

croupier Ver **crupier**.

cruasán Se recomienda evitar la forma francesa *croissant*. En América está muy difundido el sustantivo **medialuna** con el mismo significado.

crucifixión Es incorrecta la forma **crucificación*.

cruel Este adjetivo se construye con las preposiciones **con, para** o **para con**: *cruel con* (o *para*) *los demás, cruel para con todos*.

crupier Se recomienda evitar la forma francesa *croupier*.

cruzar(se) Este verbo se construye con las preposiciones **de** y **con**: *cruzarse de brazos, cruzarse con otro por la calle*.

cuadriga Es incorrecta la forma **cuádriga*.

cuadrilátero Se prefiere el uso de este sustantivo al del inglés *ring*.

cuadrumano o **cuadrúmano** Ambas formas están admitidas, aunque se prefiere el uso de la primera.

cuádruple o **cuádruplo** Ambas formas están admitidas, aunque la RAE prefiere el uso de la primera.

cuákero Está admitido, aunque se prefiere la forma **cuáquero**.

cual Es incorrecta la expresión **a cada cual más*. Ver **cada**. // Como pronombre interrogativo o exclamativo se escribe siempre con tilde: **cuál**.

cualquier Forma apocopada de → **cualquiera**.

cualquiera Este adjetivo no varía de género: *cualquiera de las (los) que tienes aquí*. Su plural es **cualesquiera**: *dos alumnos* *cualesquiera*; salvo cuando funciona como sustantivo, que es **cualquieras**: *Son unos cualquieras*. Seguido de la preposición **de**, siempre se utiliza la forma singular: *cualquiera de los presentes*. // Cuando precede a un sustantivo se usa la forma apocopada **cualquier**: *Dame cualquier libro*. No varía de género: *cualquier libro, cualquier cosa*. Su plural es **cualesquier**.

cuan Forma apocopada del adverbio **cuanto**: *Se cayó cuan largo era*. Ante los comparativos **mayor, menor, mejor, peor**, y los adverbios **más, menos**, se utiliza siempre la forma plena: *Cuanto más hagas, mejor*. // No confundir con **cuán**, que se utiliza en frases exclamativas y su uso es casi exclusivamente literario: *¡Cuán hermoso está el campo!*

cuando Debe evitarse su uso como adverbio relativo con un antecedente sustantivo: **el tiempo cuando nos conocimos*s; lo correcto sería decir: *el tiempo en que nos conocimos*. // No confundir con **cuándo**, que es adverbio interrogativo: *¿Cuándo has llegado?* Como sustantivo, precedido del artículo, también se acentúa: *Dime el cuándo y el porqué*. // Ver **cuanto**.

cuanto Es vulgar el uso de las locuciones **en cuanto a* y **en cuanto que* en lugar de en **cuanto**: **Iré en cuanto que coma*. **Ustedes, en cuanto a comunidad de vecinos, deben ponerse de acuerdo*. // Es incorrecto el uso de **cuanto** en lugar de **cuando** en las locuciones **cuando más** ('a lo sumo') y **cuando menos** ('por lo menos'): **cuanto más serían siete, *cuanto menos deberías presentarte*. // No debe confundirse con **cuánto**, que es adverbio interrogativo o exclamativo: *¿Cuánto vale esto? ¡Cuánto te he echado de menos!* // Las formas apocopadas de **cuanto** y **cuánto** son **cuan** y **cuán**. // Como sustantivo se usa en física con el significado de 'cantidad mínima de energía emitida o absorbida por la materia'. Se prefiere esta forma en lugar de la latina **quántum**.

cuáquero También está admitido **cuákero**, aunque se prefiere la forma **cuáquero**, más cercana a la ortografía española.

cuarto Son incorrectas las expresiones como ***cuarto kilo** o ***cuarto litro**: **Déme cuarto kilo de manzanas.* Debe decirse *cuarto de kilo y cuarto de litro.*

cubalibre También se escribe **cuba-libre** y **cuba libre**. Es frecuente el uso de la forma coloquial **cubata**. // Su plural es **cubalibres** o **cubas libres**, este último menos frecuente.

cubrir El participio de este verbo es irregular: *cubierto.* // Se construye con las preposiciones **con** y **de**: *cubrir con la sábana, cubrir de insultos.*

cuché Se recomienda evitar la forma francesa original **couché**.

cuestión No confundir este sustantivo con → **tema**.

cuidadoso Este adjetivo se construye con las preposiciones **para** y **con**: *ser cuidadoso con (o para) lo que no es tuyo.*

***culmen** No está admitido este sustantivo: **el culmen de la discusión.* Debe sustituirse por **cumbre, punto culminante, cima** o **colmo**: *el punto culminante de la discusión.*

***culpabilizar** Forma incorrecta por **culpar**.

cum laude Es incorrecto ***cum laudem**.

***cumplimentación** Forma incorrecta por **cumplimiento**.

cumplir Este verbo puede construirse con la preposición **con** (cumplir con lo acordado) o sin preposición (cumplir lo acordado).

cuplé Debe evitarse la forma francesa *couplet.*

curioso Este adjetivo se construye con las preposiciones **de** y **por**: *curioso de nuevas noticias, curioso por saber lo que sucede.*

currar, **currelar** Verbos coloquiales muy usados con el significado de 'trabajar'. La RAE sólo admite la primera variante.

curre, **currele**, **currelo**, **curro** Es frecuente el uso de estas formas, en la lengua coloquial, con el significado de 'trabajo'. La RAE sólo admite **curro**.

currículo Ver currículum.

currículum o **currículum vitae** Con el significado de 'historial personal y profesional' se utiliza la expresión latina **currículum vitae** (o simplemente **currículum**) y la forma españolizada **currículo**. Su plural es **currícula** y **currículos**, respectivamente; aunque algunos autores defienden la forma invariable **currículum** (**vitae**) para singular y plural. Con el significado de 'plan de estudios' se utiliza la forma **currículo** y su plural **currículos**.

cursi El plural de este adjetivo es cursis y no *****cúrsiles**.

curtir(se) Este verbo se construye con las preposiciones **a**, **con**, **de** y **en**: *curtir con el* (o *del*) *sol, curtirse en las dificultades*.

cusca o **cusqui** (hacer la) Locución coloquial que significa 'molestar, fastidiar'. La RAE sólo recoge la variante **hacer la cusca**, aunque es la menos utilizada.

cuscús También se dice **cuzcuz**.

custodiar En cuanto al acento, este verbo se conjuga como **cambiar**: *custodio*.

cuzcuz También se dice **cuscús**.

czar, **czarevitz**, **czarina** Se prefieren, para estos sustantivos, las grafías **zar**, **zarevich**, **zarina**.

d

d Debe evitarse la pronunciación relajada de la **d**, o su desaparición, en los participios pasados con la terminación **-ado**: *andado, estado*; */andao/, */estao/*, o en los sustantivos con terminación en dicha consonante: *Madrid, virtud*; */madrí/, *irtú/*. Debe evitarse, también, la pronunciación de la **-d** final de palabra como **z**: */madriz/*.

dabuten o **dabuti** Ver **buten**.

dactilografiar En cuanto al acento, este verbo se conjuga como **ansiar**: *dactilografío, dactilografías*.

dado El femenino de este participio y adjetivo es **dada**. Son incorrectas, por tanto, construcciones del tipo: **Dado tu enfermedad, yo me ocuparé de todo*. La frase correcta sería: *Dada tu enfermedad, yo me ocuparé de todo*. // Es incorrecta la expresión **dado a que** en lugar de la locución conjuntiva **dado que**: **Dado a que no estás preparado, lo haré yo*. Lo correcto es: *Dado que no estás preparado, lo haré yo*.

dandi Forma propuesta por la RAE para sustituir al inglés *dandy*, aunque este último término es el más usual. La forma derivada **dandismo**, en cambio, siempre aparece escrita con *i*, no con *y*: **dandysmo*.

dar Es un verbo irregular. Ver cuadro de la página siuiente. // Se construye con diversas preposiciones: **dar a conocer, dar con la solución, dar contra algo, dar de alta, dar por perdido**. // La forma de primera y tercera persona singular del presente de subjuntivo, **dé**, se escribe con tilde diacrítica para distinguirla de la preposición **de**, aun unida a un pronombre enclítico: *déme*. // Son vulgarismos las formas **demen*, **delen*, **desen* en lugar de **denme** (den + me), **denle** (den + le), **dense** (den + se). // **Dar alguien** o **algo de sí** Ver **sí**[1].

DAR			
INDICATIVO		**SUBJUNTIVO**	
Presente	Pret. perf. simple	Pret. imperf.	Futuro
doy	*di*	*diera, -ese*	*diere*
das	*diste*	*dieras, -eses*	*dieres*
da	*dio*	*diera, -ese*	*diere*
damos	*dimos*	*diéramos, -ésemos*	*diéremos*
dais	*disteis*	*dierais, -eseis*	*diereis*
dan	*dieron*	*dieran, -esen*	*dieren*

darwinismo o **darvinismo** Teoría sobre la evolución de las especies basada en las ideas de Charles Darwin. Ambas formas están admitidas, aunque la RAE da preferencia al sustantivo **darwinismo**.

de Esta preposición no debe confundirse con la primera y tercera personas del presente de subjuntivo del verbo **dar**: *dé*. // Construcciones en las que se tiende a omitir incorrectamente esta preposición: a) **acordarse de algo**: **Acuérdate que me debes dinero*; b) **darse cuenta de que**: **Me di cuenta que estaba equivocada*; c) **estar seguro de algo**: **Estaba seguro que vendrías*; d) **alegrarse de algo**: **Me alegro que te hayas recuperado*; e) **adverbio + de**: **debajo el coche*, **encima la mesa*, **en medio el salón*, **delante la casa*, **enfrente el portal*, etc. // Existen otros casos en que el uso de esta preposición no es correcto: **¿No habéis notado de que temblaba? *No me importa de reconocerlo. *No le preocupa de que le descubran. *Estoy deseando de verla*. Un caso frecuente es el empleo de esta preposición junto a la conjunción **que** en construcciones con verbos que expresan idea de 'pensar', 'opinar', decir'; este uso incorrecto constituye el llamado **dequeísmo**: **Pien-*

so de que... **Digo de que...* **Te aconsejo de que...* Del mismo modo se debe evitar emplear dicha preposición en construcciones del tipo: **Me da vergüenza de que me vean. *Me da pena de que sufras. *Me da rabia de que te vayas.* // La expresión **yo de ti** (**de él**, **de usted**, etc.) se considera de uso regional: *Yo de usted me marcharía.* Se prefiere el uso de construcciones equivalentes: *Yo en su lugar me marcharía.* // **calle de** Ver **calle**. // **deber de + infinitivo** Ver **deber**.

dé Ver **dar**.

*de ex profeso Incorrección por *ex profeso*.

de improviso Es vulgarismo el uso de la expresión ***de imprevisto** en lugar de esta locución.

*de motu propio Incorrección por **motu proprio**.

debajo Son incorrectas las construcciones ***debajo mío, tuyo**, etc.: **Vive debajo mío. Debe emplearse* **debajo de mí, de ti**, *etc.: Vive debajo de mí.* // Aunque, en general, este adverbio posee el mismo significado que **abajo**, no suelen utilizarse indistintamente. (Ver **abajo**).

deber Seguido de un infinitivo, este verbo expresa idea de 'obligación': *Debió salir ayer* ('tuvo que salir ayer'). Seguido de la preposición **de** y **un infinitivo**, indica 'posibilidad': *Debió de salir ayer* ('puede que saliera ayer'). Sin embargo, se tiende a utilizar la forma sin preposición con ambos sentidos: *Debía saberlo* ('tenía que saberlo' o 'puede que lo supiera'). // Es incorrecto el uso de **deber de + infinitivo** con valor de obligación: **Debes de mejorar tu actitud.* (*Debes mejorar tu actitud.*)

debut Forma española para el sustantivo francés *début*; su plural es **debuts**. Puede aparecer escrito **debú**, aunque la RAE no admite esta forma.

década Ver **año**.

decaer Es un verbo irregular. Se conjuga como **caer**: *decaigo*. // Se construye con la preposición **en**: *No decae en sus esfuerzos*.

decagramo, **decalitro**, **decámetro** Son incorrectos ***decágramo**, ***decálitro**, ***decametro**.

decalcificar, **decalcificación** Ver **descalcificar**.

decantar(se) Se recomienda evitar el uso abusivo de este verbo con el significado general de 'decidirse': *No logro decantarme por uno de estos vestidos.* Este verbo tiene el matiz de 'tomar partido, inclinarse': *El electorado se decantó por una opción de progreso.* En otros casos debe emplearse **decidirse, inclinarse**, etc.: *No logro decidirme por uno de estos vestidos.*

decenio Ver **año**.

decibel o **decibelio** Ambas formas están admitidas, aunque es mucho más frecuente **decibelio**.

decidir(se) Este verbo se construye con las preposiciones **a, por** y **sobre**: *decidirse alguien a olvidar, por una solución, sobre un aspecto.*

decigramo, **decilitro**, **decímetro** Son incorrectos *decígramo, *decílitro, *decimetro.

décimo Este adjetivo numeral ordinal alterna su uso con el de **diez** aplicado a reyes: *Alfonso Diez o Alfonso Décimo*, o **siglos**: *siglo diez o siglo décimo.* // Ver **décimo**.

decimo- Forma prefija para los numerales ordinales del 13 al 19: *decimotercero.* El uso actual prefiere formas como **decimocuarto** a otras como **décimo cuarto**. // Deben evitarse las formas *decimoprimero, *decimosegundo en lugar de **undécimo, duodécimo**. // Los numerales **decimotercero, decimocuarto, decimoctavo** y **decimonoveno** también se pueden escribir **decimotercio, catorceno, decimooctavo** y **decimonono**, aunque son mucho más frecuentes las primeras formas. // Es un vulgarismo habitual utilizar los numerales partitivos en lugar de los ordinales, por ejemplo: *el puesto catorceavo* (por decimocuarto).

decir Es un verbo irregular. Ver cuadro. // Se construye con la preposición **de**: *decir algo de alguien.* // *decir de que Ver **de**.

declarar(se) Este verbo se construye con la preposición **sobre**: *declarar alguien sobre un asunto.* En su forma prono-

DECIR		
GERUNDIO		**PARTICIPIO**
diciendo		*dicho*

INDICATIVO

Presente	Pret. perf. simple	Futuro	Condicional
digo	*dije*	*diré*	*diría*
dices	*dijiste*	*dirás*	*dirías*
dice	*dijo*	*dirá*	*diría*
decimos	*dijimos*	*diremos*	*diríamos*
decís	*dijisteis*	*diréis*	*diríais*
dicen	*dijeron*	*dirán*	*dirían*

SUBJUNTIVO

Presente	Pret. imperfecto	Futuro
diga	*dijera, -ese*	*dijere*
digas	*dijeras, -eses*	*dijeres*
diga	*dijera, -ese*	*dijere*
digamos	*dijéramos, -ésemos*	*dijéremos*
digáis	*dijerais, -eseis*	*dijereis*
digan	*dijeran, -esen*	*dijeren*

IMPERATIVO

di	*decid*

minal, y con el significado de 'manifestar una persona su amor a otra', rige la preposición a: *declararse a una mujer*.

*decodaje, **decodificar**, **decodificación**, **decodificador** Ver **descodificar**.

decrecer Es un verbo irregular. Se conjuga como **agradecer**: *decrezca*.

decreto ley Este sustantivo también puede aparecer escrito **decreto-ley**. Su plural es **decretos leyes**, no ***decretos ley**.

deducir Es un verbo irregular. Se conjuga como **conducir**: *deduzco, deduje*. Son incorrectas las formas ***deducí**, ***deduciste**, etc. // Se construye con las preposiciones **de** y **por**: **deducir de** o **por lo dicho**.

defender(se) Es un verbo irregular. Se conjuga como **tender**: *defiendo*. // Se construye con las preposiciones **con-**

tra, de: *defenderse contra las agresiones, defenderse de una acusación*. // Se debe evitar el uso de este verbo en el lenguaje deportivo con el sentido de 'marcar': *El jugador número siete defenderá al delantero del equipo visitante.*

defenestración, **defenestrar** Son incorrectas las formas *desfenestración y *desfenestrar para este sustantivo y este verbo.

déficit Suele preferirse el plural invariable **déficit** para este sustantivo, aunque es frecuente el uso de la forma **déficits**.

deflación, **deflacionario**, **deflacionista** Son incorrectos *deflacción, *deflaccionario, *deflaccionista.

deforestar También se admite **desforestar**, aunque la RAE da preferencia al verbo **deforestar**.

deformar También se admiten las formas **desformar** y **disformar**, aunque estos últimos verbos hoy están en desuso.

deforme También se admite el adjetivo **disforme**, aunque es mucho más frecuente **deforme**.

degenerar Se construye con la preposición **en**: *La fiesta degeneró en orgía*, y con menor frecuencia, con la preposición **de**: *Degeneró de su noble estirpe.*

degollar Es un verbo irregular. Se conjuga como **contar**: *degüella, degollé*. Las formas con **ue-** llevan diéresis sobre la **u**.

deixis Sustantivo femenino e invariable en plural. Es incorrecta la acentuación *deíxis.

dejar Se construye con las preposiciones **de**, **en** y **por**: *dejar de trabajar, dejarse uno de lamentos, dejar a alguien en ridículo, dejar algo por imposible.* // Ver **quedar**.

deje, **dejillo** o **dejo** Las tres formas están admitidas con el significado de 'acento, pronunciación y entonación particular en el modo de hablar de una región'. Aunque la RAE da preferencia al sustantivo **dejo** para este sentido, es más frecuente el uso de **deje**, y en menor medida, el de **dejillo**: *Tiene un deje andaluz muy marcado.*

del Contracción de la preposición **de** y el artículo **el**: *espuma del mar*. No se produce la contracción cuando el artículo

el forma parte del nombre de una persona, de una ciudad, de un título de una obra o de un rótulo: *sepulcro de El Tostado, monasterio de El Escorial*.

delante Son incorrectas las formas *delante mío, tuyo, etc.: *Ponte delante mío*. Debe emplearse **delante de mí, de ti**, etc.: *Ponte delante de mí*. En algunos países de América se emplean formas como **en su delante** o **por su delante**, ajenas al castellano de España. // Aunque, en general, este adverbio posea el mismo significado que **adelante**, no se utilizan indistintamente. Ver **adelante**. // **delante de** Ver **de**.

delegado El femenino de este sustantivo es **delegada**, no *la delegado: *la delegada de España en la ONU*.

deleitar(se) Se construye con las preposiciones **con** y **en**: *deleitarse alguien con un dulce, en la contemplación de algo*.

*delen Forma incorrecta por **denle** (den + le).

deleznable Algunos autores recomiendan evitar el uso de este adjetivo con el significado de 'reprobable' o 'digno de repulsa': *Su comportamiento fue deleznable*, ya que su sentido estricto es 'que se deshace fácilmente', aunque se ha impuesto su empleo con el primer significado.

deliberar Se construye con las preposiciones **en, entre** y **sobre**: *deliberar en grupo, deliberar entre compañeros, deliberar sobre una cuestión*.

delicatessen Voz de origen alemán (*delikatessen*), admitida por la RAE, que ha pasado al español a través del inglés. Es femenina plural en la acepción de 'alimentos selectos', como el término del que procede, y de género ambiguo con el significado de 'tienda donde se venden estos alimentos'.

delinear Este verbo se conjuga como **alinear**: *delineo*, no *delinio. Son incorrectas formas como *delíneo, *delíneas, etc. (por influencia del sustantivo línea).

delinquir En la conjugación de este verbo, la **c** de la raíz cambia en **qu** ante **e** o **i**: *delinco, delinques, delinquimos*.

demandar Este verbo se construye con las preposiciones **ante, de** y **en**: *demandar ante la justicia, demandar de injurias, demandar en un proceso*.

demarrar, **demarraje** Verbo y sustantivo de origen francés, de *démarrer* ('arrancar') y *démarrage* ('arrancada'), respectivamente. Se usan frecuentemente en el lenguaje del ciclismo, aunque pueden ser sustituidos por **acelerar** y **aceleración**.

demás Este adjetivo o pronombre indefinido no debe confundirse con la locución adverbial **de más** ('de sobra'): *Me traje mis libros y todo lo demás. Creo que estoy de más en esta casa.*

demasiado Son incorrectas las construcciones con este adverbio seguido de la preposición **de**: **demasiado de amable.* La expresión correcta sería *demasiado amable.*

*demen Forma incorrecta por **denme** (**den + me**).

demoler Es un verbo irregular. Se conjuga como **mover**: *demuelo, demolí.*

demoníaco o **demoniaco** Ambas formas están admitidas, aunque suele preferirse el adjetivo **demoníaco**.

demostrar Es un verbo irregular. Se conjuga como **contar**: *demuestro.*

denegar Es un verbo irregular. Se conjuga como **pensar**: *deniego.*

denostar Es un verbo irregular. Se conjuga como **contar**: *denuesto*, aunque a veces puede aparecer como regular: *denostas, denosta. //* Es un verbo transitivo: *denostar a una persona*, y su uso con la preposición **de** es muy poco frecuente: *denostar de alguien.*

denotar Con el significado de 'expresar una palabra, frase, etc., su significado propio, sin juicios o valoraciones del que habla', este verbo se contrapone a **connotar** 'expresar una palabra, frase, etc., además de su significado estricto, otros matices sugeridos por asociación'; la palabra *fiesta*, por ejemplo, connota 'alegría'.

dentífrico Es incorrecta la forma ***dentrífico**.

dentro Este adverbio de lugar puede ir precedido de una preposición: **desde dentro, hacia dentro**, etc. Precedido de la preposición **a**, se escribe **adentro**: *Voy adentro.* Aunque esta última forma posee, en general, el mismo significado que **dentro**, no siempre se emplean indistintamente. Ver **adentro**. // Se construye seguido de la preposición **de**: *dentro de una semana, dentro de tu cabeza*. // Son incorrectas formas como **dentro mío, tuyo*, etc.: **Sentía la pena muy dentro mío*. Debe emplearse **dentro de mí, de ti**, etc.: *Sentía la pena muy dentro de mí*. // Es incorrecta la supresión de la preposición **de** en construcciones como **dentro la cocina*, etc.

denunciar En cuanto al acento, este verbo se conjuga como **cambiar**: *denuncio*.

departamento Ver **apartamento**.

departir Se construye con las preposiciones **con, de** y **sobre**: *departir con alguien, departir de o sobre algo*.

depender Se construye con la preposición **de**: *depender de la suerte*.

dependiente Como sustantivo, su femenino es **dependienta**: *Nos atendió una joven dependienta*. // Como adjetivo, es invariable en cuanto al género: *Esa cuenta es dependiente de esta otra*.

deponer Es un verbo irregular. Se conjuga como **poner**: *depongo*. // Con el significado de 'destituir' se construye con la preposición **de**: *deponer a alguien de un cargo*. No confundir con → **cesar**. // Con el significado de 'declarar' se construye con las preposiciones **ante** y **de**: *deponer ante el juez, deponer en juicio*.

depositar Se construye con la preposición **en**: *depositar algo en un lugar*.

depreciar En cuanto al acento, este verbo se conjuga como **cambiar**: *deprecio*.

deprisa Este adverbio de modo también puede escribirse **de prisa**, aunque se da preferencia a la forma **deprisa**.

derby o derbi En el diccionario de la RAE se propone la forma **derbi** para este sustantivo, aunque es más frecuente el uso de la grafía inglesa **derby**: *El derby se celebrará a finales de mayo*. Su plural es **derbys**.

derivar Se construye con las preposiciones **a** y **de**: *derivar a otro tema, derivarse de lo anterior.* Algunos autores proponen sustituir la construcción de este verbo con la preposición **en** (*La disputa derivó en pelea*) por el verbo **desembocar** o por expresiones del tipo *tener como resultado, dar como resultado,* etc.; sin embargo, la construcción **derivar en** es hoy muy utilizada.

dermis Sustantivo femenino invariable en plural.

derogar Es incorrecto *derrogar.

derramar Se construye con las preposiciones **en** y **por**: *derramar en o por tierra.*

derredor La locución **en derredor** es propia del lenguaje literario, equivale a la más usual **alrededor**: *Miré en derredor y sólo pude apreciar tinieblas.* Se construye con la preposición **de**: *en derredor de la mesa.*

derretir Es un verbo irregular. Se conjuga como **pedir**: *derrito, derretí.*

derribar Se construye con las preposiciones **de, en** y **por**: *Lo derribaron del caballo; derribar en o por el suelo.*

derrocar Hoy se usa como verbo regular: *derrocan,* aunque antiguamente era irregular y se conjugaba como **contar**: *derruecan.* // Se construye con la preposición **de**: *derrocar a un rey del trono.*

derruir Es un verbo irregular. Se conjuga como **huir**: *derruyen, derruí.*

desaborido Existen las variantes populares **desaborío** y **esaborío** (no admitidas por la RAE) para este adjetivo o sustantivo de uso familiar: *¿Eres un poquito desaborío, no?* // La forma **desaborido** no debe confundirse con el adjetivo **desabrido**. El primero de estos términos se aplica a la 'persona sin gracia, aburrida, aguafiestas': *Vamos, no seas desaborido y únete a nosotros,* y **desabrido** quiere decir 'áspero, de mal genio': *Muy enfadado, contestó con tono desabrido.*

desabrido No confundir con→ **desaborido**.

desacertar Es un verbo irregular. Se conjuga como **pensar**: *desacierto.*

desacreditar Se construye con las preposiciones **con, en** y **entre**: *desacreditar a alguien con mentiras, en su conducta, entre sus amigos*.

desafiar En cuanto al acento, este verbo se conjuga como **ansiar**: *desafío*.

desagradecer Es un verbo irregular. Se conjuga como **agradecer**: *desagradezco, desagradecí*.

desagraviar En cuanto al acento, este verbo se conjuga como **cambiar**: *desagravio*.

desaguar En cuanto al acento, este verbo se conjuga como **averiguar**: *desaguo, desagüe*. Las formas con **ue-** llevan diéresis sobre la **u**. // Se construye con las preposiciones **en** y **por**: *desaguar un río en otro, desaguar por un sumidero*.

desahogar(se) Se construye con las preposiciones **con, de** y **en**: *desahogarse con un amigo, desahogarse de su dolor, desahogarse en insultos*.

desahuciar En cuanto al acento, este verbo se conjuga como **cambiar**: *desahucio*.

desalentar Es un verbo irregular. Se conjuga como **pensar**: *desaliento*.

desalinear Este verbo se conjuga como **alinear**: *desalineo*. Son incorrectas formas como **desalíneo, *desalíneas*, etc. (por influencia del sustantivo **línea**).

desalojar Se construye con la preposición **de**: *desalojar al público de un local*.

desamoblar o **desamueblar** Ver **amoblar**.

desandar Es un verbo irregular. Se conjuga como **andar**: *desando, desanduve*. Son incorrectas formas como **desandé, *desandaron*, etc.

desaparecer Es un verbo irregular. Se conjuga como **agradecer**: *desaparezco*.

desapego También se admite **despego**, aunque se prefiere el uso del sustantivo **desapego**.

desaprobar Es un verbo irregular. Se conjuga como **contar**: *desapruebo*.

desarraigar Este verbo se construye con la preposición **de**: *desarraigar de la tierra*.

desarrapado Ver **desharrapado**.

desasir(se) Es un verbo irregular. Se conjuga como **asir**: *desasgo, desasga*, aunque se usan sobre todo la formas con una **i**. // Se construye con la preposición **de**: *desasirse de cualquier atadura*.

desasosegar Es un verbo irregular. Se conjuga como **pensar**: *desasosiega*. // También se admite **desosegar**, aunque el uso de este último verbo es muy poco frecuente.

desatar(se) Se construye con las preposiciones **de** y **en**: *desatarse de las ligaduras, desatarse en insultos*.

desatender Es un verbo irregular. Se conjuga como **tender**: *desatiendo*.

desatornillar También se admite **destornillar**, aunque la RAE da preferencia al verbo **desatornillar**. También se admite el sustantivo **desatornillador**, de uso más frecuente en América, aunque en este caso la RAE da preferencia a **destornillador**.

desavenir(se) Es un verbo irregular. Se conjuga como **venir**: *desavengo, desavine*. // Se construye con la preposición **con**: *desavenirse alguien con sus padres*.

descacharrar Ver **escacharrar**.

descalabrar También se admite **escalabrar**, aunque en el uso culto del lenguaje se prefiere la utilización del verbo **descalabrar**.

descalcificar También se admite **decalcificar**, aunque suele usarse preferentemente el verbo **descalcificar**. Asimismo, se admite el sustantivo **decalcificación**, aunque es más frecuente el uso de **descalcificación**.

descambiar En cuanto al acento, este verbo se conjuga como **cambiar**: *descambio*. // Suele recomendarse evitar su uso con el significado de 'cambiar' (*He descambiado el vestido*), puesto que el significado del verbo **descambiar** es 'deshacer un cambio' (ya hecho). Sin embargo, actualmente, **descambiar** se usa con tanta o más frecuencia que

cambiar e, incluso, implica un matiz distinto; el primero significa 'devolver un producto a cambio del dinero que se pagó por él', mientras que el segundo es 'cambiar un producto por otro igual o equivalente'.

descaminar También se admite **desencaminar**, y aunque la RAE da preferencia a la forma **descaminar**, es más frecuente aquel verbo: *Se desencaminó de su propósito*.

descampado También se admite la forma **escampado**, aunque es mucho más frecuente **descampado**.

descansar Se construye con las preposiciones **de, en** y **sobre**: *descansar del trabajo, descansar en un amigo, descansar sobre el suelo*.

descargar Se construye con las preposiciones **en, de** y **sobre**: *descargar alguien una responsabilidad en otros* (o *sobre otros*), *descargarse alguien de una acusación*.

descarriar En cuanto al acento, este verbo se conjuga como **ansiar**: *se descarría*.

descender Es un verbo irregular. Se conjuga como **tender**: *desciendo*. // Se construye con las preposiciones **a, de** y **en**: *descender a una gruta, descender de grado, descender en la escala de valores*.

desceñir Es un verbo irregular. Se conjuga como **ceñir**: *desciñe*.

descodificar También se admite **decodificar**, aunque la RAE da preferencia al verbo **descodificar**. Sucede igual con los sustantivos **descodificación** y **decodificación,** y con los adjetivos **descodificador** y **decodificador**. // Es incorrecto **decodaje* por **descodificación o decodificación**.

descolgar Es un verbo irregular. Se conjuga como **contar**. La **g** de la raíz cambia a **gu** delante de **e**: *descuelgue*. // En su forma pronominal, se construye con las preposiciones **a, con, de** y **por**: *descolgarse al piso inferior, descolgarse con buenas palabras, descolgarse de los demás, descolgarse por el balcón*.

descollar Es un verbo irregular. Se conjuga como **contar**: *descuello*. // Se construye con las preposiciones **en, entre** y **sobre**: *descollar en belleza, descollar entre o sobre los demás*.

descombrar Ver **desescombrar**.

descomponer Es un verbo irregular. Se conjuga como **poner**: *descompongo, descompuse*. // En su forma pronominal, se construye con la preposición **con**: *Me descompongo con su parsimonia*.

descomulgar Ver **excomulgar**.

desconcertar Es un verbo irregular. Se conjuga como **pensar**: *me desconcierta*.

desconfiar En cuanto al acento, este verbo se conjuga como **ansiar**: *desconfío*. // Se construye con la preposición **de**: *Desconfío de sus buenas intenciones*.

desconocer Es un verbo irregular. Se conjuga como **agradecer**: *desconozco*.

desconsolar(se) Es un verbo irregular. Se conjuga como **contar**: *Me desconsuela tanta desgracia*.

descontado La locución **por descontado** tiene variante **por de contado**, aunque es mucho más frecuente el uso de la primera: *Doy por descontado que asistirás a la reunión*.

descontar Es un verbo irregular. Se conjuga como **contar**: *descuento*. // Se construye con la preposición **de**: *descontar del salario*.

descornar Es un verbo irregular. Se conjuga como **contar**: *descuerna*. // También se dice **escornar(se)**, y aunque esta última forma no está admitida por la RAE, es tan usada o más que aquélla para los significados de 'esforzarse, trabajar mucho' o 'darse un golpe muy fuerte': *Me escorné para terminar a tiempo el trabajo. ¡Casi nos escornamos escalando aquella montaña!*

describir Este verbo se conjuga como **escribir**; su única irregularidad aparece en el participio: *descrito*.

descuadernar Ver **desencuadernar**.

descuajaringar o **descuajeringar** Ambas formas están admitidas, aunque el verbo **descuajeringar** se usa más en América.

descubrir Este verbo se conjuga como **abrir**; su única irregularidad aparece en el participio pasado: *descubierto*. // Se construye con la preposición **ante**: *descubrirse ante mérito ajeno*.

descuidar(se) Este verbo se construye con las preposiciones **de** y **en**: *descuidarse uno en* (o *de*) *su cometido, descuidarse alguien en su aspecto*.

desde Esta preposición a veces se utiliza seguida de la conjunción **que**: *Desde que vine, no he logrado descansar un momento*. En algunos países de América, **desde que** se emplea como conjunción causal equivalente a 'ya que', 'puesto que': *Desde que vienes, tráeme agua* ('Ya que vienes, tráeme agua'). // Se considera incorrecta la supresión de la preposición **en** para las construcciones del tipo: **Desde el momento que te vi...* // Se recomienda evitar el uso excesivo de esta preposición en construcciones como: *Se adoptarán algunas medidas desde el gobierno*, que puede sustituirse por: *El gobierno adoptará algunas medidas*. // **desde ya** Ver **ya**.

desdecir(se) Es un verbo irregular. Se conjuga como **decir**: *me desdigo, nos desdijimos*. // Se construye con la preposición **de**: *desdecirse de lo dicho*. // Al contrario que otros compuestos del verbo **decir**, como **maldecir** o **bendecir**, es incorrecto ***desdecido** por **desdicho** en el participio: **Nunca se ha desdecido de sus palabras*.

desear Es incorrecta la construcción ***desear de + infinitivo**: **Deseaba de verte más que nunca*.

desembarazar(se) Este verbo se construye con la preposición **de**: *Por fin logré desembarazarme de él*.

desembarcar Este verbo se construye con las preposiciones **de** y **en**: *desembarcar de un carguero, desembarcar en una isla*.

desembocar Este verbo se construye con la preposición **en**: *desembocar un afluente en un río*.

desempeñar Se prefiere el uso de este verbo a **jugar** en la expresión **jugar un papel**. Ver **jugar**. // Evítese la construcción **desempeñarse como** con el sentido de 'actuar como': **A veces se desempeña como ayudante del director*. // No confundir con → **detentar**.

*desen Forma incorrecta por **dense** (*den* + *se*).

desencaminar Ver **descaminar**.

desencuadernar También se dice **descuadernar**, aunque la RAE da preferencia al verbo **desencuadernar**.

desengañar(se) Se construye con la preposición **de**: *Desengáñate de todo eso.*

desenmohecer Es un verbo irregular. Se conjuga como **agradecer**: *desenmohezca, desenmohecí.*

desentenderse Es un verbo irregular. Se conjuga como **tender**: *me desentiendo.* // Se construye con la preposición **de**: *desentenderse alguien de sus obligaciones.*

desenterrar Es un verbo irregular. Se conjuga como **pensar**: *desentierro.* // Se construye con la preposición **de**: *desenterrar del olvido.*

desentorpecer Es un verbo irregular. Se conjuga como **agradecer**: *desentorpezco, desentorpecí.*

desentumecer Es un verbo irregular. Se conjuga como **agradecer**: *desentumezco, desentumecí.*

desenvolver Es un verbo irregular. Se conjuga como **volver**: *desenvuelvo, desenvolví.*

desertar Este verbo se construye con las preposiciones **a** y **de**: *desertar a la zona enemiga, desertar del ejército.*

desescombrar También se admite **descombrar**, aunque es más frecuente el verbo **desescombrar**. Con el mismo significado, 'retirar los escombros', la RAE da preferencia a **escombrar**, aunque este último verbo apenas se utiliza.

desesperar Se construye con la preposición **de**: *desesperar de conseguir algo.*

*desestimiento Forma incorrecta por **desistimiento**.

desfallecer Es un verbo irregular. Se conjuga como **agradecer**: *desfallezco, desfallecí.* // Se construye con la preposición **de**: *desfallecer de cansancio.*

desfavorecer Es un verbo irregular. Se conjuga como **agradecer**: *desfavorezco, desfavorecí.*

*desfenestración, ***desfenestrar** Formas incorrectas por **defenestración** y **defenestrar**.

desforestar Ver **deforestar**.

desformar Ver **deformar**.

desgobernar Es un verbo irregular. Se conjuga como **pensar**: *desgobierna*.

desgraciar En cuanto al acento, este verbo se conjuga como **cambiar**: *desgracio*.

desguarnecer Es un verbo irregular. Se conjuga como **agradecer**: *desguarnezca, desguarnecí*.

deshabituar En cuanto al acento, este verbo se conjuga como **actuar**: *deshabitúo*.

deshacer Es un verbo irregular. Se conjuga como **hacer**: *deshago, deshice*. // En su forma pronominal, se construye con las preposiciones **a**, **de**, **en** y **por**: *deshacerse a trabajar, deshacerse de alguien, deshacerse en sollozos, deshacerse por conseguir algo*.

desharrapado También se admite **desarrapado**, aunque se da preferencia a **desharrapado**.

deshelar Es un verbo irregular. Se conjuga como **pensar**: *deshielo, deshiele*.

deshojar(se) Este verbo significa 'quitar hojas a una planta o pétalos a una flor'. No debe confundirse con su homófono **desojarse**, 'forzar la vista': *Me voy a desojar leyendo con esta luz. Se deshojaron con el viento las margaritas*.

desiderátum Sustantivo latino que significa 'objeto de un vivo y constante deseo'. Su plural es **desiderata**, aunque también puede aparecer como invariable: los **desiderátum**.

desistimiento Es incorrecto *desestimiento.

desistir Este verbo se construye con la preposición **de**: *desistir de cualquier intento*.

desleír Es un verbo irregular. Se conjuga como **reír**: *deslío*. Por tanto se debe evitar conjugarlo como **leer**: *desleo, *deslees, etc. // Se construye con la preposición **en**: *desleír en leche*.

desliar En cuanto al acento, este verbo se conjuga como **ansiar**: *deslío*.

deslizar(se) Este verbo se construye con las preposiciones **a**, **en**, **entre**, **por** y **sobre**: *deslizarse al o en el abismo, des-*

lizarse entre los dedos, deslizarse por un tobogán, deslizarse sobre patines.

deslomar No se admite la variante popular *eslomar.

deslucir Es un verbo irregular. Se conjuga como **conducir**: *desluzco, desluces*.

desmedirse Es un verbo irregular. Se conjuga como **pedir**: *Se desmidió*. // Se construye con las preposiciones **con** y **en**: *desmedirse con la bebida, desmedirse alguien en su ambición*.

desmembrar Es un verbo irregular. Se conjuga como **pensar**: *desmiembro*. Debe evitarse el frecuente uso de formas regulares como *desmembro, *desmembras*, etc.

desmentir Es un verbo irregular. Se conjuga como **sentir**: *desmiento*. // Se construye con la preposición **a**: *desmentir a alguien*.

desmerecer Es un verbo irregular. Se conjuga como **agradecer**: *desmerezco, desmerecí*.

desmirriado Ver **esmirriado**.

desnudismo, desnudista Ver **nudismo, nudista**.

desobedecer Es un verbo irregular. Se conjuga como **agradecer**: *desobedezco*.

desobstruir Es un verbo irregular. Se conjuga como **huir**: *desobstruye*.

desoír Es un verbo irregular. Se conjuga como **oír**: *desoyendo*.

desojarse No confundir con → **deshojar(se)**.

desolar Es un verbo irregular. Se conjuga como **contar**: *desuelo*. No obstante, no es frecuente su uso y se emplea casi exclusivamente el participio: *desolado*.

desoldar Es un verbo irregular. Se conjuga como **contar**: *desueldo*.

desollar Es un verbo irregular. Se conjuga como **contar**: *desuello*.

desosegar Está admitido, aunque se prefiere le uso de la forma **desasosegar**.

despabilado, despabilar También se dice **espabilado** y **espabilar**, que son las variantes más usuales, aunque la RAE da preferencia a **despabilado** y **despabilar**.

despachurrar Ver **espachurrar**.

desparramar También se dice **esparramar,** aunque se usa más la forma **desparramar**.

despatarrado, despatarrar(se) También se dice **espatarrado** y **espatarrar(se)**.

despavorido También está admitido **espavorido,** aunque se usa más la forma **despavorido**.

despavorir Es un verbo defectivo. Se conjuga como **abolir.** Su uso es muy poco frecuente.

despedir Es un verbo irregular. Se conjuga como **pedir:** *despido.* // Se construye con la preposición **de:** *despedir del trabajo.*

despegar Este verbo se construye con la preposición **de:** *despegar del aeropuerto, despegarse de la familia.*

despego Está admitido, aunque se prefiere el uso de la forma **desapego**.

despeñar Este verbo se construye con las preposiciones **de, por, en:** *despeñarse por (de) un acantilado, despeñarse en un barranco.*

desperezarse También está admitido **esperezarse,** aunque se usa más la forma **desperezarse**.

despertar Es un verbo irregular. Se conjuga como **pensar:** *despierto.* // Se construye con la preposición **de:** *despertarse de un mal sueño.*

despiporre o **despiporren (el)** Ambas formas están admitidas, aunque se prefiere el uso de la primera.

desplegar Es un verbo irregular. Se conjuga como **pensar:** *despliego.* Aunque hay quien lo utiliza como regular (*desplego, desplegas...*), se prefiere la conjugación irregular.

despoblar Es un verbo irregular. Se conjuga como **contar:** *despueblan.*

despojar Este verbo se construye con la preposición **de:** *despojarse de todos sus bienes.*

desposeer Es un verbo irregular. Se conjuga como **leer:** *desposeyendo.* // Se construye con la preposición **de:** *desposeer a alguien de lo suyo.*

despreciar En cuanto al acento, este verbo se conjuga como **cambiar**: *desprecio*.

desprender Este verbo se construye con la preposición **de**: *desprenderse de lo superfluo*.

desprestigiar En cuanto al acento, este verbo se conjuga como **cambiar**: *desprestigio*.

desproveer Es un verbo irregular. Se conjuga como **leer**: *desproveyendo*. Tiene dos participios: uno regular, **desproveído**, y otro irregular, **desprovisto**. Ambos se utilizan para formar los tiempos compuestos: *Le han desproveído (desprovisto) de sus bienes*. **Desprovisto** se utiliza también como adjetivo: *desprovisto de ayuda*.

despuntar Este verbo se construye con las preposiciones **en** y **entre**: *despuntar en los estudios, despuntar entre todos*.

desquiciar En cuanto al acento, este verbo se conjuga como **cambiar**: *desquicio*.

desquitar Este verbo se construye con la preposición **de**: *desquitarse de una ofensa*.

desteñir Es un verbo irregular. Se conjuga como **ceñir**: *destiño*.

desternillarse Se construye con la preposición **de**: *desternillarse de risa*. // En la lengua coloquial, a menudo se usa erróneamente el verbo **destornillar**, 'quitar un tornillo', en lugar de **desternillarse**, que significa 'reírse mucho': **Se destornilla de risa*.

desterrar Es un verbo irregular. Se conjuga como **pensar**: *destierro*. // Se construye con las preposiciones **a** y **de**: *desterrar a otro lugar, desterrar del país*.

destinar Este verbo se construye con la preposición **a**: *destinar fondos al Tercer Mundo*.

destituir Es un verbo irregular. Se conjuga como **huir**: *destituyo*. // Se construye con la preposición **de**: *destituir de su cargo*. // No confundir con → **cesar** ni con → **dimitir**.

destornillador También están admitidas las formas **desatornillador** y **atornillador**, aunque se prefiere **destornillador**.

destornillar Está admitido, aunque es más frecuente el uso de la forma **desatornillar**. // No confundir con → **desternillarse**.

destroyer Ver **destructor**.

destructor Debe evitarse el uso de la forma inglesa *destroyer*.

destruir Es un verbo irregular. Se conjuga como **huir**: *destruyo*.

desvaír Es un verbo irregular y defectivo. Se conjuga como **abolir**, salvo algunos tiempos y formas, que se conjugan como **huir**: *desvayendo*, *desvayó*, *desvayeron*; pretérito imperfecto de subjuntivo (*desvayera*, *-ese*) y futuro de subjuntivo (*desvayere*).

desvanecer Es un verbo irregular. Se conjuga como **agradecer**: *desvanezco*.

desvariar En cuanto al acento, este verbo se conjuga como **ansiar**: *desvarío*.

***desvastar** Forma incorrecta por **devastar**.

desvelar Este verbo se construye con las preposiciones **en** y **por**: *Se desvela por (o en) sernos útil*.

desvestir Es un verbo irregular. Se conjuga como **pedir**: *desvisto*.

desviar En cuanto al acento, este verbo se conjuga como **ansiar**: *desvío*. // Se construye con la preposición **de**: *desviarse del camino*.

desvirtuar En cuanto al acento, este verbo se conjuga como **actuar**: *desvirtúo*.

desvivirse Este verbo se construye con las preposiciones **con** y **por**: *desvivirse contigo, desvivirse por sus hijos*.

detall (al) Ver **detalle (al)**.

detalle (al) Debe evitarse el uso de la forma **al detall**, adaptación del francés *au détail*: *venta al detall*. Se prefieren las expresiones españolas **al detalle** o **al menor**.

detener(se) Es un verbo irregular. Se conjuga como **tener**: *detengo*. // Se construye con las preposiciones **a**, **ante**, **con** y **en**: *detenerse a conversar, detenerse ante un escaparate, detenerse con (o en) esa cuestión*.

detentar Este verbo significa 'usar o atribuirse una persona sin derecho lo que no le pertenece': *detentar el poder por la fuerza*. Por eso es incorrecto su uso en ejemplos del tipo: **Detenta el poder como presidente electo*. En estos casos **detentar** debe sustituirse por **ocupar, ostentar, desempeñar**.

determinar(se) Este verbo se construye con la preposición **a**: *Las circunstancias me determinaron a dejar el trabajo. Me determiné a dejar de fumar.*

detraer Es un verbo irregular. Se conjuga como **traer**: *detraigo*.

detrás Este adverbio suele ir seguido de la preposición **de**: *El jardín está detrás de la casa*. Puede ir precedido de la preposición **por**, pero no de **a, hacia, para, de, desde**: **Ir a (hacia, para) detrás*. **Venir de (desde) detrás*; en estos casos, salvo con la preposición **a**, debe usarse **atrás**. Ver **atrás**. // ***Detrás mío, tuyo, suyo**, etc. son expresiones incorrectas. Debe decirse **detrás de mí, de ti, de él**, etc.

detrito o **detritus** Ambas formas están admitidas. El plural de **detrito** es **detritos**; **detritus** es forma invariable para singular y plural.

deudor Este adjetivo se construye con las preposiciones **a** y **de**: *ser deudor a* (o *de*) *una persona*.

devaluar En cuanto al acento, este verbo se conjuga como **actuar**: *devalúan*.

devastar Es incorrecta la forma **desvastar*.

devenir Es un verbo irregular. Se conjuga como **venir**: *devenga*. // En su acepción de 'llegar a ser', este verbo suele construirse con la preposición **en**, aunque puede aparecer sin ella: *Con el tiempo, aquel villorrio devino en ciudad* (o *devino ciudad*).

devolver Es un verbo irregular. Se conjuga como **volver**: *devuelvo*.

devoto Este adjetivo se construye con la preposición **de**: *devoto de San Antonio*.

di-[1] Prefijo de origen latino que significa 'oposición' (*disentir*), 'procedencia, origen' (*dimanar*), 'extensión, propagación' (*difundir, dilatar*) o 'separación' (*divergir*). No debe confundirse con su homógrafo **di-²**, que significa 'dos': *disílabo, dicotiledón*.

di-² No confundir con → **di-¹**.

diabetes Es incorrecta la forma *diabetis. // Es un sustantivo femenino que no varía en plural: *la diabetes, las diabetes*.

diablo El femenino de este sustantivo es **diabla** o **diablesa**. La RAE da preferencia a **diabla**, aunque es frecuente el uso de ambas formas.

dialectalismo Es incorrecta la forma *dialectismo.

diálisis Es incorrecto *dialisis. // Es un sustantivo femenino que no varía en plural: *la diálisis, las diálisis*.

diástole Es un sustantivo femenino: *la diástole*, y no masculino: *el diástole.

dieci- Prefijo con que se forman los adjetivos numerales **dieciséis, diecisiete, dieciocho** y **diecinueve**; pueden escribirse también **diez y seis, diez y siete, diez y ocho, diez y nueve**; son más frecuentes las primeras formas. // Forma también los numerales partitivos correspondientes; **dieciseisavo, diecisieteavo, dieciochoavo** (o **dieciochavo**) y **diecinueve**. No deben confundirse con los numerales ordinales correspondientes: **la dieciseisava vez*. // Para su uso como adjetivo numeral ordinal, ver **décimo-**.

diestro Este adjetivo se construye con la preposición **en**: *diestro en artes marciales*. // Tiene dos superlativos: uno culto, **destrísimo**, y otro popular, **diestrísimo**, ambos admitidos por la RAE. // Son incorrectas las expresiones *a diestra y siniestra y *a diestras y siniestras, en lugar de **a diestro y siniestro**: **Repartió insultos a diestra y siniestra*.

diez, diez y seis, diez y siete, diez y ocho, diez y nueve Ver **dieci-**.

difamación, difamante, difamar Son incorrectas las formas vulgares *disfamación, *disfamante y *disfamar.

diferencia Este sustantivo se construye con las preposiciones **de** y **entre**: *diferencia de color, diferencia entre dos colores*.

diferenciar En cuanto al acento, este verbo se conjuga como **cambiar**: *diferencio*. // Se construye con las preposiciones **de** y **entre**: *diferenciar de color, diferenciar entre varias cosas*.

diferente En la lengua coloquial, este sustantivo se construye a menudo con la preposición **a**: *diferente a los demás*; aunque es más correcta su construcción con **de**: *diferente de los demás*.

diferir Es un verbo irregular. Se conjuga como **sentir**: *difiere*. Se construye con las preposiciones **a**, **de**, **en**, **entre** y **para**: *diferir a* (o *para*) *otro día, diferir de ti, diferir en una opinión, diferir entre varios*.

difícil Este adjetivo se construye con la preposición **de**: *difícil de comprender*.

difumino También se dice **esfumino**, aunque se usa preferentemente la forma **difumino**.

digerir Es un verbo irregular. Se conjuga como **sentir**: *digiero*.

dignarse Este verbo se construye sin preposición y seguido de infinitivo: *Se dignó atenderme*; aunque es frecuente su construcción con la preposición **a**: *No se digna a venir*. Debe evitarse su uso con las preposiciones **de** y **en**: **No se dignó en* (o *de*) *presentarnos*.

digresión Debe evitarse la forma vulgar **disgresión*.

dilatarse Este verbo se construye con las preposiciones **a**, **de**, **en**, **hasta** y **para**: *dilatar la decisión para el* (o *al*) *día siguiente, dilatar algo hasta el año que viene, dilatarse en explicaciones*.

diletante Debe evitarse el uso de la forma italiana *dilettante*. // Es un sustantivo invariable para los dos géneros: *el diletante, la diletante*.

diligenciar En cuanto al acento, este verbo se conjuga como **cambiar**: *diligencio*.

diligente Este adjetivo se construye con la preposición **en** y **para**: *diligente en el trabajo, diligente para sus cosas*.

diluir Es un verbo irregular. Se conjuga como **huir**: *diluyo*. // Se construye con la preposición **en**: *diluir en agua*.

diluviar En cuanto al acento, este verbo se conjuga como **cambiar**: *diluvia*. // Es un verbo impersonal; se utiliza sólo en tercera persona del singular de todos los tiempos.

dimanar Este verbo se construye con la preposición **de**: *La conclusión dimana de lo ya expuesto*. // Se usa sólo en tercera persona.

dimensión Este sustantivo no es sinónimo de **alcance**; debe evitarse por tanto su uso en oraciones como: **Hay que evaluar las dimensiones de lo sucedido*, en lugar de *el alcance de lo sucedido*.

dimitir Este verbo significa 'cesar, abandonar un cargo': *Ha dimitido el director*. No debe confundirse con **destituir**, 'quitar a alguien de su cargo': **Han dimitido al subsecretario*, en lugar de: *Han destituido al subsecretario*. // Se construye con la preposición **de**: *Ha dimitido de su cargo*. // No confundir con → **abdicar**.

dinamizar El uso de este verbo está muy extendido, a pesar de que el diccionario de la RAE, en la edición de 1992, no lo recoge: *Hay que dinamizar el proceso de renovación*. Se prefiere el empleo, según los casos, de otros verbos como **animar**, **estimular**, **promover**, **vitalizar**, **reactivar**.

dinamo o **dínamo** Ambas formas están admitidas, aunque se prefiere la primera.

dintel No confundir el significado de este sustantivo con el de **umbral**. **Dintel** significa 'parte horizontal superior de los huecos de puertas y ventanas': *Me esperó bajo el dintel de la puerta*, y no **bajo el umbral de la puerta*. Por el contrario, el **umbral** es la parte inferior del hueco de una puerta, en el suelo: *Una sombra apareció en el umbral de la puerta*.

dionisíaco o **dionisiaco** Ambas formas están admitidas, aunque se prefiere el uso de la primera.

dioptría Es incorrecta la forma **diotría*.

dios Este sustantivo se escribe con mayúscula cuando se refiere al ser supremo del cristianismo o de otras religiones monoteístas: *Dios*.

*diotría Forma incorrecta por **dioptría**.

diplodocus o **diplodoco** Es frecuente el uso de ambas formas, aunque es preferible **diplodoco**, más cercana a la ortografía española. **Diplodocus** es invariable para singular y plural: *el diplodocus*, *los diplodocus*. El plural de **diplodoco** es **diplodocos**.

dipsómano, **dipsomaníaco** o **dipsomaniaco** La tres formas están admitidas, aunque se prefiere **dipsómano**.

diputado Este sustantivo se construye con las preposiciones **a**, **en** y **por**: *diputado a* (o *en las*) *Cortes, diputado por Cantabria*. // Su femenino es **diputada**, y no **la diputado* o **una diputado*.

dirección Este sustantivo se construye con las preposiciones **a**, **de** y **hacia**: *en dirección a Burgos, en la dirección de la flecha*.

director, **directora**, **directriz** Como adjetivo con el significado 'que rige o dirige', **director** es la forma masculina (*principio director*) y **directriz** es su femenino (*norma directriz*). Es incorrecto usar la forma **director** también para el femenino: **principios directrices*. // El femenino de **director**, cuando es sustantivo y se refiere a la persona que dirige, es **directora**: *la directora del instituto*.

dirigir(se) Este verbo se construye con las preposiciones **a**, **hacia** y **en**: *dirigirse a* (o *hacia*) *Madrid. Le dirigió en la tesis*.

dis-¹ Prefijo de origen latino que significa 'negación, contrariedad' (*disculpa*), 'separación' (*distraer*), 'distinción' (*distinguir*). No confundir con **dis-²**, prefijo de origen griego que significa 'dificultad, anomalía' (*dislexia*).

dis-² No confundir con → **dis-¹**.

disc-jockey Ver **pinchadiscos**.

discapacidad No confundir con → **minusvalía**.

discernir Es un verbo irregular. Ver cuadro. // Se construye con la preposición **de**: *discernir algo de otra cosa*.

discordar Es un verbo irregular. Se conjuga como **contar**: *discuerdo*. // Se construye con las preposiciones **de**, **en** y **sobre**: *Discordaba de nuestra opinión. Discuerdan en varios aspectos. Discordaron sobre ese punto*.

discreción, **discrecional** Son incorrectas las formas **discrección*, **discreccional*.

discrepar Este verbo se construye con las preposiciones **de** y **en**: *discrepar de alguien, discrepar en una cuestión*. Se con-

DISCERNIR		
INDICATIVO	**SUBJUNTIVO**	**IMPERATIVO**
Presente	**Presente**	
discierno	discierna	
disciernes	disciernas	discierne
discierne	discierna	
discernimos	discernamos	
discernís	discernáis	discernid
disciernen	disciernan	

sidera incorrecta su construcción con la preposición **con**: **Discrepo con usted*.

disculpar Este verbo se construye con las preposiciones **con**, **de** y **por**: *disculparse por* (o *de*) *lo dicho, disculparse con alguien*.

discurrir Este verbo se construye con las preposiciones **de**, **por** y **sobre**: *discurrir de un lugar a otro, discurrir por cierto sitio, discurrir sobre un tema*.

disentir Es un verbo irregular. Se conjuga como **sentir**: *disiento*. // Se construye con las preposiciones **de** y **en**: *disentir de alguien en una cuestión*.

disfagia Es incorrecto **disfagía*.

*disfamación, ***disfamante**, ***disfamar** Formas incorrectas por **difamación, difamante, difamar**.

disformar Ver **deformar**.

disforme Ver **deforme**.

disfrazar Este verbo se construye con las preposiciones **con** y **de**: *disfrazarse con una máscara, disfrazarse de mosquetero*.

disfrutar Este verbo se construye con las preposiciones **con** y **de**: *disfrutar con una buena comida, disfrutar del aire libre*.

*disgresión Forma incorrecta por **digresión**.

disgustar(se) Este verbo se construye con las preposiciones **con**, **de** y **por**: *disgustarse con* (o *de*) *su comportamiento, disgustarse por algo*.

diskette Ver **disquete**.

disminuir Es un verbo irregular. Se conjuga como **huir**: *disminuye*.

disociar En cuanto al acento, este verbo se conjuga como **cambiar**: *disocia*.

disolver Es un verbo irregular. Se conjuga como **volver**: *disuelve*.

disonar Es un verbo irregular. Se conjuga como **contar**: *disuena*.

disparar Este verbo se construye con las preposiciones **a** y **contra**: *disparar al aire, disparar contra alguien*. Se recomienda evitar la construcción con **sobre** por constituir un galicismo: *disparar sobre alguien*.

dispensar Este verbo se construye con las preposiciones **de, por**: *dispensarle del trabajo, dispensarle por ofenderme*. Con el significado de 'dar' se construye sin preposición: *dispensar medicamentos*.

displacer Es un verbo irregular. Se conjuga como **agradecer**: *displazca*.

disponer Es un verbo irregular. Se conjuga como **poner**: *dispongo*. // Se construye con las preposiciones **a, de** y **para**: *disponerse a* (o *para*) *comer, disponer de un dinero*.

disputar Este verbo se construye con las preposiciones **con, de, por** y **sobre**: *disputar con alguien sobre* (o *de, por*) *una cuestión*.

disquete Es frecuente también el uso del término inglés **diskette**, aunque se prefiere la forma castellanizada **disquete**.

distancia Este sustantivo se construye con la preposición **de**: *a gran distancia de este pueblo*. // Es incorrecto su uso con un posesivo: **a cierta distancia suya*; en su lugar debe decirse *a cierta distancia de él*.

distanciar En cuanto al acento, este verbo se conjuga como **cambiar**: *distancio*. // Se construye con la preposición **de**: *distanciarse de sus amigos*.

distar Este verbo se construye con la preposición **de**: *El pueblo dista diez kilómetros de aquí*.

distender Es un verbo irregular. Se conjuga como **tender**: *distiende*.

distinguir En la conjugación de este verbo, la **g** de la raíz se convierte en **gu** ante **e** o **i**: *distingo, distingues, distinguimos*.

distinto En uso cotidiano, este adjetivo se construye a menudo con la preposición **a**: *distinto a los otros*, aunque es más correcta su construcción con **de**: *distinto de los otros*.

distracción También está admitido **distraimiento**, aunque se prefiere la forma **distracción**.

distraer Es un verbo irregular. Se conjuga como **traer**: *distraigo*. // Se construye con la preposición **de**: *distraerse de la conversación*.

distraimiento Ver **distracción**.

distribuir Es un verbo irregular. Se conjuga como **huir**: *distribuyo*. // Se construye con las preposiciones **en, entre** y **por**: *distribuir en varias partes, distribuir entre varios, distribuir por correo*.

disuadir Este verbo se construye con la preposición **de**: *disuadirle de su idea*.

*diverger Forma incorrecta por **divergir**.

divergir Es incorrecto ***diverger**. // Es un verbo regular, por lo que no son correctas formas como **divirgió* o **divierja* por *divergió* o *diverja*.

divertir Es un verbo irregular. Se conjuga como **sentir**: *divierto*.

dividir Este verbo se construye con las preposiciones **en, entre** y **por**: *dividir en varias partes, dividir entre varios, dividir por la mitad*.

divorciar En cuanto al acento, este verbo se conjuga como **cambiar**: *divorcio*. // Se construye con la preposición **de**: *Se divorció de su marido*.

doble Este adjetivo y sustantivo se construye a menudo incorrectamente con la preposición **a**: **Su casa es el doble a la mía*; debe construirse con la preposición **de**: *Su casa es el doble de la mía*.

doblez Es sustantivo masculino cuando significa 'pliegue': *el doblez de la tela*. Con el significado de 'hipocresía', la RAE lo considera ambiguo, pero se usa más en femenino: *Actúa con una doblez descarada*.

doceavo No confundir con → **duodécimo**.

dócil Este adjetivo se construye con las preposiciones **a**, **con**, **de** y **para**: *dócil a las órdenes*, *dócil con sus superiores*, *dócil de trato*, *dócil para aprender*.

dodecafonía o **dodecafonismo** El uso de ambas formas es frecuente, aunque el diccionario de la RAE sólo admite la primera.

doler(se) Es un verbo irregular. Se conjuga como **mover**: *duele*. // Se construye con la preposición **de**: *dolerse uno de sus desgracias*.

dolor Este sustantivo se construye con las preposiciones **de** (si es un dolor extendido), **en** (si es un dolor localizado), nunca con **a**: *dolor de estómago*, *dolor en el estómago*, pero no **dolor al estómago*.

doméstico Debe evitarse el uso de este adjetivo, por influencia del inglés, con el significado de 'nacional, interior': **vuelos domésticos*, **los conflictos domésticos de un país*.

domiciliar En cuanto al acento, este verbo se conjuga como **cambiar**: *domicilio*.

donde Existe el uso popular de este adverbio con el sentido de 'en o a la casa de alguien' o 'en el lugar o al lugar en que se encuentra': *Si me buscas, estoy donde Luis. Ve donde madre y dile que iré a comer*. En la lengua cuidada debe evitarse este uso. // No confundir con **dónde**, adverbio interrogativo o exclamativo: *¿Dónde has estado?* // Se construye con verbos de estado, por lo que no conviene usarlo, en lugar de **adonde**, con verbos de movimiento: **El lugar donde te diriges*.

dondequiera Este adverbio indefinido suele emplearse como antecedente del relativo **que**: *dondequiera que estés*. En estos casos es una incorrección omitir el relativo: **Combatiré la injusticia dondequiera se encuentre*. // Se construye con verbos de estado, por lo que no conviene usarlo, en lugar de **adondequiera**, con verbos de movimiento: **dondequiera que vayas*.

donjuán Este sustantivo también se puede escribir **don Juan** y **don juan**: *Era un don juan de vía estrecha*.

dopaje, **doping**, **dopar** Sustantivos y verbo de uso muy extendido, restringidos al lenguaje deportivo. El diccionario de la RAE recoge los tres términos; aunque suele recomendarse la forma españolizada **dopaje**, se emplea mucho más el anglicismo **doping**, así como su contrario **antidoping**. Estos términos aluden específicamente al consumo en las competiciones deportivas de sustancias estimulantes no permitidas; no deben usarse extensivamente en lugar de **drogar** y sus derivados.

doquier o **doquiera** Este adverbio es sinónimo de **dondequiera**, aunque su uso es casi exclusivamente literario. Suele ir precedido de la preposición **por**: *busca por doquier*.

dormir Es un verbo irregular. Ver cuadro de la página siguiente.

*dosaje Ver **dosis**.

dosis Debe evitarse el uso, por influencia del francés, del término **dosaje** (de *dosage*) en lugar de **dosis**. // Este sustantivo no varía en plural: *la dosis, las dosis*.

dossier o **dosier** La opinión más extendida no lo considera sinónimo de **expediente**; **dossier** se utiliza para informes no oficiales: *un dossier de prensa*; y **expediente**, para referirse a asuntos de carácter oficial: *un expediente disciplinario*. En el uso ordinario, sin embargo, no suele hacerse esta distinción. Puede sustituirse por el término **informe**.

dotar Este verbo se construye con las preposiciones **con** y **de**: *dotar con bienes, dotar de un gran patrimonio*.

dote La RAE lo considera sustantivo de género ambiguo, aunque con el significado de 'bienes que una mujer aporta al matrimonio o entrega al convento donde ingresa', se utiliza más como femenino: *la dote*.

dramáticamente Debe evitarse el uso de este adverbio como sinónimo de **espectacularmente**: **La tasa del desempleo ha aumentado dramáticamente este último mes*.

dramatizar En América se utiliza este verbo como sinónimo de **interpretar**: *la actriz que dramatiza el papel principal*. En Es-

DORMIR	
GERUNDIO	**PARTICIPIO**
dormir	*durmiendo*

INDICATIVO

Presente	Pretérito perfecto simple
duermo	*dormí*
duermes	*dormiste*
duerme	*durmió*
dormimos	*dormimos*
dormís	*dormisteis*
duermen	*durmieron*

SUBJUNTIVO

Presente	Pret. imperfecto	Futuro
duerma	*durmiera, -ese*	*durmiere*
duermas	*durmieras, -eses*	*durmieres*
duerma	*durmiera, -ese*	*durmiere*
durmamos	*durmiéramos, -ésemos*	*durmiéremos*
durmáis	*durmierais, -eseis*	*durmiereis*
duerman	*durmieran, -esen*	*durmieren*

IMPERATIVO

duerme	*dormid*

paña, sin embargo, se prefiere el uso de **actuar, representar** o **interpretar**: *la actriz que interpreta el papel principal.*

*drasticidad No está admitido este sustantivo, formado a partir del adjetivo **drástico**: **Hay que actuar con gran drasticidad.* Se deben usar sustantivos equivalentes, como **severidad** o **dureza**: *Hay que actuar con gran dureza.*

droguería En algunos países de América se utiliza este sustantivo, por influencia del inglés, con el significado de 'farmacia'; en España **droguería** y **farmacia** no son sinónimos.

ducho Este adjetivo se construye con la preposición **en**: *No está muy ducho en los negocios.*

duda Este sustantivo se construye con las preposiciones **entre, sobre** y con la suma **de + que**: *Tengo duda entre estas* *dos opciones. ¿Hay dudas sobre el tema? No hay duda de que tiene que ser así.* En la lengua coloquial es frecuente, aunque no admisible, la omisión de la preposición en el caso anterior: **No hay duda que tiene que ser así.*

dudar Este verbo se construye con las preposiciones **de, en, entre** y la suma **de + que** (o solamente **que**): *dudar de las intenciones de alguien, dudar en contar una cosa, dudar entre dos opciones, dudar de que algo sea verdad* (o *que sea verdad*).

duermevela Es frecuente el uso de este sustantivo como masculino: *Pasó la noche en un duermevela inquieto*, aunque la RAE lo considera de género ambiguo: *un /una duermevela*.

dulce Este adjetivo se construye con las preposiciones **a, de, en** y **para**: *dulce al gusto, dulce de carácter, dulce en* (o *para*) *el trato.*

dulcería Ver **confitería**.

dulzor / dulzura Aunque puedan ser considerados sinónimos, el uso distingue estos dos sustantivos. **Dulzor** se aplica a las sustancias o alimentos dulces: *el dulzor del chocolate*; mientras que **dulzura** se refiere al carácter dulce de una persona o de una cosa: *una chica de gran dulzura, la dulzura de su mirada.*

duodécimo Es incorrecta la forma **decimosegundo* para referirse al ordinal correspondiente a **doce**: **Llegó en decimosegundo lugar.* // Es un vulgarismo emplear en lugar de este numeral ordinal el partitivo **doceavo**, 'cada una de las doce partes en que se divide un todo': **Quedó en el puesto doceavo.*

duramadre o **duramáter** Ambas formas están admitidas, aunque se prefiere el uso de la primera.

durar Este verbo se construye con las preposiciones **en** y **por**: *durar en el tiempo, durar por muchos años.* También puede construirse sin preposición: *durar muchos años.*

e

e Ver **y**[2].

eccehomo o **ecce homo** Se escribe de ambas formas.

eccema Se escribe también **eczema**, aunque se prefiere la forma **eccema**. // Es un sustantivo de género masculino: *un eccema*.

echar Este verbo se construye con las preposiciones **a, de, en** y **por**: *echar a perder, echar de un lugar, echar en saco roto, echar por tierra*. // En la lengua cuidada, debe evitarse su uso abusivo por otros verbos con significado más preciso en expresiones como *echar a las quinielas* (por *jugar a las quinielas*), *echar una instancia* (por *presentar una instancia*), *echar un discurso* (por *pronunciar un discurso*), etc. // No confundir, al escribir, con las formas homófonas del verbo **hacer**: **le hecho de menos*.

*economicidad No está admitido este derivado de **económico**.

eczema Ver **eccema**.

*edicción Forma incorrecta por **edición**.

edil Su femenino es **edila**, aunque lo habitual es la forma **edil** para ambos géneros: *el edil, la edil*.

editor Este sustantivo significa 'persona o entidad que edita una obra literaria, discográfica, cinematográfica, etc.': *el editor de este libro*. No debe utilizarse, por influencia del inglés, con el significado de 'director de un periódico': *el editor de «El País»*.

editorial Este sustantivo es femenino cuando significa 'empresa dedicada a editar libros, revistas, periódicos, discos, etc.': *Pide el libro a la editorial*. Es masculino cuando significa 'artículo de fondo de un periódico, revista, etc. que suele ir sin firmar y refleja la opinión de la dirección sobre un asunto determinado': *Lee el editorial de hoy*.

educar Este verbo se construye con la preposición **en**: *educar en la tolerancia*.

efectuar En cuanto al acento, este verbo se conjuga como **actuar**: *efectúo*.

efeméride / efemérides Este sustantivo es singular cuando significa 'acontecimiento importante que se recuerda en cualquier aniversario del mismo y, también, conmemoración de ese aniversario': *la efeméride de la llegada del hombre a la Luna*. Es plural cuando significa 'acontecimientos importantes ocurridos en distintos años o épocas, pero que coinciden en el día y en el mes': *las efemérides del 20 de diciembre*.

égida o **egida** Ambas formas están admitidas para este sustantivo, aunque se prefiere la primera.

-eidad Terminación para sustantivos abstractos derivados de adjetivos terminados en **-eo**: *contemporáneo > contemporaneidad*. Esta terminación no debe emplearse para adjetivos que no acaben en **-eo**; por ejemplo, es incorrecto **cotidianeidad* por *cotidianidad* (de *cotidiano*).

ejemplar No confundir con → **copia**.

ejercitarse Este verbo se construye con la preposición **en**: *ejercitarse en los deportes*.

el Forma masculina singular del artículo determinado. No debe confundirse con la forma acentuada **él**, que es pronombre personal. // Los nombres comunes femeninos que comienzan por **a-** o **ha-** tónicas van acompañados de la forma masculina del artículo: *el alma, el agua*. Ver apartado de gramática [2.2.]. // Es incorrecto su uso ante infinitivos en expresiones como: **Lamento el que te enfades* o **No me importa el trasnochar*, en lugar de: *Lamento que te enfades* y *No me importa trasnochar*. // Cuando le preceden las preposiciones **a** y **de** se producen las contracciones **al** y **del**: *al revés, del revés*; salvo en el caso de que la preposición preceda a un nombre propio, título, etc. del que forma parte el artículo: *Fuimos a El Escorial*, y no *al Escorial*. // Para el uso del artículo determinado, ver apartado de gramática [2.4.].

él Forma masculina singular del pronombre personal de tercera persona. Siempre se acentúa la forma **él** para evitar la confusión con el artículo masculino singular **el**. // Es incorrecto su uso con valor reflexivo: *Lo lleva siempre con él*; en lugar de: *Lo lleva siempre consigo*.

electrochoc o **electrochoque** Ver **shock**.

electrodo o **eléctrodo** Ambas formas de este sustantivo están admitidas. Aunque la RAE da preferencia a la segunda, se usa más la primera.

electrólisis o **electrolisis** Se utilizan ambas formas de este sustantivo, aunque algunos autores sólo admiten la primera.

electrólitro o **electrolito** Se utilizan ambas formas, aunque algunos autores sólo admiten la primera.

electroshock Ver **shock**.

elefantiasis o **elefantíasis** Se utilizan ambas formas para este sustantivo, aunque la RAE sólo admite la primera.

elegíaco o **elegiaco** Ambas formas están admitidas para este sustantivo. Aunque la RAE prefiere la primera, es más frecuente **elegiaco**.

elegir Es un verbo irregular. Se conjuga como **pedir**. La **g** de la raíz cambia a **j** ante **a** y **o**: *elijamos, elijo*.

élite o **elite** Se utilizan corrientemente ambas formas. No obstante, la RAE, y el uso culto en general, prefiere para este sustantivo la forma **elite**, frente a la variante **élite**, cuyo acento proviene de la palabra francesa de origen, que se escribe *élite* pero, sin embargo, se pronuncia /elít/, pronunciación de la que se toma la forma **elite**.

elixir o **elíxir** Ambas formas están admitidas, aunque es más frecuente la primera.

elocución No confundir con → **alocución**.

elogiar En cuanto al acento, este verbo se conjuga como **cambiar**: *elogio*.

elucubrar, **elucubración** La RAE prefiere las formas más cultas **lucubrar** y **lucubración**, aunque son más frecuentes **elucubrar** y **elucubración**.

em- Ver **en-**.

embadurnar(se) Este verbo se construye con las preposiciones **con** y **de**: *embadurnarse con* (o *de*) *bronceador*.

embarcarse Este verbo se construye con las preposiciones **de**, **en** y **para**: *embarcarse de polizón, embarcarse en una aventura, embarcarse para Alaska*.

embargo En su acepción de 'prohibición o detención del comercio o transporte de alguna cosa decretado por un gobierno', este sustantivo se confunde a menudo con **boicot**: **El boicot de la ONU ha sumido al país en una grave crisis económica*. Un **boicot** es la 'acción o conjunto de acciones contra una persona, entidad o nación, con el fin de perjudicarla y obligarla a ceder': *El gobierno atribuyó al boicot de la oposición el alto porcentaje de abstención en los comicios*. // Sin embargo, no confundir esta locución con **en cambio**; ver **cambio**. Es incorrecto **sinembargo*.

embastecer Es un verbo irregular. Se conjuga como **agradecer**: *embastezca*.

embaular En cuanto al acento, este verbo se conjuga como **aunar**: *embaúlo*.

embebecer Es un verbo irregular. Se conjuga como **agradecer**: *embebezco*.

embeber(se) Este verbo se construye con las preposiciones **de** y **en**: *embeberse de una ideología, embeber en agua*.

embellecer Es un verbo irregular. Se conjuga como **agradecer**: *embellezco*.

emberrenchinarse o **emberrincharse** Ambas formas están admitidas para este verbo, aunque se prefiere la segunda.

embestir Es un verbo irregular. Se conjuga como **pedir**: *embisto*. // Se construye con las preposiciones **a** y **contra**: *El toro embistió al* (o *contra el*) *torero*.

emblemático Este adjetivo significa 'que simboliza o representa algo': *una figura emblemática*. No debe utilizarse como sinónimo de **representativo** o **significativo**: **Es un hombre emblemático en su empresa*.

emborrachar Este verbo se construye con las preposiciones **con** y **de**: *emborracharse con (de) champán*.

embravecer Es un verbo irregular. Se conjuga como **agradecer**: *embravezca*.

embriagar(se) Este verbo se construye con las preposiciones **con, de**: *embriagarse con un aroma, embriagarse de placer*.

embrutecer Es un verbo irregular. Se conjuga como **agradecer**: *embrutezco*.

empacharse Este verbo se construye con las preposiciones **de** y **por**: *empacharse de dulces, por los dulces*.

empalmar Este verbo se construye con la preposición **con**: *empalmar una cuerda con otra*.

empapar(se) Este verbo se construye con las preposiciones **de, en**: *empaparse de lluvia, empapar en colonia*.

empapuciar, **empapujar** o **empapuzar** Las tres formas están admitidas para este verbo, aunque se prefiere **empapuzar**.

emparejar No confundir con → **aparejar**.

emparentar Este verbo, aunque en su origen era irregular y se conjugaba como **pensar** (*emparíento*), se utiliza ahora como regular: *emparento*. // Se construye con la preposición **con**: *emparentar con una familia importante*.

empecer Es un verbo irregular que se conjuga como **agradecer** y que utiliza solamente en la tercera persona y en frases negativas: *Eso no empece para que le hablemos*.

empedrar Es un verbo irregular. Se conjuga como **pensar**: *empiedro*. No deben usarse formas regulares como **empedro, *empedras*, etc.

empeñar(se) Este verbo se construye con las preposiciones **con, en** y **por**, no con **de**: *empeñarse con un banco, empeñarse en demostrar algo, empeñarse por una cantidad de dinero*, pero no **empeñarse de ir*.

empequeñecer Es un verbo irregular. Se conjuga como **agradecer**: *empequeñezco*.

empero El uso de esta conjunción es literario. En el uso cotidiano se prefiere utilizar las conjunciones equivalentes **pero** o **sin embargo**.

empezar Es un verbo irregular. Se conjuga como **pensar**. La **z** de la raíz cambia a **c** ante **e**: *empiecen*. // Se construye con las preposiciones **a**, **desde**, **en** y **por**: *empezar a comer, empezar desde cero, empezar en un punto, empezar por el comienzo. Empieza por presentarte.*

emplastecer Es un verbo irregular. Se conjuga como **agradecer**: *emplastezco*.

emplear Este verbo se construye con la preposición **en**: *emplear mucho tiempo en algo.*

emplumecer Es un verbo irregular. Se conjuga como **agradecer**: *emplumezco*.

empobrecer Es un verbo irregular. Se conjuga como **agradecer**: *empobrezco*.

*empoltronarse Forma incorrecta por **apoltronarse**.

emporcar Es un verbo irregular. Se conjuga como **contar**. La **c** de la raíz cambia a **qu** ante **e**: *empuerquen*.

en Es incorrecto el uso de esta preposición en lugar de **a** en expresiones como **sentarse en la mesa, *arrojar algo en el aire, *ir en casa de mis padres, *tenderse en una sombra.* // Debe evitarse su uso en expresiones como *en cinco minutos*, en lugar de *dentro de cinco minutos*, por influencia del inglés. // Aunque son correctas las formas **enmedio** y **enseguida**, el uso general prefiere **en medio** y **en seguida**. // En América son frecuentes expresiones como *en la mañana, en la tarde, en la noche*; en España se dice *por la mañana, por la tarde, por la noche.*

*en albis Forma incorrecta por **in albis**.

*en artículo mortis Forma incorrecta por **in artículo mortis**.

en base a Ver **base**.

*en extremis Forma incorrecta por **in extremis**.

*en fraganti Forma incorrecta por **in fraganti**.

*en situ Forma incorrecta por **in situ**.

*en vitro Forma incorrecta por **in vitro**.

en- Prefijo de origen latino que forma sustantivos y verbos a partir de otros sustantivos a los que añade distintos matices, aunque con frecuencia es el de 'dentro de': *enlatar*. Ante **b** o **p** adopta la forma **em-**: *empapelar, embotellar*.

enaltecer Es un verbo irregular. Se conjuga como **agradecer**: *enaltezco*.

enardecer Es un verbo irregular. Se conjuga como **agradecer**: *enardezco*.

encallecer Es un verbo irregular. Se conjuga como **agradecer**: *encallezca*.

encanecer Es un verbo irregular. Se conjuga como **agradecer**: *encanezco*.

encantado Es incorrecta la expresión ***encantado en conocerle**. Debe decirse **encantado de conocerle**.

encapotar Con el significado de 'cubrirse el cielo de nubes' este verbo se utiliza como impersonal, en tercera persona: *Se encapotó el día*.

encapricharse Este verbo se construye con la preposición **con**: *encapricharse con algo*, aunque no es infrecuente su construcción con la preposición **de**: *Se encaprichó de una chica*.

encaramar(se) Este verbo se construye con las preposiciones **a** y **en**: *encaramarse a (o en) un árbol*.

encarar(se) Este verbo se construye con las preposiciones **a** y **con**: *encararse a alguien, encararse con los problemas*.

encarecer Es un verbo irregular. Se conjuga como **agradecer**: *encarezca*.

encargo Es incorrecto el uso de este sustantivo precedido de la preposición **bajo**: **bajo encargo del jefe*. Debe decirse **por encargo**: *por encargo del jefe*.

encarnizar Este verbo se construye con las preposiciones **con** y **en**: *Se encarnizaba con (o en) los más débiles*.

*encefalorraquídeo Forma incorrecta por **cefalorraquídeo**.

enceguecer Es un verbo irregular. Se conjuga como **agradecer**: *enceguezco*.

encender(se) Es un verbo irregular. Se conjuga como **tender**: *enciendo*. // Se construye con las preposiciones **a**, **en** y **de**: *encender un cigarro a* (o *en*) *la lumbre, encenderse en* (o *de*) *amor*.

encerrar Es un verbo irregular. Se conjuga como **pensar**: *encierro*.

encima Es incorrecta la forma **en cima*. // Este adverbio se construye con la preposición **de**: *encima de la cama*, y no sin ella: **encima la cama*. // Frecuentemente se utilizan en la lengua coloquial las formas incorrectas **encima mío*, **tuyo, suyo**, etc., así como **en mi encima*. Debe decirse **encima de mí, de ti, de él**, etc.

enclenque Es incorrecta la forma **enquencle*.

encomendar(se) Es un verbo irregular. Se conjuga como **pensar**: *encomiendo*. // Se construye con las preposiciones **a** y **en**: *encomendarse a todos los santos, encomendarse en la oración*.

encomiar En cuanto al acento, este verbo se conjuga como **cambiar**: *encomio*.

encontrar Es un verbo irregular. Se conjuga como **contar**: *encuentro*. // Es frecuente el uso de expresiones como **encontrar a faltar** o **encontrar culpable**: *Encuentro a faltar un libro. Le han encontrado culpable*; aunque se prefieren las equivalentes **echar de menos** o **echar en falta**, y **declarar culpable**, respectivamente: *Echo en falta un libro. Le han declarado culpable*.

encordar Es un verbo irregular. Se conjuga como **contar**: *encuerdo*.

encuadernar Este verbo se construye con la preposición **en**: *encuadernar un libro en rústica*.

encubrir El participio de este verbo es irregular, **encubierto**, y no **encubrido*.

endeble El superlativo de este adjetivo es **endeblísimo**, y no **endebilísimo*.

endemoniar En cuanto al acento, este verbo se conjuga como **cambiar**: *endemonio*.

endocarpio o **endocarpo** Se utilizan ambas formas de este sustantivo, aunque la RAE sólo admite la primera.

endósmosis o **endosmosis** Ambas formas están admitidas para este sustantivo, aunque se prefiere la primera.

endurecer Es un verbo irregular. Se conjuga como **agradecer**: *endurezco*. // Usado como pronominal, puede construirse con las preposiciones **con, en** y **por**: *endurecerse con* (o *en, por*) *la tragedia*.

enemigo El superlativo de este adjetivo es **enemicísimo**, aunque en la lengua coloquial se emplea la forma **enemiguísimo**.

enemistar Este verbo se construye con la preposición **con**: *enemistarse con otro*.

enfadar(se) Este verbo se construye con las preposiciones **con** y **contra**: *enfadarse con (contra) un amigo*.

énfasis No varía en plural: *los énfasis*.

enfermar Este verbo se construye con la preposición **de**: *enfermar del corazón*. En América y en algunas regiones españolas es frecuente su uso como reflexivo: **enfermarse**.

enfermo Este adjetivo se construye con las preposiciones **con** y **de**: *enfermo con gripe, enfermo de la garganta*.

enflaquecer Es un verbo irregular. Se conjuga como **agradecer**: *enflaquezco*.

enfrascar Este verbo se construye con la preposición **en**: *enfrascarse en la película*.

enfrentar(se) Debe evitarse el uso de este verbo como transitivo: **Tienes que enfrentar los problemas*. Se construye con la preposición **con**: *Enfréntate con tus problemas*, y no con **a**: **Enfréntate a tus problemas*.

enfrente Este adverbio se construye con la preposición **de**: *Mi casa está enfrente de la tuya*. Son incorrectas las formas **enfrente mío, tuyo, suyo*, etc. Debe decirse **enfrente de mí, de ti, de él**, etc. // También se admite la forma **en frente**, aunque se prefiere **enfrente**.

enfriar En cuanto al acento, este verbo se conjuga como **ansiar**: *enfrío*.

enfurecer(se) Es un verbo irregular. Se conjuga como **agradecer**: *enfurezco*. // Se construye con las preposiciones **con**,

contra y **por**: *enfurecerse con* (o *contra*) *alguien, enfurecerse por cualquier cosa*.

engastar Este verbo se construye con las preposiciones **con** y **en**: *engastar en oro, engastar con piedras preciosas*.

engolfarse Este verbo se construye con la preposición **en**: *engolfarse en la lectura*.

engrandecer Es un verbo irregular. Se conjuga como **agradecer**: *engrandezco*.

engreír(se) Es un verbo irregular. Se conjuga como **reír**: *se engríe*. // Se construye con las preposiciones **con** y **de**: *engreírse con* (o *de*) *su belleza*.

*engriparse No existe este verbo; debe sustituirse por **contraer** o **padecer una gripe**.

engrosar / engruesar El verbo **engruesar**, que proviene de la antigua conjugación irregular de **engrosar** (como **contar**), hoy se usa sobre todo para el significado 'hacer más gruesa una cosa': *engruesar una línea*. **Engrosar**, sin embargo, presenta conjugación regular y se utiliza con el significado de 'acrecentar': *engrosar un capital*.

engullir Es un verbo irregular. Se conjuga como **mullir**: *engullendo*.

enhestar Es un verbo irregular. Se conjuga como **pensar**: *enhiesto*. // Es incorrecto el infinitivo ***enhiestar**.

enhorabuena Como adverbio de modo, este término suele ir precedido de un verbo en imperativo: *Vete enhorabuena*. Se puede escribir también **en hora buena**, aunque es mucho más corriente en una sola palabra. Lo mismo puede decirse de **enhoramala**.

enhoramala Ver **enhorabuena**.

enjalbegar Es incorrecta la forma ***enjabelgar**.

enjuagar / enjugar No confundir estos dos verbos. **Enjuagar** significa 'limpiar la boca y los dientes con agua u otro líquido' y 'aclarar lo que se ha enjabonado': *Enjuágate bien después de cada comida*. **Enjugar** es 'secar la humedad' o 'limpiar del cuerpo las lágrimas, el sudor o la sangre': *en-*

jugar las lágrimas; y también 'liquidar una deuda': *enjugar el déficit*, y no *enjuagar el déficit.

enjuto Este adjetivo se construye con la preposición **de**: *enjuto de carnes*.

enlazar Este verbo se construye con las preposiciones **a** y **con**: *enlazar un término a* (o *con*) *otro*.

enlobreguecer Es un verbo irregular. Se conjuga como **agradecer**: *enlobreguezca*.

enloquecer Es un verbo irregular. Se conjuga como **agradecer**: *enloquezco*. // Se construye con las preposiciones **con** y **de**: *enloquecer con el dolor, enloquecer de amor*.

enlucir Es un verbo irregular. Se conjuga como **conducir**: *enluzco*.

enmedio Ver **en**.

enmelar Es un verbo irregular. Se conjuga como **pensar**: *enmiela*.

enmendar Es un verbo irregular. Se conjuga como **pensar**: *enmiendo*. // En su uso pronominal, se construye con la preposición **de**: *enmendarse uno de sus faltas*.

enmohecer Es un verbo irregular. Se conjuga como **agradecer**: *enmohezca*.

enmudecer Es un verbo irregular. Se conjuga como **agradecer**: *enmudezco*.

enmugrecer Es un verbo irregular. Se conjuga como **agradecer**: *enmugrezca*.

ennegrecer Es un verbo irregular. Se conjuga como **agradecer**: *ennengrezca*.

ennoblecer Es un verbo irregular. Se conjuga como **agradecer**: *ennoblezco*.

enojar(se) Este verbo se construye con las preposiciones **con** y **contra**: *enojarse con* (o *contra*) *alguno*.

enorgullecer Es un verbo irregular. Se conjuga como **agradecer**: *enorgullezco*. // Se construye con la preposición **de**: *enorgullecerse de sus amigos*.

*enquencle Forma incorrecta por **enclenque**.

*enquilosar Forma incorrecta por **anquilosar**.

enrabietar o **enrabiar** Estos dos verbos son sinónimos, aunque es más usual el primero. // En cuanto al acento, **enrabiar** se conjuga como **cambiar**: *enrabio*.

enraizar Obsérvense los acentos en los tiempos de presente de indicativo y subjuntivo y en el imperativo: en algunas personas de estos tiempos, la **i** de la raíz es tónica, mientras que en el resto de las formas de este verbo dicha vocal es átona y forma diptongo con la **a** que la precede. Ver cuadro. // La **z** de la raíz cambia a **c** ante **e**: *enraíce*.

ENRAIZAR		
INDICATIVO	SUBJUNTIVO	IMPERATIVO
Presente	Presente	
enraízo	*enraíce*	
enraízas	*enraíces*	*enraíza*
enraíza	*enraíce*	
enraizamos	*enraicemos*	
enraizáis	*enraicéis*	*enraizad*
enraízan	*enraícen*	

enrarecer Es un verbo irregular. Se conjuga como **agradecer**: *enrarezca*.

enredar Este verbo se construye con las preposiciones **a**, **con** y **en**: *enredarse una cosa a* (o *con*) *otra, enredarse en una pelea*.

enriquecer Es un verbo irregular. Se conjuga como **agradecer**: *enriquezco*.

enrojecer Es un verbo irregular. Se conjuga como **agradecer**: *enrojezco*.

enronquecer Es un verbo irregular. Se conjuga como **agradecer**: *enronquezco*.

enrudecer Es un verbo irregular. Se conjuga como **agradecer**: *enrudezco*.

ensangrentar Es un verbo irregular. Se conjuga como **pensar**: *ensangriento*.

ensañarse Este verbo se construye con la preposición **con**: *ensañarse con alguno*.

ensayar Este verbo, seguido de un infinitivo, se construye con la preposición **a**: *Ensayo a entrar por la ventana.*

enseguida Ver **seguida**.

enseñar Este verbo se construye con la preposición **a**: *enseñar a andar.*

enseñoramiento Es incorrecta la forma **enseñoreamiento.*

enseñorearse Es incorrecta la forma **enseñorarse.* // Este verbo se construye con la preposición **de**: *Los bandidos se enseñorearon de la comarca.*

*enser Ver *enseres.*

enseres Este sustantivo no tiene singular. Es incorrecto, por tanto, decir: **un enser.*

ensoberbecer(se) Es un verbo irregular. Se conjuga como **agradecer**: *me ensoberbezco.*

ensombrecer Este verbo es irregular. Se conjuga como **agradecer**: *ensombrezca.*

ensordecer Es un verbo irregular. Se conjuga como **agradecer**: *ensordezco.*

ensuciar En cuanto al acento, este verbo se conjuga como **cambiar**: *ensucio.*

entallecer Es un verbo irregular. Se conjuga como **agradecer**: *entallezca.*

entelequia Es incorrecta la forma **entelequía.*

entender(se) Es un verbo irregular. Se conjuga como **tender**: *entiendo.* // Se construye con las preposiciones **con**, **de**, **en** y **por**: *entenderse con otro, entender de informática, entender en la materia, entenderse por señas.*

entente Sustantivo francés, admitido por la RAE, que significa 'acuerdo, entendimiento'. Suele utilizarse en el ámbito de la política, referido específicamente a gobiernos o estados, por lo que en otras circunstancias es preferible emplear alguno de los términos españoles equivalentes.

enterar Este verbo se construye con la preposición **de**: *No te enteras de nada,* o con la suma **de + que**: *No me he enterado de que te vas,* y no **Me he enterado que te vas.*

enternecer Es un verbo irregular. Se conjuga como **agradecer**: *enternezco*.

enterrar Es un verbo irregular. Se conjuga como **pensar**: *entierro*.

entibiar En cuanto al acento, este verbo se conjuga como **cambiar**: *entibio*.

entontecer Es un verbo irregular. Se conjuga como **agradecer**: *entontezca*.

entorpecer Es un verbo irregular. Se conjuga como **agradecer**: *entorpezco*.

entrambos Este adjetivo equivale a **ambos** y sólo se utiliza en plural. Su uso actualmente es literario; en el lenguaje ordinario se prefiere **ambos**.

entrar Este verbo se construye con las preposiciones **en** y **por**: *entrar en la sala, entrar por la ventana*; también se utiliza frecuentemente seguido de la preposición **a**, con idea de dirección: *entrar a la sala*. // Es redundante la expresión **entrar dentro** (*Entra dentro de la casa*), puesto que el verbo **entrar** ya significa 'pasar de fuera adentro'. Es preferible, por tanto, decir: *Entra en la casa*.

entre Debe evitarse la construcción **entre + que**, utilizada por **mientras**: **Entre que comíamos, vinieron*. // Está admitida la forma **entretanto**, aunque se prefiere la variante **entre tanto**. // Con el verbo **salir** se construye precedido de la preposición **de**: *salir de entre las sombras*, y no **salir entre las sombras*.

entreabrir El participio de este verbo es irregular: **entreabierto**. // Es incorrecta la forma **entre abrir*.

entrecerrar Es un verbo irregular. Se conjuga como **pensar**: *entrecierra*. // Es incorrecta la forma **entre cerrar*.

entrecot Sustantivo de origen francés (*entrecôte*); su plural es **entrecots** o **entrecotes**.

entregar(se) Este verbo se construye con la preposición **a**, en su uso pronominal: *entregarse a una causa*.

entremés Cuando se refiere a la pieza teatral, este sustantivo se puede usar en singular y en plural: *un entremés, los* *entremeses de Cervantes.* Sin embargo, con el significado de 'plato ligero servido al principio de la comida', se utiliza siempre en plural: *De primero, entremeses calientes.*

entremeter, **entremetido** Se dice también **entromenter** y **entrometido** pero, aunque la RAE prefiere las primeras formas, se utilizan mucho más estas últimas. // **Entremeter** o **entrometer** se construye con la preposición **en**: *entrometerse en asuntos ajenos.*

entreoír Es un verbo irregular. Se conjuga como **oír**: *entreoigo.*

entretanto Como adverbio, puede escribirse en una palabra o en dos, **entre tanto**, aunque se prefiere esta última variante: *Ve leyendo entre tanto yo escribo.* Como sustantivo, se escribe siempre en una sola palabra: *en el entretanto.* // Se construye con la conjunción **que**: *entre tanto que tú vienes,* pero en la lengua coloquial se suprime con frecuencia: *entre tanto tú vienes.*

entretener(se) Es un verbo irregular. Se conjuga como **tener**: *entretengo.* // Se construye con las preposiciones **con** y **en**: *entretenerse con la televisión, entretenerse en los detalles.*

entrever Es un verbo irregular. Se conjuga como **ver**: *entreví.*

entrevistador, **entrevistar** Ver **interviú**.

entristecer Es un verbo irregular. Se conjuga como **agradecer**: *entristezco.* // Se construye con las preposiciones **con**, **de** y **por**: *entristecerse con (o por) la noticia, entristecerse de añoranza.*

entromenter, **entrometido** Ver **entremeter, entremetido**.

*entronizamiento No se admite este sustantivo, aunque es frecuente su uso: **Asistimos, en estos últimos tiempos, al entronizamiento de la mentira y el disimulo.* Debe decirse **entronización**.

entumecer Es un verbo irregular. Se conjuga como **agradecer**: *entumezco.*

enturbiar En cuanto al acento, este verbo se conjuga como **cambiar**: *enturbio.*

entusiasta / entusiástico No son totalmente sinónimos. **Entusiasta** se aplica sobre todo a personas y puede ser adjetivo: *Es una mujer muy entusiasta*, o sustantivo: *Es un en-*

tusiasta de la ciencia ficción. **Entusiástico** se aplica a cosas y sólo puede ser adjetivo: *un aplauso entusiástico.*

enunciar En cuanto al acento, este verbo se conjuga como **cambiar:** *enuncio.*

envanecer(se) Es un verbo irregular. Se conjuga como **agradecer:** *envanezco.* // Usado como pronominal, se construye con las preposiciones **con, de** y **por:** *envanecerse uno con* (o *de, por*) *sus triunfos.*

envejecer Es un verbo irregular. Se conjuga como **agradecer:** *envejezco.* // Se construye con las preposiciones **con, de, en** y **por:** *Envejeció con* (o *de, por*) *los disgustos. Envejeceré en tu compañía.*

enviar En cuanto al acento, este verbo se conjuga como **ansiar:** *envío.* // Se construye con la preposición **por:** *enviar por comida,* aunque en la lengua coloquial es frecuente su uso precedido de **a + por:** *enviar a por comida.*

enviciar En cuanto al acento, este verbo se conjuga como **cambiar:** *envicio.* // Se construye con las preposiciones **con** y **en:** *enviciarse con la bebida, enviciarse en el juego.*

envidiar En cuanto al acento, este verbo se conjuga como **cambiar:** *envidio.*

envilecer Es un verbo irregular. Se conjuga como **agradecer:** *envilezco.*

envolver Es un verbo irregular. Se conjuga como **volver:** *envuelvo.* // Se construye con las preposiciones **con, en** y **entre:** *envolver con* (o *en, entre*) *algodones.*

enzarzar Este verbo se construye con la preposición **en:** *enzarzarse en una discusión.*

enzima Aunque la RAE considera este sustantivo de género ambiguo, está generalizado su uso como femenino: *la enzima.* // No debe escribirse ***encima.**

epatar Verbo de origen francés (*épater*), que tiene el significado de 'pasmar, asombrar, maravillar': *Hace todo eso sólo para epatar.* La RAE ha terminado por aceptar este galicismo, aunque es preferible sustituirlo por sus equivalentes españoles: *Hace todo eso sólo para deslumbrar.*

epifonema Aunque la RAE considera este sustantivo como femenino, está generalizado su uso como masculino: *el epifonema*.

epiglotis Es incorrecta la forma **epíglotis*. // Este sustantivo es femenino y no varía en plural: *las epiglotis*.

epígrafe Es un sustantivo de género masculino, no femenino: *el epígrafe*; no **la epígrafe*.

epigrama Es incorrecta la forma **epígrama*.

epilepsia Es incorrecta la forma **epilepsía*.

epistemología, **epistemológico** Son incorrectas las formas **epistemiología* y **epistemiológico*.

epodo Es incorrecta la forma **épodo*.

equipar Este verbo se construye con las preposiciones **con** y **de**: *equiparse con el (o del) material necesario*.

equiparar Este verbo se construye con las preposiciones **a** y **con**: *equiparar una cosa a (con) otra*.

equivaler Es un verbo irregular. Se conjuga como **valer**: *equivalgo*. // Se construye con la preposición **a**: *equivaler una a cosa otra*.

equivocar(se) Este verbo se construye con las preposiciones **con**, **de** y **en**: *equivocarse con una persona, equivocarse de persona, equivocarse en un número*.

erguir Es un verbo irregular. Ver cuadro.

ERGUIR	
GERUNDIO	
aboliendo	
INDICATIVO	
Presente	**Pretérito perfecto simple**
irgo o yergo	*erguí*
irgues o yergues	*erguiste*
irgue o yergue	*irguió*
erguimos	*erguimos*
erguís	*erguisteis*
irguen o yerguen	*irguieron*

ERGUIR		
SUBJUNTIVO		
Presente	Pretérito imperfecto	Futuro
irga o yerga	*irguiera, -ese*	*irguiere*
irgas o yergas	*irguieras, -eses*	*irguieres*
irga o yerga	*irguiera, -ese*	*irguiere*
irgamos o yergamos	*irguiéramos, -ésemos*	*irguiéremos*
irgáis o yergáis	*irguierais, -eseis*	*irguiereis*
irgan o yergan	*irguieran, -esen*	*irguieren*
IMPERATIVO		
irgue o yergue		*erguid*

errar Es un verbo irregular. Ver cuadro. Con el significado de 'andar sin destino ni residencia fija', en ocasiones se conjuga como regular (*el hombre que erra por la comarca*), aunque se prefiere la conjugación irregular (*que yerra por la comarca*). // No debe confundirse, al escribir, con su homófono **herrar**, 'poner herraduras' o 'marcar con un hierro candente'.

ERRAR		
INDICATIVO	SUBJUNTIVO	IMPERATIVO
Presente	**Presente**	
yerro	*yerre*	
yerras	*yerres*	*yerra*
yerra	*yerre*	
erramos	*erremos*	
erráis	*erréis*	*errad*
yerran	*yerren*	

-érrimo Sufijo de adjetivos superlativos. Ver **-ísimo**.

ertzaina Voz vasca con que se designa a los miembros de la **Ertzaintza**, la Policía Autonómica vasca. Ambos términos están muy difundidos. El plural castellanizado de **ertzaina** es **ertzainas**.

*eruptar, ***erupto** Formas incorrectas por el verbo **eructar** y el sustantivo **eructo**, respectivamente.

esaborío Ver **desaborido**.

escabullir(se) Es un verbo irregular. Se conjuga como **mullir**: *escabullí, escabulló*.

escacharrar También se admite **descacharrar**, aunque la RAE da preferencia al verbo **escacharrar**.

escalabrar Ver **descalabrar**.

escaléxtric 'Cruce de carreteras a distinto nivel'. Es la forma españolizada (no admitida por la RAE) de *scaléxtric* (nombre comercial de cierto juego de coches eléctricos).

*escalopendra Forma incorrecta por **escolopendra**.

escalpelo También se dice **escarpelo**, aunque el uso de este último sustantivo se considera anticuado.

escampado Ver **descampado**.

escanciar En cuanto al acento, este verbo se conjuga como **cambiar**: *escancio, escancias*.

escáner Transcripción española del sustantivo inglés *scanner*, que debe usarse en lugar de este último término. Con el mismo significado, en algunos países de América se emplea la forma **escanógrafo**. // Su plural es **escáner** o **escáneres**, pero no **escáners**.

escapar Este verbo se construye con las preposiciones **a, con, de** y **por**: *escapar a la justicia, escapar con vida de un peligro, escapar por la ventana*.

escarmentar Es un verbo irregular. Se conjuga como **pensar**: *escarmiento*.

escarnecer Es un verbo irregular. Se conjuga como **agradecer**: *escarnezco*.

escarpelo Ver **escalpelo**.

escay Ver **skay**.

esclarecer Es un verbo irregular. Se conjuga como **agradecer**: *esclarezco, esclarecí*.

esclusa Debe emplearse esta grafía, y no ***exclusa**, para este sustantivo: *Las esclusas del canal permanecerán cerradas*.

escocer Es un verbo irregular. Se conjuga como **mover**. La c de la raíz cambia a **z** ante **a** y **o**: *escueza*.

escoliosis Es incorrecto *escoriosis.

escolopendra Es incorrecta la forma *escalopendra.

escombrar Ver **desescombrar**.

escoriar, **escoriación** Ver **excoriar**, **excoriación**.

*escoriosis** Forma incorrecta por **escoliosis**.

escornar Ver **descornar**.

escorpio / escorpión Se dice de las dos maneras, si bien se utiliza algo más **escorpio**. // Con el significado de 'signo del zodiaco', este sustantivo generalmente se escribe con mayúscula y con el de 'persona nacida bajo ese signo' suele escribirse con minúscula: *Nací bajo el signo de Escorpio. Los escorpio suelen ser muy apasionados.*

escribir Este verbo presenta como única irregularidad la de su participio: *escrito.* El uso de la forma regular *escribido** es incorrecto salvo en la locución familiar **leído y escribido**, generalmente empleada en sentido irónico.

escrutar, **escrutinio** Es incorrecta la forma *escrutinar** por **escrutar**: **escrutinio*: **Se procedió a escrutinar los votos.* Sí es correcto, en cambio, el sustantivo **escrutinio**, y no *escrutación*: *el escrutinio de la votación.*

escuadra Algunos autores rechazan el uso de este sustantivo en el lenguaje deportivo como sinónimo de **equipo** (por influencia del italiano *squadra*), aunque se emplea con alguna frecuencia: *La escuadra española estará en las semifinales.*

escusado 'Retrete'. También se escribe **excusado**, aunque este sustantivo procede del antiguo **escusar**, 'esconder', y no de la familia de **excusar**.

escúter Adaptación española del anglicismo **scooter**, que debe preferirse a este último, si bien la palabra inglesa está muy extendida.

ese, **esa**, **eso** Los demostrativos **ese** y **esa**, y sus plurales **esos** y **esas**, pueden funcionar como pronombres: *quiero ésa*, o como adjetivos: *ese libro*. La forma neutra **eso** no tiene plural

181

y sólo funciona como pronombre: *dame eso.* // Cuando son pronombres, los demostrativos ese y esa y sus plurales suelen escribirse con acento: *Probé muchos, pero sólo me quedé con ése. ¡Ahora no me vengas con ésas!* No se acentúan, en cambio, cuando preceden al relativo que: *Tráeme ese que está ahí.* El neutro eso nunca se acentúa. // Pospuestas a sustantivos, las formas demostrativas suelen aportar sentido despectivo: *La mujer esa me saca de quicio.* // Debe evitarse la forma adjetiva masculina ese ante sustantivos femeninos que empiecen por a tónica: **de ese agua no beberé.* Lo correcto es: *de esa agua no beberé.* Ver apartado de gramática [2.2.].

esferográfico Este sustantivo es sinónimo de **bolígrafo**, aunque su uso es exclusivo de América.

esforzar(se) Es un verbo irregular. Se conjuga como **contar**: *esfuerzo, esfuerce.*

esfumar También se dice **esfuminar**, aunque es más corriente el verbo **esfumar**.

esfumino Ver **difumino**.

esgrafiar En cuanto al acento, este verbo se conjuga como **ansiar**: *esgrafío, esgrafía.*

esgrimir Según el diccionario de la RAE, sólo se 'esgrimen' las armas blancas, aunque en el lenguaje común es habitual el uso de construcciones del tipo *esgrimir una pistola, un fusil,* etc.

eslalom, **eslálom** o **eslalon** Ver **slalom** o **slálom**.

eslip Ver **slip**.

eslogan Forma española para el sustantivo inglés *slogan*, hoy de uso habitual en nuestro idioma. Aunque algunos autores restringen su significado al de 'frase publicitaria', su empleo con los sentidos de 'lema' o 'consigna' está plenamente asentado en castellano: *Su eslogan siempre fue 'divide y vencerás'* ("Su lema siempre fue 'divide y vencerás'").

*eslomar Forma incorrecta por **deslomar**.

esmirriado También se dice **desmirriado**, aunque el uso de este último adjetivo es menos frecuente que el de **esmirriado**.

esmoquin Forma española para el sustantivo inglés *smoking*, frecuentemente empleado en nuestro idioma. No se admite la semiadaptación ***esmoquing**.

esnob, **esnobismo** Palabras españolas derivadas de la voz inglesa *snob*. Se recomienda emplear estas formas en lugar de **snob** y **snobismo**. No se admite el adjetivo ***esnobista**.

esófago Es incorrecto ***exófago**.

esotérico No confundir este adjetivo con su antónimo **exotérico**. La primera forma significa 'secreto', 'misterioso', 'inaccesible para los no iniciados': *Encontró un antiguo y esotérico tratado*, y **exotérico** quiere decir 'accesible para todo el mundo'.

espabilado, **espabilar** Ver **despabilado**, **despabilar**.

espachurrar También se dice **despachurrar**, aunque suele usarse más **espachurrar**.

espaciar En cuanto al acento, este verbo se conjuga como **cambiar**: *espacio, espacias*.

espagueti Esta palabra es adaptación del italiano *spaghetti*, plural de *spaghetto*; su plural es **espagueti**, conservando la terminación –i de plural en italiano, o **espaguetis**: *unos espagueti, unos espaguetis*.

español Con referencia a la lengua común de España y de los países de habla hispana, este sustantivo es sinónimo de **castellano**, y ambos pueden emplearse indistintamente.

***esparcer** Forma incorrecta por **esparcir**.

esparramar Ver **desparramar**.

espatarrado, **espatarrar(se)** Ver **despatarrado**, **despatarrar(se)**.

espavorido Ver **despavorido**.

especia / especie No confundir estos dos sustantivos. **Especia** es una 'sustancia para sazonar la comida': *Aliñó el asado con demasiadas especias*. **Especie** designa un 'conjunto de seres o cosas con características comunes': *La evolución de las especies*.

específico Algunos autores recomiendan evitar el uso, por constituir un anglicismo, de este adjetivo con el sentido de 'explícito', 'especial', 'concreto': *No aportó razones específicas en su defensa.* El significado estricto de **específico** es 'propio de una especie, ser o cosa que no puede aplicarse a otra': *La risa es algo específico del ser humano.*

espécimen Es incorrecta la acentuación *especímen para este sustantivo: **un raro especímen vegetal.* // Su plural es **especímenes**.

espectacularmente Ver **dramáticamente**.

esperar Este verbo puede construirse con las preposiciones **a, de** y **en**: *Esperaron a que saliera. Esperamos lo mejor de ti. Espero en Dios.* // Algunos autores consideran impropio su uso en construcciones como *esperar cola*, puesto que no se 'espera' cola si uno forma parte de ella, o como *se esperan daños, catástrofes*, etc., ya que **esperar** suele expresar 'creencia en que suceda algo, en general favorable'. En el primer caso, puede sustituirse por *guardar* o *hacer cola*, y en el segundo, por *se temen daños, catástrofes*, etc. // Se recomienda evitar el gerundio **esperando** en frases del tipo: *Le envío algunas muestras, esperando sean de su agrado*, muy frecuentes en el lenguaje comercial. Pueden sustituirse por otras como: *Le envío algunas muestras, en espera de que* (o *que espero*) *sean de su agrado.*

esperma Es un sustantivo ambiguo, aunque suele utilizarse como masculino con el significado de 'semen'. Para el sentido de 'sustancia grasa extraída de la cabeza del cachalote', también se dice **esperma de ballena**, y se utiliza indistintamente en masculino o femenino: *Los balleneros procedieron a extraer la esperma* (o *el esperma*) *de los animales capturados.*

espermatozoide o **espermatozoo** Ambos sustantivos están admitidos, aunque es más frecuente el primero.

espiar En cuanto al acento, este verbo se conjuga como **ansiar**: *espío, espías.* // No debe confundirse con **expiar**. **Espiar** significa 'vigilar disimuladamente': *Se dedica a espiar por los rincones*, y el verbo **expiar** quiere decir 'borrar las culpas mediante sacrificio o penitencia': *Trató de expiar todos sus pecados.*

espíker, **espíquer** Ninguna de estas dos formas, derivadas del inglés *speaker*, está admitida, y se prefiere el sustantivo equivalente español **locutor**.

espirar Este verbo no debe confundirse con **expirar**. **Espirar** significa 'expulsar el aire aspirado': *Debes inspirar y espirar relajadamente*, y el verbo **expirar** quiere decir 'morir' y 'finalizar': *expirar en paz, expirar un plazo*.

espoliar, **espolio** Ver **expoliar**.

espónsor Forma española (aunque no admitida por la RAE) para el sustantivo inglés *sponsor*. El uso de **espónsor** (o **sponsor**) está muy extendido en nuestro idioma, y ha desplazado en gran medida a su equivalente español **patrocinador**.

esport, **esportsman** Ver **sport**.

esprint, **esprintar**, **esprinter** Ver **sprint**.

espumar Con el significado de 'formar o hacer espuma', también se dice **espumear**, aunque este último verbo no está admitido por la RAE: *La leche hirvió y comenzó a espumear*.

espumarajo Es incorrecto *espumarrajo.

*espúreo Corrección errónea que a menudo se hace del adjetivo **espurio** ('bastardo' o 'falso'). Debe decirse *un hijo espurio*, y no *un hijo espúreo.

espurrear o **espurriar** Ambas formas están admitidas, aunque es más frecuente **espurrear**: *El bebé comenzó a espurrear la papilla*. // En cuanto al acento, el verbo **espurriar** se conjuga como **ansiar**: *espurrío, espurrías*.

esquí El plural de este sustantivo es **esquís**, aunque también se emplea **esquíes**.

esquiar En cuanto al acento, este verbo se conjuga como **ansiar**: *esquío, esquías*.

esquijama La RAE no admite este sustantivo masculino, pero es de uso común. También se escribe **skijama**.

establecer Es un verbo irregular. Se conjuga como **agradecer**: *establezco, establecí*.

establishment Sustantivo masculino inglés que designa al conjunto de personas, instituciones y entidades que controlan el poder político y económico en una sociedad. No tiene un equivalente aproximado en nuestro idioma y, como préstamo extranjero que es, se recomienda escribirlo en cursiva o entrecomillado. // Es incorrecto *stablishment.

estacionamiento Ver aparcamiento.

estadio Se prefiere este sustantivo a la forma latina stadium y a la castellanizada estadium, no admitidas por la RAE.

estadounidense Este adjetivo y sustantivo es más apropiado que americano o norteamericano para el significado de 'perteneciente a los Estados Unidos de América', ya que americano se refiere a toda América y norteamericano a América del Norte (EE UU, Canadá y México).

estalactita / estalagmita Estos sustantivos suelen confundirse. La estalactita es la acumulación calcárea que cuelga del techo y la estalagmita es la estalactita invertida que se forma en el suelo.

estampía (de) No debe usarse el sustantivo estampida en esta locución adverbial: *Salimos de estampida al terminar la clase. Lo correcto sería: Salimos de estampía al terminar la clase.

estándar Forma españolizada del sustantivo inglés *standard*, que debe usarse en lugar de este último. Los derivados estandarización y estandarizar presentan las variantes estandardización y estandardizar, aunque estas dos últimas formas son poco corrientes. // Como sustantivo, el plural de estándar es estándares; como adjetivo, su plural es invariable: modelos estándar.

estanqueidad o **estanquidad** Ambas formas están admitidas, aunque se prefiere el sustantivo estanquidad.

estar Es un verbo irregular. Ver cuadro. // En cuanto a la distinción entre ser y estar, ver ser.

estárter Ver starter.

estasis Es un sustantivo femenino que significa 'estancamiento de sangre u otro líquido en el cuerpo'. No debe pronunciarse como esdrújulo */éstasis/, ni tampoco escribirse éxtasis, ya que esta última forma es un sustantivo

ESTAR			
INDICATIVO		**SUBJUNTIVO**	
Presente	**Pret. perf. simple**	**Pret. imperf.**	**Futuro**
estoy	*estuve*	*estuviera, -ese*	*estuviere*
estás	*estuviste*	*estuvieras, -eses*	*estuvieres*
está	*estuvo*	*estuviera, -ese*	*estuviere*
estamos	*estuvimos*	*estuviéramos, -ésemos*	*estuviéremos*
estáis	*estuvisteis*	*estuvierais, -eseis*	*estuviereis*
están	*estuvieron*	*estuvieran, -esen*	*estuvieren*

distinto, que designa el estado de ánimo dominado por un sentimiento muy intenso.

estatalizar El diccionario de la RAE no recoge este verbo, que significa 'poner bajo la administración o intervención del Estado': *estatalizar los bienes de una sociedad.* Con este sentido, la RAE sólo admite el verbo **estatificar**, aunque se usa menos que **estatalizar**.

estatuir Es un verbo irregular. Se conjuga como **huir**: *estatu-yo, estatuí.*

estatus Ver **status**.

este, **esta**, **esto** Los demostrativos **este** y **esta** (y sus plurales **estos** y **estas**) pueden funcionar como pronombres: *dame éste*, o como adjetivos: *esa luz*. La forma neutra **esto** no tiene plural y sólo funciona como pronombre: *¡Esto es increíble!* // Cuando son pronombres, **este** y **esta** y sus plurales suelen escribirse con acento: *Aquella vista se parece a ésta. Vi muchos pantalones, pero me compré sólo éstos.* No se acentúan, en cambio, cuando preceden al relativo **que**: *El año pasado fue terrible, pero este que viene será peor.* El neutro **esto** nunca se acentúa. // Pospuestas a sustantivos, las formas demostrativas suelen aportar sentido despectivo: *El hombre este no sabe lo que se dice.* // Debe evitarse el adjetivo **este** ante sustantivos femeninos que empiezan por **a** tónica: **esta área.* En este caso se empleará el femenino **esta**: *esta área.* Ver apartado de gramática [2.2.].

estenordeste o **estenoreste** En el diccionario de la RAE sólo se recoge el sustantivo **estenordeste**, aunque también se emplea **estenoreste**: *Mantenga rumbo estenoreste hasta nuevo aviso.*

estentóreo No confundir este adjetivo con **estertóreo**. **Estentóreo** se aplica a la 'voz, canto o ruido muy fuertes': *Daba gritos estentóreos*; **estertóreo** significa 'con estertores': *la respiración estertórea de un moribundo.* // No confundir tampoco con **ostentoso**. De la confusión entre **estentóreo** y **ostentoso**, un conocido personaje acuñó la voz *ostentóreo, que se hizo muy popular en su momento.

estéreo o **estereofónico** Cuando funcionan como adjetivos, suelen utilizarse indistintamente: *sonido estéreo o estereofónico.* Como sustantivos, en general sólo se emplea la forma abreviada **estéreo**: *Me han regalado un estéreo magnífico.*

estertóreo No confundir con → **estentóreo**.

estesudeste o **estesureste** En el diccionario de la RAE sólo se admite el sustantivo **estesudeste**, aunque también se emplea **estesureste**: *Tomamos rumbo estesureste.*

esthéticienne o **esteticista** Suele recomendarse evitar el sustantivo francés *esthéticienne*, ya que en español existe el equivalente **esteticista**, aunque la palabra francesa es tanto o más frecuente en nuestro idioma: *A las tres tengo cita con la esthéticienne.*

estilóbato En el diccionario de la RAE sólo se recoge la acentuación esdrújula para este sustantivo, aunque es frecuente la utilización de la forma llana **estilobato**.

estirar El significado de este verbo es 'alargar, tensar, poner lisa o recta alguna cosa', por lo que es impropio su uso con el significado de **tirar**: **No le estires de las coletas a tu hermana.

estomatitis, **estomatología**, **estomatólogo** Todas estas palabras aluden a la boca del hombre (del griego *stoma*, boca), no a su estómago, como a veces se cree. Así, la **estomatitis** es una leve infección de la mucosa bucal, la **es-**

tomatología es la especialidad médica que se ocupa de las afecciones de la boca y el **estomatólogo** es el médico especialista en estomatología.

estratega, **estratego** La forma masculina **estratego** es muy poco frecuente y, en general, se emplea el sustantivo **estratega** para ambos géneros: *Napoleón fue un gran estratega.*

estratosfera Es incorrecta la acentuación esdrújula **estratósfera** para este sustantivo.

estregar Es un verbo irregular. Se conjuga como **pensar**: *estriego, estriegas.*

estremecer Es un verbo irregular. Se conjuga como **agradecer**: *me estremezco, me estremecí.*

estreñir Es un verbo irregular. Se conjuga como **ceñir**: *estriñe.* // Son incorrectas formas como **estriñir, *estriñido*, etc.

estrés Castellanización del sustantivo inglés *stress*. Ambas formas son muy utilizadas, aunque se prefiere el término **estrés**. // Conviene evitar el uso excesivo de **estrés** ('estado de gran tensión nerviosa que suele manifestarse en diversos trastornos físicos o psicológicos') en construcciones que no impliquen una situación tan extrema: *el estrés del madrugón diario*; puede sustituirse por **agobio, cansancio,** etc.: *el agobio del madrugón diario.*

estriar En cuanto al acento, este verbo se conjuga como **ansiar**: *estrío, estrías.*

estudiante Es un sustantivo de género común: *el estudiante, la estudiante*, aunque se emplee también la forma coloquial **estudianta**, no admitida por la RAE, para el femenino: *¡Menuda estudianta estás hecha!*

etc. Abreviatura de → **etcétera**.

etcétera Este sustantivo se emplea sólo en masculino, aunque en el diccionario de la RAE (ed. 1992) aún figure como de género ambiguo. Suele aparecer precedido de la conjunción **y** en la expresión **y un largo etcétera**: *Asistieron familiares, amigos y un largo etcétera de conocidos.* Normalmente sólo se utiliza su abreviatura **etc.** y es muy frecuente su uso repetido en la misma frase: *Había flores de* *todas clases: jacintos, gladiolos, etc., etc.*, aunque algunos autores consideren innecesaria tal reiteración, de valor exclusivamente enfático: *Había flores de todas clases: jacintos, gladiolos, etc.*

ético No confundir este adjetivo, que se refiere a la ética, con **hético**, que significa 'tuberculoso'.

etnógrafo Existe la forma femenina **etnógrafa** para este sustantivo: *una eminente etnógrafa*, aunque sigue siendo frecuente el uso de la forma masculina **etnógrafo** para ambos géneros: *una eminente etnógrafo*.

etnólogo Existe la forma femenina **etnóloga** para este sustantivo: *una conocida etnóloga*, aunque sigue siendo frecuente el uso de la forma masculina **etnólogo** para ambos géneros: *una eminente etnólogo*.

eucalipto o **eucaliptus** Se prefiere el sustantivo **eucalipto** al la forma latinizada **eucaliptus**, aunque esta última se emplea mucho: *caramelos de eucaliptus*.

eugenésico Es incorrecto *eugenético.

eurasiático o **euroasiático** En general, ambos adjetivos o sustantivos suelen utilizarse indistintamente, aunque algunos autores señalan que **euroasiático** posee el doble significado de 'perteneciente o relativo a Europa y Asia, consideradas como un todo geográfico', e 'individuo mestizo de europeo y asiático', mientras que **eurasiático** tiende a emplearse sólo con el último de estos sentidos.

europeizar En cuanto al acento, este verbo se conjuga como **enraizar**: *europeíza, europeíce*.

euscaldún, **euscalduna** o **euskaldún** En el diccionario de la RAE sólo se admite el adjetivo o sustantivo de género común **euscalduna** para designar a la 'persona que habla vasco', aunque es frecuente el empleo de **euskaldún**, de grafía euskera, o **euscaldún**, más cercano al castellano, y de sus formas femeninas **euskalduna** y **euscalduna**.

euskera o **eusquera** Aunque puede escribirse de ambas formas y el diccionario de la RAE da preferencia a la forma **eusquera**, se emplea cada vez es más la grafía vasca **euskera** para designar a la lengua de los vascos. Ambas formas han ido imponiéndose progresivamente en el uso al término **vascuence**. También se admite el sustantivo **éuscaro**, aunque se utiliza mucho menos. // Como adjetivo, es invariable en cuanto al género: *un sufijo euskera, una voz euskera*.

evacuar La mayoría de los autores coincide en considerar errónea la acentuación de este verbo según el modelo de **actuar**: *evacúo, evacúas*, etc. Sin embargo, en la actualidad, esta acentuación es más corriente que la tradicionalmente aceptada *evacuo, evacuas*, etc., según el modelo de **averiguar**.

evaluar En cuanto al acento, este verbo se conjuga como **actuar**: *evalúo, evalúas*.

evaporizar Ver **vaporizar**.

évasé Adjetivo francés que se aplica la prenda de vestir que se va haciendo más ancha hacia abajo. En la última edición de su diccionario, la RAE recoge este galicismo en su forma original, aunque es más común encontrarla escrita **evasé**.

eventual El significado de este adjetivo es 'que no resulta seguro, fijo o regular o que depende de las circunstancias': *un empleo eventual*. Su uso con el sentido de 'posible' constituye un anglicismo: **Se preparan para una eventual emergencia*.

evidencia El significado de este sustantivo es 'cualidad de evidente' o 'hecho o cosa evidente': *Tuve que rendirme ante la evidencia*. Su uso con el significado de 'prueba' constituye un anglicismo, aunque está muy extendido: *Reunieron suficientes evidencias para acusarlo*.

evidenciar En cuanto al acento, este verbo se conjuga como **cambiar**: *evidencio, evidencias*.

ex- Prefijo de origen latino que significa 'fuera': *expatriar*, o indica negación o privación: *expropiar*. Unido a sustantivos, expresa que éstos han dejado de ser lo que expresan: *exmarido*. En este último caso, tiende a escribirse separado: *ex marido*, e incluso con guión: *ex-marido*. A veces se suprime el sustantivo, y el prefijo funciona como tal: *He vis-to a tu ex* ('exmarido'). // Se prefiere este prefijo al adjeti-vo **antiguo** en expresiones como *Alfonso Guerra, antiguo vi-cepresidente del gobierno* (por *exvicepresidente del gobierno*), ya que dicho adjetivo se aplica sobre todo a lo que existe des-de hace tiempo o ha dejado de ser nuevo o moderno.

ex cáthedra o **ex cátedra** Ambas formas están admitidas para esta locución adverbial latina. Suele utilizarse en sen-tido irónico para aludir a quien se expresa con autoridad y afectación, dándoselas de entendido.

ex libris Es incorrecta la forma *****exlibris**.

ex profeso Locución latina que significa 'a propósito, con intención': *Lo hizo ex profeso para molestarme*. Es incorrec-to *****de ex profeso** y, también, la grafía *****exprofeso**. // De-bido al valor adverbial de esta locución, es innecesario el uso del adverbio derivado **exprofesamente**, sustituible en todos los casos por **ex profeso**.

*****exa-** Ver **hexa-**.

exabrupto / ex abrupto No deben confundirse. **Exabrup-to** es un sustantivo que significa 'dicho o gesto inconve-niente y brusco': *Contestó con ásperos exabruptos*, y **ex abrup-to** es una locución latina, hoy poco usada, que equivale a 'bruscamente, de repente': *Comenzó a hablar y, ex abrupto, estalló en sollozos*.

exágono, **exagonal** Ver **hexa-**.

*****exalar** Forma incorrecta por **exhalar**.

exceptuar En cuanto al acento, este verbo se conjuga como **actuar**: *exceptúo, exceptúas*.

excluir Es un verbo irregular. Se conjuga como **huir**: *excluyo*.

*****exclusa** Forma incorrecta por **esclusa**.

exclusive Es un adverbio de modo y, como tal, no tiene va-riación de número, por lo que no debe decirse: *****Repasa de la lección uno a la diez, ambas exclusives*.

exclusivo Algunos autores recomiendan evitar el frecuente empleo de este adjetivo como equivalente de 'selecto', 'ele-gante': *Asistió el público más exclusivo*, ya que su significado estricto es 'que excluye o tiene capacidad para ello' o 'único, solo': *Lo llamé con el exclusivo fin de escuchar su voz.*

excomulgar También se dice **descomulgar**, pero ésta es una variante popular y apenas se usa en comparación con **excomulgar**.

excoriar, **excoriación** También se dice **escoriar** y **escoriación**, aunque la RAE da preferencia a las formas con **x**. // En cuanto al acento, el verbo **excoriar** se conjuga como **cambiar**: *excorio, excorias.*

excrecencia o **excrescencia** Ambas formas están admitidas para este sustantivo, aunque suele preferirse la primera.

excusado Ver **escusado**.

exegesis o **exégesis**, **exegeta** o **exégeta** Se admiten ambas acentuaciones, llana y esdrújula, para estos sustantivos.

exento El significado estricto de este participio y adjetivo es 'libre de lo que se indica': *exento de responsabilidad,* o 'separado, no adosado': *una columna exenta.* Su uso con el significado de 'carente', 'falto', se considera impropio: **Una vida exenta de amor.*

exfoliar En cuanto al acento, este verbo se conjuga como **cambiar**: *exfolio, exfolias.*

exhalar Es incorrecto **exalar.*

exhortar Este verbo se construye con la preposición **a**: *Le exhortó a continuar escribiendo.*

*exhuberancia, ***exhuberante** Formas incorrectas por **exuberancia** y **exuberante**.

exilar Ver **exiliar**.

exiliar En cuanto al acento, este verbo se conjuga como **cambiar**: *exilio, exilias.* // Se construye con las preposiciones **a** y **en**: *exiliar a otro país, exiliarse en el extranjero.* // El uso del verbo **exilar** por **exiliar** constituye un galicismo muy frecuente en español, aunque no está admitido por la RAE y es considerado incorrecto por algunos autores: **Tuvo que exilarse a América.* Sucede lo mismo con los participios pasados o adjetivos **exiliado** y **exilado**: *un exiliado* (o *exilado*) *político.*

eximente Como sustantivo, su género es femenino: *Existen varias eximentes que atenúan su responsabilidad en los hechos.*

eximir Este verbo se construye con la preposición **de**: *Le han eximido de sus obligaciones.*

éxito Ver **hit**.

*exlibris Forma incorrecta por **ex libris**.

exoesqueleto También se dice **exosqueleto**, aunque la RAE no admite esta última forma.

*exófago Forma incorrecta por el sustantivo **esófago**.

exoftalmia o **exoftalmía** Ambas acentuaciones están admitidas para este sustantivo, aunque se prefiere la forma **exoftalmia**.

exonerar Este verbo se construye con la preposición **de**: *exonerar de un pago*, *exonerar del cargo*.

exosqueleto Ver **exoesqueleto**.

exotérico No confundir con → **esotérico**.

*expander Forma incorrecta por **expandir**: **Alejandro Magno logró expander enormemente su imperio.*

expatriar En cuanto al acento, este verbo puede conjugarse como **ansiar**: *expatrío*, o como **cambiar**: *expatrio*.

expediente No confundir con → **dossier**.

expedir Es un verbo irregular. Se conjuga como **pedir**: *expido, expidió*. // Es un error frecuente su confusión con **expender** en frases del tipo: **Expendí un telegrama urgente*. **Expedir** significa 'enviar' o 'extender un documento': *expedir un certificado*. **Expender** quiere decir 'vender al por menor', 'despachar billetes o entradas' o 'vender artículos': *Aquí se expenden artículos de broma*.

expedito Es incorrecta la acentuación esdrújula ***expédito**.

expeler Es incorrecta la forma ***expelir**: **El volcán comenzó a expelir gran cantidad de lava.*

expendeduría Es incorrecta la forma ***expendiduría**.

expender No confundir con → **expedir**.

expiar En cuanto al acento, este verbo se conjuga como **ansiar**: *expío, expías*. // No confundir con → **espiar**.

expirar No confundir con → **espirar**.

explosionar / explotar Estos verbos comparten un uso intransitivo con el significado de 'hacer explosión': *El artefacto explosionó* (o *explotó*) *a las doce*, pero como verbo transitivo con el sentido de 'provocar una explosión' suele preferirse **explosionar**: *Los terroristas explosionaron el coche-bomba.*

expoliar En cuanto al acento, este verbo se conjuga como **cambiar**: *expolio, expolias.* // Puede construirse con la preposición **de**: *Le expoliaron de toda su herencia*, o sin preposición: *Le expoliaron sus posesiones.* // También se dice **espoliar**, aunque es más frecuente la variante con **x**. Sucede igual con los sustantivos **expolio** y **espolio**.

expolio Ver **expoliar**.

exponer Es un verbo irregular. Se conjuga como **poner**: *expongo, expuse.*

*exprofeso Forma incorrecta por **ex profeso**.

expropiar En cuanto al acento, este verbo se conjuga como **cambiar**: *expropio, expropias.* // No confundir con **confiscar**. El verbo **expropiar** indica idea de 'quitar algo a alguien, a cambio de indemnización': *Le han expropiado las tierras para hacer una carretera*, mientras que **confiscar** no implica remuneración alguna por parte del organismo que priva de los bienes, sino que sugiere un matiz de 'castigo': *La policía confiscó toda la mercancía ilegal.*

extasiar(se) En cuanto al acento, este verbo se conjuga como **ansiar**: *extasío, extasías.*

éxtasis No confundir con → **estasis**.

extender Es un verbo irregular. Se conjuga como **tender**: *extiendo, extendí.* // Se debe evitar este verbo con los significados específicos de 'tender': **Me extendió la mano con cordialidad*, o 'prorrogar': **Le extendieron el contrato dos meses más.*

extenuar En cuanto al acento, este verbo se conjuga como **actuar**: *extenúo, extenúas.*

extra- Este prefijo latino siempre va unido a la palabra que acompaña: *extraoficial*, nunca separado por guión: **extra-oficial.*

extraditar o **extradir** En el diccionario de la RAE (ed. 1992) sólo se incluye el verbo **extraditar**, aunque también se emplea (con menor frecuencia) la forma **extradir**: *Se procede-rá a extradir al preso desde Francia.*

extraer Es un verbo irregular. Se conjuga como **traer**: *extraigo, extraes*. Deben evitarse formas incorrectas como **extraí, *extraíste* por *extraje, extrajiste*.

extramuros Es un adverbio de lugar, no un sustantivo, como a veces se piensa al emplearlo en construcciones como **Vive en los extramuros de la ciudad.* La frase correcta sería *Vive extramuros de la ciudad.*

extravertido Aunque suele darse preferencia al uso de este adjetivo o sustantivo para el significado de 'persona sociable', es más frecuente la forma **extrovertido**, por analogía con su antónimo **introvertido**.

extraviar En cuanto al acento, este verbo se conjuga como **ansiar**: *extravío, extravías.*

extrovertido Ver **extravertido**.

exuberancia, **exuberante** Es un error frecuente escribir con **h** estos términos: **exhuberancia, *exhuberante*.

exvoto o **ex voto** En el diccionario de la RAE sólo se admite la forma **exvoto** para este sustantivo, aunque en el uso escrito a veces se utiliza la grafía en dos palabras **ex voto**.

f

fa Nombre de una nota musical. El plural de este sustantivo masculino suele considerarse invariable, aunque también se propone la forma **fas**.

facies Es un sustantivo femenino, invariable en plural: *la/las facies*.

facsímil o **facsímile** Ambas formas están admitidas para este sustantivo masculino, aunque la segunda es poco usada. // Es incorrecto **fascímil*.

factible El significado estricto de este adjetivo es 'que se puede hacer o realizar': *un proyecto factible*. Se considera impropio su uso con el significado de 'posible' o 'susceptible', pese a ser muy frecuente: **Parece factible que haya mentido en el juicio. *Esta situación es factible de prolongarse.*

fagot El plural de este sustantivo es **fagotes**, no **fagots*.

fakir Ver **faquir**.

falacia Este sustantivo significa 'mentira' o 'engaño'; evítese con el significado de 'error o argumento falso' (no admitido por la RAE), que constituye un anglicismo: **Su teoría se asienta sobre falacias, sin base científica alguna.*

faldriquera Ver **faltriquera**.

fallecer Es un verbo irregular. Se conjuga como **agradecer**: *fallezcan*.

falsear / falsificar No son verbos sinónimos en todos los casos. Se puede falsear un argumento, pero no falsificarlo; puede falsificarse una firma, un documento, etc., pero más raramente falsearlos.

falso Se considera impropio su uso junto al sustantivo **maniobra**: **El conductor realizó una falsa maniobra* (una maniobra arriesgada, peligrosa, etc.), ya que el significado estricto de **falso** es 'no verdadero', 'hipócrita', 'simulado'. Asimismo, se señala como redundante el empleo de este adjetivo junto al sustantivo **pretexto**: **alegar un falso pretexto*, pues los pretextos, por lo general, carecen de fundamento.

faltar Con los sentidos de 'no haber alguna cosa o resultar insuficiente', 'no estar alguna cosa en su lugar o haber menos de ella' o 'quedar tiempo aún para que algo llegue a hacerse', este verbo sólo se utiliza en tercera persona: *Aquí falta honradez. ¿Falta alguien? Aún faltan tres minutos.* // **Faltar** implica una negación, por lo que no debe emplearse el adverbio **no** en construcciones del tipo: **Faltó poco para que no me cayera*. La frase correcta sería: *Faltó poco para que me cayera*.

faltriquera También se admite la forma **faldriquera** para este sustantivo, aunque es más frecuente el uso de **faltriquera**.

fan Sustantivo inglés recientemente admitido por la RAE: *Siempre ha sido un fan de los Beatles*. Existen en castellano otras voces como **admirador**, **entusiasta**, **fanático** o, en lenguaje deportivo, **hincha**, que pueden suplir a **fan**, como proponen algunos autores; no obstante, este anglicismo está muy arraigado en nuestro idioma y no parece que vaya a ser desplazado del uso por sus equivalentes españoles. // Su plural es **fans**.

fané Algunos autores prefieren el uso de sinónimos españoles como **ajado, mustio, estropeado,** para sustituir este sustantivo francés no admitido por la RAE, aunque utilizado a veces en nuestro idioma, generalmente con un registro coloquial: *Creo que esta planta ya está fané*.

fantasma Actualmente, su género es masculino, aunque antiguamente se usara como femenino.

faquir También se escribe **fakir**, aunque esta última grafía no está admitida por la RAE.

farmacéutico o **farmaceuta** Ambos sustantivos están admitidos, aunque el uso de **farmaceuta** es exclusivo de América. // El femenino de **farmacéutico** es **farmacéutica**, aunque a veces se emplee el masculino para ambos géneros: *Consultaré a la farmacéutico*.

farmacia Este sustantivo no es sinónimo de **droguería**, aunque en algunos países de América se utiliza como tal: *He comprado las medicinas en la droguería*.

*fascímil Forma incorrecta por **facsímil** o **facsímile**.

fase Suele considerarse redundante el empleo de este sustantivo junto al adjetivo **sucesiva**: *El proyecto pasó por sucesivas fases*. El significado estricto de **fase** es 'cada uno de los estados *sucesivos* por los que atraviesa alguien o algo'. No obstante, esta construcción aparece hoy plenamente lexicalizada y su uso es muy frecuente.

fastidiar En cuanto al acento, este verbo se conjuga como **cambiar**: *fastidio, fastidias*.

fatal Algunos autores consideran impropia la utilización de este adjetivo (cuyo significado estricto es 'desgraciado, muy perjudicial') como sinónimo de **mortal**: *accidente fatal*; aunque su uso con este sentido es muy frecuente.

favorecer Es un verbo irregular. Se conjuga como **agradecer**: *favorezco, favorezcan*.

fax Aféresis de **telefax,** que se usa mucho más que la forma completa. **Telefax,** a su vez, deriva de **telefacsímil,** término que casi nunca se emplea. // Su plural es **faxes,** pese a que es muy corriente el uso de la forma singular invariable, tanto para **fax** como para **telefax**: *unos fax, unos telefax*.

febrífugo 'Que combate la fiebre'. Es incorrecta, por redundante, la forma ***antifebrífugo** en lugar de **febrífugo,** pues el prefijo **anti-** ('contrario, opuesto') y el sufijo **-fugo** ('que elimina') son equivalentes y se anulan; **antifebrífugo** significaría justo lo contrario que **febrífugo**.

fedayin Sustantivo árabe en plural: *los fedayin* (no **los fedayines*). En español se traduce por 'guerrilleros palestinos'. La forma singular es **feday,** pese a que no está muy difundida en nuestro idioma y se tiende a usar **fedayin** en su lugar.

*federalizar Forma incorrecta por el verbo **federar**, por influencia de los adjetivos **federal** y **federalista**.

feeling Sustantivo inglés, de creciente uso en nuestro idioma, con el significado de 'sentimiento', 'sensibilidad': *una canción con mucho feeling*. Se prefieren, no obstante, sus equivalentes españoles: *una canción con mucho sentimiento*.

femenil Es incorrecto ***feminil**.

femineidad o **feminidad** Ambos sustantivos están admitidos para designar la 'cualidad de femenino': *unos modales plenos de femineidad* (o *feminidad*).

fenecer Es un verbo irregular. Se conjuga como **agradecer**: *fenezco, fenezcáis*.

*fenefa Forma incorrecta por **cenefa**.

fenómeno Aunque no se admite el femenino **fenómena**, éste suele emplearse en el lenguaje familiar como adjetivo: **Esa chica está fenómena*. Con función de sustantivo tiene género masculino: *Elena es un fenómeno para los negocios*.

feriado (día) Esta construcción, traducción del francés *jour férié*, suele emplearse sólo en el lenguaje jurídico con el sentido de 'día en que están cerrados los tribunales'. Para el significado de 'día no laborable', en español se usa **día festivo**.

feriar En cuanto al acento, este verbo se conjuga como **cambiar**: *ferio, ferias*.

ferry Sustantivo inglés no admitido por la RAE, aunque de uso muy frecuente en nuestro idioma: *Tomaremos el ferry hasta Ceuta*. En español equivale a **transbordador**. // Su plural es **ferries**.

fértil El superlativo culto para este adjetivo es **ubérrimo**: *campos ubérrimos*, aunque en la actualidad su uso es casi exclusivamente literario, desplazado en el lenguaje común por el de **fertilísimo**: *una mente fertilísima en ideas*.

*ferval Forma incorrecta por **cerval** ('de ciervo'): **miedo ferval*.

fiar(se) En cuanto al acento, este verbo se conjuga como **ansiar**: *fío, fías, fiáis* o *fiais*. // En cuanto a la acentuación de los monosílabos, ver el apartado de ortografía [1.3.6.].

ficción No es propio de nuestro idioma el empleo de este sustantivo, por anglicismo, con el sentido de 'novela' u 'obra de ficción': **autor de ficciones*.

fidelidad Se prefiere el uso de la expresión española **alta fidelidad** al de la expresión inglesa *high fidelity* o su abreviatura *hi-fi*.

fidelísimo Superlativo de **fiel**.

fiduciario Es incorrecto **fiduiciario*: **moneda fiduiciaria*.

fiel El superlativo de este adjetivo es **fidelísimo**, no **fielísimo*.

film o **filme** La forma española **filme** y la inglesa *film* se pueden usar indistintamente en nuestro idioma: *un filme* (o *film*) *de terror*. Ambos sustantivos equivalen al más común **película,** y forman parte de numerosos compuestos, como *microfilme, filmoteca,* etc. En cambio, la RAE admite los sustantivos **microfilme** y **telefilme,** pero no **microfilm** ni **telefilm,** que también se emplean.

filogenia o **filogénesis** En el diccionario de la RAE sólo se recoge el sustantivo **filogenia,** aunque también se emplee **filogénesis** para el mismo significado: 'historia de la evolución y aparición de las especies biológicas'. El adjetivo derivado de estas formas es **filogenético.**

filólogo Existe la forma **filóloga** para el femenino de este sustantivo, aunque a veces se emplea **filólogo** para ambos géneros: *Ana pronto será filólogo.*

filosofía No es muy apropiada la utilización de este sustantivo con el sentido de 'criterio', 'fundamento' o 'idea': **Estos tres puntos resumen la filosofía de la política del gobierno.*

filósofo El femenino de este sustantivo es **filósofa,** aunque a veces se emplea **filósofo** para ambos géneros: *Ana abandonó su carrera de filósofa* (o *filósofo*).

fin sin fin No confundir con → **sinfín.**

financiar En cuanto al acento, este verbo se conjuga como **cambiar**: *financio, financias.*

financista La RAE no admite este neologismo por el adjetivo y sustantivo **financiero**, aunque su utilización se extiende: *los financistas más importantes del país.*

fiscal Como sustantivo, es invariable en cuanto al género: *el fiscal /la fiscal.*

físico En su uso como sustantivo, el femenino de este término es **física**, aunque a veces se emplee el masculino **físico** para ambos géneros: *una eminente físico nuclear.*

fisiólogo El femenino de este sustantivo es **fisióloga**, aunque a veces se emplee el masculino **fisiólogo** para ambos géneros: *una joven fisiólogo.*

fisión Este sustantivo no debe confundirse con su antónimo **fusión**, sobre todo en expresiones como *fusión nuclear* y *fisión nuclear.* La **fisión** es la 'división de un núcleo atómico pesado en otros dos más ligeros' y la energía liberada en ese proceso se denomina *atómica*; la **fusión** es la 'unión de varios núcleos ligeros para producir otros más pesados' mediante altísimas temperaturas, por lo que la energía y los procesos relacionados con esta reacción se denominan *termonucleares.*

fisionomía o **fisonomía** Ambas formas están admitidas, aunque es más frecuente **fisonomía**: *una agradable fisonomía.* No se admiten, en cambio, el adjetivo *fisionómico y el sustantivo *fisionomista como variantes de **fisonómico** y **fisonomista**.

*fisionómico, *fisionomista Ver **fisionomía** o **fisonomía**.

fláccido o **flácido**, **flaccidez** o **flacidez** Todas estas variantes están admitidas, aunque suelen usarse más **flácido** y **flacidez**.

flagrante Este adjetivo significa 'que está sucediendo en este mismo instante': *sorprender a alguien en flagrante delito*; y 'claro, evidente': *una flagrante contradicción.* No debe confundirse con **fragante**, adjetivo que significa 'que despide aroma': *una flor fragante. //* en flagrante Ver **in fraganti**.

flambear Verbo de origen francés (de *flamber*), no admitido por la RAE, pero muy usado con el significado de 'aplicar a algo una llama o líquido inflamable encendido, por ejemplo para confeccionar un plato culinario': *flambear un asado*. El diccionario de la RAE (ed. 1992) únicamente recoge el verbo **flamear** con un significado parecido, aunque aplicado sólo a las superficies y útiles que se quieren esterilizar.

flanquear Este verbo significa 'colocarse en los flancos o lados': *Dos guardaespaldas flanqueaban al diplomático*. No debe confundirse con **franquear**, 'dejar libre' o 'atravesar': *franquear el paso, franquear la puerta*.

flas o **flash** El sustantivo inglés *flash* no está admitido por la RAE y, en su lugar, se propone la forma **flas**, algo más cercana al español, aunque de uso menos frecuente que **flash**: *una cámara con flash*. // Su plural es **flases** y **flashes**, respectivamente.

flash-back Expresión inglesa no admitida por la RAE, aunque muy usada en español como sustantivo masculino: *Realizó un rápido flash-back de sus experiencias*. Algunos autores proponen sustituirla por las expresiones españolas **retrospectiva** o **escena retrospectiva**.

flirteo Castellanización del sustantivo inglés *flirt*, que debe usarse siempre en lugar de este último y que además se corresponde perfectamente con el verbo **flirtear**.

flojo Este adjetivo se construye con las preposicione **de, en** y **para**: *flojo de piernas, flojo en* (o *para*) *el trabajo*.

florecer Es un verbo irregular. Se conjuga como **agradecer**: *florezco*.

floristería o **florería** Ambas formas son correctas. Aunque el diccionario de la RAE da preferencia a la segunda, es más corriente la primera.

fluctuar En cuanto al acento, este verbo se conjuga como **actuar**: *fluctúa*.

fluir Es un verbo irregular. Se conjuga como **huir**: *fluye*.

foie-gras Este sustantivo de origen francés se puede escribir sin guión, en dos palabras: **foie gras**. Se admite también la variante españolizada **fuagrás**, más cercana a la pronunciación original, aunque no **foigrás*.

*foigrás Ver **foie-gras**.

folclore o **folclor** Ambas formas están admitidas para este sustantivo. Aunque la RAE da preferencia a la segunda, es mucho más frecuente **folclore**. También se utiliza la forma inglesa *folklore*, a pesar de que no está admitida por la RAE; lo mismo puede decirse de los adjetivos **folclórico** y **folklórico**.

folclórico Ver **folclore** o **folclor**.

foliar En cuanto al acento, este verbo se conjuga como **cambiar**: *folian*.

foliolo o **folíolo** Ambas formas están admitidas, aunque se prefiere el uso de la primera.

folklore, **folklórico** Ver **folclore** o **folclor**.

fonendoscopio Frecuentemente se utiliza, en la lengua coloquial, la forma abreviada de este sustantivo: **fonendo**.

fórceps Es incorrecta la forma ***forceps**, sin tilde. Ver **bíceps**. // Este sustantivo es masculino e invariable en singular y en plural: *un fórceps, unos fórceps*.

foro Debe usarse esta forma y no la latina **forum**.

forofo Aunque la RAE no admite este adjetivo, su uso, con el sentido de 'aficionado, seguidor', está generalizado: *Es un forofo del equipo local*.

forrar(se) Este verbo se construye con las preposiciones **con**, **en** y **de**: *forrar con (o en) tela, forrarse de millones*.

fortalecer Es un verbo irregular. Se conjuga como **agradecer**: *fortalezco*.

fórum Ver **foro**.

forúnculo También se admite la variante **furúnculo**.

forzar Es un verbo irregular. Se conjuga como **contar**. // La z de la raíz cambia a **c** ante **e**: *fuerce, forcemos*.

fosforecer o **fosforescer** Se admiten ambas formas. // Son verbos irregulares. Se conjugan como **agradecer**: *fosforezca*.

fotocopiar En cuanto al acento, este verbo se conjuga como **cambiar**: *fotocopio*.

fotografiar En cuanto al acento, este verbo se conjuga como **ansiar**: *fotografío*.

foulard Ver **fular**.

frac Este sustantivo tiene la variante **fraque**, aunque se utiliza menos. Su plural es **fracs** o **fraques**, aunque se prefiere la primera forma. // No confundir con → **chaqué**.

fragante No confundir con → **flagrante**.

fraguar En cuanto al acento, este verbo se conjuga como **averiguar**: *fraguo*.

franco Este adjetivo se construye con las preposiciones **con**, **de** y **para con**: *franco con* (o *para con*) *los demás, franco de carácter, franco de servicio*.

franquear No confundir con → **flanquear**.

fraque Ver **frac**.

fratricida, fratricidio Son incorrectas las formas **fraticida*, **fraticidio*.

*fregaplatos Forma incorrecta por **friegaplatos**.

fregar Es un verbo irregular. Se conjuga como **pensar**. La **g** de la raíz cambia a **gu** delante de **e**: *frieguen*.

*fregasuelos Forma incorrecta por **friegasuelos**.

freír Es un verbo irregular. Se conjuga como **reír**: *frío*. Tiene dos participios; uno regular, **freído**, y otro irregular, **frito**, mucho más usado. // Se construye con las preposiciones **con** y **en**: *freír con* (o *en*) *aceite muy caliente*.

fréjol Ver **fríjol** o **frijol**.

frenesí Este sustantivo tiene dos formas de plural: **frenesís** o **frenesíes**.

frente en frente Locución que equivale al adverbio **enfrente**, que es la variante que se prefiere.

friegaplatos Es incorrecta la forma **fregaplatos*. // Este sustantivo no varía en plural: *el /los friegaplatos*.

friegasuelos Es incorrecta la forma **fregasuelos*. // Este sustantivo no varía en plural: *el /los friegasuelos*.

fríjol o **frijol** Ambas formas están admitidas para este sustantivo, así como **fréjol**. **Frijol** es la forma más utilizada en América.

frío Este adjetivo tiene dos superlativos: uno culto, **frigidísimo**, que se utiliza sobre todo en el lenguaje literario, y otro más coloquial, **friísimo**, que es el más usado.

frisar Este verbo se construye con la preposición **en**: *frisaba en los cincuenta años*.

frugívoro Es incorrecta la forma **frutívoro*.

fruición Es incorrecta la forma **fruicción*.

frumentario o **frumenticio** Ambas formas están admitidas para este adjetivo, aunque se prefiere el uso de la primera.

frustrar Es incorrecta la forma **fustrar*.

*frutívoro Forma incorrecta por **frugívoro*.

fuagrás Ver **foie-gras**.

fuera Este adverbio suele utilizarse con verbos de situación (*está fuera*) y con las preposiciones **de, desde, hacia, para** y **por**: *Es de fuera. Llámale desde fuera. Sal hacia fuera*, etc. // Ver **afuera**. // **fuera de sí** Ver **sí**[1].

fueraborda, **fuera borda** Cuando es sustantivo se escribe siempre en una palabra: *Se ha comprado un fueraborda*. En función de adjetivo se escribe **fuera borda** y se admiten también las variantes **fuera de borda, fuera bordo** y **fuera de bordo**, aunque lo usual es **fuera borda**: *motor fuera borda*.

fuerte Este adjetivo tiene dos superlativos: uno culto, **fortísimo**, y otro popular, **fuertísimo**, que es el más utilizado.

fuet Sustantivo masculino que designa un tipo de embutido. Es una voz catalana y, como tal, su plural es **fuets**.

fular Se prefiere el uso de este sustantivo al original francés *foulard*.

fulbito Ver **futbito**.

full-time El equivalente español para esta expresión inglesa es **dedicación exclusiva**, y no **a tiempo completo**, que es la traducción literal.

fundado Es incorrecta la forma **fundamentado*.

*fundamentado Forma incorrecta por **fundado**.

furúnculo También se admite la variante **forúnculo**.

fusión No confundir con → **fisión**.

*fustrar Forma incorrecta por **frustrar**.

futbito Denominación popular de una variedad del **fútbol sala**, que se llama también **fulbito**.

fútbol o **futbol** Ambas acentuaciones de este sustantivo están admitidas, aunque en España es mucho más común la primera. Algunos autores han propuesto el sustantivo **balompié**, traducción del inglés *football*, y el adjetivo derivado **balompédico**, aunque su uso es nulo frente a las formas **fútbol** y **futbolístico**.

fútil Es una palabra grave; es incorrecto, por tanto, escribirla o pronunciarla como aguda: *futil.

*futileza Forma incorrecta por **futilidad**.

g

gafa, gafas Con el significado de 'lentes o anteojos' se utiliza siempre en plural: *Ponte las gafas*, y no **Ponte la gafa*.

gag Sustantivo inglés que significa de 'situación o golpe cómico'. En español es de género masculino y su plural es **gags**, aunque también se ha propuesto la forma invariable **gag** para singular y plural: *La película tiene unos gag muy buenos*.

ganapierde Este sustantivo no varía en plural. // Aunque la RAE lo considera de género ambiguo, es frecuente su uso como masculino: *un ganapierde*.

ganar Este verbo se construye con las preposiciones **a**, **en**, **para** y **por**: *ganar a las cartas*, *ganar en belleza*, *ganar para vivir*, *ganar por oposición*.

gangrena, gangrenarse Deben evitarse las formas vulgares **cangrena* y **cancrenarse*. También existe la variante **agangrenarse**, pero es muy poco usada.

gángster Anglicismo sin equivalencia exacta en español; existe la adaptación española **gánster**, que es menos usada, aunque es la forma recomendada por la RAE. Su plural es **gángsteres** o **gángsters**.

gánster Ver **gángster**.

garaje A menudo se escribe incorrectamente **garage*, bien por influencia del francés, bien por confusión de las grafías **j** y **g**.

garantir Es un verbo defectivo. Se conjuga como **abolir**. Está prácticamente desplazado en el uso por su equivalente **garantizar**, de conjugación regular.

garapiñar o **garrapiñar** Ambas formas están admitidas. Aunque la RAE da preferencia a la primera, se usa algo más **garrapiñar**.

gaseoducto o **gasoducto** La palabra **gaseoducto**, surgida probablemente por influencia de *oleoducto*, fue rechazada durante mucho tiempo, aunque era, y sigue siendo, la forma más popular. Actualmente se admiten ambas variantes, pero se considera más correcta **gasoducto**.

gasoil, **gas-oil** o **gasóleo** Es habitual encontrar la tres formas, sobre todo **gasoil**, aunque la RAE no contempla la grafía **gas-oil**. **Gasoil** o **gas-oil** es invariable en plural.

gay 'Homosexual'. Está muy extendido este adjetivo inglés, a pesar de que la RAE no lo admite. Su plural es **gays**.

geisa o **geisha** Ambas escrituras son válidas para este sustantivo de origen japones, aunque se emplea más la segunda.

géiser Se prefiere para este sustantivo esta grafía a la inglesa **geyser**. Su plural es **géiseres**, no *géisers.

gemir Es un verbo irregular. Se conjuga como **pedir**: *gimo*.

genealogía Es incorrecta la forma *geneología.

generador Con el significado 'que genera', el femenino de este sustantivo y adjetivo es **generadora**: *semilla generadora de vida*. Cuando se aplica al punto, línea o superficie que genera al moverse una figura o cuerpo o al mecanismo que transforma la energía mecánica en eléctrica, su femenino es **generatriz**: *línea generatriz, máquina generatriz*.

generatriz Ver **generador**.

generoso Este adjetivo se construye con las preposiciones **de**, **con**, **para** y **para con**: *generoso de espíritu, generoso con* (o *para, para con*) *los demás*.

génesis Este sustantivo es femenino cuando significa 'origen o principio de una cosa' o 'proceso de formación de algo': *la génesis de la vida, la génesis de la novela*. Es masculino cuando se refiere al primer libro de la Biblia: *el Génesis*. En este último caso, se escribe siempre con mayúscula.

gentilhombre Su plural es **gentileshombres**.

geomancia o **geomancía** Ambas formas están admitidas para este sustantivo.

geranio Debe evitarse la forma vulgar *geráneo.

geriatra Debe evitarse la acentuación vulgar *geríatra.

gerifalte Es incorrecto *jerifalte.

***gestionador** Forma incorrecta por **gestor**.

geyser Ver **géiser**.

ghetto Ver **gueto**.

gin Ver **ginebra**.

gincana Se prefiere esta forma, más cercana al español, a la palabra inglesa originaria *gymkhana*.

ginebra Debe utilizarse este sustantivo español en lugar del inglés **gin**.

gineta Ver **jineta**.

gira Ver **tournée**. // No confundir con → **jira**.

glacial / glaciar No confundir estas dos palabras. **Glacial** es un adjetivo que significa 'helado, muy frío': *Hace un frío glacial*. **Glaciar** puede ser sustantivo o adjetivo con los significados de 'masa de hielo originada en la parte más alta de algunas montañas' (*el glaciar Bay de Alaska*) y 'relativo a esas masas de hielo' (*masa glaciar*), respectivamente. Es incorrecto, por tanto, decir: *En esta ciudad hace un frío glaciar*. Y el océano Boreal se denomina también *océano Glacial* (no *Glaciar*) *Ártico*.

gladiolo o **gladíolo** Ambas formas están admitidas para este sustantivo. Aunque la RAE da preferencia a la segunda, es más corriente **gladiolo**.

gloriar La opinión más generalizada considera que este verbo se conjuga como **ansiar**: *glorío*; aunque no es rara su acentuación como **cambiar**: *glorio*. // Se construye con las preposiciones **de** y **en**: *gloriarse uno de su suerte, gloriarse en el Señor.*

gneis Cierta roca metamórfica. También puede utilizarse para este sustantivo la forma **neis**. No varía en plural.

gnómico También se escribe **nómico**, aunque se prefiere la forma con **g**.

gnomo También se escribe **nomo**, aunque se prefiere la forma con **g**.

gnomon También se escribe **nomon**, aunque se prefiere la forma con **g**.

gnomónica También se escribe **nomónica**, aunque se prefiere la forma con **g**.

gnoseología También se escribe **noseología**, aunque se prefiere la forma con **g**.

gnosis También se escribe **nosis**, aunque se prefiere la forma con **g**.

gnosticismo También se escribe **nosticismo**, aunque se prefiere la forma con **g**.

gobernar Es un verbo irregular. Se conjuga como **pensar**: *gobierno*.

golpe El uso de este sustantivo en construcciones como *golpe de teléfono, golpe de bocina*, etc. constituye un anglicismo, sustituible por *telefonazo, bocinazo*, etc.

gong o **gongo** Ambas formas están admitidas para este sustantivo, aunque la segunda apenas se usa. // Sus plurales son **gongs** y **gongos**, respectivamente.

gourmet Sustantivo francés no admitido por la RAE, aunque de uso muy frecuente. Algunos autores proponen sustituirlo por el equivalente español **gastrónomo**, aunque este último sustantivo se emplea mucho menos que la forma francesa.

gozar El significado de este verbo es 'sentir gozo' o 'disponer de algo agradable, útil o beneficioso', por lo que resulta un contrasentido su frecuente uso en frases con sentido negativo: **Ese hombre goza de muy mala reputación.*

grabar Este verbo no debe confundirse con su homófono **gravar**. **Grabar** significa 'labrar, esculpir': *Grabó una inscripción en la lápida*, o 'imprimir imágenes, sonidos, etc.': *¿Me grabas esta cinta?* El verbo **gravar** quiere decir 'imponer una carga o tributo': *gravar con impuestos*.

gradación / graduación No confundir estos sustantivos. **Gradación** es la 'sucesión o desarrollo por fases': *una gradación de colores*. **Graduación** es la 'cantidad de alcohol que contiene una bebida': *un licor de alta graduación*; pero no: **un licor de alta gradación*.

graduar En cuanto al acento, este verbo se conjuga como **actuar**: *gradúo, gradúas*. // En el diccionario de la RAE (vigésima primera edición, 1992) no se registra el significado de 'persona que ha conseguido un grado universitario' para el sustantivo y adjetivo **graduado**, aunque se emplea con cierta frecuencia con este sentido: *una graduada en psicología*. Sí recoge, en cambio, el significado de 'conceder o recibir el título de bachiller, licenciado o doctor' en **graduar(se)**: *Se graduó en Filosofía y Letras*.

graffiti Este sustantivo italiano no está admitido por la RAE, aunque su uso es muy frecuente en nuestro idioma y ha desplazado en gran medida al término español **pintada**; a **graffiti** se le atribuye una connotación artística o sociocultural que el término español no tiene. Se ha propuesto la españolización **grafito**, pero sin mucho éxito. // Es invariable en cuanto al número, aunque a veces se encuentre la forma **graffitis*, ya que mantiene el morfema final **-i**, característico del plural en italiano. // Es incorrecto **graffitti*, con dos **t**.

grafólogo Existe la forma femenina **grafóloga** para este sustantivo, aunque a veces se emplee **grafólogo** para ambos géneros: *una brillante grafólogo*.

gran Apócope del adjetivo → **grande**.

grande El adjetivo **grande** se apocopa en la forma **gran** cuando precede a un sustantivo en singular: *un gran temor, una gran obra*, aunque se mantiene cuando va precedido, a su vez, por el adverbio **más**: *la más grande derrota*. // Tradicionalmente se consideraba que **grande** solía aparecer ante sustantivos que comienzan por vocal: *grande alegría*, y **gran** ante los que comienzan por consonante: *gran pena*. En el uso moderno, la utilización de **grande** ante cualquier sustantivo es sólo propia de la lengua arcaica y literaria. // El comparativo de **grande** es → **mayor**. El superlativo de **grande** es **grandísimo**. // Se considera inadecuado el uso de la construcción **a grandes líneas**, por constituir un galicismo que en español puede sustituirse por **en líneas generales**.

granizar Con el sentido de 'caer granizo', es un verbo impersonal; sólo se emplea en infinitivo y en las terceras personas de todos los tiempos: *Creo que mañana granizará*.

gratis Se considera vulgar la construcción *de gratis: *Me llevé todo de gratis*.

gravar No confundir con → **grabar**.

grill 'Parrilla'. La RAE no admite este sustantivo inglés, aunque está muy extendido en español: *un horno con grill*.

grosso modo Locución adverbial latina que significa 'aproximadamente, sin detallar': *La obra costará, grosso modo, unos tres millones*. Es incorrecta la anteposición de la preposición **a** en esta locución: *Le expliqué a grosso modo el contenido del informe*.

grueso El superlativo de uso común para este adjetivo es **gruesísimo**. Existe la forma culta **grosísimo**, aunque se emplea con menor frecuencia.

gruñir Es un verbo irregular. Se conjuga como **mullir**: *gruño, gruñera*.

gruyer o **gruyere** En el diccionario de la RAE sólo se recoge la primera forma para este sustantivo masculino, aunque también se emplea **gruyere** (más cercano al original *Gruyère*, comarca suiza): *No olvides comprar vino y queso gruyere*.

gualdo, gualda 'De color amarillo dorado'. La forma femenina de este adjetivo es **gualda**, por lo que no es correcto decir: *los colores rojo y gualda de la bandera*; sino: *los colores rojo y gualdo de la bandera*. Como sustantivo, el nombre de este color es **gualdo**, y no **gualda**, como comúnmente se dice: *el gualdo*.

guarda Existe cierta diferencia semántica entre este sustantivo y **guardia**. **Guarda** significa 'vigilante': *el guarda de la finca*. En cambio, **guardia** es 'policía, agente, individuo de ciertos cuerpos armados': *un guardia de tráfico*. No obstante, en el lenguaje familiar suele emplearse impropiamente el sustantivo **guarda** con el sentido mencionado: **Deje de molestar, o llamo a un guarda.*

guardabosque o **guardabosques** En el diccionario de la RAE sólo se recoge la forma **guardabosque** para el singular de este sustantivo, aunque normalmente se emplea **guardabosques** tanto para el plural como para el singular: *Al descubrir el fuego, avisamos al guardabosques.*

guardagujas Sustantivo masculino invariable en plural. Es incorrecto **guardaagujas.*

guardapolvo A menudo se emplea, indebidamente, la forma de plural de este sustantivo como si fuera singular: **Lleva un guardapolvos azul.*

guardia Este sustantivo no es sinónimo de → **guarda**. // **guardia civil** Este sustantivo compuesto se escribe con minúsculas cuando designa a un individuo de este cuerpo de seguridad: *un/una guardia civil*, y normalmente con mayúsculas cuando se refiere propiamente a dicho cuerpo: *la Guardia Civil*. Su plural es **guardias civiles**; se recomienda evitar la forma popular **guardiaciviles*. // **guardia marina** o **guardiamarina** Se escribe de las dos maneras, aunque suele preferirse la forma escrita en dos palabras. Sus plurales son, respectivamente, **guardias marinas** y **guardiamarinas**, aunque suele emplearse más la última de estas formas, aun para el singular en dos palabras.

guarecer / guarnecer No confundir estos dos verbos. Ambos son irregulares, y se conjugan como **agradecer**: *guarezco, guarezcan; guarnezco, guarnezcan*, pero el primero de ellos significa 'proteger': *guarecer de la maldad ajena*, o 'refugiarse' en su forma pronominal: *guarecerse bajo un toldo*, y **guarnecer** quiere decir 'poner guarnición': *guarnecer el asado con patatas*; 'adornar': *guarnecer una sala con tapices*, o 'abastecer': *guarnecer la despensa de víveres.*

gueto Debe evitarse la forma italiana *ghetto.*

guiar En cuanto al acento, este verbo se conjuga como **ansiar**: *guío, guías.*

guiñol Forma española para el sustantivo francés *guignol*, también empleado en el uso escrito en nuestro idioma, aunque es preferible **guiñol**.

guión o **guion** Ambas grafías son aceptables. Esta voz es bisílaba y lleva tilde si se aprecia hiato entre las dos vocales, ya que se trataría de una palabra aguda acabada en **n**: **guión**. Si, por el contrario, se considera que existe diptongo, no lleva tilde, pues los monosílabos no se acentúan: **guion**.

guipur o **guipure** Sustantivo masculino que designa cierto tipo de encaje de malla gruesa. **Guipur** es la forma castellana del francés *guipure*; se admiten ambas formas, si bien se prefiere la primera de ellas.

guipuzcoano Es incorrecto **guipuzcuano* y, de la misma manera, **Guipuzcua* en lugar de **Guipúzcoa**.

güisqui Forma españolizada para el sustantivo inglés *whisky*. La RAE admite las dos grafías, aunque prefiere **güisqui**, pese a ser en realidad menos frecuente que la forma **whisky**.

gustar Para los significados de 'resultar algo agradable', 'parecer bien', 'caer bien una persona a otra, o gustarse', el complemento indirecto de persona suele repetirse con un pronombre personal, y con mucha frecuencia el sujeto de la oración va detrás del verbo: *A Fernando le gustan las películas subtituladas.* // Puede construirse con la preposición **de**: *¿Gustan de algo más?*, aunque en América es frecuente el uso sin preposición: *¿Gustan algo más?*

gusto Este sustantivo se usa en algunas expresiones de cortesía utilizadas en presentaciones, como **mucho** (o **tanto**) **gusto, el gusto es mío**, etc. Se consideran incorrectas expresiones del tipo: **Tanto* (o *mucho*) *gusto de saludarle*, en las que la preposición **de** debe sustituirse por **en**: *Tanto gusto en saludarle.* // No deben confundirse las expresiones **a mi gusto** ('a mi satisfacción'): *Lo hicieron todo a mi gusto*, y **para mi gusto** ('según mi opinión'): *Para mi gusto, esa película es horrible*.

gymkhana Ver **gincana**.

h

h En español, esta letra no se pronuncia: *hacha*, *hierro*, aunque su antiguo sonido aspirado se conserva en regiones como Extremadura y Andalucía, o en algunas palabras de origen árabe: *hachís*. Suele dársele la pronunciación /j/ en algunos extranjerismos como *hall*, *hill*, *hockey*, etc.

¡ha! En el diccionario de la RAE (ed. 1992) aún se incluye esta interjección como variante actual de la más común ¡**ah!**, aunque hoy prácticamente ha caído en desuso.

haber Es un verbo irregular. Ver cuadro. La tercera persona singular del presente de indicativo es **ha** cuando **haber** funciona como verbo auxiliar en la formación de tiempos compuestos: *ha partido*, y en la construcción **haber + de**: *Ha de hacerlo*; cuando funciona como verbo impersonal se usa la forma **hay**: *Ya no hay más*. // Como verbo impersonal, se utiliza siempre en singular, aunque el sustantivo al que acompaña vaya en plural: *Hubo muchas críticas*; y no: **hubieron muchas críticas*. // Debido a su homofonía con diversas palabras en castellano, son frecuentes errores de escritura del tipo: **a** (preposición) por **ha** (tercera persona del presente de indicativo del verbo **haber**); **aya** (sustantivo femenino) o **halla** (forma del verbo **hallar**), por **haya** (forma del verbo **haber** o sustantivo femenino que designa un árbol); **ay** (interjección de dolor), por **hay** (forma del verbo **haber**); **a ver** (expresión equivalente a 'veamos') por **haber** (infinitivo); **e** (conjunción) por **he** (forma del verbo **haber**).

HABER			
INDICATIVO			
Presente	**Pret. perf. simple**	**Futuro**	**Condicional**
he	hube	habré	habría
has	hubiste	habrás	habrías
ha, hay	hubo	habrá	habría
hemos	hubimos	habremos	habríamos
habéis	hubisteis	habréis	habríais
han	hubieron	habrán	habrían
SUBJUNTIVO			
Presente	**Pret. imperf.**	**Futuro**	
haya	hubiera, -ese	hubiere	
hayas	hubieras, -eses	hubieres	
haya	hubiera, -ese	hubiere	
hayamos	hubiéramos, -ésemos	hubiéremos	
hayáis	hubierais, -eseis	hubiereis	
hayan	hubieran, -esen	hubieren	

habitacional Adjetivo no admitido por la RAE, formado a partir de 'habitación' con el sentido de 'relativo a la vivienda': *el problema habitacional en Madrid*. Debe sustituirse simplemente por la expresión **de la vivienda**: *el problema de la vivienda en Madrid*.

hábitat De acuerdo con la RAE, este sustantivo masculino es invariable en cuanto al número: *los hábitat*; sin embargo, también se usa el plural **hábitats**.

habituar(se) En cuanto al acento, este verbo se conjuga como **actuar**: *habitúo, habitúas*.

hacer Es un verbo irregular. Ver cuadro de la página siguiente. // Se considera vulgar la expresión ***sólo hace** (o **haces, hacen**, etc.) **que + infinitivo**: **Sólo hace que molestarme continuamente*. Debe sustituirse por **no hace** (o **haces, hacen**, etc.) **más que + infinitivo**: *No hace más que molestarme continuamente*. // Las formas del participio pasado **hecho, hecha** no deben confundirse al escribir con sus homófonos

echo, echa (formas del presente de indicativo del verbo echar): **El guiso está echo. *¡Hecha más leña al fuego!* // **hacer mención** Ver **mención**. // **hacer público** Ver **público**.

HACER			
GERUNDIO		**PARTICIPIO**	
haciendo		*hecho*	
INDICATIVO			
Presente	**Pret. perf. simple**	**Futuro**	**Condicional**
hago	*hice*	*haré*	*haría*
haces	*hiciste*	*harás*	*harías*
hace	*hizo*	*hará*	*haría*
hacemos	*hicimos*	*haremos*	*haríamos*
hacéis	*hicisteis*	*haréis*	*haríais*
hacen	*hicieron*	*harán*	*harían*
SUBJUNTIVO			
Presente	**Pret. imperf.**	**Futuro**	
haga	*hiciera, -ese*	*hiciere*	
hagas	*hicieras, -eses*	*hicieres*	
haga	*hiciera, -ese*	*hiciere*	
hagamos	*hiciéramos, -ésemos*	*hiciéremos*	
hagáis	*hicierais, -eseis*	*hiciereis*	
hagan	*hicieran, -esen*	*hicieren*	
IMPERATIVO			
haz		*haced*	

hache Nombre de la letra **h**. Este sustantivo femenino, como excepción a la regla aplicada a las palabras que comienzan por **a** o **ha** tónicas (ver apartado de gramática [2.2.]), no lleva en singular los artículos **el** o **un**, sino **la** o **una**: *Debes escribir la hache donde corresponda.*

hachís Forma española para el sustantivo árabe *hasis*. No se admiten las grafías **haschís, *hashish, *hachich*. // La **h** del comienzo de esta palabra se pronuncia aspirada, como una **j** suave.

hacia El uso de esta preposición con el significado de 'ante', 'respecto a' constituye un anglicismo (probablemente por traducción del inglés *towards*): **Nuestra opinión hacia ese asunto es de absoluto rechazo*. // ***hacia bajo** Forma incorrecta por **hacia abajo**.

¡hala! Se admite también la forma ¡alá!, pero es más corriente ¡hala!

hall Sustantivo inglés no admitido en el diccionario de la RAE, aunque de uso frecuente en español, junto con sus equivalentes **vestíbulo, entrada**, etc.: *Te espero en el hall*.

halla Al escribir, debe evitarse la confusión entre **halla** (forma del presente de indicativo y del imperativo del verbo **hallar**) y su homófona **haya** (forma del presente de subjuntivo del verbo **haber** y, también, nombre de un árbol): *Halla la solución de este problema*, pero no: **Haya la solución de este problema*. No confundir tampoco con **aya** ('mujer encargada del cuidado y educación de un niño').

hámster Esta palabra no varía en plural: *dos hámster*.

hándicap Sustantivo masculino. Es un anglicismo no admitido por la RAE, aunque muy usado en nuestro idioma: *Su lesión supone un serio hándicap de cara a la final*. Aunque el empleo de **hándicap** está muy asentado, no debe abusarse de este término fuera del ámbito deportivo que le es propio; puede sustituirse por formas españolas como **desventaja, obstáculo**, etc. Mucho más raro es el del verbo derivado **handicapar**, abiertamente rechazado y sustituible por **dificultar, perjudicar, poner en desventaja**, etc.

happening Sustantivo inglés no admitido por la RAE, pero que no tiene equivalentes exactos en español. Designa la 'manifestación artística en forma de espectáculo en que se incluye la participación espontánea de los espectadores'.

haraquiri Sustantivo de origen japonés admitido por la RAE. No debe escribirse ***harakiri**.

hardware Préstamo del inglés que designa el 'conjunto de los componentes físicos de un ordenador'. Este sustantivo, de género masculino, no está recogido en el Diccionario de la Academia -que recomienda en su lugar la voz española **equipo**-, aunque el término inglés es muy utilizado.

harem o **harén** Ambas formas están admitidas, aunque es más frecuente el sustantivo **harén**.

harina Debe evitarse el frecuente error de emplear los artículos **el** o **un** ante este sustantivo femenino: *No olvides comprar el harina*. Al no comenzar por **ha** tónica, debe ir precedido de los artículos femeninos **la** o **una**: *No olvides comprar la harina*.

harmonía, **harmónico**, **harmonizar** Ver **armonía**, **armónico**, **armonizar**.

harmonio Ver **armonio** o **armónium**.

harpa Ver **arpa**.

harpía Ver **arpía**.

harpillera Ver **arpillera**.

hartar(se) Este verbo se construye con las preposiciones **a** o **de**: *hartar a palos, hartarse de comer*.

hasta En algunas oraciones negativas con esta preposición y la conjunción **que**, algunos autores recomiendan omitir el adverbio **no**, lo que no cambia el sentido de la frase, y aun lo clarifica: *Nadie habló hasta que no llegó el moderador; Nadie habló hasta que llegó el moderador.* // Es un error frecuente escribir esta preposición sin **h**: **¿Asta cuándo vas a quedarte?* **Asta** es un sustantivo femenino que significa 'palo de la bandera' y 'cuerno'.

hastiar En cuanto al acento, este verbo se conjuga como **ansiar**: *hastío, hastías*.

hatajo Con los significados de 'grupo pequeño de cabezas de ganado' y 'conjunto de personas o cosas', generalmente en sentido despectivo, también se puede escribir **atajo**: *un hatajo (o atajo) de maleantes*; pero es errónea la grafía con **h** para el significado de 'sendero por donde se acorta el camino': **Tomaremos un hatajo para llegar antes*.

hay Ver **haber**.

haya Ver **haber**.

he Para algunos autores, esta palabra es un verbo defectivo e impersonal, con valor similar a la forma impersonal **hay**, aunque normalmente suele tomarse por un adverbio demostrativo. Va unido a los adverbios **aquí, allí** y **ahí**: *He aquí una verdadera obra de arte*, y, a veces, lleva un pronombre personal enclítico: *Heme aquí, cansado y abatido*.

hecho Este participio del verbo **hacer** no debe confundirse con **echo**, primera persona del presente de indicativo del verbo **echar**.

hectogramo, hectolitro, hectómetro Son incorrectas las acentuaciones *hectógramo, *hectólitro, *hectometro.

heder Es un verbo irregular. Se conjuga como **tender**: *hiedes*.

helar Es un verbo irregular. Se conjuga como **pensar**: *hiela*. // Es impersonal con el significado de 'producirse heladas': *Aquí hiela todos los inviernos*. Para las demás acepciones se conjuga en todas sus formas, frecuentemente como verbo pronominal: *Se nos helaron hasta los huesos*.

helicoidal Es incorrecto *helizoidal.

helióstato Es incorrecta la acentuación *heliostato.

***helizoidal** Forma incorrecta por **helicoidal**.

hematíe 'Glóbulo rojo'. Es incorrecta la forma *hematí. Su plural es **hematíes**, que no debe confundirse con **hematites**, sustantivo femenino singular que designa cierto mineral.

hematites No confundir con **hematíes**, plural de → **hematíe**.

hemiplejia o **hemiplejía** Ambas formas están admitidas, aunque la RAE da preferencia a **hemiplejía**.

henchir Es un verbo irregular. Se conjuga como **pedir**: *hincho, hinches*. Según el *Esbozo de una nueva gramática de la lengua española*, a veces se suprime la **i** de la desinencia, como ocurre con **ceñir**: *hinchió o hinchó*. Otros autores, como María Moliner, sostienen que este verbo se conjuga igual que **ceñir**: *henchí, henchiste*, salvo en los tiempos que no tengan **i** en su conjugación, que se sustituyen por las formas correspondientes de **hinchar**: *hincho, hinchas*.

hendedura o **hendidura** Ambas formas de este sustantivo están admitidas, aunque se usa más **hendidura**.

hender Es un verbo irregular. Se conjuga como **tender**: *hiendo, hiendes, hendemos, hendéis*; aunque también se utiliza la forma **hendir**, menos frecuente que **hender**, que se conjuga como **discernir**: *hendimos* (en lugar de *hendemos*), *hendís* (en vez de *hendéis*). **Hendir** no debe conjugarse como **sentir**: **hindió, *hindieron* por *hendió, hendieron*.

hendir Ver **hender**.

heñir Es un verbo irregular. Se conjuga como **ceñir**: *hiño, hiñes*.

hercio, herciano Ver **hertzio, hertziano**.

herir Es un verbo irregular. Se conjuga como **sentir**: *hiero, hieres*.

hermafrodita Existe el sustantivo masculino **hermafrodito**, aunque su uso es muy poco frecuente, ya que se prefiere la forma **hermafrodita** para ambos géneros: *un ser hermafrodita /una planta hermafrodita*.

herpes o herpe Ambas formas de este sustantivo están admitidas, se usa mucho más **herpes**, que es invariable en plural: *los herpes*. El diccionario de la RAE señala que son términos ambiguos, aunque el uso común los considera masculinos.

herrar Es un verbo irregular. Se conjuga como **pensar**: *hierro, hierras*. // No confundir con su homófono → **errar**.

hertzio, hertziano También se dice **hercio** y **herciano** y, aunque la RAE muestra preferencia por estas últimas formas, son tanto o más usuales el adjetivo **hertziano** y el sustantivo **hertzio**, que mantienen la raíz **hertz-**, del apellido del físico alemán Heinrich Hertz. Lo mismo puede decirse respecto de los compuestos **megahertzio** y **megahercio**.

hervir Es un verbo irregular. Se conjuga como **sentir**: *hiervo, hierves*.

hético No confundir este adjetivo, que significa 'tuberculoso', con **ético**, que se refiere a la ética o principios morales que rigen la conducta.

hexa- Prefijo de origen griego que significa 'seis': *hexámetro, hexasílabo, hexágono*. En principio, este prefijo siempre lleva **h-**, por lo que es incorrecta la forma **exa-*: **exahedro* o *exángulo*; sin embargo, excepcionalmente, el diccionario de la RAE recoge las voces **exágono** y **exagonal**, variantes de **hexágono** y **hexagonal**.

hexágono, **hexagonal** Ver hexa-.

hibernación Con el significado de 'letargo natural o artificial experimentado por un organismo en invierno', también se dice **invernación**: *estado de hibernación* (o *invernación*). En el diccionario de la RAE no se recoge el sustantivo **invernación**; sí figuran, en cambio, **hibernar** e **invernar**, aunque para el último de estos verbos la RAE sólo admite la acepción de 'pasar el invierno'. Sin embargo, **hibernar** e **invernar** se usan indistintamente con el significado de 'pasar el invierno en estado de letargo'.

hidatídico Es incorrecta la forma **hidiatídico*: **un quiste hidiatídico*.

hidrocefalia Es incorrecta la forma **hidrocefalía*.

hidrólisis Es incorrecta la forma **hidrolisis*.

hidromiel Este sustantivo es masculino: *el hidromiel*. Es incorrecto, por tanto, su uso como femenino por influencia de miel: **la hidromiel*.

hidroxilo Éste es el nombre correcto, y no **hidróxilo*, de cierto radical químico formado por un átomo de hidrógeno y otro de oxígeno.

hiedra También se admite para este sustantivo la forma **yedra**, aunque se prefiere **hiedra**.

hierba También se admite para este sustantivo la forma **yerba**, aunque se prefiere **hierba**.

hierbabuena También se admiten para este sustantivo las formas **hierba buena** y **yerbabuena**, aunque se prefiere **hierbabuena**.

hi-fi Ver fidelidad.

*hilación Forma incorrecta por **ilación**.

himno Son incorrectos **hinno* e **hino*.

hincha Para referirse a un seguidor de un equipo deportivo, se prefiere este sustantivo al término inglés *fan*: *un hincha del equipo local*.

hindú Estrictamente, este sustantivo y adjetivo se aplica a los que practican el hinduismo, la religión mayoritaria de la India. Para designar a los habitantes de la India en general es más exacto el sustantivo **indio**, aunque se utiliza frecuentemente **hindú** para, de esta manera, diferenciarlos de los pobladores originarios de América (**indios** o **amerindios**).

*hinno, *hino Formas incorrectas por **himno**.

hipérbato o **hipérbaton** Ambas formas son correctas, aunque se emplea más la segunda. // El plural más extendido de este sustantivo es **hipérbatos**, aunque algunos autores proponen, sin mucho éxito, la forma **hiperbatones**. Es incorrecto el plural ***hipérbatons**.

hipérbole El uso de este sustantivo como masculino (*el hipérbole*) es anticuado. Hoy se utiliza como femenino: *la hipérbole*.

hipertrofiar En cuanto al acento, este verbo se conjuga como **cambiar**: *hipertrofian*.

hipocondriaco o **hipocondríaco** Ambas formas están admitidas para este adjetivo. Aunque se suele dar preferencia a la segunda, es más usual **hipocondriaco**.

hipogrifo Es incorrecta la acentuación ***hipógrifo**.

hispanoamericano Ver **latinoamericano**.

*hispanófono Forma incorrecta por **hispanohablante**.

hispanohablante Éste es el adjetivo con que se califica a los hablantes del idioma español; no se admiten ***hispanófono** ni ***hispanoparlante**.

*hispanoparlante Forma incorrecta por **hispanohablante**.

historiar En cuanto al acento, este verbo se conjuga como **cambiar**: *historio*; aunque no es rara la acentuación como **ansiar**: *historío*.

hit Se prefiere el sustantivo **éxito** a este término inglés. // *hit parade* Locución inglesa, muy difundida en el mundo musical, que equivale a **lista de éxitos**: *Su disco es el número uno del hit parade*. Se prefiere, no obstante, la expresión española.

hobby Sustantivo de origen inglés difundido internacionalmente con el significado de 'afición, distracción'. Algunos autores han propuesto españolizar la forma inglesa con la grafía **jobi**. Sin embargo, ni esta forma, ni las equivalentes españolas (**afición, pasatiempo**) han podido reemplazar a la inglesa. Su plural es **hobbies** o **hobbys**.

hockey Sustantivo inglés; la RAE no lo recoge en su diccionario (ed. 1992), pero no existe ningún otro término para designar este deporte.

hogaño 'En este año', 'en el presente'. También se admite para este adverbio la forma **ogaño**, aunque se utiliza aún menos que **hogaño**.

hojalata También se dice y escribe **hoja de lata**, aunque es más usual **hojalata**.

hojaldre Aunque la RAE, en la edición de 1992 de su diccionario, considera este sustantivo de género ambiguo, se utiliza normalmente como masculino: *el hojaldre*.

hojear Este verbo significa 'pasar las hojas de un libro': *Deja de hojear la novela*. No debe confundirse con el verbo homófono **ojear**, que significa 'dirigir la mirada' o 'mirar de pasada': *ojear el panorama*.

holding Sustantivo inglés muy difundido que designa a una sociedad o grupo financiero con intereses en otras empresas. No tiene equivalencia exacta en español, por lo que éste es el término que se utiliza.

holgar(se) Se construye con las preposiciones **con** y **de**: *holgarse con los placeres de la vida, holgarse del bien ajeno*. // Es un verbo irregular. Se conjuga como **contar**: *huelgo*.

hollar Es un verbo irregular. Se conjuga como **contar**: *huellan*; no **hollan*.

hológrafo También está admitida para este sustantivo la forma **ológrafo**, aunque se prefiere **hológrafo**.

hombro Las locuciones **a hombros** y **en hombros** tienen el mismo significado; pero, mientras que la primera puede aplicarse a personas o cosas (*Llevó a hombros al niño. Llevo* *a hombros la mochila*), **en hombros** sólo se aplica a personas (*Llevó en hombros al niño*).

homeóstasis u **homeostasis** Ambas formas están admitidas para este sustantivo, aunque se prefiere la primera.

homicidio Ver **asesinato**.

homogeneidad, homogeneizar Son incorrectas las formas *homogenidad, *homogenizar.

***homóplato** u ***homoplato** Formas incorrectas por **omóplato** u **omoplato**.

***homosexualismo** Forma incorrecta por **homosexualidad**.

honda No confundir con su homófono → **onda**.

honor Este sustantivo se utiliza en la construcción **en honor de**: *una fiesta en honor del invitado*. La construcción **en honor a** sólo se utiliza en la expresión *en honor a la verdad*, y no en otras como **en honor al invitado*.

hora Este sustantivo se construye con las preposiciones **a** y **por**: *100 km. a la hora, 100 km por hora*. // **hora punta** Es incorrecto el plural **horas puntas** por **horas punta**, que es lo correcto: *En las horas punta el metro se pone imposible*. // No confundir con su homófono → **ora**.

horca Este sustantivo alude al instrumento utilizado para ahorcar y a cierto utensilio en forma de tenedor. No debe confundirse, al escribir, con el sustantivo homófono **orca**, 'animal de la familia de los cetáceos'.

horco Ver **orco**.

***horfanato, *horfandad, *horfelinato** Formas incorrectas por **orfanato, orfandad, orfelinato**.

horrible El superlativo de este adjetivo es **horribilísimo**.

hosanna Es incorrecto **hosana*.

hot dog o **hot-dog** Expresión inglesa muy difundida. Se prefiere la traducción española **perrito caliente**.

hoy No se admiten las expresiones **hoy tarde* y **hoy noche* por **hoy por la tarde** y **hoy por la noche**.

huésped El femenino de este sustantivo es **huéspeda**, aunque con frecuencia se utiliza la forma de masculino como invariable para los dos géneros: *el/la huésped*.

huir Es un verbo irregular. Ver cuadro. // En cuanto a la acentuación, véase el apartado [1.3.6.] en el apéndice de ortografía.

HUIR		
GERUNDIO		
huyendo		
INDICATIVO		
Presente	**Pretérito perfecto simple**	
huyo	*huí*	
huyes	*huiste*	
huye	*huyó*	
huimos	*huimos*	
huís	*huisteis*	
huyen	*huyeron*	
SUBJUNTIVO		
Presente	**Pret. imperf.**	**Futuro**
huya	*huyera, -ese*	*huyere*
huyas	*huyeras, -eses*	*huyeres*
huya	*huyera, -ese*	*huyere*
huyamos	*huyéramos, -ésemos*	*huyéremos*
huyáis	*huyerais, -eseis*	*huyereis*
huyan	*huyeran, -esen*	*huyeren*
IMPERATIVO		
huye	*huid*	

humedecer Es un verbo irregular. Se conjuga como **agra-decer**: *humedezco*.

humillar Este verbo se construye con las preposiciones **a** y **ante**: *humillarse a pedir perdón, humillarse ante otro*.

hurí El plural propio de este sustantivo y adjetivo es **huríes**, aunque ha de competir con la forma **hurís**, cada vez más afianzada.

i

i- Ver **in-**[2].

-í Sufijo para la formación de adjetivos derivados de nombres propios, por ejemplo *alfonsí*, que expresa 'posesión o pertenencia' y sustituye con frecuencia a **-ita** en la formación de gentilicios. Ver **-ita**.

ibero o **íbero** Ambas formas están admitidas, aunque se prefiere la primera.

iberoamericano Ver **latinoamericano**.

iceberg El plural de este sustantivo es **icebergs**.

idéntico Este adjetivo se construye con la preposición **a** o con la conjunción **que**: *idéntico a su padre, idéntico que el que yo me compré*.

idiosincrasia Son incorrectas las formas **idiosincracia, *ideosincrasia, *ideosincracia* e **indiosincrasia*.

-iedad Terminación para sustantivos abstractos derivados de adjetivos acabados en **-io**: *complementario > complementariedad* (y no **complementaridad*), con la excepción de *solidario > solidaridad*.

íes Plural de la vocal **i**; es incorrecto **is*.

iglú El plural de este sustantivo es **iglúes**, aunque es frecuente la forma **iglús**.

igual Este adjetivo se construye con las preposiciones **a** y **en**, y con la conjunción **que** en oraciones comparativas: *igual al tuyo, igual en altura, igual que el mío*.

igualar Este verbo se construye con las preposiciones **a**, **con** y **en**: *igualar a otro, igualar con otra cosa, igualar en sueldo*.

ilación Es incorrecta la forma **hilación*.

*ilegitimizar Forma incorrecta por **ilegitimar**.

*ileíble Forma incorrecta por **ilegible**.

ilíaco o **iliaco** Ambas formas están admitidas.

im- Ver **in-**[1] e **in-**[2].

imbuir Es un verbo irregular. Se conjuga como **huir**: *imbuye*.

imitación Este sustantivo se construye con la preposición **de**, no con **a**: *imitación de piel*, y no **a piel*.

impaciente Este adjetivo se construye con la preposición **por**, no con **de**: *impaciente por verte*, y no **de verte*.

impasse Sustantivo de origen francés que significa 'callejón sin salida, punto muerto': *Las negociaciones están en un impasse*. Se emplea con frecuencia, aunque no debe abusarse de su uso en detrimento de términos y expresiones españolas equivalentes (*estancamiento, punto muerto, crisis*, etc).

impedido Este adjetivo se construye con la preposición **de**: *impedido de las piernas*.

impedir Es un verbo irregular. Se conjuga como **pedir**: *impido*.

impeler Este verbo se construye con la preposición **a**: *impeler a alguien a una decisión*.

imponer Es un verbo irregular. Se conjuga como **poner**: *impongo, impuso*.

importar Con el significado de 'comprar cosas procedentes de un país extranjero', este verbo se construye con las preposiciones **a**, **de** y **en**: *importar de Italia, importar a* (o *en*) *Italia*. // Debe evitarse el uso, por influencia del francés, de las construcciones **no importa qué** o **no importa quién**, en lugar de **cualquiera** o **quienquiera**: *Dame no importa qué libro. Sal de ahí no importa quién seas.*

impreso Ver **imprimir**.

imprevisto No utilizar **de imprevisto*, expresión vulgar en lugar de **de improviso**.

imprimir Este verbo tiene dos participios; uno regular, **imprimido**, que se utiliza para formar los tiempos compuestos y la voz pasiva: *Ha imprimido un libro; Los libros son imprimidos*; y otro irregular, **impreso**, usado sobre todo como adjetivo: *un libro impreso en Valladolid*.

impromptu No confundir con → **in promptu**.

impropio Este adjetivo se construye con las preposiciones **de** y **para**: *Este comportamiento es impropio de* (o *para*) *tu edad*.

impuesto Este sustantivo se construye con las preposiciones **de** y **sobre**: *impuesto de lujo, impuesto sobre el valor añadido*.

impulsar Este verbo se construye con la preposición **a**: *impulsar a alguien a cometer un delito*.

in-[1] Prefijo de origen latino que significa 'adentro' o 'al interior': *incorporar*. Ante **b** o **p** adopta la forma **im-**: *implantar, importar*. No debe confundirse con **in-**[2].

in-[2] Prefijo de origen latino que significa 'privación, negación': *insoportable, inmoral*. Adopta la forma **im-** ante *b* o *p*: *imbatido, imperturbable*; e **i-**, ante **l** o **r**: *ilegal, irreductible*. No debe confundirse con **in-**[1].

in albis Es incorrecta la forma *en albis.

in artículo mortis Es incorrecta la forma *en artículo mortis.

in extremis Es incorrecta la forma *en extremis.

in fraganti Es una deformación de la locución latina **in flagrante crimine**, del latín jurídico. Algunos autores proponen su traducción por **en flagrante**, aunque esta expresión es poco usada. // Es incorrecta la forma *en fraganti. También se admite **infraganti**, aunque se usa menos que **in fraganti**: *lo pillaron in fraganti*.

in promptu Locución adverbial latina que significa 'de improviso'. No debe confundirse con el sustantivo **impromptu**, 'composición musical improvisada'.

in situ Es incorrecta la forma *en situ.

in vitro Es incorrecta la forma *en vitro.

inaccesible Ver **accesible**.

inalterable Este adjetivo se emplea a veces impropiamente con el significado de 'invariable' en frases del tipo: *El marcador del partido continúa inalterable*, ya que **inalterable** significa 'que no se puede alterar', y las vicisitudes de un partido pueden precisamente 'alterar' o 'variar' dicho marcador.

*inaptitud, ***inapto** Formas incorrectas por **ineptitud**, **inepto**.

inasequible Ver **accesible**.

incapaz Este adjetivo se construye con las preposiciones **de** y **para**: *incapaz de valerse, incapaz para aprender nada*.

incautarse Este verbo se construye con la preposición **de**: *La policía se incautó de un alijo de drogas*. No es correcto su uso como transitivo: **La policía incautó un alijo*.

incendiar En cuanto al acento, este verbo se conjuga como **cambiar**: *incendio*.

incidente No confundir con → **accidente**.

incitar Este verbo se construye con las preposiciones **a** y **contra**: *incitar al crimen, incitar a uno contra otro*.

incluir Es un verbo irregular. Se conjuga como **huir**: *incluyo*.

inclusive Adverbio que significa 'incluso': *Somos ocho, contigo inclusive*. Es incorrecto su uso como adjetivo, con variación de número: **Somos ocho, tus hermanos inclusives*.

incompatible Este adjetivo se construye con la preposición **con**: *Tu carácter es incompatible con el mío*.

*inconciencia, ***inconciente**, ***inconcientemente** Formas incorrectas por **inconsciencia, inconsciente, inconscientemente**.

inconmensurable Es incorrecto *inconmesurable.

inconsciencia, **inconsciente**, **inconscientemente** Son incorrectos *inconciencia, *inconciente, *inconcientemente.

inconstitucional, **inconstitucionalidad** No confundir con → **anticonstitucional** y **anticonstitucionalidad**, respectivamente.

incordiar En cuanto al acento, este verbo se conjuga como **cambiar**: *incordio*.

incorporar Este verbo se construye con las preposiciones **a** y **en**: *incorporarse a (o en) un puesto de trabajo*.

incrustar Es incorrecto *incustrar.

incurrir Este verbo se construye con la preposición **en**: *incurrir en falta*.

*incustrar Forma incorrecta por **incrustar**.

indemnizar Este verbo se construye con las preposiciones **de** y **por**: *indemnizar de* (o *por*) *los daños*.

independiente Este adjetivo se construye con la preposición **de**: *independiente de su familia*.

indignar(se) En su uso pronominal, este verbo se construye con las preposiciones **con, contra, de** y **por**: *indignarse con* (o *contra*) *alguno, indignarse de* (o *por*) *algo*.

indio Ver **hindú**.

indiscreción Es incorrecta la forma ***indiscrección**.

indisponer Es un verbo irregular. Se conjuga como **poner**: *indispongo, indispuesto*. // Se construye con las preposiciones **con** y **contra**: *indisponer a alguien con* (o *contra*) *otro*.

inducir Es un verbo irregular. Se conjuga como **conducir**: *induzco*. // Se construye con la preposición **a**: *inducir al crimen*.

indultar Este verbo se construye con la preposición **de**: *indultar de una pena*. // No confundir con **amnistiar**. Ver **amnistía**.

indulto No confundir con → **amnistía**.

ineptitud, inepto Son incorrectas las formas ***inaptitud, *inapto**, debidas al influjo de **aptitud** y **apto**.

inerme / inerte No confundir estos dos adjetivos. **Inerme** significa 'sin armas, sin defensa': *un país inerme*. **Inerte** significa 'que no tiene vida o movimiento': *un cuerpo inerte*, y no **un cuerpo inerme*.

inescrutable Es incorrecta la forma ***inexcrutable**.

inextricable Es incorrecta la forma ***inextrincable**.

infantado o **infantazgo** Ambas formas están admitidas para este sustantivo, aunque se prefiere la primera.

infatuar En cuanto al acento, este verbo se conjuga como **actuar**: *infatúo*.

infectar No confundir con el verbo **infestar**. **Infectar** significa 'transmitir o contraer una enfermedad': *Se infectó la herida*; pero no: **Se infestó la herida*. **Infestar** es 'invadir un lugar una plaga': *La zona está infestada de mosquitos*; y no: *infectada de mosquitos*.

inferior Comparativo irregular del adjetivo **bajo**. // Se construye con las preposiciones **a** y **en**: *inferior a su oponente*, *inferior en número*.

inferir Es un verbo irregular. Se conjuga como **sentir**: *infiero*.

infestar No confundir con → **infectar**.

inficionar Es incorrecta la forma *inficcionar*.

infiel Este adjetivo se construye con las preposiciones **a, con**: *Fue infiel a su marido con otro hombre*.

ínfimo Superlativo irregular de **bajo**.

inflación, inflacionario, inflacionista Son incorrectos *inflacción, *inflaccionario, *inflaccionista.

infligir Este verbo no debe confundirse con **infringir**. El primer término significa 'imponer un castigo o pena': *Infligió un terrible castigo a su oponente*, y el verbo **infringir** quiere decir 'quebrantar una ley, prohibición, etc.': *infringir las normas*. // Es incorrecta la forma *inflingir*.

influenciar En cuanto al acento, este verbo se conjuga como **cambiar**: *influencio, influencias*. // Suele emplearse exclusivamente aplicado a personas, sobre todo en la construcción **estar influenciado por**: *Siempre ha estado muy influenciado por su mujer*. En general, se prefiere también en este caso su sinónimo **influir**: *Siempre ha estado muy influido por su mujer*.

influir Es un verbo irregular. Se conjuga como **huir**: *influyo, influí*. // Se aplica tanto a personas como a cosas, a diferencia de su sinónimo **influenciar**: *Los maestros influyen en sus alumnos. El medio influye en los seres vivos*.

informar No debe suprimirse la preposición **de** en la construcción **informar de que**: *Te informo que estás despedido*.

infraescrito, *infraescripto Formas incorrectas por **infrascrito, infrascripto**.

infraganti Ver **in fraganti**.

infrascrito o **infrascripto** Ambas formas están admitidas, aunque se prefiere la primera. // Son incorrectas *infra-escrito e *infraescripto.

infringir No confundir con → **infligir**. // Es incorrecta la forma *infrigir.

ínfulas Es el plural del sustantivo femenino **ínfula**; sin embargo, con su significado más corriente ('soberbia, presunción'), nunca se emplea en singular. // Debe evitarse el error de emplear la palabra **ínsulas** (plural de **ínsula**, 'isla') en lugar de **ínfulas**, es decir: *darse alguien muchas ínsulas por darse alguien muchas ínfulas* ('darse demasiada importancia').

ingeniar En cuanto al acento, este verbo se conjuga como **cambiar**: *ingenio, ingenias*.

ingerir Es un verbo irregular. Se conjuga como **sentir**: *ingiero, ingieres*. // No confundir con su homófono **injerir(se)**. El verbo **ingerir** significa 'tomar comida, bebida, etc.': *ingerir alcohol, ingerir alimentos*. **Injerir** quiere decir 'injertar' o 'insertar' e **injerirse** 'entrometerse': *injerirse en los asuntos ajenos*. El sustantivo derivado de **ingerir** es **ingestión**: *ingestión de alimentos*, y el derivado de **injerirse** es **injerencia**: *No admite injerencias en su trabajo*.

ingestión Ver **ingerir**.

inglés Éste es el gentilicio correspondiente a Inglaterra, uno de los territorios que integran el Reino Unido de la Gran Bretaña e Irlanda del Norte; por extensión, en el lenguaje común, se denomina con este adjetivo a los ciudadanos de ese país, aunque el término apropiado es **británico**. Debe emplearse cada uno en su sentido estricto, sobre todo en contextos históricos o geográficos.

ingravidez La 'cualidad de ingrávido' es **ingravidez**, no *ingravidad.

inhibir(se) Este verbo se construye con las preposiciones **de** y **en**: *inhibirse de tomar decisiones, inhibirse en un asunto*.

iniciar En cuanto al acento, este verbo se conjuga como **cambiar**: *inicio, inicias*. // No se admiten las formas *reiniciar,

*reinicio, ***reiniciación**, surgidas a partir de la aplicación del prefijo **re-** a la raíz de este verbo, y para las que existen equivalentes como **reanudar**, **reanudación**. // Es incorrecto ***inicializar** por **iniciar**.

inicuo Este adjetivo no debe confundirse con **inocuo**. El primer término significa 'injusto': *un trato inicuo*, y el adjetivo **inocuo** quiere decir 'inofensivo': *un medicamento inocuo*.

ininteligible Este adjetivo significa 'que no se entiende': *una jerga ininteligible*. No debe confundirse con su antónimo **inteligible**, que significa justo lo contrario: *Se expresó en términos muy sencillos, inteligibles para cualquiera*.

injerencia Ver **ingerir**.

injerir(se) Es un verbo irregular. Se conjuga como **sentir**: *me injiero, se injirió*. // No confundir con → **ingerir**.

injuriar En cuanto al acento, este verbo se conjuga como **cambiar**: *injurio, injurias*.

inmiscuirse Es un verbo irregular. Se conjuga como **huir**: *me inmiscuyo, se inmiscuyó*. // Es incorrecta la forma ***inmiscluirse** (por analogía con el verbo **incluir**): **No te inmiscluyas en esto*.

inmoral Este adjetivo no es sinónimo de **amoral**. **Inmoral** significa 'que va en contra de la moral o se aparta de ella': *Es un inmoral que busca el placer de transgredir las normas*. **Amoral** se aplica a 'lo que no se ajusta a categoría moral alguna': *Su actitud es completamente amoral, sin credo alguno que guíe sus pasos*.

innocuo Ver **inocuo**.

innovar La conjugación de este verbo es regular: *innovo, innovas*. Deben evitarse formas erróneas como **innuevo, *innuevas* (según el modelo de **contar**), por influencia de la conjugación del verbo **renovar**: *renuevo*, etc.

inocuo Este adjetivo también se escribe **innocuo**, aunque esta última forma hoy está prácticamente en desuso. // No confundir con → **inicuo**.

*inoperancia La RAE no admite este sustantivo, que puede sustituirse por **ineficacia**, **ineptitud**. Sí recoge en su diccionario, en cambio, el adjetivo **inoperante** ('ineficaz, inútil').

input Sustantivo inglés, no admitido por la RAE, que significa 'elemento empleado en un proceso de producción' y también 'sistema de entrada de información en un ordenador, y datos y programas introducidos'. Algunos autores proponen sustituirlo por la palabra española **entrada**, sin embargo el término **input** ya está asentado en economía y en informática. Lo mismo puede decirse de su contrario **output**, que significa 'producto que resulta de un proceso de producción' y 'salida de datos de los ordenadores'.

inquirir Es un verbo irregular. Se conjuga como **adquirir**: *inquiero, inquieres*. // Su significado, según la RAE, es 'indagar, averiguar o examinar cuidadosamente una cosa' (*inquirir la verdad*), por tanto es algo más que 'preguntar', aunque es frecuente su uso con este último sentido, sobre todo en el lenguaje literario: "*¿Qué desea?*", *inquirió el dependiente*.

inscribir Este verbo presenta como única irregularidad la de su participio: *inscrito*, según el modelo de **escribir**.

insinuar En cuanto al acento, este verbo se conjuga como **actuar**: *insinúo, insinúas*.

insociable o **insocial** Ambos adjetivos están admitidos para el significado de 'que evita el trato con otras personas', aunque se usa más **insociable**: *¡Anda, no seas insociable y vente a la fiesta!* // Estos adjetivos deben distinguirse de **asocial**, que se aplica a la persona o conducta que no acata las normas que rigen en una sociedad.

instituir Es un verbo irregular. Se conjuga como **huir**: *instituyo, instituí*.

instruir Es un verbo irregular. Se conjuga como **huir**: *instruyo, instruí*.

instrumentar El diccionario de la RAE no recoge para este verbo el significado de 'organizar', aunque se emplea mucho en la actualidad: *instrumentar medidas, una protesta*, etc.

Con este último significado, es preferible utilizar términos más específicos, como **preparar**, **realizar**, **organizar**.

insubstancial, **insubstancialidad**, **insubstancialmente** Ver **sustancia**.

insubstituible Ver **sustituir**.

ínsulas Plural de **ínsula**, 'isla'. No confundir con → **ínfulas**.

insustancial, **insustancialidad**, **insustancialmente** Ver **sustancia**.

insustituible Ver **sustituir**.

integérrimo Superlativo irregular de **íntegro**.

integrar Se prefiere este verbo en su forma pronominal (**integrarse**) para construcciones del tipo: *Luis integró el equipo español*, o su sustitución por la expresión *formar parte*: *Luis se integró al equipo español*, o *Luis formó parte del equipo español*.

íntegro El superlativo culto de este adjetivo es **integérrimo**, aunque en uso común es mucho más frecuente la forma **integrísimo**.

inteligencia **servicio de inteligencia** Traducción literal del inglés *intelligence service* para referirse a los servicios de información de un país. En español se prefiere esta última fórmula.

inteligible No confundir con su antónimo → **ininteligible**.

intención / intencionalidad Se considera impropio el uso de **intencionalidad** ('cualidad de intencional, deliberado, hecho a sabiendas') por **intención** ('propósito de hacer algo') en frases del tipo: *¿*Cuál fue su intencionalidad al actuar así?*, en lugar de: *¿Cuál fue su intención al actuar así?*

interceptar Este verbo suele ir acompañado de un complemento directo que designa una cosa: *interceptar una carta*; por tanto, se considera inadecuada su construcción con complementos de persona: **La policía interceptó al ladrón*. En este último caso, puede emplearse **detener**: *La policía detuvo al ladrón*.

intercesión No confundir este sustantivo con **intersección**. La primera palabra significa 'mediación en favor de alguien': *Apeló a su intercesión en el juicio*, y el sustantivo **intersección** es el 'encuentro entre dos líneas, superficies o sólidos que se cruzan': *la intersección de dos calles*.

interdisciplinariedad Es incorrecta la forma *interdisciplinaridad.

interfecto En el diccionario de la RAE sólo se admite el significado de 'persona muerta violentamente', aunque es muy frecuente su uso con el sentido familiar de 'persona de quien se habla': *Por ahí viene el interfecto*.

interferir Es un verbo irregular. Se conjuga como **sentir**: *interfiero, interfieres*.

ínterin El plural de este sustantivo masculino es **ínterines**, aunque normalmente se emplea la forma **ínterin** tanto para el singular como para el plural: *Aprovecha los ínterin en la tarea para leer el periódico*. // Se prefiere **ínterin** a la grafía latina **interim** o **ínterim**.

*intermediación Sustantivo no admitido por la RAE, derivado de **intermediar**: **la intermediación de la ONU en un conflicto*. Puede sustituirse simplemente por **mediación**: *la mediación de la ONU*.

interponer Es un verbo irregular. Se conjuga como **poner**: *interpongo, interpuse*.

interrogante Es un sustantivo de género ambiguo para los significados de 'pregunta' y 'cosa que se desconoce': *Su futuro es un gran (o una gran) interrogante*.

interruptor Es incorrecta la forma *interructor.

intersección No confundir con → **intercesión**.

intervalo Es incorrecta la acentuación esdrújula *intérvalo.

intervenir Es un verbo irregular. Se conjuga como **venir**: *intervengo, intervine*.

interviú Forma española del sustantivo inglés *interview*, considerada de género ambiguo por la RAE, aunque usada habitualmente como femenino. En general, se propone su sustitución por la palabra **entrevista**; sin embargo, el sustantivo **interviú** está bastante asentado en nuestro idioma. Menos usados son los derivados **interviuvador** e **in-**

terviuvar, prefieriéndose siempre sus equivalentes españoles **entrevistador, entrevistar**.

intimar Este verbo se construye con las preposiciones **a** y **con**: *Le intimaron a que desistiese. Es tímido y no intima fácilmente con la gente.* // No debe confundirse el verbo **intimidar** ('amedrentar') con **intimar** ('requerir, exigir'): **Los atracadores las intimidaron a que entregasen las joyas.* Lo correcto sería *las intimaron a que entregasen las joyas.*

intimidar No confundir con → **intimar**.

intratable Este adjetivo se aplica a la 'persona difícil de manejar o de mal carácter', y se considera impropio su uso en el lenguaje deportivo como sinónimo de **invencible**: **El equipo local hoy está intratable.*

introducir Es un verbo irregular. Se conjuga como **conducir**: *introduzco, introdujo.* // Se recomienda evitar la construcción redundante **introducir dentro de**, cuando se puede emplear simplemente por **introducir** seguido de la preposición **en**: *Lo introduje en el cajón*, en lugar de *Lo introduje dentro del cajón.*

introvertido Este adjetivo o sustantivo no admite la variante **intravertido*, a diferencia de su antónimo **extrovertido** o **extravertido**.

intuir Es un verbo irregular. Se conjuga como **huir**: *intuyo, intuí.*

inundar Este verbo se construye con las preposiciones **de** o **en**: *inundar de o en lágrimas.*

inusual La RAE no admite este adjetivo, que equivaldría a **inusitado, insólito**, etc.; sin embargo, se emplea frecuentemente: *un espectáculo inusual.*

inventariar En cuanto al acento, este verbo se conjuga como **ansiar**: *inventarío, inventarían.*

invernación Ver **hibernación**.

invernar En la actualidad, la conjugación de este verbo es regular: *inverno, invernas*, aunque tradicionalmente se ha considerado irregular, según el modelo de **pensar**, con formas hoy en desuso como *invierno, inviernas.* // Ver **hibernación**.

invertir Es un verbo irregular. Se conjuga como **sentir**: *invierto, invirtió.*

investir Es un verbo irregular. Se conjuga como **pedir**: *invisto, invistió.*

iodo Ver **yodo**.

ion o **ión** Ambas grafías son aceptables, pues representan las dos posibles pronunciaciones de este sustantivo: una monosílaba que, por consiguiente, no debe llevar tilde (**ion**); y otra bisílaba que, por ser aguda y acabada en **n**, debe llevar tilde (**ión**). Esta segunda forma es la que parece gozar de preferencia entre los especialistas.

ipso facto Esta locución latina debe escribirse en dos palabras, no en una sola: **ipsofacto.*

ir Es un verbo irregular. Ver cuadro. // Deben evitarse, en el imperativo, las formas vulgares ****ves** por **ve**: **Ves allí y tráeme un refresco*; e *****iros**, *****íos** o *****ir** por **id** o **idos**: **¡Iros inmediatamente de aquí!* // La locución **ir por** (*agua, pan,* etc.) a menudo se construye indebidamente con la preposición **a**: **ir a por agua.*

irakí Ver **iraquí**.

iraní Gentilicio de Irán, país de Oriente Medio. Su plural es **iraníes**.

iraquí Gentilicio de Irak, país de Oriente Medio. Se escribe también **irakí**, aunque se prefiere la forma **iraquí**. Sin embargo, en español, el nombre del país es **Irak**, no **Iraq**. // Su plural es **iraquíes**.

irradiar En cuanto al acento, este verbo se conjuga como **cambiar**: *irradio, irradias.*

irrelevante El significado estricto de este adjetivo es 'que no tiene relevancia o importancia': *No debes preocuparte por algo tan irrelevante.* Su uso con el sentido de 'improcedente', 'que está fuera de lugar' constituye un anglicismo (del inglés *irrelevant*): **El alcalde rechazó, por irrelevantes, las demandas de los vecinos.*

IR
GERUNDIO
yendo
INDICATIVO

Presente	Pret. imperf.	Pret. perf. simple
voy	*iba*	*fui*
vas	*ibas*	*fuiste*
va	*iba*	*fue*
vamos	*íbamos*	*fuimos*
vais	*ibais*	*fuisteis*
van	*iban*	*fueron*

SUBJUNTIVO		
Presente	Pret. imperf.	Futuro
vaya	*fuera, -ese*	*fuere*
vayas	*fueras, -eses*	*fueres*
vaya	*fuera, -ese*	*fuere*
vayamos	*fuéramos, -ésemos*	*fuéremos*
vayáis	*fuerais, -eseis*	*fuereis*
vayan	*fueran, -esen*	*fueren*

IMPERATIVO	
ve	*id*

irreligioso Con el sentido de 'contrario a la religión', este adjetivo es sinónimo de **antirreligioso**, pero no con el significado de 'que no tiene creencias religiosas'.

*is Forma incorrecta por **íes**, plural de la vocal **i**.

-ísimo Sufijo para la formación de adjetivos en grado superlativo: *bellísimo*. A veces toma la forma **-císimo** cuando el adjetivo termina en **n** o **r**: *jovencísimo, acogedorcísimo* (pero se dice *vulgarísimo*, no *vulgarcísimo). // Algunos adjetivos conservan su forma latina al unirles este sufijo: *fuerte / fortísimo*, y esta norma se aplica a todos los acabados en **-ble**: *sensible / sensibilísimo*. // Este sufijo compite con el culto **-érrimo** en multitud de adjetivos, dándose a menudo dos variantes, una popular y otra culta: *pulcrísimo / pulquérri-*

mo, pobrísimo / paupérrimo. A veces existen dos formas (culta y popular) para el mismo superlativo en **-ísimo**: *bonísimo / buenísimo*, *certísimo / ciertísimo*; las primeras son las formas cultas y las segundas las populares. // Es uso vulgar el empleo de la forma *-ismo por **-ísimo**: **buenismo*, **tantismo*.

islámico Ver **árabe**.

*ismo Forma incorrecta por **istmo**.

isobara o **isóbara** Ambas formas están admitidas, aunque corrientemente se utiliza más la acentuación llana **isobara**: *mapa de isobaras*.

israelí / israelita No son sinónimos. El adjetivo y sustantivo **israelí** se aplica a lo relativo al actual Estado de Israel: *conflicto árabe-israelí*, mientras que **israelita** se aplica a lo referente al antiguo reino de Israel y es sinónimo de **hebreo**: *el éxodo israelita hacia la Tierra prometida*.

istmo Son incorrectas las formas *ismo e *itsmo.

-ita Sufijo para la formación de gentilicios: *vietnamita*. En algunos nombres de pueblos árabes, hoy suele sustituirse por **-í**: *iraquí*, *saudí*, y en algún caso el uso de **-í** o **-ita** responde a la designación antigua o moderna de los habitantes de un lugar; por ejemplo, *israelí / israelita*.

itrio También se escribe **ytrio**, aunque esta última grafía no está admitida por la RAE y, en general, se prefiere la forma **itrio** para este sustantivo.

*itsmo Forma incorrecta por **istmo**.

jabalí El femenino de este sustantivo es **jabalina**, no *la jabalí. // Su plural es **jabalíes**, aunque también se emplea **jabalís**. // Son incorrectas las formas *jabalín y *jabalines.

jactar(se) Este verbo se construye con la preposición **de**: *jactarse uno de su talento*.

jaguar También se admite la grafía **yaguar**, aunque se prefiere la forma **jaguar** para este sustantivo.

jardín jardín de infancia Ver **kindergarten**.

jazz Existe la grafía castellanizada **yaz**, sin embargo, en la práctica, este sustantivo se escribe casi siempre con la forma inglesa *jazz*. // No varía en plural.

jeans Ver **blue-jeans**.

jeep Nombre de cierta marca de vehículos todoterreno, no admitido por la RAE, pero muy usado en nuestro idioma. Se ha propuesto la grafía **yip**, más cercana a su pronunciación, para sustituir al inglés *jeep*, aunque esa forma españolizada no ha tenido éxito. Se emplea a menudo para referirse a cualquier todoterreno. // Su plural es **jeeps**.

jemer Ver **khmer**.

jerez Ver **sherry**.

***jerifalte** Forma incorrecta por **gerifalte**.

jersey Sustantivo admitido en su forma original inglesa. Algunos autores proponen una terminación **-i**, más acorde con el español: *jersei*, aunque esta última grafía no está admitida por la RAE y se usa muy poco en comparación con la forma inglesa *jersey*. // Su plural es **jerséis**.

jet Sustantivo inglés no admitido por la RAE; aunque no es desconocido en nuestro país, se usa más en Hispanoamérica. Puede sustituirse por **reactor** o **avión de reacción**, que son las formas corrientes en España. // **jet-set** Forma abreviada de la expresión inglesa *jet society* ('sociedad del avión de reacción'). Aunque existen equivalentes aproximados como **alta sociedad**, la construcción inglesa **jet-set** está muy asentada y se refiere especialmente a la clase alta cosmopolita que frecuenta los lugares de moda, a los que se desplaza en avión. Normalmente se usa reducido a **jet**: *la jet de Marbella*.

jihad Ver **yihad**.

jineta Con el significado de 'mamífero carnívoro', este sustantivo también se escribe **gineta**. Existe, en cambio, otra palabra **jineta** (de *jinete*), que designa una forma de montar a caballo y que no admite la escritura con **g**.

jira No confundir este sustantivo con su homófono **gira**. La primera forma significa 'comida campestre entre amigos' (por lo que se considera redundante la construcción *jira campestre*), y el sustantivo **gira** significa 'viaje' y 'serie de actuaciones sucesivas de un artista o una compañía por diversos lugares: *La gira europea de los Rolling Stones*.

jobi Ver **hobby**.

jockey La RAE ha españolizado este anglicismo en las formas **yóquey** o **yoqui**, aunque en la práctica sólo se usa el sustantivo inglés **jockey**.

*jubete Forma incorrecta por **juguete**.

jubilar Este verbo se construye con la preposición **de**: *jubilarse de su trabajo*.

judaizar En cuanto al acento, este verbo se conjuga como **enraizar**: *judaízan*.

judo, **judoka** Judo es la forma habitual en la que aparece escrito este sustantivo de origen japonés, aunque la RAE da preferencia a la variante **yudo** que, en cualquier caso, es como se pronuncia. En cuanto a los derivados **judoka** y **yudoca**, el diccionario de la RAE sólo registra la variante con **y**.

juez, **jueza** Estrictamente, el femenino de **juez** es **jueza**. Los diccionarios asignan dos significados diferentes a **jueza**: 'mujer del juez' y 'mujer con autoridad para juzgar'; con esta última acepción alterna con la forma masculina utilizada como femenino (*la juez*), que se considera más formal y es la habitual en el lenguaje jurídico-administrativo.

jugar Es un verbo irregular. Ver cuadro. // Puede construirse con la preposición **con**: *jugar con mis sentimientos*. Cuando le sigue el nombre de un juego, se construye con la preposición **a** seguida del artículo correspondiente: *jugar al tenis, jugar al mus*. La omisión del artículo (*jugar tenis, jugar mus*) es frecuente en América y en algunas regiones españolas. // Debe evitarse el uso, por influencia del francés, de la expresión **jugar un papel**: **El cónsul jugó un papel importante en las negociaciones*. Se prefiere la construcción **desempeñar un papel**: *El cónsul desempeñó un papel importante en las negociaciones*.

JUGAR		
INDICATIVO	SUBJUNTIVO	IMPERATIVO
Presente	Presente	
juego	*juegue*	
juegas	*juegues*	*juega*
juega	*juegue*	
jugamos	*juguemos*	
jugáis	*juguéis*	*jugad*
juegan	*jueguen*	

juglar El femenino de este sustantivo es **juglara** o **juglaresa**, aunque la primera variante es rara.

juguete Es incorrecto **jubete*.

júnior Sustantivo y adjetivo latino aplicado en inglés al nombre del hijo cuando es el mismo que el del padre; su abreviatura es **jr.**: *John Kennedy, jr.* En España se prefiere el sustantivo **hijo** en su lugar: *José Alberto hijo.* También se puede escribir **junior,** pero en cualquiera de los casos se pronuncia /yúnior/. También designa, en deportes, a la categoría juvenil (*el equipo júnior*), a pesar de que el diccionario de la RAE no recoge esta acepción. Su contrario es **sénior.** // La forma de plural más extendida es **júniors,** aunque también se admite **júniores,** más adecuada al español.

juntar Este verbo se construye sobre todo con las preposiciones **a** y **con**: *juntar una cosa a* (o *con*) *otra.*

junto Este adjetivo y adverbio se construye con las preposiciones **a** y **con**: *junto a mí, junto con otros.* // Son incorrectas las expresiones *****junto mío, tuyo, suyo,** etc. Debe decirse **junto a mí, a ti, a él,** etc.

jurar Este verbo se construye con las preposiciones **en, por** y **sobre**: *jurar en falso, jurar por la vida de uno, jurar sobre la Biblia.*

justificar(se) Este verbo se construye con las preposiciones **con** y **de**: *justificarse con alguien, justificarse de sus faltas.*

justipreciar En cuanto al acento, este verbo se conjuga como **cambiar**: *justiprecio.*

juzgar Este verbo se construye con las preposiciones **de, en, por** y **sobre**: *juzgar a alguien de un delito, juzgar en un asunto, juzgar por* (o *sobre*) *indicios falsos.*

k

k.o. Abreviatura de → **knock-out**.

kabila Ver **cabila**.

káiser Título de los emperadores de Alemania y Austria. Su plural es **káiseres**.

kaki Ver **caqui**.

***kaolín** Forma incorrecta por **caolín**.

kappa Nombre de la letra griega **k**. También se escribe **cappa**.

karst Sustantivo masculino que designa un tipo de relieve. También se escribe **carst**.

kechup o **ketchup** Ver **catchup**.

kéfir Nombre de una bebida del Cáucaso hecha con leche fermentada. Es incorrecta la acentuación aguda ***kefir**.

kermés 'Fiesta popular'. También se admite para este sustantivo femenino la forma **quermés**, aunque es más usual **kermés**. Deben evitarse las formas ***kermese**, ***quermese** y el término francés *kermesse*.

***kermese** Forma incorrecta por **kermés**.

kermesse Ver **kermés**.

kerosene o **keroseno** Ver **querosén** o **queroseno**.

khaki Ver **caqui**.

khmer Nombre de un pueblo que habita en Camboya; a veces se transcribe por **jemer**, que es como se pronuncia, aunque se emplea más la primera grafía.

kibutz Sustantivo hebreo de género masculino; se escribe también con la grafía españolizada **quibús**, aunque la forma habitual es **kibutz**. No constan en el diccionario de la RAE (ed. de 1992).

kif Ver **quif**.

kilo Forma abreviada del sustantivo **kilogramo**.

kilo- Elemento prefijo de origen griego que significa 'mil': *kilómetro*, *kilocalorías*, *kilogramo*. También se escribe **quilo-**, pero sólo con **gramo**, **litro**, **metro** y **métrico** y en el compuesto **kilográmetro** (*kilogramo + metro*): *quilogramo*, *quilolitro*. // Se pronuncia tónica la **o** en **kilómetro**, pero es átona y recae el acento en la sílaba siguiente en **kilogramo**, **kilolitro**, **kilográmetro** y **kilométrico**.

kilográmetro, **kilogramo**, **kilolitro**, **kilométrico**, **kilómetro** Ver **kilo-**.

kilovatio Es incorrecta, por influencia de la abreviatura **kw**, la grafía **kilowatio* y no se admite, al contrario que en **kilómetro**, **kilogramo**, etc., la variante con **qu-**.

*kilowatio Forma incorrecta por **kilovatio**.

kimono Ver **quimono**.

kindergarten Debe usarse preferentemente la expresión **jardín de infancia** en lugar de esta palabra alemana.

kinesiólogo, **kinesioterapia**, **kinesioterápico** Ver **quinesiólogo**, **quinesioterapia**, **quinesioterápico**.

kiosco, **kiosquero** Ver **quiosco**, **quiosquero**.

kirie Este sustantivo masculino de origen griego que designa la invocación que se hace al Señor al principio de la misa; procede de la fórmula con que comienza esa invocación: *kyrie eleison* ('Señor, ten piedad'). También se puede escribir **quirie**, aunque se prefiere la grafía con **k-**. Existe la palabra **kirieleisón** (*kyrie + eleison*) para designar cierto canto de difuntos, que no admite la grafía con **qu-**.

kirieleisón Ver **kirie**.

kitsch Adjetivo alemán no admitido por la RAE, aunque muy usado. En español equivaldría a *cursi*, *hortera*, *exagerado*, *de mal gusto*, etc., pero, frente a estos calificativos, *kitsch* es un término más culto y que se aplica a ciertos objetos con pretensiones artísticas o estéticas.

kivi o **kiwi** Para el significado de 'ave que habita en Nueva Zelanda', la RAE da preferencia a la forma **kivi**, y para el de 'arbusto y su fruto', prefiere la grafía **quivi**, aunque para ambos sentidos es más usual la forma **kiwi**.

kleenex Nombre comercial que ha pasado a ser el nombre común habitual para designar cualquier pañuelo de papel, aunque no está aceptado por la RAE. No varía en plural y se pronuncia /klínex/.

knock-out Expresión inglesa que se emplea generalmente mediante la abreviatura **k.o.**: *vencer por k.o.* Se ha propuesto, sin éxito, la forma españolizada **nocáut**. Su equivalente en español es **fuera de combate**. // De *to knok out,* 'poner fuera del combate, dejar sin sentido', proviene el verbo español **noquear**, con el mismo significado. El diccionario de la RAE (vigésima primera edición, 1992) no recoge este verbo; sin embargo, se usa mucho en el ámbito pugilístico: *El campeón noqueó al aspirante en el tercer asalto.*

koiné Ver **coiné**.

koljós o **koljoz** Palabra rusa (acrónimo de *kollektívnoye joziaistvo*) que designa un tipo de granja colectiva de la Unión Soviética. No tiene equivalentes exactos en nuestro idioma por los que pudiera sustituirse, aunque se prefiere la forma españolizada **koljós**. Su género es masculino.

kraker Ver **okupa**.

kriptón Nombre de cierto gas noble. También se escribe **criptón**, forma más acorde con la ortografía española.

1

la[1] Este artículo femenino acompaña a sustantivos de género femenino y número singular: *la escuela*, aunque ante sustantivos femeninos que comienzan por **a** o **ha** tónicas (salvo en el caso de los nombres propios), se emplea el masculino **el**: *el agua*, *el hacha*. Ver apartado de gramática [2.2.]. // Se deben evitar algunas expresiones introducidas por este artículo: *la práctica* (o *la casi*) *totalidad*, *la segunda mayor*, que pueden sustituirse por *casi la totalidad* (o *casi todos*) y *la segunda en importancia* (o *en tamaño*, etc.). // Para el uso del artículo determinado, ver apartado de gramática [2.4.].

la[2] Pronombre personal femenino que funciona como complemento directo: *¡No la toques!*, no admite preposición y puede usarse como enclítico: *Mírala*. Su uso incorrecto en lugar de los pronombres **le** o **les** para la función de complemento indirecto constituye lo que se denomina **laísmo**: **La dije la verdad*. Ver apartado de gramática [2.3.2.].

la[3] Sustantivo masculino que designa la sexta nota de la escala musical. Se considera invariable en cuanto al número: *los la*, aunque algunos autores proponen el plural **las**: *los las*.

laceria / lacería No confundir estos sustantivos. **Laceria** significa 'miseria', 'padecimiento' y se emplea más en plural: *las lacerias de la vida*. **Lacería** se aplica al 'conjunto de lazos que adornan algo' o a la 'decoración con motivos entrelazados': *bóveda de lacería*.

lacrimógeno Es incorrecta la forma **lagrimógeno* para este adjetivo.

lado Ver **orilla**.

lady El plural de este término inglés es **ladies**, no *ladys. Se pronuncia /leidi/.

*lagrimógeno** Forma incorrecta por **lacrimógeno**.

*laicalizar** Forma incorrecta por **laicizar**.

laicizar 'Hacer independiente de toda influencia religiosa'. Son incorrectas las formas *laicalizar y *laizar para este verbo.

laísmo Ver apartado de gramática [2.3.2.].

*laizar** Forma incorrecta por **laicizar**.

lamaísmo, **lamaísta** El nombre de la forma particular de la religión budista practicada en el Tíbet y Asia Central es **lamaísmo**, no *lamanismo. Sucede igual con los adjetivos **lamaísta** y *lamanista.

*lamanismo**, *lamanista** Formas incorrectas por **lamaísmo**, **lamaísta**.

lamé La RAE no recoge este sustantivo francés, aunque no existen equivalentes exactos en español para designar este 'tejido muy brillante hecho con hilos de oro o plata': *una túnica de lamé*.

*lamparo-** Forma incorrecta por la forma prefija **laparo-**.

languidecer Es un verbo irregular. Se conjuga como **agradecer**: *languidezco, languideces*.

laparo- Elemento prefijo de origen griego que significa 'abdomen': *laparoscopia* ('examen del interior del abdomen mediante un instrumento óptico'), *laparotomía* ('abertura en la pared abdominal'). Es incorrecta la forma *lamparo- (por contaminación de *lámpara*): *lamparotomía, *lamparoscopia*.

lapilli La RAE no admite este sustantivo italiano, pero no existen equivalentes exactos en español para designar los pequeños fragmentos de lava arrojados por los volcanes.

lapso / lapsus Estos dos sustantivos pueden usarse como sinónimos con el sentido de 'equivocación cometida por descuido', aunque se prefiere el término **lapsus**: *Por un lapsus* (o *lapso*) *cogí tu cartera en vez de la mía*. Sin embargo, para el significado de 'periodo de tiempo' sólo se emplea

lapso: *Recibirán la respuesta en un lapso de una semana*; pero no se puede decir: **un lapsus de tiempo*. // **Lapsus** es invariable en plural.

largo o largometraje A veces se emplea **largo**, por paralelismo con **corto**, como forma abreviada del sustantivo **largometraje**: *Se proyectó un largo de nacionalidad cubana*. Es bastante más usual el término **largometraje**, que es el único que recoge el diccionario de la RAE.

lasaña Forma españolizada del sustantivo italiano *lasagna*. Debe usarse el término español, no el italiano.

láser En español se utiliza esta grafía con tilde en la **a** al transcribir el término inglés *laser*, formado por las siglas de *Light Amplification by Stimulated Emission of Radiation* ('amplificación de la luz por emisión de radiación estimulada').

lasitud Ver **laso**.

laso Este adjetivo no se considera exactamente sinónimo de **laxo** salvo para el significado de 'lacio, que no está firme', aunque con este sentido se prefiere **laxo**: *músculos laxos*. **Laso** se emplea fundamentalmente con el significado de 'cansado' o 'decaído': *un estado de ánimo laso*, y **laxo** con el de 'poco estricto o demasiado libre, aplicado al comportamiento, a la moral, etc.': *una disciplina laxa*. Sucede lo mismo con los sustantivos **lasitud** ('cualidad de laso') y **laxitud** ('cualidad de laxo').

latente El significado de este adjetivo es 'oculto, sin manifestarse': *una amenaza latente*. Se debe evitar su uso con el significado de 'intenso', 'vivo', originado probablemente por influencia de *latir* ('palpitar'): **En los ciudadanos se observa un interés latente por los recientes acontecimientos*.

latinoamericano Conviene distinguir entre los gentilicios **latinoamericano**, **hispanoamericano** e **iberoamericano**, aunque en la práctica se usen casi indistintamente, al igual que **Latinoamérica**, **Hispanoamérica** e **Iberoamérica**. El primero hace referencia a Latinoamérica o América Latina, que engloba a los países americanos que hablan español, portugués o francés (excepto Canadá), pero los otros dos se refieren, respectivamente, a Iberoamérica e Hispanoamérica, los países de habla española o portuguesa –o sólo español, en el segundo caso–, pero no francesa (Haití, Antillas Francesas y Guayana Francesa). // No debe usarse **sudamericano** (o **suramericano**) por los gentilicios antes mencionados, pues éste se refiere exclusivamente a América del Sur, que es sólo una parte de Latinoamérica.

lato sensu Es incorrecta la forma *__latu sensu__ para esta expresión latina que significa 'en sentido amplio': *Lato sensu, sus teorías son correctas*.

laudes Sustantivo femenino cuyo significado es 'parte del oficio divino que se dice después de maitines'; siempre se usa en plural. Se pronuncia /láudes/, no /laúdes/.

laxitud, **laxo** Ver **laso**.

le Pronombre personal de tercera persona masculino y femenino que funciona como complemento indirecto: *A Nieves le llevamos flores y a Enrique le regalamos bombones*. El uso, muy extendido, de **le** y su plural **les** como complemento directo se denomina **leísmo** y se trata en apartado de gramática [2.3.1.]. // **se lo**, **se la**, etc. Ver **se**.

leader Ver **líder**.

lector Este sustantivo tiene, entre otros, el significado de 'profesor que enseña su lengua en una universidad extranjera'. No debe usarse con los significados generales de 'profesor', 'conferenciante', 'catedrático', etc. hoy anticuados, aunque se emplee en algún caso por influencia del inglés *lecturer*, que sí posee los últimos sentidos mencionados.

leer Es un verbo irregular. Ver cuadro de la página siguiente.

legible Se admite también el adjetivo **leíble**, aunque apenas se usa.

legionella Nombre de una enfermedad contagiosa y de la bacteria que la causa (*Legionella pneumophilia*). Este sustantivo es latín científico, por lo que su **ll** se pronuncia como **ele**, no como **elle**: /legionela/.

legitimación, legitimador, legitimar Son incorrectas las formas *__legitimización__, *__legitimizador__ y *__legiti-

253

LEER		
GERUNDIO		
leyendo		
INDICATIVO	**SUBJUNTIVO**	
Pretérito perf. simple	**Pretérito imperfecto**	**Futuro**
leí	*leyera, –ese*	*leyere*
leíste	*leyeras, –eses*	*leyeres*
leyó	*leyera, –ese*	*leyere*
leímos	*leyéramos, –ésemos*	*leyéremos*
leísteis	*leyerais, –eseis*	*leyereis*
leyeron	*leyeran, –esen*	*leyeren*

mizar para este sustantivo, adjetivo y verbo, respectivamente.

lehendakari o **lendakari** En castellano, el sustantivo vasco **lehendakari** puede escribirse de ambas maneras. // Este nombre se aplica exclusivamente al jefe del gobierno autónomo del País Vasco, por lo que deben evitarse, por redundantes, construcciones del tipo *el lehendakari vasco*.

leíble Ver **legible**.

leísmo Ver apartado de gramática [2.3.1.].

lejos Se debe evitar el uso de este adverbio seguido de pronombre posesivo: **lejos mío, tuyo, suyo*, etc. La construcción correcta es **lejos de + pronombre personal**: *lejos de mí, de ti, de él*, etc. // El superlativo de **lejos** es **lejísimos**, no **lejísimo*; su aumentativo (coloquial) es **lejotes**, no **lejotas* o **lejote*; y su diminutivo, **lejitos**, no **lejito*.

lendakari Ver **lehendakari**.

lente Según el diccionario de la RAE (ed. 1992), es un sustantivo ambiguo, aunque suele emplearse como femenino para el significado de 'cristal refractante empleado en instrumentos de óptica': *la lente de un telescopio*, y como masculino y en plural para el de 'anteojos o gafas': *Se quitó los lentes con mucha parsimonia*.

leo o **león** La RAE da preferencia al sustantivo **león** (generalmente escrito con mayúscula) para los significados de 'quinto signo del zodiaco' y 'constelación zodiacal', aunque para el de 'persona nacida bajo dicho signo' prefiere **leo**: *Mi padre es leo*. Sin embargo, al menos para el sentido de 'quinto signo del zodiaco', es más frecuente **Leo**: *Los nacidos bajo el signo de Leo suelen ser dominantes.*

leu Nombre de la unidad monetaria oficial de Rumania. El plural de este sustantivo masculino es **lei**.

lev Nombre de la unidad monetaria oficial de Bulgaria. El plural de este sustantivo masculino es **leva**.

lexicografía / lexicología No deben confundirse estos dos sustantivos. **Lexicografía** es la técnica para la elaboración de diccionarios y conjunto de conocimientos lingüísticos relacionados con ello, y **lexicología** es la disciplina que estudia las características generales del léxico o vocabulario, así como de sus unidades y las relaciones entre las mismas.

liar(se) En cuanto al acento, este verbo se conjuga como **ansiar**: *lío, lías.* // Respecto a la acentuación de algunas de sus formas, ver el apartado [1.3.6.] en el apéndice de ortografía. // En su forma pronominal, este verbo se construye con las preposiciones **a** y **con**: *Se liaron a golpes. Se ha liado con su secretaria.*

liberalizar No confundir con → **liberar** o **libertar**.

liberar / libertar Aunque la mayoría de los autores consideran que estos dos verbos son sinónimos, en el uso se suelen diferenciar. Los dos se utilizan indistintamente con el significado de 'poner en libertad': *liberar* (o *libertar*) *a un preso*, pero con el de 'quitar un compromiso' se usa casi exclusivamente el verbo **liberar**: *Le han liberado de su culpa.* // No deben confundirse con **liberalizar**, 'hacer más abierto un sistema político o estructura económica': *Han liberalizado el comercio europeo.*

libérrimo Superlativo irregular del adjetivo **libre**. Es incorrecta la forma **librísimo*.

libídine No confundir con → **libido**.

libido No confundir este sustantivo femenino con el adjetivo **lívido**. **Libido** significa 'deseo sexual' y **lívido**, 'amoratado'. El parecido en la forma entre estas dos palabras da lugar a incorrecciones como *la líbido* o *la livido*. // No confundir **libido** ('deseo sexual') con **libídine**, sustantivo que significa 'lujuria, lascivia'.

librar(se) Este verbo se construye con las preposiciones **contra** y **de**: *librar una letra contra un banco, librarse de alguien.* // A veces se utiliza impropiamente, por influencia del francés, con el sentido de 'entregarse': *librarse alguien a sus apetitos.*

libre Este adjetivo se construye con la preposición **de**: *libre de cargos.* // Su superlativo es irregular: **libérrimo**, y no *librísimo*.

librecambio También está admitida para este sustantivo la forma **libre cambio**.

librería No debe utilizarse como traducción del inglés *library*, que significa 'biblioteca'; es incorrecto, por ejemplo, *la librería del Congreso de Washington* por *la biblioteca del Congreso de Washington*.

***librísimo** Forma incorrecta por **libérrimo**, superlativo de **libre**.

licenciar(se) En cuanto al acento, este verbo se conjuga como **cambiar**: *licencio.* // Se construye con las preposiciones **de** y **en**: *licenciarse del ejército, licenciarse en Filología.*

licra Se emplea también la forma **lycra**, aunque el diccionario de la RAE (vigésima primera edición, 1992) no recoge ninguna de las dos. Es preferible utilizar la variante **licra**, más cercana a la ortografía española.

licuar En cuanto el acento, este verbo se conjuga como **averiguar**: *licuo*; aunque con frecuencia se conjuga como **actuar**: *licúo*.

líder Debe evitarse la forma inglesa *leader*. // Su plural es **líderes**, y no *liders*, por influencia del inglés *leaders*.

liderato o **liderazgo** Ambas formas están admitidas para este sustantivo: *Su liderato* (o *liderazgo*) *dura ya más de diez años.*

lidiar En cuanto al acento, este verbo se conjuga como **cambiar**: *lidio.* // Se construye con las preposiciones **con**, **con-**

tra y **por**: *lidiar con* (o *contra*) *el enemigo, lidiar con los problemas, lidiar por las ideas.*

lied, **lieder** Formas de singular y plural, respectivamente, de este sustantivo alemán que significa 'canción lírica'; es un tipo de composición propia de la música romántica. Es incorrecto usar **lieder** como singular: **un lieder.*

ligar Este verbo se construye con las preposiciones **a**, **con** y **entre**: *ligar una cosa a* (o *con*) *otra, ligar con alguien, ligar dos cosas entre sí.*

ligero Este adjetivo se construye con las preposiciones **de** y **en**: *ligero de pies, ligero en terminar.*

limitar(se) Este verbo se construye con las preposiciones **a** y **con**: *limitarse a escuchar, limitar un país con otro.*

limousine Ver **limusina**.

limpiar En cuanto al acento, este verbo se conjuga como **cambiar**: *limpio.* // Se construye con las preposiciones **con** y **de**: *limpiar con un trapo, limpiar de malas hierbas el jardín.*

limpieza Este sustantivo se construye con la preposición **en** en la expresión **limpieza en seco**. Es incorrecta su construcción con **a**: **limpieza a seco.*

limusina Se prefiere esta forma para este sustantivo a la francesa *limousine*.

lindar Este verbo se construye con la preposición **con**: *lindar una finca con otra.*

linde Aunque la RAE considera este sustantivo como de género ambiguo, está generalizado su uso como femenino: *la linde.*

línea Es incorrecta la forma **linia* y sus derivados **aliniar* y **aliniación* por **alinear** y **alineación**.

linóleo o **linóleum** Se prefiere la primera forma a la latina **linóleum**, a pesar de que ésta se utiliza con frecuencia. Su plural es **linóleos** y **linóleums**, respectivamente.

lipoideo Es incorrecta la forma **lipóideo.*

liposoluble Neologismo aún no admitido por la RAE, pero que ha alcanzado cierta difusión. Significa 'soluble en grasas o en aceites'.

lis Es un sustantivo femenino: *la lis*; hoy se utiliza frecuentemente como masculino: *El escudo tiene siete lises blancos*.

lisiar En cuanto al acento, este verbo se conjuga como **cambiar**: *lisio*.

litografiar En cuanto al acento, este verbo se conjuga como
ansiar: *litografío*.

lívido Adjetivo que significa 'amoratado', aunque se suele
utilizar como sinónimo de **pálido**: *Se ha quedado lívido
de espanto*. Tradicionalmente se ha criticado este uso,
pero ya está admitido por la RAE. // No confundir con
→ **libido**.

living o **living room** Son innecesarios estos términos ingleses, pues ya existe en español la expresión **cuarto** (o **sala**)
de estar.

ll Este grupo de grafías se ha considerado tradicionalmente como la decimocuarta letra del alfabeto español y undécima
de sus consonantes, a continuación de la **l**. En muchas
obras, como este diccionario, la **ll** ha sido incluida en la **l**,
de acuerdo con las normas de alfabetización universal. //
Este dígrafo tiene pronunciación lateral palatal sonora,
aunque en amplias zonas de España e Hispanoamérica se
pronuncia como la **y** delante de vocal (fricativa palatal sonora), de forma que suenan igual, por ejemplo, las palabras *pollo* y *poyo*. Este fenómeno se conoce como **yeísmo**
y está muy extendido.

llamar Este verbo se construye con las preposiciones **a, con,
de** y **por**: *llamar a filas, llamar con los nudillos, llamar de usted, llamar por señas*.

llegar Este verbo se construye con las preposiciones **a, de** y
hasta: *llegar a viejo, llegar de fuera, llegar hasta el final*.

llenar Este verbo se construye con las preposiciones **de, con**
y **hasta**: *llenar de insultos, llenar un colchón de (con) lana, llenar hasta arriba*.

llevar Este verbo se construye con las preposiciones **a, con,
en, por** y **sobre**: *llevar a alguien a la ruina, llevarse mal con
otro, llevar en el corazón, llevar por buen camino, llevar sobre*

la cabeza. // Debe evitarse la expresión **llevar razón* por **tener razón**.

llorar Este verbo se construye con las preposiciones **de** y **por**: *llorar de* (o *por*) *la emoción*.

llover Es un verbo irregular. Se conjuga como **mover**: *llueve*. En su uso recto es impersonal; se utiliza sólo en tercera persona del singular de todos los tiempos. Sin embargo, a veces se construye con un sujeto: *Llovía una lluvia fina y constante. Le llovieron las felicitaciones.*

lo[1] Es un pronombre personal de tercera persona. Su plural es **los**. Tiene la función de complemento directo: *Si quieres caramelos, los compras.* El uso incorrecto de este pronombre en función de complemento indirecto en lugar de **le** o **les** se denomina **loísmo**. Ver apartado de gramática [2.3.3.]. // En América se utiliza a menudo junto con el pronombre **se** en oraciones impersonales para referirse a personas: *Se los reprenderá*; en España se prefiere, en este caso, **le** o **les**: *Se les reprenderá.*

lo[2] Artículo determinado de género neutro. Sólo se usa delante de adjetivos o de oraciones de relativo, a los que sustantiva: *Lo malo de esto es su precio. Lo que necesitas es un poco de ayuda.* A veces, también precede a algún adverbio: *Lo bien que te lo pasas.*

lobby Sustantivo inglés que significa literalmente 'vestíbulo', pero que se utiliza en el lenguaje político y empresarial con el significado de '**grupo de presión**'. Debe traducirse como se ha indicado.

lock-out Se recomienda evitar esta expresión inglesa, que significa 'cierre de una fábrica por parte de la dirección para presionar a los trabajadores o como respuesta a una huelga'. Se traduce al español como **cierre patronal**.

loísmo Ver apartado de gramática [2.3.3.].

longui o **longuis** Se utilizan ambas formas en la expresión **hacerse el longui o el longuis**, 'hacerse el distraído, disimular': *No te hagas el longuis.*

loor Ver **olor**.

lord En español, el plural de este anglicismo es **lores,** y no *lords.

loriga Es incorrecta la acentuación *lóriga.

lubricación o **lubrificación**, **lubricante** o **lubrificante** Ver **lubricar** o **lubrificar.**

lubricar o **lubrificar** Ambas formas están admitidas para este verbo: *El aceite lubrica* (o *lubrifica*). Lo mismo ocurre con los adjetivos correspondientes, **lubricante** o **lubrificante,** y con los sustantivos **lubricación** o **lubrificación.**

luchar Este verbo se construye con las preposiciones **con, contra** y **por:** *luchar con* (o *contra*) *los enemigos, luchar por la vida.*

lucir Es verbo irregular. Ver cuadro.

LUCIR	
INDICATIVO	SUBJUNTIVO
Presente	**Presente**
luzco	*luzca*
luces	*luzcas*
luce	*luzca*
lucimos	*luzcamos*
lucís	*luzcáis*
lucen	*luzcan*

lucubrar, lucubración Ver **elucubrar, elucubración.**

luna Se escribe con mayúscula cuando es el nombre de nuestro satélite: *Ha salido la Luna.* Cuando nos referimos a su luz o a otros astros similares, es nombre común y se escribe con minúscula inicial: *Entra la luna por la ventana. Las lunas de Júpiter.*

lunch Se recomiendan sustantivos españoles como **refrigerio, tentempié, refresco** o **comida,** en lugar de esta voz inglesa.

lycra Ver **licra.**

m

macadam o **macadán** Ambas formas están admitidas, aunque se prefiere la segunda, más cercana a la ortografía española. Su plural es **macadams** o **macadanes**.

macfarlán o **macferlán** Ambas formas proceden del nombre inglés **Mac Farlan** y se adoptó para designar a un abrigo sin mangas, con aberturas en los brazos y una larga esclavina. Este término aún no ha sido admitido por la RAE.

macrocosmo o **macrocosmos** Ambas formas están admitidas. Aunque la RAE da preferencia a la primera, es más frecuente **macrocosmos**.

*madalena Vulgarismo por **magdalena**.

madam o **madama** Se usan ambas formas para este sustantivo de origen francés, aunque la RAE sólo admite la segunda.

*madastra Forma incorrecta por **madrastra**.

made in Expresión inglesa que significa 'fabricado en': *made in Taiwan*. Se prefieren las expresiones españolas equivalentes: *fabricado en Taiwan*.

*madrasta Forma incorrecta por **madrastra**.

madrastra Son incorrectas las formas ***madastra** y ***madrasta**.

maestral Ver **mistral**.

magacín Véase **magazine**.

magazine Sustantivo inglés muy usado con los significados de 'revista ilustrada' (*el magazine semanal*) y 'programa de televisión o radio en el que se combinan entrevistas, noticias, música, humor, etc.' Aunque la RAE propone la forma españolizada **magacín**, ésta prácticamente no se usa.

magdalena Nombre de cierto bollo. Se considera vulgar usar o pronunciar *madalena.

magma Este sustantivo es masculino: *el magma*, y no femenino: *la magma*.

magneto El género de este sustantivo es femenino: *la magneto*, aunque se utiliza frecuentemente como masculino: *el magneto de la moto*.

magnificar Este verbo significa 'ensalzar': *magnificar las virtudes de alguien*. Debe evitarse su uso con el significado de 'engrandecer, desorbitar': *Estás magnificando el problema*.

mahometano Ver **árabe**.

mahonesa Ver **mayonesa**.

mailing Sustantivo inglés difundido internacionalmente con el significado de 'envío colectivo por correo de información o propaganda'. Su uso está generalizado, a pesar de que la RAE no lo admite, pues no existe ninguna palabra española que englobe todos los matices de significación de este anglicismo.

maillot Se ha propuesto utilizar el sustantivo **camiseta** en lugar de esta voz francesa, aunque su uso está generalizado y la RAE lo recoge ya en su diccionario: *el maillot amarillo*. // En español, este término se suele pronunciar tal como se escribe.

maître Término francés muy asentado en nuestro idioma, aunque no esta recogido bajo ninguna forma en el diccionario de la RAE (vigésima primera edición, 1992). Sus posibles equivalentes españoles serían **maestresala** o **jefe de camareros**, aunque tienen menor uso.

majorette 'Muchacha con un uniforme muy vistoso que desfila en algunos festejos'. No es lo mismo que la animadora de un equipo deportivo, por lo que no deben confundirse. Aunque no está recogida en el diccionario de la RAE, no tiene un equivalente o una adaptación en español por la que pueda ser sustituida.

mal Forma apocopada del adjetivo → **malo**. // Como adverbio, su comparativo es irregular: **peor** (*peor imposible*). También tiene dos superlativos: uno culto, **pésimamente** (*Se comporta pésimamente*), y otro coloquial, más utilizado: **malísimamente**. // **Mal hablado** Ver **malhablado**. // *Mal entendido** Forma incorrecta por **malentendido**.

malcriar En cuanto al acento, este verbo se conjuga como **ansiar**: *malcrío*.

maldecir Es un verbo irregular. Se conjuga como **bendecir**: *maldigo, maldeciré, maldeciría, maldice, maldecid, maldecido*.

maldiciente Son incorrectas las formas *maldicente*, *maledicente* y *malediciente* para este sustantivo.

malentender Es un verbo irregular. Se conjuga como **tender**: *malentiendo*.

malentendido Es incorrecta la forma *mal entendido* para este sustantivo. Asimismo, su plural es **malentendidos** y no *malos entendidos*.

malhablado Este adjetivo y sustantivo también se escribe **mal hablado**, aunque se prefiere la forma **malhablado**.

malherir Es un verbo irregular. Se conjuga como **sentir**: *malhiere*.

maliciar En cuanto al acento, este verbo se conjuga como **cambiar**: *malicio*.

malinterpretar 'Interpretar o entender erróneamente'. La RAE no admite este verbo, por lo que, en principio, debe decirse *no me interpretes mal*, en vez de *no me malinterpretes*. Sin embargo, **malinterpretar** se utiliza corrientemente.

malo Este adjetivo adopta la forma apocopada **mal** cuando le siguen inmediatamente sustantivos masculinos o infinitivos sustantivados: *mal carácter, mal despertar*. Si entre este adjetivo y el nombre o infinitivo aparece alguna otra palabra, no se apocopa: *un malo y complicado asunto*, y no *un mal y complicado asunto*. // Tiene dos comparativos: uno irregular, **peor** (*Es peor para ti*), y otro coloquial, utilizado frecuentemente: **más malo**; lo mismo ocurre con el superlativo culto **pésimo** (*Tu rendimiento es pésimo*) y el coloquial **malísimo**. // Se construye con las preposiciones **con, de, para** o **para con**: *malo con los* *hijos, malo para (o para con) los demás. Casa con dos puertas, mala es de guardar.*

malpensado También se admite la forma **mal pensado** para este sustantivo y adjetivo, aunque se prefiere **malpensado**.

malquistar(se) Este verbo se construye con frecuencia con la preposición **con**: *malquistarse con un compañero.*

maltraer Es un verbo irregular. Se conjuga como **traer**: *maltraigo.*

mamá o **mama** Ver **papá** o **papa**.

mampara Debe evitarse la acentuación vulgar **mámpara.*

mamut Su plural es **mamuts** o **mamutes**.

manager Sustantivo inglés que se utiliza frecuentemente para referirse a la persona que se ocupa de los intereses de ciertos profesionales como artistas o deportistas: *el manager de Julio Iglesias.* Aunque algunos autores prefieren los sustantivos españoles **apoderado** o **administrador**, el primero se utiliza casi exclusivamente en el mundo del toreo y el segundo no tiene los mismos matices que **manager**; el sustantivo español más aproximado sería **representante**, dicho sobre todo de artistas. Con el significado de 'persona que dirige una empresa o sociedad mercantil' se puede suplir por el sustantivo español **gerente**: *el gerente de esta compañía.* // Se pronuncia /mánayer/.

manatí El plural de este sustantivo es **manatíes**, aunque también se utiliza **manatís**.

manchú El plural de este sustantivo es **manchúes**, aunque frecuentemente se utiliza la forma **manchús**.

mancomunar Este verbo se construye con la preposición **con**: *mancomunarse con otros.*

mandar Este verbo se construye seguido de infinitivo cuando significa 'ordenar': *le he mandado venir.* Cuando significa 'enviar' se construye con la preposición **a** seguida de infinitivo: *Me ha mandado a comprarlo.* No deben confundirse estas dos construcciones.

mandolina Se escribe también **bandolina**, pero es más usual la forma con **m**.

manera Es vulgar el uso de la locución ***por manera que**, en lugar de la correcta **de manera que**: *Me lo pidió de manera que no podía negarme*, y no **por manera que no podía negarme*. // Debe evitarse el galicismo ***de manera a**: **Habla de manera a ser escuchado por todos*.

maniaco o **maníaco** Ambas formas están admitidas. De la misma forma se dice **monomaniaco** o **monomaníaco**.

maniatar Este verbo significa 'atar las manos'; no es por tanto sinónimo absoluto de **atar**. Su complemento directo es personal: *maniatar al ladrón*, y no **le maniataron las manos* (que es redundante), ni por supuesto **le maniataron pies y manos*.

manifestar Es un verbo irregular. Se conjuga como **pensar**: *manifiesto*.

maniquí El plural de este sustantivo es **maniquíes**, aunque se utiliza con frecuencia la forma **maniquís**.

mano Con el verbo **echar**, este sustantivo se construye con las preposiciones **a** y **de**: *echar mano al dinero* ('tomarlo'), *echar mano de lo que se tiene* ('hacer uso'). // No deben confundirse las locuciones **a manos** y **en manos**: *Murió a manos de un ladrón. Está en manos de los médicos*; pero no **Murió en manos de un ladrón*.

*manque Forma vulgar por **aunque**.

mantener Este verbo es irregular. Se conjuga como **tener**: *mantengo*.

manuscribir El participio de verbo es irregular: *manuscrito*, no **manuscribido*.

mañana La construcción **de buena mañana** es un calco del francés *de bon matin*; las locuciones propias de español son **muy de mañana** o **por la mañana temprano**: *Me levanto muy de mañana*. // En América se utiliza a menudo la construcción **en la mañana**, en lugar de **por la mañana**: *Te llamaré mañana en la mañana*. // **ayer mañana** Ver **ayer**.

maorí El plural de este adjetivo y sustantivo es **maoríes**, aunque también se usa **maorís**.

maqui Ver **maquis**.

maquis Este sustantivo no varía en plural: *el /los maquis*, aunque a veces se utiliza la forma **maqui** para singular.

mar Este sustantivo se utiliza generalmente como masculino: *el mar Mediterráneo*; aunque la gente de mar suele usarlo como femenino: *el color de la mar*. También se utiliza como femenino en la expresión **la mar de**, con el significado de 'mucho, muchas cosas': *Es la mar de listo*.

marabú El plural de este sustantivo es **marabúes**, aunque también se utiliza, en la lengua coloquial, la forma **marabús**.

marajá Con frecuencia se utiliza para este sustantivo la forma **maharajá**, aunque se prefiere **marajá**. Pese a su uso, ninguna de las dos formas están recogidas en el diccionario de la RAE.

marathón Ver **maratón**.

maratón Sustantivo de género: *un maratón, la maratón*. // Debe evitarse el uso de la grafía **marathón**.

maravedí El plural de este sustantivo es **maravedís**, y más raramente **maravedíes** o **maravedises**.

marcapaso o **marcapasos** Ambas formas están admitidas para este sustantivo. Aunque la RAE prefiere la primera, es más frecuente **marcapasos**, que no varía en plural: *el/los marcapasos*.

mare mágnum o **maremagnum** Expresión latina que significa 'mar grande' y se usa con el sentido de 'abundancia' o 'confusión': *La solicitud se perdió en un mare mágnum de papeles*. Se escribe habitualmente **maremágnum**. También se admite la forma españolizada **maremagno**, aunque es menos usual.

maremagno Ver **mare mágnum** o **maremágnum**.

margen Es una palabra ambigua en cuanto a su género. Cuando nos referimos a la orilla de un río se usa más en femenino: *la margen derecha del Tajo*. En el resto de las acepciones se utiliza el masculino: *el margen del papel, un margen de tiempo, un margen de beneficios*, etc.

marihuana o **mariguana** Ambas formas están admitidas para este sustantivo. Aunque la RAE en su diccionario da preferencia a la segunda, es más frecuente la primera.

marine Este sustantivo inglés designa al soldado de infantería de las marinas de algunos países, sobre todo la británica y la estadounidense, y los **marines**, en plural, nombra el cuerpo que constituyen. En la Armada española, este cuerpo se llama **infantería de marina** y sus tropas son **infantes de marina**, pero no **marines**.

marketing Sustantivo inglés difundido internacionalmente con el significado de 'conjunto de técnicas de estudio de mercado'. Se puede utilizar en su lugar su equivalente español **mercadotecnia**, aunque la voz inglesa está muy generalizada y se encuentra también en el diccionario de la RAE (ed. 1992).

marrón Ver **castaño**.

martillear o **martillar** Ambas formas de este verbo están admitidas.

mas No confundir con → **más**.

más No utilizar en lugar de **mas**. **Más** es un adverbio de cantidad: *Es el más alto de los tres.* **Mas** es conjunción adversativa que equivale a **pero** o **sino** y se utiliza sobre todo en el lenguaje literario: *Pensé en ti, mas no pude escribirte.* // **Más** se usa en correlación con **que** y **de** en construcciones comparativas y superlativas: *Soy más alto que tú. Es el más arrogante de todos.* No debe usarse con adjetivos comparativos en construcciones del tipo *soy la más mayor,* *es el más mejor,* por *soy la mayor, es el mejor.* // En España **más** se suele emplear pospuesto a **nada, nadie, nunca**; en América y parte de Andalucía está generalizado el uso antepuesto a dichas palabras: *No quiso saber más nada* por *no quiso saber nada más.* // **de más** Esta locución adverbial no debe confundirse con el indefinido **demás**: *Aquí estás de más. No confío en los demás.* // **No más** Ver **no**. // ***Contra más** Ver **contra**.

mascar Este verbo se utiliza como sinónimo de **masticar**. Usado como pronominal, **mascarse**, tiene el significado de 'considerar inminente una cosa': *Se masca la tragedia.* En este caso, no es intercambiable con **masticar**: **Se mastica la tragedia.*

masculinidad Es incorrecta la forma *masculineidad.

mass media 'Medios de masas'. Esta expresión inglesa se utiliza mucho para referirse a los medios de comunicación de masas, aunque se prefiere el equivalente español. La voz inglesa es masculina y plural: *los mass media*, pues *media* es el nominativo plural neutro del latín *medium*.

masticar Ver **mascar**.

matar El participio de este verbo es regular: *matado*; aunque a menudo se utiliza, para formar la voz pasiva, el participio del verbo **morir** (*muerto*) en su lugar: *fue muerto a tiros*.

match Se prefieren los sustantivos españoles **encuentro** o **partido** en lugar de esta voz inglesa: *el match* (*el encuentro*) *será este domingo a las cuatro*.

matiné Sustantivo de origen francés que se utiliza para referirse al primer pase o función de la tarde en algunos espectáculos, aunque hoy es más usual la expresión **primera sesión**. // Debe evitarse la forma francesa *matinée*.

matinée Ver **matiné**.

matrimoniar En cuanto al acento, este verbo se conjuga como **cambiar**: *matrimonio*.

maullar En cuanto al acento, este verbo es irregular: *maúlla*.

máximamente o **máxime** Ambas formas están admitidas para este adverbio, aunque es más frecuente la segunda.

máximo Superlativo culto del adjetivo **grande**, aunque es más frecuente la forma coloquial **grandísimo**. Su uso se reduce, casi exclusivamente, al de superlativo absoluto en aquellos casos en los que se quiere indicar que una cosa es lo mayor posible (*Déjame el máximo espacio posible*) o como sustantivo: *Está al máximo de sus posibilidades*. Como sustantivo, en ocasiones se utiliza la forma latinizante **máximum**.

mayonesa También está admitida la forma **mahonesa**, que es la que prefieren los puristas, pero se usa más **mayonesa**. // Es vulgar la forma *bayonesa en lugar de **mayonesa**, aunque ese término existe como nombre de cierto bollo relleno de cabello de ángel.

mayor Es el comparativo de superioridad del adjetivo **grande**: *Mi casa es mayor que la tuya*; aunque con frecuencia se suple, en la lengua coloquial, con la construcción **más grande**: *Mi casa es más grande que la tuya*. Precedido del artículo determinado funciona como superlativo: *Es el mayor de mis hermanos*. Se construye con la conjunción **que** o la preposición **de**: *mayor que tú, el mayor de los tres*. // Es vulgar la expresión ***más mayor** (**Mi casa es más mayor que la tuya*), ya que **mayor** ya es por sí mismo comparativo de superioridad. // Se recomienda evitar el uso, por influencia del inglés, de construcciones como **la segunda** (o **tercera, cuarta,** etc.) **mayor** en frases del tipo: *Esa catedral es la segunda mayor de la cristiandad*. Pueden sustituirse por **la segunda** (o **tercera,** etc.) **en tamaño, importancia, volumen,** etc.: *Esa catedral es la segunda en tamaño de la cristiandad*.

mayormente El uso de este adverbio como **principalmente**, aunque no es incorrecto, suele considerarse vulgarismo: *Te lo digo mayormente por tu bien*.

me Es un pronombre personal de primera persona. Se utiliza para las funciones de complemento directo (*Me ha pegado*) e indirecto (*Me ha contado lo ocurrido*). Cuando el verbo es un imperativo, gerundio o infinitivo, el pronombre va pospuesto y unido a él: *cuéntame lo que ha pasado, está hablándome, quiere hablarme*. Son usos vulgares ***me diga,** ***me repita,** etc. Cuando aparece el pronombre **se** en la misma frase, **me** siempre va pospuesto a él: *Se me ha caído el libro*. Es vulgar su anteposición: **Me se ha caído el libro*.

mecanografiar En cuanto al acento, este verbo se conjuga como **ansiar**: *mecanografío*.

mecer Este verbo es regular: *mezo, mezas*. Debe evitarse por tanto su uso como irregular, conjugándolo como **agradecer**: *mezco, *mezcas.

mediar En cuanto al acento, este verbo se conjuga como **cambiar**: *medio*. // Se construye con las preposiciones **en, entre** y **por**: *mediar en un conflicto, mediar entre dos enemigos, mediar por un amigo*.

*medible Forma incorrecta por **mensurable**.

medio Cuando es adverbio, **medio** no varía en género y número: *medio despierto*, *medio despierta*; aunque en algunas regiones se utiliza como un adjetivo: *media despierta*. // **En medio** Se prefiere esta locución a la forma **enmedio**. Se construye con la preposición **de**: *Estás en medio de la sala*. Su construcción con **a** o sin preposición se considera vulgar: **en medio a la sala*, **en medio la sala*. // Se prefiere la expresión **medios de comunicación de masas** o, simplemente, **medios de comunicación** a la inglesa *mass media*, aunque esta última está muy extendida. // Ver **médium**.

medir Es un verbo irregular. Se conjuga como **pedir**: *mido*.

meditar Este verbo se construye con la preposición **sobre** o sin preposición: *meditar sobre la cuestión* o *meditar la cuestión*.

médium Sustantivo latino que significa 'persona con facultades paranormales'. Existe también la forma españolizada **medio**, pero la voz que se ha popularizado es **médium** y no **medio**, aunque ambas variantes están recogidas por la RAE en su diccionario.

médula o **medula** Ambas formas están admitidas en el diccionario de la RAE para este sustantivo. Algunos autores dan preferencia a la segunda forma, pero es mucho más usual **médula**.

megahercio o **megahertzio** Ver **hertzio**, **hertziano**.

mejicanismo, **mejicanista**, **mejicano** Ver **mexicanismo**, **mexicanista**, **mexicano**.

mejor Es el comparativo irregular del adjetivo **bueno**: *Mi trabajo es mejor que el tuyo*, aunque en la lengua coloquial se usa a menudo la forma perifrástica **más bueno**: *Mi trabajo es más bueno que el tuyo*. // Es incorrecta la expresión vulgar **más mejor*: **Escribo más mejor que tú*, ya que **mejor** es por sí mismo comparativo.

mejora / mejoría Estos sustantivos no son totalmente sinónimos. **Mejora** se aplica sobre todo a lo que aumenta o hace mejor algo: *El edificio se ha revalorizado con las mejoras*. Sin embargo, sólo se usa **mejoría** con el significado de 'alivio de una enfermedad': *No hay ninguna mejoría en su enfermedad*. En otros casos, con el significado general de 'acción y efecto de mejorar', se pueden usar indistintamente: *Se espera una mejoría* (o *mejora*) *en el tiempo*.

mejunje La RAE recoge también en su diccionario las formas **menjunje** y **menjurje** para este sustantivo, aunque es mucho más frecuente **mejunje**.

melé Debe usarse esta forma castellanizada en lugar del sustantivo francés *melée*. La RAE no admite este término en la edición de 1992 de su diccionario; sin embargo, no existe ningún otro para nombrar la jugada de rugby que designa.

melée Ver **melé**.

memorándum o **memorando** Se propone la forma españolizada **memorando** para este sustantivo de origen latino, pero **memorándum** es la forma más utilizada. Su plural es **memorandos**, **memorándums** o **memoranda**, aunque esta última forma es menos usual.

memorial Es un anglicismo el uso de este sustantivo con el sentido de 'monumento conmemorativo': *un memorial a los héroes de la guerra*. En español se prefiere utilizar el sustantivo **monumento** en su lugar: *un monumento a los héroes de la guerra*.

mención Este sustantivo se construye con la preposición **de**, no con **a**: *No hagas mención de mi nombre*, y no *a mi nombre. Algunos autores consideran innecesaria la citada construcción, que puede sustituirse sencillamente por el verbo **mencionar**: *No menciones mi nombre*. A pesar de esto, la construcción **hacer mención** es muy frecuente, aunque no debe abusarse de ella.

menester Este sustantivo se construye con los verbos **haber** o **ser** en las locuciones **haber menester** y **ser menester**. En ambos casos, **menester** no varía de número ni va seguido de preposición: *No he menester tu ayuda. Son menes-*

ter tus consejos; y no **No he menester de tus consejos* o **Son menesteres tus consejos*. Con el significado de 'oficio, ocupación' se utiliza, sin embargo, sobre todo en plural: *He de volver a mis menesteres*.

menguar En cuanto al acento, este verbo se conjuga como **averiguar**: *menguo*.

menjunje o **menjurje** Ver **mejunje**.

menor Es el comparativo de superioridad del adjetivo **pequeño**: *Tu ambición es menor que la mía*; aunque con frecuencia se utiliza en la lengua coloquial la forma perifrástica **más pequeño**: *Tu ambición es más pequeña que la mía*. // Precedido del artículo determinado, funciona como superlativo: *Es el último, pero no el menor*. // Se construye con la conjunción **que** o con la preposición **de**, nunca con **a**: *menor que tú, menor de dos tercios*, y no **menor a dos tercios*. // Es vulgar la expresión ****más menor** (**el más menor de los hermanos*), ya que **menor** es por sí mismo comparativo. // **Al por menor** Con frecuencia se utiliza indebidamente **por menor** en lugar de esta locución: **venta por menor*; lo correcto es *venta al por menor*.

menos Este adverbio comparativo se construye seguido de la conjunción **que**: *Hablo menos que tú*. Cuando el segundo término de la comparación es un número o un complemento que indica cantidad, se construye con la preposición **de**: *Hemos estado de vacaciones menos de diez días*. Lo mismo ocurre cuando indica una cualidad de alguien con respecto a los demás: *Es el menos hablador de los tres*; o cuando el segundo término de la comparación empieza por **lo que**: *Has tardado menos de lo que pensaba*, y no: **menos que lo que pensaba*. // Precedido del artículo determinado funciona como superlativo de inferioridad: *Es la menos alta de los presentes*.

menospreciar En cuanto al acento, este verbo se conjuga como **cambiar**: *menosprecio*.

menstruar En cuanto al acento, este verbo se conjuga como **actuar**: *menstrúo*; aunque suele usarse más conjugado como **averiguar**: *menstruo*.

mensurable Son incorrectos *medible y *mesurable por el adjetivo mensurable.

mentar Es un verbo irregular. Se conjuga como **pensar**: *miento*.

-mente Sufijo que significa 'manera' y forma adverbios a partir de adjetivos: *largo > largamente*. Estos adverbios sólo se acentúan cuando el adjetivo a partir del cual se forman lleva acento: *fácil > fácilmente*; *suave > suavemente*.

mentir Es un verbo irregular. Se conjuga como **pensar**: *miento*.

mentís Este sustantivo no varía en plural: *el /los mentís*.

menú Su plural es **menús**, no *menúes.

mercadotecnia Ver **marketing**.

merecer Es un verbo irregular. Se conjuga como **agradecer**: *merezco, merezcas*. // **merecer la pena** Ver **pena**.

merendar Es un verbo irregular. Se conjuga como **pensar**: *meriendo, meriendas*.

merídiem Ver **ante merídiem** y **post merídiem**.

mesa Es incorrecta la construcción *sentarse en la mesa* por *sentarse a la mesa*.

mescolanza Existe también la forma **mezcolanza**, más usual.

mester Es errónea la pronunciación */méster/ para este sustantivo.

*mesurable Forma incorrecta por **mensurable**.

metacarpo Es errónea la forma *metacarpio para este sustantivo.

metamorfosis Es un sustantivo femenino de plural invariable: *la /las metamorfosis*. Es un error la acentuación *metamórfosis.

metempsicosis o **metempsícosis** Ambas formas están admitidas, aunque se prefiere la de acentuación grave **metempsicosis**.

meteoro o **metéoro** Ambas formas están admitidas, aunque la de acentuación esdrújula **metéoro** apenas se usa.

meteorología, **meteorológico**, **meteorólogo** Estos términos derivan de **meteoro**, por lo que deben evitarse las formas erróneas *metereología, *metereológico y *metereólogo.

meter No deben confundirse las construcciones **meterse a** (o **de**) + sustantivo: *meterse a* (o *de*) *fontanero*, y **meterse** + **sustantivo**. La primera significa 'ponerse a hacer algo, generalmente sin tener la preparación necesaria', y la segunda 'seguir un estado, vocación, profesión, oficio, etc.' Por eso no debe decirse **meterse a monja, fraile*, etc., sino *meterse monja, fraile*, etc.

*metereología, *metereológico, *metereólogo Formas incorrectas por **meteorología, meteorológico** y **meteorólogo**.

metopa o **métopa** Ambas formas están admitidas, aunque es más corriente la de acentuación grave **metopa**.

metrópoli o **metrópolis** Ambas formas están admitidas, aunque en la actualidad se usa más la primera: *el bullicio de la metrópoli*.

mexicanismo, mexicanista, mexicano También se escriben **mejicanismo, mejicanista** y **mejicano**, que es como se pronuncian las formas con **x**. La RAE da preferencia a las grafías con **j**, aunque en la actualidad están más extendidas las formas con **x**, respetando la grafía oficial adoptada para dar nombre a la nación de **México**.

mezcolanza Existe también la forma **mescolanza**.

mi[1] 'Tercera nota de la escala musical'. El plural de este sustantivo masculino es **mis**, no **los mi*.

mi[2] Forma apocopada de **mío**. No confundir con → **mí**.

mí Este pronombre personal de primera persona siempre se usa con preposición y funciona como complemento indirecto o complemento circunstancial o como agente: *Para mí, tú ya no existes. La idea partió de mí. Fue ayudado por mí.* Siempre se acentúa, a diferencia del adjetivo posesivo **mi**: *Mi* (= adjetivo) *problema sólo me concierne a mí* (= pronombre).

miasma Aunque a veces se emplee como femenino: *El agua estancada despedía fétidas miasmas*, en realidad es un sustantivo masculino: *El agua estancada despedía fétidos miasmas*.

micra 'Medida de longitud equivalente a una millonésima parte del metro'. También se denomina **micrón o micró-**

metro (en el Sistema Internacional), aunque es más frecuente **micra**.

micro- Prefijo de origen griego que significa 'pequeño': *microfilme*. Siempre conserva la **o** de su terminación, aunque la palabra a la que se una también comience por esa vocal: *microondas, microordenador, microorganismo*; pero no: **microndas, *micrordenador, *microrganismo*.

microcosmo o **microcosmos** Ambas formas están admitidas. Aunque la RAE da preferencia a la primera, es más usada la segunda.

microfilm o **microfilme** Ver **film** o **filme**.

micrómetro, **micrón** Ver **micra**.

mil Este adjetivo numeral cardinal puede funcionar como sustantivo masculino, frecuentemente en plural y seguido de un complemento introducido por la preposición **de**: *Había miles de personas*. Si aparece precedido de artículo, éste debe concertar en género y número con **mil**, no con el complemento: **¡Las miles de pesetas que habré gastado en lotería!* La frase correcta sería: *¡Los miles de pesetas que habré gastado en lotería. //* **un, uno, una + mil** y **mil y un, uno, una** Ver **uno**.

milady Ver **milord**.

milhojas Para el significado de 'pastel de hojaldre relleno de merengue', es un sustantivo masculino invariable en plural: *unos milhojas*. Se debe evitar la forma singular **milhoja*, empleada generalmente con género femenino: **Tráeme una milhoja de la pastelería*. Con el sentido de 'milenrama, planta herbácea', su género es femenino.

miligramo, **milímetro** Son erróneas las acentuaciones **milígramo, *milimetro*.

millar No debe emplearse para traducir el sustantivo francés *milliard*, cuyo significado real es 'mil millones'.

milord Forma españolizada de la fórmula de tratamiento inglesa *my lord* ('mi señor'). Su plural es **milores**, no **milords*. Su femenino es **milady**, aunque el diccionario de la RAE no recoge este último sustantivo.

mimbre Es un sustantivo ambiguo, aunque suele emplearse como masculino: *El mimbre se utiliza en cestería.*

mímesis o **mimesis** Ambas formas están admitidas, aunque es más usual la variante de acentuación esdrújula **mímesis**.

*mineado, *minear Formas incorrectas por **miniado** y **miniar**, respectivamente.

minestrone Italianismo, no admitido aún por la RAE, que da nombre a una sopa de verduras. En italiano su género es masculino, pero la tendencia general es usarlo como femenino, posiblemente por influencia de *sopa*.

miniado Es incorrecto ***mineado**: **códice mineado.*

miniar En cuanto al acento, este verbo se conjuga como **cambiar**: *minio, minias.* // Es incorrecto ***minear**.

mínimo / mínimum El adjetivo **mínimo**, superlativo de **pequeño**, también se emplea como sustantivo con el significado de 'el valor más pequeño': *el mínimo establecido.* Con este significado, alterna con el del sustantivo latino **mínimum**, aunque éste tiene menos uso: *Exigen un mínimo (o mínimum) de conocimientos.* Se prefiere, no obstante, la forma **mínimo**, que permite formar el plural regular **mínimos** (no así **mínimum**, que no suele usarse en plural).

minusvalía No es exactamente sinónimo de **discapacidad**. El sustantivo **minusvalía** se aplica a la situación desventajosa para un individuo precisamente a causa de una deficiencia o **discapacidad** ('restricción o ausencia de capacidad de realizar una actividad de modo normal').

mío Este adjetivo posesivo de primera persona, su femenino **mía** y los plurales **míos, mías** experimentan apócope (**mi, mis**) cuando preceden a un sustantivo, aunque entre ellos se interponga otro adjetivo: *mi esposa, mis graves problemas.* // Deben evitarse las construcciones ***delante mío, *detrás mío** por **delante de mí, detrás de mí**.

mirar No debe usarse la construcción ***mirar de + infinitivo** con el significado de 'intentar', 'procurar': **Miraré de conseguirlo.* Lo correcto es: *Intentaré* (o *procuraré*) *conseguirlo.*

miríada Es incorrecta la acentuación ***miriada**.

miriópodo o **miriápodo** Aunque la RAE da preferencia a **miriópodo**, la forma que más se utiliza es **miriápodo**.

mise en scène Se recomienda sustituir esta locución francesa por expresiones españolas como **puesta en escena, escenificación**, etc.

miserabilísimo / misérrimo Ver miserable /mísero.

miserable / mísero Conviene distinguir los superlativos de estos dos adjetivos: el de **miserable** es **miserabilísimo**, y el de **mísero** es **misérrimo**.

misil o **mísil** Ambas acentuaciones están admitidas, aunque la grave **mísil** apenas se emplea. Sus plurales son **misiles** y **mísiles**, respectivamente.

mismamente Este adverbio de modo se considera vulgarismo, aunque la RAE lo admita como propio de la lengua familiar: *Salí mismamente cuando llegabais.* Puede sustituirse por **cabalmente, justamente**, etc. según lo exija el contexto: *Salí justamente cuando llegabais.*

mismo Se considera vulgarismo el uso de este término en función de adverbio con el significado de 'justo', 'justamente': **Mismo me parece estar viéndolo ahora* ('Justo me parece estar viéndolo ahora').

miss Sustantivo femenino inglés no admitido por la RAE, aunque se usa en nuestro idioma con el significado de 'título que se da a la ganadora de un concurso de belleza': *miss universo.* // Su plural es **misses**.

míster Forma española para el sustantivo inglés *mister*. No está aceptado por la RAE, aunque se usa mucho con los significados de 'ganador de un concurso de belleza masculina': *míster universo*, y 'entrenador de un equipo deportivo, especialmente de fútbol': *Hoy entrenaremos con el míster.* // Su plural es **místers**.

mistificador, mistificación Ver mistificar.

mistificar También se escribe **mixtificar**. Sucede igual para los derivados **mistificador** (o **mixtificador**) y **mistificación** (o **mixtificación**), aunque en general suelen preferirse las formas con **s**. // El verbo **mistificar** no debe confundirse con **mitificar**. El primero significa 'falsear, falsificar': *Este tratado mistifica la historia*, y el verbo **mitificar** significa 'convertir en mito un hecho natural' o 'hacer de una persona un mito': *Se ha mitificado la figura de Napoleón*.

mistral También se dice **maestral**: *viento maestral*, aunque es mucho más frecuente el sustantivo y adjetivo **mistral**: *Soplaba un fuerte mistral*.

mitad No debe suprimirse el artículo detrás de la locución **la mitad de**: **La crisis afectó a la mitad de empresas del país*. Debe decirse: *afectó a la mitad de las empresas del país*.

mitificar No confundir con → **mistificar**.

mitin Es palabra llana, pues la acentuación aguda **mitín** hoy está en desuso; es un error escribirla con tilde **mítin*, pues acaba en -**n**. Su plural es **mítines**, no **mitins*. No se admiten ni la grafía inglesa *meeting* ni la españolizada **miting**. // En español, su significado específico es 'reunión pública donde uno o varios oradores pronuncian discursos de carácter político o social' (*un mitin electoral*), aunque a veces se aplica a ciertas pruebas deportivas (*un mitin de atletismo*), sentido este último no recogido en el diccionario de la RAE.

mixtificador, **mixtificación**, **mixtificar** Ver **mistificar**.

mízcalo Ver **níscalo**.

mnemónica Ver **mnemotecnia** o **mnemotécnica**.

mnemotecnia o **mnemotécnica** Ambas formas están admitidas, aunque suele preferirse la primera. // También se escriben **nemotecnia** o **nemotécnica**, que es como se pronuncian las formas con **mn-**. Sucede igual con su sinónimo **mnemónica** (o **nemónica**) y con el adjetivo derivado **mnemotécnico** (o **nemotécnico**), aunque el uso culto suele preferir las formas con grafía **mn-** inicial. El diccionario de la RAE recoge el adjetivo **mnemónico**, aunque no incluye la variante **nemónico**, pese a constituir un caso similar a los anteriores.

mnemotécnico Ver **mnemotecnia** o **mnemotécnica**.

moaré También se admite la forma **muaré**, así como **mué** (hoy en desuso), para designar la 'tela fuerte que forma aguas o reflejos ondulados'.

moca También se escribe **moka** (por Moka, ciudad de Arabia de la que se trae este café), aunque la RAE no admite esta última grafía.

*modigerado Forma incorrecta por **morigerado**.

modista, modisto El sustantivo **modista** es de género común: *el/la modista*, según el modelo de **periodista, pianista**, etc., aunque en la actualidad está muy arraigada la forma **modisto** para el masculino: *los nuevos modistos españoles*. Por otro lado, **modisto** significa sólo 'diseñador de moda', mientras que **modista** tiene, además, la acepción de 'mujer que confecciona a medida prendas de vestir para señoras' y su equivalente masculino sería **sastre**.

mogol Ver **mongol**.

moka Ver **moca**.

moler Es un verbo irregular. Se conjuga como **mover**: *muelo, mueles*.

monarca El significado estricto de este sustantivo es 'príncipe soberano de un Estado', por lo que no es muy apropiado usarlo en plural, como sinónimo de **reyes,** para referirse a una pareja real, ya que el consorte no es monarca -príncipe soberano-, sino sólo rey o reina por matrimonio. Se dice, por tanto, *el monarca español*, pero no *los monarcas de España*, sino *los reyes de España* (el rey y la reina).

mongol También se dice **mogol**, aunque suele preferirse el adjetivo o sustantivo **mongol**, salvo en la construcción **gran mogol**, título de los soberanos de una dinastía mahometana de la India. También se admiten los adjetivos **mongólico** y **mogólico**.

monomaniaco o **monomaníaco** Ver **maniaco** o **maníaco**.

*monopólico Forma incorrecta en lugar de los adjetivos **monopolizador** y **monopolístico**.

monosabio o **mono sabio** Ambas grafías están admitidas para este sustantivo, aunque lo habitual es el uso de la forma en una sola palabra: *Los monosabios salieron al ruedo*.

montepío La RAE también admite la grafía en dos palabras **monte pío**, aunque hoy está en desuso.

montés Este adjetivo no varía en cuanto al género ni en singular ni en plural: *cabra montés, cabras monteses*.

monzón Aunque la RAE considera este sustantivo como de género ambiguo, siempre suele emplearse en masculino: *Cuando sopla el monzón*.

morbididad o **morbilidad** En el diccionario de la RAE sólo se recoge el sustantivo **morbilidad** (del inglés *morbility*) con el significado de 'estudio estadístico de las personas que enferman en un lugar en un determinado periodo de tiempo', aunque también se usa **morbididad** (de *mórbido*, 'que padece enfermedad o la produce').

morder Es un verbo irregular. Se conjuga como **mover**: *muerdo, muerdas*.

morgue Sustantivo francés no admitido por la RAE. En español se prefiere la forma equivalente **depósito de cadáveres**.

morigerado Es incorrecta la forma **modigerado*.

morir Es un verbo irregular que se conjuga como **dormir**: *muero, murió*, salvo en el participio, que es *muerto*. // Ver **matar**.

mortalidad / mortandad No son sustantivos sinónimos. **Mortalidad** se aplica a la 'relación entre el número de muertes y la población total en un lugar y tiempo determinados': *El índice de mortalidad en los países del Tercer Mundo es alarmante*. **Mortandad** significa 'gran cantidad de muertes causadas por una catástrofe': *Los accidentes de tráfico han sido la principal causa de mortandad este verano*.

mosso d'esquadra Voz catalana que designa a un miembro de la policía autonómica de Cataluña. El nombre del cuerpo es **Mossos d'Esquadra**, en este caso con las iniciales en mayúscula. Su traducción castellana sería **mozo de escuadra**, pero prácticamente sólo se usa el nombre catalán original.

mostrar Es un verbo irregular. Se conjuga como **contar**: *muestro, muestras.*

motejar Este verbo se construye con la preposición **de**: *motejar de irresponsable.*

motivado Se recomienda evitar el uso regional de la construcción **motivado a* en lugar de **con motivo de, a causa de**, etc., por influencia **de debido a**: **Ya no se fían de él, motivado a que muchas veces les ha decepcionado.*

motivo Se considera vulgarismo el uso de la locución preposicional **con motivo a* en lugar de **con motivo de**: **Con motivo a las fiestas, he adelantado mi visita.*

motociclismo Este sustantivo y **motorismo** suelen emplearse como sinónimos para designar el deporte que se practica con motocicletas en diversas modalidades y competiciones, aunque se emplea más **motociclismo** con este significado. En el diccionario de la RAE (ed. 1992) se recoge, no obstante, un significado más amplio para **motorismo**: 'deporte de los aficionados a correr en vehículo automóvil, especialmente en motocicleta', mientras que el término **motociclismo** se refiere únicamente a la motocicleta.

motocross Aunque en el diccionario de la RAE (ed. 1992) se incluye el sustantivo inglés **cross** para el significado de 'carrera de larga distancia a campo traviesa', no se recoge el sustantivo **motocross**. Sin embargo, el término **motocross** es la única denominación que se usa para designar la modalidad del motociclismo de campo a la que esta palabra se refiere.

motor Se consideran más apropiadas las construcciones del tipo **motor de reacción, de gas**, etc., que **motor a reacción, a gas**, etc. // **motor fuera borda** Ver **fueraborda**. // Ver **motriz**.

motora Ver **motriz**.

motorismo Ver **motociclismo**.

motriz Este adjetivo es el femenino de **motor**, aunque también se emplea la forma **motora**: *fuerza motriz o motora.* Es erróneo su uso con sustantivos masculinos: **impulso mo-*

triz (lo correcto sería *impulso motor*). Sucede igual para el adjetivo compuesto **psicomotriz** por **psicomotor**: **desarrollo psicomotriz* es incorrecto por *desarrollo psicomotor*.

motu proprio Expresión latina que significa 'voluntariamente': *Decidió exiliarse motu proprio*. Son incorrectas las formas **motu propio* y **de motu propio*: **Lo hizo motu propio o de motu propio*.

mover Es un verbo irregular. Ver cuadro.

MOVER		
INDICATIVO	SUBJUNTIVO	IMPERATIVO
Presente	Presente	
muevo	*mueva*	
mueves	*muevas*	*mueve*
mueve	*mueva*	
movemos	*movamos*	
movéis	*mováis*	*moved*
mueven	*muevan*	

muaré Ver **moaré**.

mucho Con función de adverbio de cantidad, se apocopa en la forma **muy** excepto cuando precede a **mayor, menor, mejor, peor, más, menos, antes, después**: *Soy mucho mayor que tú. Llegaron mucho antes de lo previsto.* // ****mucho gusto de** Ver **gusto**.

mucílago o **mucilago** Ambas formas están admitidas y, aunque la RAE da preferencia a la segunda, es más usual la de acentuación esdrújula **mucílago**.

muerte súbita Con esta expresión debe traducirse al español la expresión tenística inglesa *tie break*, que significa, literalmente, 'acción de deshacer el nudo', en referencia al procedimiento al que se recurre en un partido para resolver un empate a seis juegos.

muerto Participio irregular del verbo **morir**, empleado a veces con significación transitiva como si procediese de **ma-**

tar: *Ha muerto a varios hombres* ('Ha matado a varios hombres'), aunque este uso es anticuado. También se usa mucho para formar la pasiva de este mismo verbo, en lugar de *matado*: *Fue muerto por los agresores.*

muestra En el diccionario de la RAE no se admite la acepción 'feria o exposición' para este sustantivo, aunque en español se emplea frecuentemente con ese sentido por influencia del italiano *mostra*: *Asistirán a una muestra de maquinaria agrícola.*

mujik Sustantivo ruso no admitido por la RAE; su traducción es **campesino**. Su plural es **mujiks**.

mullir Es un verbo irregular. Ver cuadro.

MULLIR		
GERUNDIO		
mullendo		
INDICATIVO	**SUBJUNTIVO**	
Pretérito perf. simple	Pretérito imperfecto	Futuro
mullí	*mullera, -ese*	*mullere*
mulliste	*mulleras, -eses*	*mulleres*
mulló	*mullera, -ese*	*mullere*
mullimos	*mulléramos, -ésemos*	*mulléremos*
mullisteis	*mullerais, -eseis*	*mullereis*
mulleron	*mulleran, -esen*	*mulleren*

mundial Se recomienda emplear este sustantivo en singular cuando se refiera a la disputa de un solo título deportivo. Así, es preferible decir *el Mundial de fútbol 1994*, mejor que *los Mundiales de fútbol 1994*. En cambio, se dice, por ejemplo, *los Mundiales de kárate*, pues hay varios títulos en juego, correspondientes a las diversas categorías participantes.

muñir Es un verbo irregular. Se conjuga como **mullir**: *muñí, muñeras.*

music-hall Construcción inglesa no admitida por la RAE, aunque de uso frecuente. En español puede sustituirse por las formas equivalentes **teatro de variedades**, **revista** o **revista musical**.

musicalizar 'Poner música': *musicalizar un poema*. La RAE no admite este verbo.

mustiar(se) En cuanto al acento, este verbo se conjuga como **cambiar**: *Las plantas se mustiaron*. Existe también la variante **amustiar(se)**, aunque se usa menos.

musulmán Ver árabe.

mutatis mutandis Es incorrecta la forma *mutatis mutandi para esta locución latina, cuyo significado es 'cambiando lo que se deba cambiar'.

muy Adverbio de cantidad apócope de → **mucho**. Es vulgarismo el uso de **muy** antepuesto a adjetivos o adverbios en grado superlativo: *muy altísimo, *muy lejísimos.

n

nacer Es un verbo irregular. Se conjuga como **agradecer**: *nazco, nazcas.*

*naci, ***nacismo** Formas incorrectas por **nazi, nazismo**.

nada Se debe evitar la construcción formada por **nada de +** **adverbio**: **No me encuentro nada de bien*. La frase correcta sería: *No me encuentro nada bien*. // **más nada** Ver **más**.

nadie nadie de Ver **ninguno**. // **más nadie** Ver **más**.

nahua o **náhuatl** Ambas formas están admitidas y suelen emplearse indistintamente, aunque la RAE matiza que el adjetivo o sustantivo **nahua** alude a unos antiguos pueblos amerindios de la meseta de Anáhuac, además de a la lengua hablada por los indios mexicanos, mientras que **náhuatl** sólo se aplica a la lengua hablada por los pueblos nahuas (impropiamente llamada *azteca* o *mexicana*), pero no a los pueblos. También se admite el adjetivo **náhuatle** (en el diccionario de la RAE sólo sinónimo de **nahua**), de uso mucho menos frecuente.

naif Adjetivo o sustantivo francés (con grafía original *naïf*) que significa 'ingenuo'. Su uso no está admitido por la RAE, aunque es muy frecuente en español para designar cierto estilo pictórico surgido a principios del siglo XX: *una pintura naif*. A veces también se utiliza en su sentido original.

nailon Forma española para el sustantivo inglés *nylon*, este último no admitido en el diccionario de la RAE pese a que también se usa mucho en nuestro idioma. También existe la forma **nilón**, de menor uso.

narguile Es incorrecta la acentuación ***narguilé** para este sustantivo masculino de origen árabe.

nazi, **nazismo** Son incorrectas las formas *naci y *nacismo.

neblina Es incorrecta la forma *nieblina para este sustantivo.

necesitar El uso normal de este verbo es transitivo: *Necesito tu ayuda*; también se emplea como verbo intransitivo con la preposición **de**: *Necesito de tu ayuda*.

necromancia o **necromancía** Ambas formas están admitidas, aunque es más corriente la primera.

negar Es un verbo irregular. Se conjuga como **pensar**. La **g** de la raíz cambia a **gu** delante de **e**: *niegue*. // Es incorrecta la construcción *negar de que: **Niego de que haya mentido*. Lo correcto es: *Niego que haya mentido*. Ver apartado de gramática [2.8.1.].

negligé La RAE no admite este adjetivo o sustantivo francés, aunque se emplea en nuestro idioma, sobre todo como sustantivo con el significado de 'bata o salto de cama elegante y atrevido'.

*negligir No se admite este verbo, que significa 'descuidar', 'desatender', 'omitir', calco del francés *négliger*. Sucede lo mismo con el adjetivo *negligible ('desdeñable', 'nimio'). Pueden sustituirse por formas equivalentes españolas.

negociar En cuanto al acento, este verbo se conjuga como **cambiar**: *negocio, negocias*.

negro El superlativo culto de este adjetivo es **nigérrimo**, aunque es mucho más frecuente la forma regular **negrísimo**. // café negro Ver **café**.

neis Ver **gneis**.

nemónica, **nemotecnia**, **nemotécnica**, **nemotécnico** Ver **mnemotecnia** o **mnemotécnica**.

neocelandés o **neozelandés** Ambas formas están admitidas para este adjetivo y sustantivo, aunque se prefiere la variante con **z**.

neoyorkino o **neoyorquino** El adjetivo y sustantivo admitido por la RAE es **neoyorquino**, aunque también se emplee a veces la forma **neoyorkino**, respetando la grafía **k** de Nueva York. El nombre español de la ciudad es **Nueva York**, por lo que no debe usarse el inglés **New York**.

nervadura o **nervatura** La RAE sólo admite el sustantivo **nervadura**, aunque no es raro el uso de la forma **nervatura** con el mismo significado, 'conjunto de nervios'.

neumonía Es incorrecta la forma *neumonia.

***neurascenia** Forma incorrecta por **neurastenia**.

***neurósico** Forma incorrecta por **neurótico**, que es el adjetivo derivado de **neurosis**.

nevar Es un verbo irregular. Se conjuga como **pensar**: *nieva*. Es también impersonal, por lo que sólo se emplea en las terceras personas singulares de todos los tiempos: *Hoy nevó en Navacerrada*.

nicotinismo o **nicotismo** Ambas formas están admitidas para este sustantivo, aunque es más frecuente la segunda.

***nieblina** Forma incorrecta por **neblina**.

nigérrimo Superlativo irregular de **negro**.

night-club Sustantivo inglés que significa 'club nocturno' o 'sala de fiestas'. Es prefiere emplear las denominaciones españolas equivalentes.

nigromancia o **nigromancía** Ambas formas están admitidas, aunque se prefiere la primera.

nilón Ver **nailon**.

nimio Este adjetivo en su sentido recto significa 'exagerado', aunque hoy se ha generalizado su uso, tal vez por semejanza fonética con **mínimo**, con el significado de 'insignificante': *un esfuerzo nimio*. Ambos significados están admitidos por la RAE.

ningún Forma apocopada del adjetivo **ninguno**. Se utiliza ante sustantivos masculinos singulares, aunque entre el adjetivo y el sustantivo aparezca algún otro adjetivo: *ningún hombre, ningún otro hombre*. // La mayoría de los autores desaprueba su uso ante sustantivos femeninos que comienzan por **a-** o **ha-** tónicas: **ningún arma*; es preferible utilizar en este caso la forma plena femenina del adjetivo: *ninguna arma*.

ninguno Cuando precede a un sustantivo masculino singular adopta la forma apocopada **ningún**. // Este adjetivo y pronombre se utiliza sólo en singular: *ninguno lo sabe*. Para expresar el plural suele utilizarse la forma **ninguno** + **de** + **nombre** o **pronombre**: *ninguna de vosotras lo comprende*. Es más correcta esta última construcción que la formada con **nadie**: *ninguno de nosotros* mejor que *nadie de nosotros*. // Siempre que va detrás de un verbo debe anteponerse a éste un adverbio de negación: *No ha venido ninguno*; y no **Ha venido ninguno*. // Cuando acompaña a un pronombre en plural, hay vacilación en la concordancia con el verbo: *Ninguno de éstos es mío / Ninguno de éstos son míos*. Lo más frecuente es que el verbo concuerde en número y persona con **ninguno** (el primer caso); sin embargo, si el pronombre está implícito, el verbo concuerda siempre con él para evitar la ambigüedad: *Ninguno os lo merecéis*.

níscalo Aunque la RAE da preferencia a la forma **mízcalo**, es más frecuente **níscalo**.

nivel Está muy extendida, por influencia del francés, la locución adverbial **a nivel de*, con el significado de 'desde el punto de vista de', 'en el aspecto de': **una relación a nivel de cooperación con el Tercer Mundo*. Debe evitarse.

no Este adverbio de negación en ocasiones se utiliza sin valor negativo en la lengua coloquial: *No te vayas a caer*. // Es frecuente su uso en América y en algunas regiones españolas seguido del adverbio de cantidad **más**, con el significado de 'nada más, sólo': *Eran no más de siete*, o como simple refuerzo expresivo sin significado propio: *Ven aquí no más*. Para este último caso se utiliza también la grafía **nomás**. // Hoy está muy extendido su uso como prefijo negativo ante sustantivos y adjetivos: *Predica la no-violencia*. También se puede escribir: *la no violencia*. // Su plural es **noes**, aunque con frecuencia se utiliza la forma **nos** en la lengua coloquial. // **No obstante** Ver **obstante**.

nobel La acentuación originaria de este sustantivo es aguda, aunque en España está generalizada la acentuación llana, aunque escrita sin tilde: *el premio Nobel de Literatura* (no **Nóbel*). // No varía en plural y se suele escribir con mayúscula cuando se refiere a cada uno de los premios concedidos por la fundación Alfred Nobel, y con minúscula cuando designa a las personas que los han recibido: *Se ha entregado el Nobel de Química y Física. El nobel de literatura C. J. Cela.* // No confundir este sustantivo, al escribir, con el adjetivo homófono **novel**. No es lo mismo *un escritor novel* ('nuevo', 'reciente') que uno que es *nobel*, es decir, que ha recibido el premio Nobel de Literatura.

noble El superlativo de este adjetivo es **nobilísimo**, y no *****noblísimo**.

nocáut Ver **knok-out**.

noche ayer noche y hoy noche Ver **ayer** y **hoy**. // **noche buena** y **noche vieja** Ver **nochebuena** y **nochevieja**.

nochebuena También se admite la forma **noche buena** para este sustantivo, aunque se prefiere escribirlo en una sola palabra. Suele escribirse con mayúscula.

nochevieja También se admite para este sustantivo la forma **noche vieja**, aunque se prefiere escribirlo en una sola palabra. Suele escribirse con mayúscula.

nombre No deben confundirse las locuciones **a nombre de**, que significa 'con el nombre de' (*Registra la casa a nombre de mi hermana*) y 'con destino a' (*Recibí un paquete a tu nombre*), y **en nombre de**, que significa 'representando a' (*Habla en nombre de todos los presentes*); aunque la RAE las considera sinónimas con el último de estos significados.

nómico Este adjetivo se escribe preferentemente **gnómico**.

nominación Ver **nominar**.

nominar La RAE, en la edición de 1992 de su diccionario, sólo admite para este verbo el significado de 'dar nombre a alguien o algo'. Sin embargo, se emplea mucho más, por influencia del inglés, con el significado de 'seleccionar, proponer para un premio o cargo': *Ha sido nominada para el premio Cervantes*; sin embargo, los puristas rechazan este uso. Lo mismo ocurre con el sustantivo derivado **nominación**, que se utiliza con el significado de 'candidatura': *cinco nominaciones al Oscar*.

nomo Este sustantivo se escribe preferentemente **gnomo**.

nomon Se escribe preferentemente **gnomon**.

nomónica Se escribe preferentemente **gnomónica**.

*non grato Es un mal uso de la locución latina **persona non grata**: **un visitante non grato*; la forma masculina en latín es *gratus*, no *grato*, pero nunca se dice *visitante non gratus*. Debe usarse la expresión completa **persona non grata** o bien la traducción española: *El visitante es persona non grata*; *un visitante no grato*.

nono Ver **noveno**.

noquear Ver **knock-out**.

nor-, **nord-**, **norte-** Son formas prefijas de **norte**. **Nor-** y **nord-** alternan para formar sustantivos que designan puntos cardinales: *nordeste* o *noreste*, *noroeste* o *norueste*. Si el prefijo va ante consonante, se usa sólo **nor**: *nornoroeste*. // Las formas **nor-** y **norte-** forman gentilicios a partir de otros a los que aportan el matiz de 'norte': *norteamericano*; *norvietnamita*, *norirlandés*; la segunda sólo se usa en *norteamericano* y *norteafricano*.

nordeste o **noreste** Ambas formas están admitidas para este sustantivo.

noroeste o **norueste** Ambas formas están admitidas para este sustantivo, aunque la segunda es rara.

norteamericano Ver **estadounidense**.

nos Pronombre personal átono de primera persona del plural. Realiza función de complemento directo o indirecto: *Nos has avisado tarde. Nos trajeron los libros.* También puede ser pronombre personal de primera persona del singular con uso mayestático; aunque es poco frecuente y sólo lo usa el Papa, un monarca y otras altas dignidades para referirse a ellos mismos. En este caso el verbo concierta en plural con el pronombre, mientras que el atributo o complemento predicativo aparece en singular: *Nos estamos satisfecho*, y no **Nos estamos satisfechos*.

noseología Se escribe preferentemente **gnoseología**.

nosis Se escribe preferentemente **gnosis**.

nosticismo Se escribe preferentemente **gnosticismo**.

novecientos Es vulgar la forma *nuevecientos para este sustantivo.

novel No debe confundirse este adjetivo, al escribir, con el sustantivo homófono → **nobel**.

noveno Es el adjetivo numeral ordinal que corresponde a **nueve**: *noveno curso de piano*. Existe también la forma **nono**, que es poco frecuente y sólo se utiliza en *Pío nono* y en *decimonono*, aunque es más frecuente para este último adjetivo la forma **decimonoveno**.

noventayochista Adjetivo, derivado de noventa y ocho, que se utiliza referido a todo lo relativo a la llamada Generación del 98: *Baroja es un escritor noventayochista*. Son incorrectas las formas *noventaiochista y *noventa y ochista. No aparece en el diccionario de la RAE.

novísimo Superlativo de **nuevo**.

-nte Este sufijo forma adjetivos derivados de verbos a los que aporta el significado 'que realiza la acción'. Adopta la forma **-ante** para los verbos de la primera conjugación (*pasante, demandante*), y **-ente** o **-iente** para los de la segunda y tercera conjugación (*pendiente, convergente*). Estos adjetivos son invariables respecto al género: *la parte demandante, el punto convergente*. Algunos de estos adjetivos funcionan como sustantivos masculinos y su femenino acaba en **-a**: *presidente / presidenta*, aunque frecuentemente existe una sola forma para los dos géneros: el /la representante.

nuclear Es un adjetivo: *energía nuclear*. Debe evitarse su uso como verbo, con el significado de 'agrupar': *Hay que nuclear todos los esfuerzos posibles*.

nucleolo o **nucléolo** Es corriente el uso de la forma sin tilde **nucleolo**, a pesar de que la RAE, en la edición de 1992 de su diccionario, sólo admite **nucléolo**.

nudismo, **nudista** También están admitidas para estos sustantivos las formas **desnudismo** y **desnudista**, aunque se emplean más **nudismo** y **nudista**.

nuera Ver **yerno**.

*nuevecientos Forma incorrecta por **novecientos**.

nuevo El superlativo de este adjetivo es **novísimo**, aunque popularmente se usa la forma **nuevísimo**: *un coche nuevísimo* (o *novísimo*). La RAE admite ambas formas, si bien, en la práctica, presentan entre sí una diferencia de matiz: **novísimo** suele aplicarse a algo que constituye o implica novedad (*una técnica novísima*), mientras que **nuevísimo** se dice de lo que está muy nuevo: *El traje esta nuevísimo, como recien estrenado*.

nunca más nunca Ver **más**.

nurse Deber usarse el sustantivo español **niñera** en lugar de esta voz inglesa.

nutrir(se) Este verbo se construye con las preposiciones **con** y **de**: *nutrirse con proteínas, nutrirse de conocimientos*.

nylon Ver **nailon**.

ñ

ñandú El plural de este sustantivo es **ñandúes**, aunque se utiliza a menudo la forma **ñandús**.

ñu El plural de este sustantivo es **ñúes**, aunque con frecuencia se utiliza la forma **ñus**.

O

o¹ El plural de esta vocal es **oes**; es vulgar la forma **os*.

o² Esta conjunción disyuntiva adopta la forma **u** cuando precede inmediatamente a una palabra que comienza por **o-** u **ho-**: *setenta u ochenta, mujeres u hombres*. // Se acentúa cuando va entre dos números para evitar su confusión con el número **0**: *10 ó 12*.

obedecer Es un verbo irregular. Se conjuga como **agradecer**: *obedezco*.

objeción Es incorrecta la forma **objección*.

*objetable Debe evitarse este adjetivo, no admitido por la RAE: **Tu opinión es objetable*. Utilícense otros adjetivos como **discutible** o **censurable**: *Tu opinión es discutible*.

obligación Este sustantivo se construye con la preposición **de**, no con **a**: *la obligación de trabajar*, y no **la obligación a trabajar*. // Debe evitarse la confusión de este sustantivo con **derecho**: **¡Tengo todas las obligaciones para decir eso!*

obligar Este verbo se construye con las preposiciones **a, con** y **por**: *Les obligan a marcharse con amenazas. Le obligaron por la fuerza*.

oboe Es errónea la acentuación **óboe*.

óbolo Este sustantivo significa 'donativo, limosna': *un óbolo desinteresado*. Debe evitarse escribirlo erróneamente **óvolo**, que es un adorno arquitectónico en forma de huevo.

obscuro Este sustantivo, así como su familia de palabras; **obscurantismo, obscurecida, obscurecer, obscuridad**, etc., se escriben preferentemente sin **b**: **oscuro, oscurecer, oscuridad**, etc.

obsequiar En cuanto al acento, este verbo se conjuga como **cambiar**: *obsequio*. // En España es frecuente su construcción con la preposición **con**: *obsequiarle con unas palabras amables*; en cambio, en América suele usarse como transitivo: *obsequiarle unas palabras amables*.

obsolescencia Es incorrecta la forma *obsolencia.

obstante Precedido del adverbio **no** forma la locución **no obstante**, que significa 'a pesar de': *No obstante lo ocurrido, iremos*. Son incorrectas las construcciones *no obstante a (*no obstante a lo ocurrido), *no obstante de (*no obstante de lo que has dicho) y *no obstante que (*no obstante que es tarde, le atenderemos).

obstar Este verbo se utiliza sólo en tercera persona y en construcciones negativas: *El que tengas razón no obsta para que le pidas excusas*.

obstinarse Este verbo se construye con la preposición **en**: *obstinarse en conseguirlo*.

obstruir Es un verbo irregular. Se conjuga como **huir**: *obstruyo*. // Es incorrecto *obstruccionar.

obtener Es un verbo irregular. Se conjuga como **tener**: *obtengo, obtiene*.

obviar En cuanto al acento, este verbo se conjuga como **cambiar**: *obvio*. // Es incorrecto *oviar.

obvio Es incorrecto *ovio.

*occéano Forma incorrecta por **océano**.

occipital Es incorrecta la forma *ocipital.

océano Es incorrecta la forma *occéano. // Este sustantivo es esdrújulo, aunque a veces, en poesía, se usa como llano: *oceano*.

*ocipital Forma incorrecta por **occipital**.

ocluir Es un verbo irregular. Se conjuga como **huir**: *ocluye*.

octa- Ver **octo-**.

octo- Prefijo de procedencia latina que significa 'ocho': *octosílabo*. A menudo alterna con la forma **octa-**: *octógono* u *octágono*.

óctuple u **óctuplo** Se admiten ambas variantes de este adjetivo numeral y sustantivo. **Óctuple** es invariable en cuanto al género, mientras que **óctuplo** tiene la forma de femenino **óctupla**.

ocupar(se) Este verbo se construye con las preposiciones **de** y **en**: *ocuparse de sus asuntos, ocuparse en el estudio.* // No confundir con → **detentar**.

odiar En cuanto al acento, este verbo se conjuga como **cambiar**: *odio.* // Algunos autores defienden su construcción con la preposición **de**: *odiar de muerte,* aunque en uso normal se construye con la preposición **a**: *odiar a muerte.*

oesnoroeste u **oesnorueste** Ambas formas están admitidas. Aunque la RAE da preferencia a la segunda, es más usual **oesnoroeste**.

oesudoeste u **oesudueste** Ambas formas están admitidas. La RAE da preferencia a la segunda, pero es más usual **oesudoeste**.

ofender(se) Este verbo se construye con las preposiciones **de, con** y **por**: *ofender de obra, ofenderse con alguien, ofenderse por algo.*

ofertar Significa 'ofrecer en venta un producto' o 'vender un producto con precio rebajado': *en esta tienda ofertan toda la ropa.* No debe confundirse con **ofrecer**: **me ofertaron un puesto de trabajo*; lo correcto sería *me ofrecieron un puesto de trabajo.*

off the record Esta expresión inglesa se utiliza mucho en el lenguaje periodístico con el significado de '**confidencial, no divulgable**'. Se prefieren adjetivos o expresiones españoles equivalentes.

office La RAE propone el sustantivo **antecocina** para sustituir a *office*, pero es esta voz francesa el término que se utiliza normalmente. Algunos autores han propuesto, sin éxito, la palabra **oficio** para sustituir a **office**.

offside Este sustantivo de origen inglés se utiliza en deportes con el significado de 'fuera de juego'. En la lengua coloquial existe la deformación popular **orsay** del sustantivo inglés, que también tiene el significado de 'despistado, ausente': *Estás en orsay.* Actualmente se usa más la locución española **fuera de juego**.

oficial, **oficiala** El femenino del sustantivo **oficial** varía según su significado. Cuando se refiere a un determinado grado en un oficio manual es **oficiala**: *la oficiala del taller*. Con el significado de 'persona que realiza una función pública', la forma **oficial** es invariable para singular y plural: *el /la oficial de policía*.

oficiar En cuanto al acento, este verbo se conjuga como **cambiar**: *oficio*. // Se construye con la preposición **de**: *oficiar de anfitrión*.

oficio Ver **office**.

ofimática Este sustantivo es el término específico para referirse al material informático diseñado para el trabajo en oficinas. La RAE no lo ha incluido aún en el diccionario.

ofrecer(se) Es un verbo irregular. Se conjuga como **agradecer**: *ofrezco*. // Se construye con las preposiciones **de**, **en** y **para**: *ofrecerse de acompañante, ofrecer en sacrificio, ofrecerse para una misión*. // No confundir con → **ofertar**.

oftalmia u **oftalmía** Ambas formas de este sustantivo están admitidas, aunque se prefiere la primera.

ogaño La RAE admite esta forma, aunque es más inusual que **hogaño**.

ogresa Femenino de **ogro**.

ogro El femenino de este sustantivo es irregular: **ogresa**. Es incorrecto **ogra*.

oídio Se prefiere esta forma a la latina **oidium** para referirse a esta enfermedad propia de la vid.

oidium Ver **oídio**.

oír Es un verbo irregular. Ver cuadro de la página siguiente. // Debe evitarse la forma vulgar **oyes*, en lugar de **oye**, para la persona del singular del imperativo: **¡Oyes!, ven aquí*.

ojear No confundir con su homófono **hojear**.

ok, **okey** Ver **okay**.

okay Expresión del inglés de los Estados Unidos, muy utilizada con el significado de 'bien, correcto, de acuerdo', so-

OÍR		
GERUNDIO		**PARTICIPIO**
oyendo		*oído*
INDICATIVO		
Presente		**Pretérito perfecto simple**
oigo		*oí*
oyes		*oíste*
oye		*oyó*
oímos		*oímos*
oís		*oísteis*
oyen		*oyeron*
SUBJUNTIVO		
Presente	**Pretérito imperfecto**	**Futuro**
oiga	*oyera, -ese*	*oyere*
oigas	*oyeras, -eses*	*oyeres*
oiga	*oyera, -ese*	*oyere*
oigamos	*oyéramos, -ésemos*	*oyéremos*
oigáis	*oyerais, -eseis*	*oyereis*
oigan	*oyeran, -esen*	*oyeren*
IMPERATIVO		
oye		*oíd*

bre todo en su abreviatura **ok**: *Ok, te ayudaré*. Algunos autores proponen la forma españolizada **okey**, aunque la RAE no admite ninguna de las dos.

okupa Los ocupantes ilegales de viviendas deshabitadas comenzaron a conocerse en España con el término neerlandés *kraker* o con el inglés *squatter*, difundidos por la prensa; en los últimos años éstos han sido desplazados en el uso por el neologismo **okupa**, formado a partir de *ocupación* o de *ocupante*, con la grafía **k** como rasgo contracultural. Aún no está registrada por la RAE.

oler Es un verbo irregular. Ver cuadro. // Se construye con la preposición **a**: *oler a limpio*.

OLER		
INDICATIVO	SUBJUNTIVO	IMPERATIVO
Presente	**Presente**	
huelo	*huela*	
hueles	*huelas*	*huele*
huele	*huela*	
olemos	*olamos*	
oléis	*oláis*	*oled*
huelen	*huelan*	

olimpiada u **olimpíada** Ambas formas están admitidas para este sustantivo, pero es más usual la primera.

ológrafo Está admitida esta forma, aunque se prefiere **hológrafo** para este sustantivo.

olor Este sustantivo se construye con la preposición **a**, no con **de**: *olor a quemado*, y no **olor de quemado*. // Este sustantivo se usa en la locución adverbial **en olor de multitudes**, 'aclamado por la multitud'; a menudo se construye erróneamente con el sustantivo **loor** ('alabanza'): **Llegó en loor de multitudes*.

olvidar(se) Este verbo, cuando se utiliza como pronominal, se construye con la preposición **de** o con **de + que**: *Olvídate de mí. Me olvidé de que venía*; pero no con la conjunción **que** sólo: **Me olvidé que venía*. Sin embargo, cuando no es pronominal, nunca se construye con preposición: *olvidar que es sábado*, y no **olvidar de que es sábado*.

*ombrigo Forma incorrecta por **ombligo**.

ombú El plural de este sustantivo es **ombúes**, aunque con frecuencia se utiliza la forma **ombús**.

ombudsman Debe evitarse este sustantivo de origen sueco. Se prefiere la expresión española equivalente **defensor del pueblo**.

ómnibus La mayoría de los autores consideran que este sustantivo es invariable para singular y plural: *el/los ómnibus*, aunque es frecuente el uso -por influencia de **autobuses**-

de la forma de plural **omnibuses**. // Es incorrecta la acentuación **omnibús**.

omóplato u **omoplato** Ambas formas están admitidas. Aunque la RAE da preferencia a la primera, también se utiliza frecuentemente **omoplato**. // Son incorrectos *homóplato** y *homoplato**.

onceavo Este numeral partitivo se dice también **onzavo**, aunque esta última forma es poco usada. // Ver **undécimo**.

onceno Ver **undécimo**.

onda Este sustantivo significa 'curva': *las ondas del pelo*. No debe usarse en su lugar, al escribir, el sustantivo homófono **honda** ('arma manual para lanzar proyectiles').

oniromancia u **oniromancía** 'Adivinación del porvenir a través de los sueños'. Ambas formas están admitidas para este sustantivo, aunque se prefiere la primera de ellas.

onomancia u **onomancía** 'Adivinación del porvenir de las personas a través de sus nombres'. Ambas formas están admitidas para este sustantivo, aunque se prefiere la primera de ellas.

onzavo Ver **onceavo**.

opción El significado estricto de este sustantivo es 'posibilidad de elegir entre varias cosas': *Tienes la opción de estudiar o de repetir curso*. Algunos autores consideran impropio su uso con el sentido explícito de 'candidatura': *La opción neoliberal no se presentará a las elecciones*.

open 'Competición deportiva, especialmente de tenis o golf'. Esta voz inglesa a veces se sustituye en español por **abierto**: *el abierto de Australia*, aunque el sustantivo **open** está admitido por la RAE y es muy utilizado.

opimo Es incorrecta la acentuación *ópimo**, por influencia de **óptimo**, para este adjetivo, cuyo significado es 'abundante, fértil'.

opinar Son incorrectas las construcciones del tipo *Opino de que...* por *Opino que...* Ver apartado de gramática [2.8.1.], dedicado al **dequeísmo**.

oponer(se) Es un verbo irregular. Se conjuga como **poner**: *opongo, opusiste*. // Se construye con la preposición **a**: *oponerse a una decisión*.

opositar Este verbo se construye con la preposición **a**: *opositar a una cátedra*.

opositor Es un sustantivo: *el opositor, la opositora*, no un adjetivo: **el bando opositor*. // Se construye con la preposición **a**: *los opositores al régimen*.

optimar u **optimizar** Aunque la RAE da preferencia al verbo **optimar**, es más frecuente **optimizar** en la mayoría de los casos: *La nueva organización optimizará los resultados*. Sucede igual para los sustantivos **optimación** y **optimización**.

óptimo Superlativo absoluto de **bueno**. No admite la anteposición de los adverbios **muy o más, menos**: **un resultado muy* (o *más*) *óptimo*.

opus Designación que se da, acompañada de un número, a cada una de las obras catalogadas de un compositor musical. Su género es masculino, no femenino: *Hemos escuchado el opus 29 de Beethoven*.

ora Conjunción distributiva empleada casi exclusivamente en el lenguaje culto o literario: *Y así transcurría su vida, ora feliz, ora desgraciada*. // No debe confundirse al escribir con el sustantivo homófono **hora**, 'periodo de sesenta minutos'.

orca No confundir con su homófono → **horca**.

orco 'El reino de los muertos' en la cultura clásica. Se escribe también **horco**, aunque la RAE da preferencia a la grafía sin **h**.

orden Es un sustantivo masculino para los sentidos de 'armonía', 'clase', 'categoría taxonómica', 'cada uno de los estilos arquitectónicos clásicos', 'sacramento sacerdotal', y femenino para los de 'mandato', 'organización religiosa, civil o militar', 'grado eclesiástico'. // **orden del día** Es masculino con el significado de 'temas o aspectos que se deben discutir en una reunión' y femenino para el sentido de 'consigna dada a una guarnición militar' y para la locución **estar a la orden del día**.

ordenar Se recomienda evitar el uso de este verbo con los sentidos de 'pedir' o 'encargar', debido a la influencia del inglés: **ordenar una pizza*.

orfanato u **orfelinato** La RAE no admite el sustantivo **orfelinato** y algunos autores lo rechazan por ser un calco del francés *orphelinat*, aunque se emplea casi con tanta frecuencia en nuestro idioma como **orfanato**. // Son incorrectas las formas ***horfanato, *horfelinato** (por influencia de **huérfano**). Sucede lo mismo para el sustantivo **orfandad**, no ***horfandad**.

orfandad Ver **orfanato** u **orfelinato**.

organdí Es incorrecta la forma ***organdil** para este sustantivo masculino de origen francés. // Su plural es **organdíes**, aunque también se utiliza **organdís**.

oriflama 'Estandarte, bandera'. Es un sustantivo femenino: *la oriflama*, no **el oriflama*.

orilla Las locuciones **orilla de, orilla a** o, simplemente, **orilla** pertenecen al nivel popular del lenguaje: *Se sentó orilla de sus padres*. En general se prefiere su sustitución por **al lado de**: *Se sentó al lado de sus padres*.

ornitomancia u **ornitomancía** 'Adivinación por medio del vuelo de las aves'. Ambas formas están admitidas, aunque se prefiere la primera.

orquestar La única acepción admitida por la RAE para este verbo es 'preparar o arreglar una pieza de música para que pueda ser tocada por una orquesta', aunque actualmente es muy frecuente su uso con el sentido de 'proyectar o dirigir un plan, una actividad, un grupo, etc.': *orquestar una manifestación, una protesta*, etc.

órsay La RAE no admite este sustantivo masculino (derivado del inglés *offside*), aunque se emplea en el lenguaje deportivo con el significado de 'fuera de juego' y, también, en la locución **estar en orsay** ('estar distraído, despistado').

os Pronombre personal para la segunda persona plural masculina y femenina, que funciona como complemento directo: *Os quiero*, o indirecto: *Os lo avisé*; como reflexivo con verbos pronominales: *No os arrepentiréis*, y a veces sólo con valor enfático: *Os fuisteis a comer*. Se coloca inmediatamente delante del verbo, excepto cuando éste es un infinitivo o un gerundio, en cuyo caso va pospuesto y unido a éstos: *saliros, trayéndoos*. También puede posponerse al imperativo, que pierde así la **d** final, salvo en el caso del verbo **ir**: *amaos, idos*; popularmente, se construye de modo incorrecto el imperativo usando el infinitivo seguido de este pronombre: **¡Iros de aquí!*

oscar Para el significado de 'premio otorgado por la Academia de Hollywood', en singular suele escribirse con mayúscula: *Oscar al mejor actor*, y en plural, además de ser invariable, puede aparecer escrito con mayúscula o minúscula: *los oscar /Oscar de Hollywood*. En todos los casos se escribe sin tilde, pues es una palabra inglesa.

oscilar El significado de este verbo es 'moverse de un lado a otro', 'vibrar sin llegar a desplazarse' o 'crecer y disminuir alternativamente', por lo que se considera impropio su uso como sinónimo de **girar**: **La peonza oscilaba sobre su propio eje*.

oscurecer Es un verbo irregular. Se conjuga como **agradecer**: *oscurezco, oscurezcas*. // También se escribe **obscurecer**. Ver **oscuro**.

oscuro Este adjetivo, y todas las palabras de su familia: **oscuramente, oscurantismo, oscurantista, oscurecer, oscurecida, oscurecimiento, oscuridad,** también pueden escribirse **obscuro, obscuramente,** etc., aunque en la actualidad se emplean casi exclusivamente las formas sin **b**.

*osea Forma incorrecta para la locución **o sea**; conjunción **o** más forma del presente de subjuntivo del verbo **ser**.

ósmosis u **osmosis** Ambas formas están admitidas, aunque suele darse preferencia la de acentuación esdrújula **ósmosis**.

ostentar El significado estricto de este verbo es 'mostrar algo propio de manera insistente, con orgullo, presunción o complacencia': *ostentaba una larga melena*, aunque se emplea con mucha frecuencia para el significado (no admitido por la RAE) de 'desempeñar', 'ejercer un cargo': *ostentar la presidencia del Gobierno.* // No confundir con **detentar**.

otro Este adjetivo o pronombre indefinido puede ir precedido del artículo **el** cuando se usa en masculino contrapuesto a **uno**: *El uno reía, y el otro se desesperaba.* No admite la anteposición del artículo **un, una**: **una otra persona.* // Es incorrecto el uso de la forma masculina de este adjetivo antepuesto a sustantivos femeninos que comiencen por **a-** o **ha-** tónicas: **otro alma*; lo correcto es: *otra alma.* Ver apartado de gramática [2.2.].

output Ver **input**.

overbooking La RAE no admite esta voz inglesa, aunque se emplea frecuentemente (pronunciada /overbúquin/) con el significado de 'contratación de las plazas de un hotel, avión, etc., en número superior al disponible'. Puede sustituirse por formas equivalentes españolas como **saturación** o **sobrecontratación**, aunque en el lenguaje hostelero se utiliza casi exclusivamente el sustantivo inglés. Nunca debe usarse aplicado a otras situaciones parecidas fuera de ese ámbito: **Existe overbooking de plazas universitarias.*

*oviar, ***ovio** Formas incorrectas por **obviar** y **obvio**.

ovino No confundir con → **bovino**.

ovni La RAE no incluye en su diccionario este sustantivo formado por las siglas de 'Objeto Volante No Identificado', aunque su uso está plenamente asentado. Debe usarse este término y no su equivalente en inglés *ufo* (*'Unidentified Flying Object'*); no obstante, la ciencia que estudia estos fenómenos es la **ufología**, y el estudioso de los ovnis se llama **ufólogo**, términos que tampoco se encuentran en el diccionario de la RAE.

óvolo No confundir con su homófono → **óbolo**.

*oyes Forma incorrecta por **oye**, persona singular del imperativo del verbo **oír**.

p

p La pronunciación del fonema como /k/ o /z/ ante consonante se considera vulgar, como por ejemplo */aztitud/ o */aktitud/ por **aptitud**. // En los grupos **ps** y **pt** iniciales la p no suele pronunciarse: *psiquiatría /siquiatría/, psicología /sicología/,* etc., y en algunos casos se admite la grafía sin **p-**: *siquiatría, sicología.*

pabilo o **pábilo** Ambas acentuaciones están admitidas para este sustantivo, aunque suele preferirse la primera.

pacer Es un verbo irregular. Se conjuga como **agradecer**: *pazca, pazcan.*

pachá Ver **bajá**.

pachulí Es incorrecta la acentuación grave **pachuli* para este sustantivo masculino.

pactar Este verbo se construye con las preposiciones **con** y **entre**: *pactar con el enemigo, pactar algo entre varios.*

padecer Es un verbo irregular. Se conjuga como **agradecer**: *padezco, padezcas.*

padrenuestro o **padre nuestro** Ambas formas están admitidas, y aunque la RAE da preferencia a la escrita en dos palabras (con plural **padres nuestros**), en la actualidad es más corriente **padrenuestro** (con plural **padrenuestros**).

pagar Este verbo se construye con las preposiciones **con, de, en** y **por**: *pagar con la misma moneda, pagar de sus ahorros, pagar en especie, pagar por otro.*

paipay Ésta es la forma admitida por la RAE para este sustantivo, con plural **paipáis**. No recoge en su diccionario la grafía **paipai** para el singular, propuesta por algunos autores.

pakistaní La RAE no admite esta grafía (que respeta la **-k-** de **Pakistán**), y sólo recoge en su diccionario la forma **paquistaní**, aunque ambas son de uso frecuente.

palabra Son incorrectas las construcciones del tipo: **Te doy mi palabra que iré*, en las que no debe suprimirse la preposición **de**: *Te doy mi palabra de que iré.*

palancana o **palangana** Ambas formas están admitidas, aunque la primera se considera de uso regional.

*palante Vulgarismo por **para adelante**.

paliar En cuanto al acento, este verbo se conjuga como **ansiar**: *palío, palías*, aunque son frecuentes los ejemplos de conjugación según el modelo de **cambiar**: *palio, palias.*

palidecer Es un verbo irregular. Se conjuga como **agradecer**: *palidezco, palidezcas.*

palimpsesto 'Manuscrito antiguo que conserva huellas de otro anterior borrado'. Es incorrecta la forma ***palimpsexto** para este sustantivo.

palma Se considera impropia la expresión **palma del pie*, ya que el sustantivo **palma** se emplea aplicado a las manos: *palma de la mano*. La construcción correcta sería *planta del pie.*

palo dulce Ver **paloduz**.

palo santo Puede escribirse también **palosanto**: *madera de palo santo* o *palosanto.*

paloduz También se escribe **palo dulce**.

panocha o **panoja** Ambas formas están admitidas, aunque la RAE da preferencia a la segunda.

panorama / panorámica El significado estricto de **panorámica** como sustantivo es 'en cinematografía, toma realizada con la cámara que gira en sentido horizontal u oblicuo, apoyada en un punto'. Actualmente se emplea mucho de forma semejante a **panorama** con el sentido de 'aspecto o visión general de un tema, asunto, situación, etc.': *El conferenciante describió una panorámica optimista de la política europea*. Es más exacto usar **panorama**, especialmente cuando se quiere dar a lo que se dice un carácter más objetivo: *el panorama actual*, pero no: **la panorámica actual.*

panteón No es sinónimo de → **cenotafio**.

panti Ver **pantis**.

pantis 'Especie de medias finas que llegan hasta la cintura'. El diccionario de la RAE no recoge este sustantivo masculino plural, aunque su uso está plenamente asentado en español: *unos pantis de seda*, también bajo las formas singulares **panti** y **panty**. Procede de la voz inglesa *panties*, que no designa un tipo de medias, sino que significa 'bragas'.

panty Ver **pantis**.

papá o **papa** Ambas acentuaciones son correctas; el término **papa** es la voz tradicional, aunque hoy se considera una variante popular. En el mismo caso se encuentran **mamá** y **mama**. // El diminutivo de uso común en España para este sustantivo es **papaíto**, y en América, **papito** o **papacito**; lo mismo puede aplicarse a **mamá**: **mamaíta** (España) y **mamita** o **mamacita** (América).

papel Ver **rol**. // **jugar un papel** Ver **jugar**.

paperback Evítese este anglicismo por **encuadernación en rústica** o **libro en rústica**.

paprika En el diccionario de la RAE (ed. 1992), se transcribe esta voz serbocroata en la forma esdrújula **páprika**, aunque es mucho más frecuente la acentuación grave **paprika**.

papú o **papúa** 'De un pueblo de Papúa Nueva Guinea'. Ambas formas están admitidas para este gentilicio, aunque en la actualidad es más usual la primera. Sus plurales son **papúes** y **papúas**, respectivamente. // Es incorrecta la forma singular *papúe.

paquebot o **paquebote** Ambas formas están admitidas, aunque se usa más la segunda.

paquistaní Ver **pakistaní**.

par Como sustantivo con el significado de 'cierta dignidad en algunos estados': *los pares del reino*, su femenino es **paresa**, si bien este último término designa sólo a la mujer de un par. // **sin par** Es incorrecto escribir *simpar: *rostro simpar* por *rostro sin par*.

para Expresiones de influencia inglesa como *un minuto para las tres* por *las tres menos un minuto* se emplean con alguna frecuencia en el lenguaje informativo (televisivo, radiofónico), aunque no son propias de nuestro idioma, pese a que parecen de uso normal en algunos países de América. // Se prefiere el empleo de construcciones como **para dentro, para fuera, para delante**, en lugar de **para adentro, para afuera, para adelante**, para así evitar la cacofonía.

paradisiaco o **paradisíaco** Ambas formas están admitidas, aunque la RAE da preferencia a la segunda: *un entorno paradisíaco*.

*paradógico Forma incorrecta por **paradójico**.

paradójico Es incorrecta la forma ***paradógico**, debida seguramente a la analogía fonética con **lógico**. En el español de América suele usarse **paradojal**, voz que no recoge el diccionario de la RAE.

paralaje 'Diferencia entre las posiciones aparentes de un astro al ser observado desde distintos puntos'. Es un sustantivo femenino: *la paralaje*, no **el paralaje*.

paralelo (en) Se considera incorrecto el uso de esta construcción en frases del tipo: **La reunión se celebrará en paralelo al debate*; se recomienda sustituirla por **a la vez que, simultáneamente con**: *La reunión se celebrará a la vez que el debate*. La locución **en paralelo** tiene un valor espacial: *aparcar en paralelo*.

paralelogramo Es incorrecta la acentuación ***paralelógramo**.

*paralís Forma vulgar por **parálisis**.

parálisis Es un sustantivo femenino: *una parálisis*. Es incorrecto su uso como masculino: **Le dio un parálisis*, por influencia de la forma vulgar masculina ***paralís**: **Le dio un paralís*.

paranomasia Ver **paronomasia**.

paraplejia o **paraplejía** Ambas formas están admitidas y, aunque la RAE da preferencia a la segunda, es más común la acentuación **paraplejia**.

pardusco Es incorrecta la forma *parduzco para este adjetivo.

parecer Es un verbo irregular. Se conjuga como **agradecer**: *parezco, parezcas*. // Si el sujeto de este verbo es una proposición encabezada por la conjunción **que**, lo normal es que el verbo siguiente aparezca en indicativo: *Parece que estás triste*, pero si **parecer** va en forma negativa, el verbo siguiente suele aparecer en subjuntivo: *No parece que haya sufrido mucho*.

pareja Empléese preferentemente este sustantivo español en lugar de la forma inglesa *partner* o de la francesa *partenaire*, cuyo uso es innecesario.

parisién, parisiense o **parisino** Las tres formas están admitidas. La primera apenas se utiliza, y aunque la RAE da preferencia al adjetivo o sustantivo **parisiense**, es mucho más corriente **parisino**.

parka La RAE no admite esta voz esquimal, pero se emplea mucho en nuestro idioma como sustantivo femenino con el significado de 'especie de chaquetón con capucha, acolchado o forrado de piel'.

parking Ver **aparcamiento**.

-parlante En general, son más propias del español formas como **castellanohablante, anglohablante**, en lugar de otras formadas, por influencia francesa, con el sufijo -**parlante**, aunque éste se emplea sobre todo en Cataluña y América: *castellanoparlante, angloparlante*.

parodiar En cuanto al acento, este verbo se conjuga como **cambiar**: *parodio, parodias*.

paronomasia Aunque algunos autores consideran incorrecta la variante **paranomasia**, esta forma está recogida en el diccionario de la RAE y se emplea frecuentemente, aunque se prefiere **paronomasia**.

parqué Aunque se emplea mucho la forma francesa *parquet*, ésta no está admitida por la RAE y se prefiere el sustantivo castellanizado **parqué**, que permite formar el plural regular **parqués**.

parqueadero, parquear Ver **aparcamiento**.

parquet Ver **parqué**.

parricida Es error aplicar este sustantivo o adjetivo solamente a la 'persona que mata a su padre', ya que su significado es más amplio: 'persona que asesina a uno de sus ascendientes o descendientes o a su cónyuge'. Sucede igual para el sustantivo **parricidio**.

partenaire Ver **pareja**.

participar Este verbo se construye con las preposiciones **de** y **en**: *participar de los beneficios, participar en el juego*, no con **a**: **participar al 2% de los gastos*.

partidario / partidista El significado estricto del adjetivo o sustantivo **partidario** es 'que apoya o defiende a una persona, idea, movimiento, etc.': *partidario de la razón*. Por eso, es impropio su uso como sinónimo de **partidista** ('excesivamente favorable a un partido, idea, opinión, etc.'): **intereses partidarios*; lo correcto es: *intereses partidistas*.

partner Ver **pareja**.

party Anglicismo innecesario que se puede suplir con formas españolas como **fiesta, reunión**, etc.

parvenu Este sustantivo francés puede sustituirse por formas españolas como **advenedizo, nuevo rico, arribista**, etc.

pasamano o **pasamanos** Ambas formas están admitidas, y aunque la RAE da preferencia al sustantivo singular **pasamano**, es más frecuente la forma plural **pasamanos** con valor de singular: *Se deslizó por el pasamanos*.

pasar Se recomienda evitar el uso de este verbo con el significado de **aprobar**, por influencia del inglés *to pass*, en construcciones del tipo: *Los planes han sido pasados por la directiva*, aunque su empleo con este sentido es frecuente.

pasodoble Se prefiere esta grafía a la forma en dos palabras **paso doble**, de uso anticuado.

paspartú La RAE no admite este sustantivo masculino, procedente del francés *passe-partout*; sin embargo, no existen equivalentes exactos en español para su significado: 'recuadro de cartón, tela u otro material que se coloca entre un dibujo, pintura, etc., y su marco'.

passing shot En español, esta construcción inglesa empleada en el lenguaje del tenis puede sustituirse por **golpe paralelo** o **golpe cruzado**.

pasterizar o **pasteurizar** Ambas formas están admitidas, aunque es más frecuente **pasteurizar**. Sucede igual para los derivados **pasterización** o **pasteurización** y **pasterizado** o **pasteurizado**.

paternidad El significado de este sustantivo es 'estado o circunstancia de ser padre', y suele usarse metafóricamente en construcciones como *la paternidad de este cuadro*, aunque no debe abusarse de este empleo referido a acciones: **Nadie ha asumido aún la paternidad del atentado*. En estos casos utilícese **autoría** o similares.

pátina Es incorrecta la acentuación ***patina** para este sustantivo.

patriotería, **patriotismo** Distínganse de → **chovinismo**, **chovinista**.

patrocinador Ver **espónsor**.

*patrullaje No se admite este sustantivo: **sistema de patrullaje urbano*. Puede sustituirse simplemente por **patrulla**: *sistema de patrullas urbanas*.

paupérrimo Superlativo irregular de **pobre**.

pecblenda o **pechblenda** Ambas formas están admitidas para este sustantivo, y aunque la RAE da preferencia a la primera, es más frecuente **pechblenda**.

peccata minuta Es incorrecta la forma ***pecata minuta** para esta expresión latina, que se utiliza para expresar la poca importancia o valor de algo: *Lo que queda por liquidar es peccata minuta*.

pecho En el diccionario de la RAE aparece la frase figurada **tomar a pechos** para el significado de 'tomar una cosa con mucho empeño; también, ofenderse o tomar demasiado en serio algo'. Actualmente se usa la forma **tomar a pecho**, no recogida por la RAE: *No te lo tomes a pecho e intenta perdonar*.

peciolo o **pecíolo** Ambas formas están admitidas para este sustantivo, aunque se prefiere la segunda.

peculio Es incorrecta la forma *pecunio (por influencia de **pecuniario**: 'perteneciente o relativo al dinero') para este sustantivo, cuyo significado es 'dinero o bienes que posee una persona': *Su peculio asciende a tres millones.*

*pecunio Forma incorrecta por **peculio**.

pedestre Es incorrecta la forma *pedrestre para este sustantivo.

pedigrí Forma españolizada del sustantivo inglés *pedigree*. Aunque su significado estricto es 'genealogía de un animal de raza', a veces se usa metafóricamente referido a personas, aunque el diccionario de la RAE no registra este sentido figurado: *un aristócrata de pedigrí.* // Su plural es **pedigríes**, aunque también se emplea **pedigrís**.

pedir Es un verbo irregular. Ver cuadro. // **pedir excusas** Es incorrecto usar esta construcción, por influencia de **pedir perdón**, con el significado de 'disculparse': **Pido excusas por el retraso.* Quien habla no 'exige' que le den disculpas a él, sino que las presenta él mismo por su retraso. Debe decirse **presentar** u **ofrecer excusas**: *Presento (mis) excusas por el retraso.*

*pedrestre Forma incorrecta por **pedestre**.

pelambre En el diccionario de la RAE este sustantivo aparece como de género ambiguo, aunque su uso normal suele ser como femenino: *¡A ver si te peinas esa pelambre!*

pelandusca Es incorrecta la forma *pelandrusca para este sustantivo.

pelear El uso normal de este verbo es como intransitivo: *Tuvo que pelear para conseguirlo*, aunque en algunos países de América también se emplea como transitivo: *Voy a pelearlo hasta que lo consiga.*

pelícano o **pelicano** Se admiten ambas acentuaciones, aunque la segunda apenas se emplea.

peligrosidad Se recomienda evitar el uso de este sustantivo por **peligro** en construcciones del tipo: **una jugada de gran peligrosidad (una jugada de mucho peligro)*, y se propone restringir el uso de **peligrosidad** al sentido estricto de 'cualidad de peligroso': *La peligrosidad de la jugada.*

PEDIR
GERUNDIO
pidiendo
INDICATIVO

Presente	Pretérito perfecto simple
pido	*pedí*
pides	*pediste*
pide	*pidió*
pedimos	*pedimos*
pedís	*pedisteis*
piden	*pidieron*

SUBJUNTIVO		
Presente	Pretérito imperfecto	Futuro
pida	*pidiera, -ese*	*pidiere*
pidas	*pidieras, -eses*	*pidieres*
pida	*pidiera, -ese*	*pidiere*
pidamos	*pidiéramos, -ésemos*	*pidiéremos*
pidáis	*pidierais, -eseis*	*pidiereis*
pidan	*pidieran, -esen*	*pidieren*

IMPERATIVO	
pide	*pedid*

pena valer (o **merecer**) **la pena** Esta locución se construye sin la preposición **de**: *vale* (o *merece*) *la pena sacrificarse*, pero no: **vale* (o *merece*) *la pena de sacrificarse*.

penalti o **penalty** La RAE propone españolizar el sustantivo inglés *penalty* mediante la forma **penalti**, aunque aquél está plenamente asentado en nuestro idioma. Su plural en español es **penaltis** o **penaltys**, respectivamente.

pender Es incorrecta la forma *pendir para este verbo: **pendirá*, **pendiréis* por *penderá, penderéis*.

*pendir Forma incorrecta por **pender**.

pensar Es un verbo irregular. Ver cuadro de la página siguiente. // Deben evitarse la construcción **pensar de que*:

Pienso de que es verdad; lo correcto es: *Pienso que es verdad*. Ver apartado de gramática [2.8.1.].

PENSAR		
INDICATIVO	SUBJUNTIVO	IMPERATIVO
Presente	Presente	
pienso	*piense*	
piensas	*pienses*	*piensa*
piensa	*piense*	
pensamos	*pensemos*	
pensáis	*penséis*	*pensad*
piensan	*piensen*	

pensil o **pénsil** Ambas acentuaciones están admitidas, aunque la RAE da preferencia a la primera.

pentagrama o **pentágrama** Ambas acentuaciones están admitidas para este sustantivo masculino, aunque la forma esdrújula **pentágrama** apenas se usa.

pentatlón o **pentathlon** La RAE sólo incluye en su diccionario el sustantivo **pentatlón**, aunque no es rara la grafía grecizante **pentathlon**. Úsese preferentemente **pentatlón**.

peor Forma comparativa del adjetivo **malo** y del adverbio **mal**. // Se construye con la conjunción **que**: *Eres peor que él*, no con la preposición **a**: **Eres peor a él*.

*pepermín Forma incorrecta por **pipermín**.

pequeño El comparativo de este adjetivo es → **menor**. // El superlativo de uso normal es **pequeñísimo**: *un espacio pequeñísimo*, aunque existe la forma culta **mínimo**, que admite la anteposición del adverbio **más**: *No tengo la más mínima intención de perdonarte*. El superlativo **mínimo** puede funcionar como sustantivo, y alterna en este uso con **mínimum**. Ver **mínimo / mínimum**.

perder Es un verbo irregular. Se conjuga como **tender**: *pierdo, pierdes*.

perecer Es un verbo irregular. Se conjuga como **agradecer**: *perezco, perezcas*.

perenne Es incorrecta la pronunciación */peremne/ para este adjetivo. Sucede igual para los derivados **perennidad, perennemente,** etc.

*perfeccionable Forma incorrecta por **perfectible.**

perfectamente El significado estricto de este adverbio de modo es 'de manera perfecta': *Lo entiendo perfectamente,* por lo que se considera impropio su uso por **completamente, totalmente** en frases del tipo: **Ese comportamiento es perfectamente inadmisible.*

perfectible 'Que puede ser perfeccionado'. Es incorrecto ***perfeccionable.**

performance En general, no es necesario recurrir a este sustantivo inglés, que puede sustituirse, según los casos, por **ejecución, actuación, representación** u **obra.**

periferia Es incorrecta la acentuación ***periferría.**

perineo o **periné** Ambas formas están admitidas y, aunque la RAE da preferencia al sustantivo **periné,** suele ser algo más usual **perineo.**

periodo o **período** Ambas acentuaciones de este sustantivo están admitidas y, aunque la RAE da preferencia a la segunda, en la actualidad es más usual **periodo**: *Tras la tempestad siempre habrá un periodo de calma.*

perito Es incorrecta la acentuación ***périto.**

perjuicio No confundir este sustantivo con **prejuicio. Perjuicio** es 'el efecto de perjudicar': *Su ineptitud causó grandes perjuicios a la empresa,* y **prejuicio** quiere decir 'juicio que no está basado en la razón o el conocimiento, sino en ideas preconcebidas': *Estás lleno de prejuicios raciales.*

permanecer Es un verbo irregular. Se conjuga como **agradecer**: *permanezco, permanezcas.*

pero También se admite **empero,** aunque esta última forma hoy está en desuso. // ***pero sin embargo** Es innecesaria la acumulación de estas dos conjunciones adversativas, pues bastaría con una sola de ellas: *Parece amable; sin embargo, es una verdadera víbora,* o *Parece amable, pero es una verdadera víbora* (no **Parece amable, pero sin embargo, es una verdadera víbora*).

perpetuar En cuanto al acento, este verbo se conjuga como **actuar**: *perpetúo, perpetúas*.

perseguir Es un verbo irregular. Se conjuga como **pedir**. Delante de **a** y **o** el grupo **gu** de la raíz cambia a **g**: *persiga, persigo*.

persignar(se) Son incorrectas las formas **presignar(se)* o **presinar(se)* para este verbo: **Se presignó varas veces al entrar en la iglesia*.

persona non grata Ver **non grato*.

perspectiva Es incorrecto **prespectiva*.

pertenecer Es un verbo irregular. Se conjuga como **agradecer**: *pertenezco, pertenezcas*.

pervertir Es un verbo irregular. Se conjuga como **sentir**: *pervierto, perviertes*.

pesar[1] Es un verbo intransitivo con el significado de 'tener determinado peso', aunque algunos autores lo consideran transitivo en esa acepción: *Yo peso cincuenta kilos* (en donde '*cincuenta kilos*' es el complemento directo).

pesar[2] Este sustantivo masculino forma la locución prepositiva **a pesar de** ('en contra de la voluntad o deseo de alguien o contra la resistencia de algo'): *Lo haré a pesar de él. A pesar de su genio, es buena persona*. Es incorrecta la supresión de la preposición **de** cuando esta locución introduce oraciones encabezadas por la conjunción **que**: **A pesar que siempre están discutiendo, son grandes amigos*. Debe decir: *A pesar de que siempre están discutiendo*.

pésimamente Superlativo irregular de **mal**.

pésimo Superlativo irregular de **malo**.

petroleología No confundir con → **petrología**.

petrolero / petrolífero No son adjetivos sinónimos. **Petrolero** significa 'perteneciente o relativo al petróleo', y **petrolífero**, 'que contiene o produce petróleo'. Por tanto, se dice *industria petrolera* (no **industria petrolífera*), *yacimiento petrolífero, pozo petrolífero* (no **yacimiento o pozo petrolero*).

petrología Este sustantivo se refiere al 'estudio de las rocas'. El correspondiente al 'estudio del petróleo' es **petroleología**.

piafar Debe evitarse atribuir a este verbo el significado de 'relinchar', pues su verdadero sentido es 'levantar el caballo alternativamente una y otra mano dejándolas caer con fuerza y rapidez'.

piamadre o **piamáter** Ambas formas están admitidas para este sustantivo, aunque se prefiere la primera a la latinizante **piamáter**.

pian, pian; pian pianito o **pian, piano** Las tres formas están admitidas para esta locución adverbial de carácter familiar (del italiano *pian, piano*, 'despacio'). La de menor uso es **pian, pian**, y aunque la RAE da preferencia a **pian, piano**, también es muy frecuente el empleo de **pian, pianito**: *Y así caminaban, pian pianito, los dos ancianitos.*

piar En cuanto al acento, este verbo se conjuga como **ansiar**: *pío, pías.*

*picia Forma incorrecta por **pifia**.

picnic Aunque algunos autores proponen sustituir este sustantivo inglés (no admitido por la RAE) por equivalentes españoles como **excursión, comida campestre, jira**, etc., **picnic** está plenamente asentado en nuestro idioma: *Este fin de semana iremos de picnic.*

pie Aunque la RAE admite las locuciones adverbiales **de pie, de pies** y **en pie** (dando preferencia a esta última), lo cierto es que la de uso normal es **de pie**: *estar de pie*; **de pies** hoy suele evitarse, por considerarla vulgar, y **en pie** es de uso más literario: *¡Póngase en pie el acusado! //* **a pie(s) juntillas** El diccionario de la RAE también recoge la variante **a pie juntillo**, aunque hoy está en desuso.

pifia Es incorrecta la forma ***picia**: **¡Menuda picia ha hecho!*

pijama El género habitual de este sustantivo es masculino: *el pijama*, aunque en algunos países de América se emplea también como femenino: *la pijama*. También se dice **piyama**: *el piyama*, aunque esta última forma es exclusivamente americana, usada también como femenino: *la piyama*.

pimpón También está admitido **ping-pong** (del francés *Ping-Pong*, marca registrada), aunque suele darse preferencia al sustantivo castellanizado **pimpón**. También se admite la construcción **tenis de mesa**, aunque su uso es algo menos frecuente.

pinchadiscos Aunque este es el término español, registrado por la RAE, que corresponde al inglés *disc-jockey*, uno y otro se usan indistintamente, si bien **pinchadiscos** es más coloquial.

ping-pong Ver **pimpón**.

pintada Ver **graffiti**.

pintarrajar o **pintarrajear** Ambas formas están admitidas, aunque es más frecuente **pintarrajear**. Con el verbo en forma pronominal, sólo se usa **pintarrajearse**: *Se pintarrajeó la cara*.

pipermín Forma españolizada para el sustantivo inglés *peppermint*. // Es incorrecta la forma **pepermín*.

*pirinaico Forma incorrecta por **pirenaico**.

piromancia o **piromancía** Ambas formas están admitidas para este sustantivo, aunque se prefiere la primera.

pirulí El plural de este sustantivo es **pirulíes**, aunque también se usa mucho la forma **pirulís**.

piyama Ver **pijama**.

placer Es un verbo irregular. Se conjuga como **agradecer**: *plazco*. Este verbo presenta también, aunque se emplean muy poco, las formas antiguas **plugo** (pretérito perfecto simple), **pluguiera** o **pluguiese** (pretérito imperfecto de subjuntivo) y **pluguiere** (futuro de subjuntivo); son incorrectas **plugiera* y **plugiere*.

plagar Este verbo se construye con la preposición **de**: *Este lugar está plagado de mosquitos*.

plagiar En cuanto al acento, este verbo se conjuga como **cambiar**: *plagio*.

plaguicida Es incorrecta la forma **plagicida*.

planning Es frecuente el uso de esta voz inglesa en lugar de la española **planificación**: *Hay que elaborar un planning de* *ventas*. Nunca debe emplearse fuera del ámbito comercial al que pertenece, aunque en cualquier caso es preferible el término español. Esta voz no ha sido recogida en el diccionario de la RAE.

plantar Este verbo se construye con las preposiciones **de** y **en**: *plantar de frutales. En un momento se plantó en mi casa.*

plañir Es un verbo irregular. Se conjuga como **mullir**: *plañera, plañendo.*

plateau Debe evitarse el uso de esta forma francesa por **plató**.

play-off Esta expresión inglesa se utiliza habitualmente en deportes para referirse a una fase final o eliminatoria de un torneo (*el play-off de la liga*), aunque la RAE no lo admite.

playboy La RAE propone los sustantivos **conquistador** o **enamorador** en lugar de esta voz inglesa, aunque su uso está generalizado: *Mi vecino es un playboy.*

pleamar El género de este sustantivo es femenino: *la pleamar*. Debe evitarse, por tanto, su uso como masculino por influencia de *mar*: **el pleamar*.

plegar Es un verbo irregular. Se conjuga como **pensar**. La **g** de la raíz cambia a **gu** delante de **e**: *pliegue.*

*plugiera, -ese, *plugiere Formas incorrectas por **pluguiera, -ese** y **pluguiere**. Ver **placer**.

plusmarca, plusmarquista Se emplea mucho en deporte el sustantivo **plusmarca**, al igual que **marca** o **récord** (*Ha batido una plusmarca*), a pesar de que el diccionario de la RAE no lo recoge. En cambio, el sustantivo derivado **plusmarquista** sí se encuentra en el diccionario de la RAE; se prefiere este término al inglés *recordman* o *recordwoman*.

plusvalía Es incorrecta la forma ***plus valía** para este sustantivo.

poblar Es un verbo irregular. Se conjuga como **contar**: *pueblo*. // Se construye con la preposición **de**: *poblar de álamos una zona.*

pobre Este adjetivo tiene dos superlativos; uno culto, **paupérrimo**, poco utilizado, y otro coloquial, **pobrísimo**, más usual. // Se construye con las preposiciones **de** y **en**: *pobre* *de espíritu, pobre en ideas.* // Debe evitarse su uso con el significado de 'malo': **Ha tenido una actuación muy pobre.*

poco Este término, como sustantivo, es masculino, por lo que no debe utilizarse como femenino: **una poca de sal.* Tampoco debe usarse, seguido de la preposición **de**, ante nombres contables: **unos pocos de niños.* Sólo varía de género y número cuando es adjetivo o pronombre: *Han venido pocas. Es poca cosa.*

poder Es un verbo irregular. Ver cuadro.

PODER			
GERUNDIO			
pudiendo			
INDICATIVO			
Presente	**Pret. perf. simple**	**Futuro**	**Condicional**
puedo	*pude*	*podré*	*podría*
puedes	*pudiste*	*podrás*	*podrías*
puede	*pudo*	*podrá*	*podría*
podemos	*pudimos*	*podremos*	*podríamos*
podéis	*pudisteis*	*podréis*	*podríais*
pueden	*pudieron*	*podrán*	*podrían*
SUBJUNTIVO			
Presente	**Pretérito imperfecto**	**Futuro**	
pueda	*pudiera, -ese*	*pudiere*	
puedas	*pudieras, -eses*	*pudieres*	
pueda	*pudiera, -ese*	*pudiere*	
podamos	*pudiéramos, -ésemos*	*pudiéremos*	
podáis	*pudierais, -eseis*	*pudiereis*	
puedan	*pudieran, -esen*	*pudieren*	
IMPERATIVO			
puede		*poded*	

podio o **podium** Ambas formas de este sustantivo están admitidas, aunque se prefiere la primera, más cercana a la ortografía española.

podrir Ver **pudrir**.

poeta El femenino de este sustantivo es **poetisa**, aunque con frecuencia se utiliza la forma **poeta** como invariable para ambos géneros: *una insigne poetisa* (o *poeta*) *española*.

póker Nombre de un conocido juego de cartas (del inglés *poker*). Se prefiere la forma totalmente españolizada **póquer**, que es la admitida por la RAE, aunque se utiliza tanto o más la grafía **póker**.

polca Se prefiere esta grafía a la forma **polka** para este sustantivo. La forma **polka** no aparece registrada en el diccionario de la RAE.

policiaco o **policíaco** Ambas formas de este adjetivo están admitidas por la RAE. Aunque algunos autores dan preferencia a la segunda, es más usada **policiaco**.

polícromo o **policromo** Ambas formas están admitidas. Aunque la RAE da preferencia a la segunda, en la lengua coloquial se usa más la primera.

polígloto, **políglota** o **poligloto**, **poliglota** La RAE admite ambas acentuaciones para este sustantivo y adjetivo, pero da preferencia a **poligloto** y **poliglota**, a pesar de que en la lengua coloquial se usan más las formas esdrújulas. // Algunos autores sostienen que **polígloto** es la forma para masculino (*un hombre polígloto*) y **políglota** para el femenino (*una mujer políglota*), aunque lo habitual es que se use esta última para los dos géneros: *un texto políglota, una persona políglota*.

poliomielitis Es incorrecta la forma *poliomelitis. // Se utiliza mucho la forma apocopada de este sustantivo: **polio**. Las dos, **poliomielitis** y **polio**, son femeninos: *la vacuna contra la polio*. **Poliomielitis** no varía en plural: *la /las poliomelitis*.

polka Ver **polca**.

polo acuático Ver **waterpolo**.

polonio o **polónium** Se prefiere la primera forma a la latinizante **polónium** para este sustantivo.

poner Es un verbo irregular. Ver cuadro de la página siguiente. // Puede construirse con la preposición **a**: *ponerse a estudiar*.

PONER			
GERUNDIO			
poniendo			
INDICATIVO			
Presente	**Pret. perf. simple**	**Futuro**	**Condicional**
pongo	*puse*	*pondré*	*pondría*
pones	*pusiste*	*pondrás*	*pondrías*
pone	*puso*	*pondrá*	*pondría*
ponemos	*pusimos*	*pondremos*	*pondríamos*
ponéis	*pusisteis*	*pondréis*	*pondríais*
ponen	*pusieron*	*pondrán*	*pondrían*
SUBJUNTIVO			
Presente	**Pretérito imperfecto**		**Futuro**
ponga	*pusiera, -ese*		*pusiere*
pongas	*pusieras, -eses*		*pusieres*
ponga	*pusiera, -ese*		*pusiere*
pongamos	*pusiéramos, -ésemos*		*pusiéremos*
pongáis	*pusierais, -eseis*		*pusiereis*
pongan	*pusieran, -esen*		*pusieren*
IMPERATIVO			
pon			*poned*

póney o **poni** Se admiten ambas formas, aunque se prefiere **poni**, más cercano a la ortografía española. Su plural es **póneys** o **ponis**, respectivamente.

popelín o **popelina** Ambas formas están admitidas como adaptación del francés *popeline*. Aunque la RAE da preferencia a la segunda, es más frecuente **popelín**. **Popelina** es femenino, como la voz originaria francesa, mientras que **popelín** se utiliza como masculino: *el popelín*.

popurrí También se utiliza la forma **popurri** para este sustantivo, aunque algunos autores no la admiten. Su plural es **popurrís**. // Debe evitarse la forma francesa original *pot-pourri*.

póquer Ver póker.

por ir + a + por + sustantivo Ver a. // Evítese la locución *por contra: *Tú trabajas bien; por contra él es un vago.* Debe usarse en su lugar el adverbio **contrariamente** o la expresión **por el contrario**.

porfiar En cuanto al acento, este verbo se conjuga como **ansiar**: *porfío*.

porque / por que / porqué / por qué No deben confundirse. **Porque** es una conjunción que realiza función causal: *Me voy porque no quiero verle*. **Por que** es la suma de una preposición y un pronombre relativo: *Ésta es la razón por que te escribo*. En este caso es más frecuente su uso con artículo: *Ésta es la razón por la que te escribo*. **Porqué** es sustantivo: *Dime el porqué de tu comportamiento*. **Por qué** es la suma de una preposición y un pronombre interrogativo: *¿Por qué lo has hecho?*

portaaviones Debe evitarse la forma *portaviones. // Este sustantivo no varía en plural: *el /los portaaviones*.

portaequipaje o **portaequipajes** Ambas formas están admitidas, aunque se usa más la segunda.

portafolio o **portafolios** Ambas formas están admitidas, aunque se usa más **portafolios**.

portalámpara o **portalámparas** Ambas formas están admitidas, aunque se usa más la segunda.

portaobjeto o **portaobjetos** Ambas formas están admitidas, aunque se usa más **portaobjetos**.

portarretrato o **portarretratos** Aunque la RAE sólo admite la primera forma para este sustantivo, se utiliza más **portarretratos**.

pos Esta preposición se utiliza exclusivamente en la locución **en pos de**: *en pos del éxito*. Son incorrectas las expresiones *en pos mío, *tuyo, *suyo, etc. Debe decirse **en pos de mí, de ti, de él**, etc.

pos- Prefijo de origen latino que significa 'detrás' o 'después de'. En ocasiones se utiliza la forma **post-**, aunque ante consonante se prefiere la forma **pos**: *postoperatorio; posponer, posguerra, posdata*.

poseer Es un verbo irregular. Se conjuga como **leer**: *poseyó*.

posmeridiano Ver **post merídiem**.

posponer Es un verbo irregular. Se conjuga como **poner**: *pospuse, pospongo*.

post- Ver **pos-**.

post merídiem Locución latina que significa 'después del mediodía'. Pese a su uso, esta expresión no aparece en el diccionario de la RAE, aunque sí sus variantes **postmeridiano, posmeridiano**, que apenas se utilizan; tampoco se recogen otras formas como **post meridiem** (sin tilde) y **post meridiano**. Casi siempre se utiliza su abreviatura **p.m.** (*las 5 p.m.*), sobre todo en América, aunque en España, tanto la locución como su abreviatura, se emplean casi exclusivamente en la lengua escrita. Su contrario es **ante merídiem**.

posterior Este adjetivo se construye con la preposición **a**: *posterior a la Edad Media*; no con **que**: **posterior que la Edad Media*.

posteriormente Este adverbio se construye a menudo con la preposición **a**: *El delincuente fue trasladado posteriormente a su interrogatorio*. No obstante, lo más correcto es el uso de la locución adverbial **después de**: *El delincuente fue trasladado después del interrogatorio*.

postmeridiano Ver **post merídiem**.

postrar Este verbo se construye con la preposición **de**: *postrarse de desesperación*.

postrer Forma apocopada del adjetivo **postrero**.

postrero o **postrimero** Ambas formas están admitidas para este adjetivo, aunque se prefiere la primera. // Su uso es casi exclusivamente literario y significa 'el último de una serie': *el momento postrero*. // Adopta la forma apocopada **postrer** ante sustantivos masculinos singulares, aunque entre los dos se interponga otro adjetivo: *el postrer acontecimiento, el postrer feliz acontecimiento*. A veces también se utiliza esta forma apocopada ante nombres femeninos, a pesar de que, en general, se rechaza este uso: *la postrer semana*. // Ante la conjunción **y** se utiliza siempre la forma plena **postrero**: *el postrero y mejor momento*.

potosí El plural de este sustantivo es **potosíes**, aunque a menudo se utiliza la forma **potosís** en la lengua coloquial.

pot-pourri Ver **popurrí**.

practicante Con el significado de 'persona que pone en práctica determinadas ideas o preceptos' este sustantivo es invariable en cuanto al género: *el /la practicante de la religión católica*. Cuando se refiere a la persona que tiene el título de auxiliar médico menor, se utiliza con frecuencia el femenino **practicanta**.

precaver Este verbo se construye con la preposición **de**: *precaverse de los hipócritas*.

preceptuar En cuanto al acento, este verbo se conjuga como **actuar**: *preceptúo*.

preces Este sustantivo es femenino y sólo se utiliza en plural: *rezar las preces*, no *la prez*. **Prez** es otro sustantivo, de género ambiguo, que significa 'honor', 'estima', 'fama': *ganar prez*.

preciarse En cuanto al acento, este verbo se conjuga como **cambiar**: *Me precio*. // Se construye con la preposición **de**: *Se precia de buen jinete*.

preconcebir Es un verbo irregular. Se conjuga como **pedir**: *preconcibo*.

predecir Es un verbo irregular. Se conjuga como **decir**: *predigo*, salvo en el futuro de indicativo (*predeciré*), condicional simple (*predeciría*) e imperativo (*predice*), que son regulares.

predisponer Es un verbo irregular. Se conjuga como **poner**: *predispongo*.

preferible Este adjetivo se construye en correlación con la preposición **a**: *Es preferible salir con tiempo a tener que correr*, y no con **que**: *Es preferible salir con tiempo que tener que correr*. Lo mismo se aplica al verbo **preferir**: *Prefiero morir a traicionarlos*, y no: *Prefiero morir que traicionarlos*.

preferir Es un verbo irregular. Se conjuga como **sentir**: *prefiero*. // Ver **preferible**.

prejuicio No confundir con → **perjuicio**.

preludiar En cuanto al acento, este verbo se conjuga como **cambiar**: *preludio*.

premiar En cuanto al acento, este verbo se conjuga como **cambiar**: *premio*.

premier Este sustantivo designa solamente al primer ministro inglés o de otro país de la Commonwealth. Es impropio utilizarlo en cualquier otro caso.

première Es innecesario este término francés para referirse a la primera exhibición de una película o una obra teatral. Utilícese el sustantivo español **estreno**.

premio Este sustantivo se construye sobre todo con las preposiciones **a** y **por**: *Recibió un ducado como premio a (o por) sus servicios.*

prendar Este verbo se construye con la preposición **de**: *prendarse de sus ojos.*

prensil Es incorrecta la acentuación **prénsil*.

*prenunciar Forma incorrecta por **pronunciar**.

presagiar En cuanto al acento, este verbo se conjuga como **cambiar**: *presagio*.

prescindir Este verbo se construye con la preposición **de**: *Prescindieron de sus servicios.*

prescribir El participio pasado de este verbo es irregular: **prescrito**.

presenciar En cuanto al acento, este verbo se conjuga como **cambiar**: *presencio*.

presentar(se) Este verbo se construye con las preposiciones **a, con, en** y **por** y con el adverbio **como**: *Le presentó a la familia como su novio. Se va a presentar a diputado por Madrid. Se presentó en la fiesta con el traje arrugado.*

presente Este adjetivo puede construirse con el verbo **tener**, y concierta en número con el complemento que le sigue: *tener presente una conversación, tener presentes sus palabras*, y no **tener presente sus opiniones.*

presentir Es un verbo irregular. Se conjuga como **sentir**: *presiento*.

preservar Este verbo se construye con la preposición **de**: *preservar del frío*.

presidente El femenino de este sustantivo es **presidenta**: *la presidenta de la Asociación de Vecinos*. Debe evitarse, por tanto, el uso en su lugar de la forma masculina **presidente** como invariable para los dos géneros: **la señora presidente*.

*presignar(se), ***presinar(se)** Formas incorrectas por **persignar(se)**.

*prespectiva Forma incorrecta por **perspectiva**.

prestigiar En cuanto al acento, este verbo se conjuga como **cambiar**: *prestigio*.

presumir Este verbo se construye con la preposición **de**: *presumir de rico*.

presuponer Es un verbo irregular. Se conjuga como **poner**: *presupongo, presupuse*.

prêt-à-porter Esta expresión francesa que significa 'listo para llevar' es de uso frecuente, pese a que la RAE no la admite: *un traje prêt-à-porter*.

pretencioso o **pretensioso** Aunque la RAE también admite la forma **pretensioso** (más usada en América), se prefiere **pretencioso**.

preterir Es un verbo irregular. Se conjuga como **sentir**: *pretiriendo*.

pretexto Se dice **con el pretexto de** o **so pretexto de**, pero no **a pretexto de*: *con el pretexto de tu llamada*, y no **a pretexto de tu llamada*.

prevalecer Es un verbo irregular. Se conjuga como **agradecer**: *prevalezco*.

prevaler Es un verbo irregular. Se conjuga como **valer**: *prevalgo*. // Se construye con la preposición **de**: *prevalerse de la buena fe de otro*.

prevenir Es un verbo irregular. Se conjuga como **venir**: *prevengo*. // No confundir con **prever**: **prevenir un mal** significa 'tratar de evitarlo o paliarlo tomando precauciones', mientras que **prever un mal** significa 'esperarlo, temer que suceda'.

prever No confundir la conjugación de este verbo con la de **proveer**. **Prever** es un verbo irregular que se conjuga como **ver**: *preveo, preví*. **Proveer** se conjuga como **leer**: *proveo, provee*. Son, por tanto, incorrectas formas como **prevee o *prové*. Ver **proveer**. // No confundir con → **prevenir**.

prez No confundir con → **preces**.

primer Forma apocopada del adjetivo **primero**: *el primer sueldo*.

primero Este adjetivo adopta la forma apocopada **primer** ante sustantivos masculinos singulares, incluso cuando existe otro adjetivo entre ambos: *el primer empleo, el primer y único hijo*. A veces se utiliza también ante nombres femeninos: **la primer ocasión que tuve*; aunque la mayoría de los autores coinciden en rechazar este uso.

principiar En cuanto al acento, este verbo se conjuga como **cambiar**: *principio*.

pringue Este sustantivo es de género ambiguo: *el /la pringue*, aunque se utiliza casi exclusivamente como femenino: *la pringue*.

priorato o **priorazgo** Ambas formas están admitidas con el significado de 'dignidad de prior o priora' para este sustantivo.

prístino Es incorrecta la acentuación llana **pristino*.

privar Este verbo se construye con la preposición **de**: *No se priva de nada*.

privilegiar En cuanto al acento, este verbo se conjuga como **cambiar**: *privilegio*.

pro Esta preposición, que significa 'en favor de', se utiliza solamente ante nombres sin artículo: *asociación pro disminuidos psíquicos*. No así la locución prepositiva **en pro de**: *Trabaja en pro de los derechos de las minorías*. No debe escribirse unida a la siguiente palabra mediante guión: **manifestación pro-amnistía*. // Como sustantivo masculino aparece siempre acompañado de **contra**, generalmente los dos el plural: *Hay que estudiar los pros y los contras del asunto*.

probar Es un verbo irregular. Se conjuga como **contar**: *prue-bo*. // En ocasiones se utiliza seguido de la preposición **a** + **infinitivo** con el significado de 'intentar': *prueba a hacerlo*. Es incorrecta su construcción con **de**: **probar de hacerlo*.

problema No confundir con → **problemática**. // No confundir con → **tema**.

problemática No confundir este sustantivo con **problema**, ya que **problemática** significa 'conjunto de problemas': *Pasaremos revista a la variada problemática de las grandes ciudades*. Son incorrectas, por tanto, frases como **Los vecinos exigen una solución a la problemática de la inseguridad ciudadana*. Debe decirse: *al problema de la inseguridad ciudadana*.

proboscideo o **proboscidio** La RAE sólo admite la segunda forma, pero también se usa la primera.

proceder Este verbo se construye con las preposiciones **a, con, contra, de** y **en**: *proceder a la operación, proceder con tiento, proceder contra un sospechoso, proceder de otro lugar, proceder en justicia*.

proclamar Hay que ser cauteloso con expresiones como **proclamarse rey**, en el sentido de 'acceder al trono'. Los monarcas, cuando lo son por derecho de sucesión, no son proclamados, nombrados o designados por otros o por ellos mismos, sino que son **coronados, ungidos, consagrados**, etc.

producir Es un verbo irregular. Se conjuga como **conducir**: *produzco*.

proferir Es un verbo irregular. Se conjuga como **sentir**: *profiero*.

profesar Este verbo se construye con la preposición **en**: *profesar en la orden de los Carmelitas*.

profesor Este sustantivo se construye con la preposición **de**, no con **en**: *profesor de literatura*, y no **en literatura*.

prohibir Obsérvense los acentos en los tiempos de presente de indicativo y subjuntivo y en el imperativo. Ver cuadro de la página siguiente.

PROHIBIR		
INDICATIVO	SUBJUNTIVO	IMPERATIVO
Presente	**Presente**	
prohíbo	*prohíba*	
prohíbes	*prohíbas*	*prohíbe*
prohíbe	*prohíba*	
prohibimos	*prohibamos*	
prohibís	*prohibáis*	*prohibid*
prohíben	*prohíban*	

prohijar En cuanto al acento, este verbo se conjuga como **ansiar**: *prohíjo*.

promediar En cuanto al acento, este verbo se conjuga como **cambiar**: *promedio*.

promiscuar En cuanto al acento, se conjuga como **averiguar**: *promiscuo*; aunque algunos lo conjugan como **actuar**: *promiscúo*.

promover Es un verbo irregular. Se conjuga como **mover**: *promuevo*. // Se construye con la preposición **a**: *promover a un cargo*.

pronunciar En cuanto al acento, este verbo se conjuga como **cambiar**: *pronuncio*. // Es incorrecta la forma *prenunciar.

propender Este verbo se construye con la preposición **a**: *propender a la maldad*.

propenso Este adjetivo se construye con la preposición **a**: *propenso a las caídas*.

propiciar En cuanto al acento, este verbo se conjuga como **cambiar**: *propicio*.

propiciatorio / propicio No deben confundirse estos dos adjetivos. **Propiciatorio** significa 'que tiene la cualidad de hacer propicio': *víctima propiciatoria*. **Propicio** es 'favorable': *el momento propicio*, y se puede construir con la preposición **a**: *propicio a las bromas*.

proponer Es un verbo irregular. Se conjuga como **poner**: *propongo, propuse*.

propósito Este sustantivo se construye con la preposición **de**: *Tiene el propósito de viajar.*

prorrumpir Este verbo se construye con la preposición **en**: *prorrumpir en aplausos.*

proscribir Este verbo tiene un participio de perfecto irregular: **proscrito**, no **proscribido*.

proseguir Es un verbo irregular. Se conjuga como **pedir**. Delante de **a** y **o** el grupo **gu** de la raíz cambia a **g**: *prosiga, prosigo. //* Se construye con las preposiciones **con** y **en**: *Prosigamos con el experimento. Prosigue en su camino hacia el éxito.*

prostituir Es un verbo irregular. Se conjuga como **huir**: *prostituyo.*

proveer Es un verbo irregular. Se conjuga como **leer**: *proveyó.* Tiene dos participios: uno regular, **proveído**, y otro irregular, **provisto**. Ambos se utilizan para formar los tiempos compuestos: *Le han proveído* (o *provisto*) *de los medios adecuados.* **Provisto** se utiliza también como adjetivo: *una despensa provista de alimentos. //* Se construye con la preposición **de**: *Me proveo de lo necesario. //* No confundir su conjugación con → **prever**.

proveniente Son incorrectas las formas **provinente* y **proviniente*.

provenir Es un verbo irregular. Se conjuga como **venir**: *provengo. //* Se construye con la preposición **de**: *provenir de otro lugar.*

*provinente o ***proviniente** Ambas formas son incorrectas por **proveniente**.

proximidad Este sustantivo se construye con las preposiciones **de** y **a**: *la proximidad del pueblo* (el pueblo está cerca de donde se encuentra el hablante), *la proximidad al pueblo* (el hablante está cerca del pueblo).

pseudo- Elemento prefijo de origen griego que significa 'falso': *pseudónimo, pseudoprofeta.* Es más usual, sin embargo, la forma **seudo-**: *seudónimo.*

psico- Elemento prefijo de origen griego que significa 'alma': *psicología.* En ocasiones adopta la forma **psiqui-**: *psiquia-*

tría. // También se admiten **sico-** y **siqui-**, que es como se pronuncia: *sicología, sicoanálisis, siquiatría,* etc., aunque en la escritura se usan mucho más las formas con **p-**: *psicología, psicoanálisis, psiquiatría,* etc.

psicogénico o **psicógeno** Ambas formas están admitidas, aunque la RAE prefiere la segunda.

psicomotor, psicomotriz Ver **motriz.**

psiqui- Ver **psico-.**

pub Está muy extendido este anglicismo, a pesar de que la RAE no lo admite en su diccionario (vigésima primera edición, 1992). Algunos proponen sustituirlo por sustantivos españoles como **bar** o **taberna,** pero el **pub** tiene unas características peculiares que hacen que en la práctica se distinga claramente de otros establecimientos. // Su plural es **pubes,** o más corrientemente **pubs.**

público En la construcción **hacer público,** el adjetivo funciona de predicativo y concuerda con el complemento directo, por lo que son incorrectos ejemplos como: **Hizo público su decisión;* debe decir: *Hizo pública su decisión.*

pudín o **pudin** También se admite **budín,** pero se prefiere **pudín** o **pudin;** la última forma, **pudin,** es la más usada, aunque no está recogida en el diccionario de la RAE.

pudrir Es un verbo irregular. El infinitivo puede ser **podrir** o **pudrir,** aunque la primera forma es más rara. El participio es **podrido** y el resto de las formas tienen la raíz **pudr-** y siguen la conjugación regular.

puente Este sustantivo, en la actualidad, es masculino. Su uso como femenino es rústico o anticuado: *cruzar la puente.*

pujar Este verbo se construye con las preposiciones **en** y **sobre:** *pujar en* (o *sobre*) *el precio.*

pulcro Este adjetivo tiene dos superlativos: uno culto y literario, **pulquérrimo,** y otro coloquial, **pulcrísimo.**

punk o **punki** Se usan indistintamente ambas formas de este adjetivo para designar a determinado movimiento musical de origen británico, sus costumbres y su manera de vestir: *Lleva el pelo a lo punk*. **Punki** también puede ser sustantivo: *Es un punki*.

puntuar En cuanto al acento, este verbo se conjuga como **actuar**: *puntúo*.

pus Este nombre es masculino: *el pus*; no debe usarse, por tanto, como femenino: **la pus*.

q

qasida Transcripción bastante habitual del nombre de un tipo de composición árabe, aunque la RAE sólo admite la forma castellanizada **casida**.

quántum Ver **cuanto**.

que Pronombre relativo de cosa. No debe confundirse la suma **con** + **que** ('con el/la cual') con la conjunción **conque**: *Éste es el dinero con que cuento* (con el cual cuento). *Estamos listos, conque date prisa.* Las locuciones **a la que** ('cuando'), **en lo que** ('mientras') son de uso exclusivamente popular: *A la que llegamos, la fiesta había terminado. En lo que pones la mesa, se acaba de hacer la comida.* // **Que** también puede ser una conjunción que introduce oraciones subordinadas sustantivas: *Quiero que me escuches.* Ocasionalmente, puede suprimirse la conjunción: *Le ruego (que) me perdone,* sobre todo delante de pronombres o adverbios interrogativos: *Pregunta (que) qué quieren. Preguntan (que) cómo lo hiciste.* En el uso popular se utiliza en ocasiones la locución **de que** con el significado de 'después de': *Iré de que coma*; se prefiere decir *después de comer*; es incorrecto el uso de esta construcción con el significado de 'cuando': **De que vengas, tráeme algunos dulces.* Sobre el uso incorrecto de la preposición **de** ante **que** (dequeísmo), ver **de**. // **Por que** o **porque** Ver **porque**.

qué Pronombre y adjetivo interrogativo y exclamativo; siempre lleva tilde: *¿Qué dices? ¡Qué día!*

quebrar Es un verbo irregular. Se conjuga como **pensar**: *quiebro*.

quechua También está admitida para este sustantivo y adjetivo la forma **quichua**, aunque es más usual **quechua**. // Debe evitarse la acentuación *quechúa.

quedar Este verbo se construye con la preposición **en**: *quedar en vernos*, y no *quedar de vernos. // Es regional su utilización por **dejar**: *He quedado allí los libros*. En el uso general debe evitarse.

quejarse Este verbo se construye con las preposiciones **de** y **por**: *quejarse de algo, quejarse por todo*.

querellarse Este verbo se construye con las preposiciones **de** y **contra**: *querellarse de (o contra) alguien*.

querer Es un verbo irregular. Ver cuadro. Deben evitarse las formas vulgares ***querramos**, ***querráis**, etc., por **queramos, queráis**, etc., en el presente de subjuntivo. // **Como quiera** Ver **comoquiera**.

QUERER			
INDICATIVO			
Presente	**Pret. perf. simple**	**Futuro**	**Condicional**
quiero	*quise*	*querré*	*querría*
quieres	*quisiste*	*querrás*	*querrías*
quiere	*quiso*	*querrá*	*querría*
queremos	*quisimos*	*querremos*	*querríamos*
queréis	*quisisteis*	*querréis*	*querríais*
quieren	*quisieron*	*querrán*	*querrían*
SUBJUNTIVO			
Presente	**Pret. imperf.**		**Futuro**
quiera	*quisiera, -ese*		*quisiere*
quieras	*quisieras, -eses*		*quisieres*
quiera	*quisiera, -ese*		*quisiere*
queramos	*quisiéramos, -ésemos*		*quisiéremos*
queráis	*quisierais, -eseis*		*quisiereis*
quieran	*quisieran, -esen*		*quisieren*
IMPERATIVO			
	quiere	*quered*	

quermés Ver **kermés**.

*quermese Forma incorrecta por **quermés** o **kermés**.

querosén o **queroseno** Se usan ambas variantes, aunque la RAE sólo admite la segunda. // También se escribe **kerosén** y **keroseno**, aunque se prefieren las formas con **qu**.

quibús Ver **kibutz**.

quichua Ver **quechua**.

quien Es un pronombre relativo de persona. No presenta variación de género, pero sí de número: *Ellas son quienes mejor lo saben*.

quién Es un pronombre interrogativo y exclamativo de persona. Siempre lleva tilde y no presenta variación de género, pero sí de número: *¿Quiénes vienen?*

quienquiera El plural de este pronombre indefinido es **quienesquiera**: *quienesquiera que vengan*.

quif 'Hachís'. Se prefiere este término a la grafía **kif**, aunque ambas formas se admiten. Es un sustantivo masculino.

quilo- quilográmetro, quilogramo, quilolitro, quilométrico, quilómetro Ver **kilo-**.

quimono Sólo se admite la grafía con **qu-**, aunque no es raro encontrar ejemplos escritos con **k-**: *un kimono de seda*.

quinceavo También se admite la forma **quinzavo** para este adjetivo o sustantivo, aunque hoy está en desuso. // Es un vulgarismo frecuente usar este partitivo en lugar del numeral ordinal correspondiente: **Tuvo que repetirlo por quinceava vez*; lo correcto es *decimoquinta vez*.

quinesiólogo, **quinesioterapia**, **quinesioterápico** Se admiten también las grafías **kinesiólogo, kinesioterapia** y **kinesioterápico** y, además, **quinesiterapia** o **kinesiterapia** y **quinesiterápico** o **kinesiterápico**. Se prefiere el uso de las formas con **qu-**.

quinta esencia o **quintaesencia** Este sustantivo se puede escribir de las dos formas.

quintaesenciar En cuanto al acento, este verbo se conjuga como **cambiar**: *quintaesencio, quintaesencias*.

quíntuple o **quíntuplo** Aunque la RAE da preferencia al adjetivo o sustantivo **quíntuplo** en todos los casos, lo normal es el empleo de **quíntuple** como adjetivo: *Esta cifra es quíntuple de esa otra*, y el de **quíntuplo** como sustantivo: *Cincuenta es el quíntuplo de diez*.

quinzavo Ver **quinceavo**.

quiosco, **quiosquero** Estas palabras pueden escribirse también **kiosco** y **kiosquero**, aunque la RAE da preferencia a las grafías **quiosco** y **quiosquero**. No se admiten *kiosko ni *kioskero.

quirie Ver **kirie**.

quiromancia o **quiromancía** Ambas formas están admitidas, aunque es más usual la primera.

quisque o **quisqui** Ambas formas son correctas y se usan en las locuciones de carácter familiar **cada quisque** (o **cada quisqui**) y **todo quisque** (o **todo quisqui**), aunque suele darse preferencia a la variante terminada en **-e**: *Aquí, cada quisque se las arregla como puede*.

quitaipón o **quitapón** Se admiten ambas variantes. Aunque la RAE da preferencia a la forma **quitapón**, se emplean más **quitaipón** y, sobre todo, la expresión **de quita y pon**: *una prenda de quitaipón* (o *de quita y pon*).

quitar El uso de este verbo por **sacar** es un regionalismo del castellano hablado en Galicia, y también se da en Cataluña y América: *quitar algo de un cajón, de un armario*, etc. // **de quita y pon** Ver **quitaipón** o **quitapón**.

quivi Ver **kiwi**.

quizá o **quizás** Ambas formas están admitidas para este adverbio: *Quizá* (o *quizás*) *regrese alguna vez*.

quórum Este sustantivo masculino (del latín *quorum*, genitivo de *qui*) es invariable en plural: *los quórum*.

r

r El sonido suave de esta letra siempre se escribe **r**: *aroma, artículo*. El sonido fuerte se representa como **rr** en todos los casos salvo en comienzo de palabra: *rencor, razón* (con la excepción de las palabras que pasan a formar parte de un término compuesto: *extrarradio*), y detrás de las consonantes **n, l** o **s**, en que se representa con **r**: *enriquecer, alrededor, Israel*.

rabiar En cuanto al acento, este verbo se conjuga como **cambiar**: *rabio, rabias*.

rácor o **racor** En el diccionario de la RAE sólo se admite la acentuación aguda **racor**, aunque también se emplea la forma grave **rácor**.

radar Es incorrecta la acentuación grave *****rádar** en este sustantivo. // Su plural es **radares**.

radiactividad, **radiactivo** Son incorrectas las formas *****radioactividad** y *****radioactivo**.

radiar En cuanto al acento, este verbo se conjuga como **cambiar**: *radian*.

radio Como apócope de **radiodifusión, radiorreceptor**, o con el significado de 'emisora de radiodifusión', es un sustantivo femenino, aunque en algunos países de América se emplea como masculino: *el radio*. // También es apócope de **radiotelegrama**: *enviar un radio*.

*****radioactividad**, *****radioactivo** Formas incorrectas por **radiactividad, radiactivo**.

radiodifusión, **radiorreceptor** Estos sustantivos se usan más en su forma abreviada **radio**.

radiografiar En cuanto al acento, este verbo se conjuga como **ansiar**: *radiografían*.

radiotelegrama Ver **radio**.

raer Es un verbo irregular. Se conjuga como **caer**, salvo en la primera persona singular del presente de indicativo: *raigo* o *rayo*, y en todo el presente de subjuntivo: *raiga, raigas, raiga,* etc., o *raya, rayas, raya,* etc.

raglán También se emplea la forma de acentuación grave **raglan** para este sustantivo, aunque no está admitida por la RAE. Sin embargo, se admiten las variantes **ranglán** y **ranglan**: *mangas ranglán* o *ranglan*.

ragú Forma españolizada del sustantivo francés *ragoût*.

raid La RAE no admite este sustantivo inglés, que en español se traduce por **incursión** o **ataque**.

raíl o **rail** Ambas acentuaciones están admitidas para este sustantivo, aunque la segunda apenas se usa.

ralentí Forma españolizada del sustantivo francés *ralenti*. // Es incorrecto *relentí.

rallar Debe evitarse al escribir la confusión con el verbo **rayar**. **Rallar** significa 'deshacer en trocitos muy pequeños una cosa': *rallar pan*, y **rayar** quiere decir 'hacer o trazar rayas', 'llegar una cosa a parecerse mucho a otra', 'tener dos cosas límites o fronteras comunes': *rayar la pintura, rayar en el absurdo, rayar una propiedad con otra*. Debe evitarse, asimismo, la confusión entre las formas verbales **rallo** y **ralla** (del verbo **rallar**) y los sustantivos **rayo** ('línea recta que parte de un punto de energía') y **raya** ('señal larga y estrecha marcada en un cuerpo'), y entre los participios o adjetivos **rallado** (de **rallar**) y **rayado** (de **rayar**): *¿Compraste el pan rallado? Su respuesta ha rayado en la grosería*.

rally Aunque la RAE no lo recoge en su diccionario, este sustantivo inglés está plenamente asentado en nuestro idioma: *el rally de Montecarlo*. Se prefiere la utilización de esta grafía al de la adaptación francesa *rallye*. // Su plural inglés es **rallies**, aunque en español a veces se emplea **rallys**.

rallye Ver **rally**.

ranglan o **ranglán** Ver **raglán**.

ranking La RAE no admite este anglicismo; se prefieren los términos españoles **lista** o **tabla de clasificación** a la voz inglesa: *Es el número uno de la tabla de clasificación mundial.*

rapapolvo Es incorrecto el uso del plural **rapapolvos* con valor de singular para este sustantivo: **Le di un rapapolvos.*

rápel o **rappel** La RAE no admite la forma españolizada **rápel** ni la inglesa *rappel*, pese a su uso generalizado. Este sustantivo significa 'técnica de alpinismo' y también 'cierto tipo de descuento especial, en el comercio'.

rata El uso del sustantivo **rata** por **tasa** es normal en algunos países de América, por influencia del inglés *rate*. En España debe usarse el sustantivo **tasa**.

ravioles o **raviolis** Ambas formas están admitidas, aunque en España se usa mucho más **raviolis**, adaptación del sustantivo plural italiano *ravioli*.

raya No confundir con **ralla**, del verbo → **rallar**.

rayar No confundir con → **rallar**. // Este verbo se construye con las preposiciones **con** y **en**: *Su finca raya con la nuestra. Esa actitud raya en el ridículo.*

rayo No confundir con **rallo**, del verbo → **rallar**.

razia o **razzia** Ambas formas están admitidas, aunque la RAE da preferencia a la escrita con una sola **z**.

reabrir El participio de este verbo es irregular: **reabierto**.

reacción Úsese la locución **de reacción** en lugar de la muy utilizada **a reacción**: *avión de reacción.*

reaparecer Es un verbo irregular. Se conjuga como **agradecer**: *reaparezco, reaparezcas.*

rebañar También se admite **arrebañar**, aunque esta última forma se considera un vulgarismo: *arrebañar el plato.*

rebasar Este verbo no debe confundirse con **rebosar**. La primera forma significa 'pasar cierto límite, marca o señal': *Rebasó la velocidad permitida.* **Rebosar** quiere decir 'salirse un líquido por encima de los bordes del recipiente que lo contiene': *La jarra rebosa.*

rebelarse No confundir con → **revelar(se)**.

reblandecer Es un verbo irregular. Se conjuga como **agradecer**: *reblandece, reblandezca*.

rebosar No confundir con → **rebasar**.

rebullir Es un verbo irregular. Se conjuga como **mullir**: *rebullí, rebulló, rebullendo*.

recaer Es un verbo irregular. Se conjuga como **caer**: *recaigo, recayó*.

recalentar Es un verbo irregular. Se conjuga como **pensar**: *recaliento, recalientas*.

recauchar o **recauchutar** Ambas formas están admitidas para este verbo, aunque la más usada es **recauchutar**.

recién Según la RAE, este adverbio (apócope de **reciente**) equivale a **recientemente**, aunque en general **recién** aporta el matiz de algo 'inmediatamente pasado', mientras que **recientemente** alude de forma algo más vaga a algo 'anterior': *una película recién estrenada /una película recientemente estrenada*. En España, el adverbio **recién** se usa sólo ante participios: *recién comprado, recién hecho*, pero en América tiene un uso más general, ante verbos conjugados y adverbios: *Recién vine, me acosté* ('Apenas vine, me acosté'). *Recién ahora acaban de llamarme* ('Hace un momento acaban de llamarme').

reciente Este adjetivo se apocopa en la forma → **recién**. // Su superlativo es **recentísimo o recientísimo**, aunque es más usada la última de estas dos formas: *El pan está recientísimo*.

recientemente Ver **recién**.

recipiendario Es incorrecta la forma *recipiendiario para este sustantivo.

reclamar Se recomienda evitar el uso de la construcción **reclamarse de** (por influjo del francés *se réclamer de*) con los significados de 'invocar o apelar a' o 'apoyarse en algo o tomarlo como referencia': **Merece más crédito el que sólo de sus obras se reclama*. Esta expresión se usa también con el mismo sentido que **proclamarse**, por confusión con éste: **Él a sí mismo se reclama de salvador de la patria*.

recluir Es un verbo irregular. Se conjuga como **huir**: *recluyo, recluí.*

recomendar Es un verbo irregular. Se conjuga como **pensar**: *recomiendo, recomiendas.*

recomponer Es un verbo irregular. Se conjuga como **poner**: *recompongo, recompuse.*

reconciliar En cuanto al acento, este verbo se conjuga como **cambiar**: *reconcilio, reconcilias.*

reconocer Es un verbo irregular. Se conjuga como **agradecer**: *reconozco, reconozcas.*

reconstituir Es un verbo irregular. Se conjuga como **huir**: *reconstituyo, reconstituí.*

reconstruir Es un verbo irregular. Se conjuga como **huir**: *reconstruyo, reconstruí.*

reconvenir Es un verbo irregular. Se conjuga como **venir**: *reconvengo, reconvine.*

reconvertir Es un verbo irregular. Se conjuga como **sentir**: *reconvierto, reconvertí.*

récord Algunos autores proponen sustituir esta adaptación del inglés *record* por formas españolas como **marca** o **plusmarca,** esta última no recogida en el diccionario de la RAE (ed. de 1992); no obstante, **récord** está admitida por la Academia y se usa tanto o más que las voces arriba mencionadas.

recordar Es un verbo irregular. Se conjuga como **contar**: *recuerdo, recuerdas.* // No debe usarse esta verbo por **acordarse**: **Me recuerdo de aquel día.* Lo correcto es: *Recuerdo aquel día* o *Me acuerdo de aquel día.*

recordman, recordwoman Ver **plusmarca, plusmarquista.**

recostar Es un verbo irregular. Se conjuga como **contar**: *recuesto, recuesta.*

recrear(se) Este verbo se construye con las preposiciones **con** y **en** o seguido de gerundio: *recrearse alguien con la música. Se recrea en contar* (o *contando*) *los detalles sórdidos.*

recrudecer Es un verbo irregular. Se conjuga como **agradecer**: *recrudezco, recrudece.*

recubrir El participio de este verbo es irregular: *recubierto*.

redituar En cuanto al acento, este verbo se conjuga como **actuar**: *reditúo, reditúas*.

reducir Es un verbo irregular. Se conjuga como **conducir**: *reduzco, reduzca*.

redundar Este verbo se construye con la preposición **en**: *redundar en una idea*.

reelegir Es un verbo irregular. Se conjuga como **pedir**. La **g** de la raíz cambia a **j** ante **a** y **o**: *reelijamos, reelijo*.

reembolsar, reembolso También se admiten **rembolsar, rembolso**, aunque se prefiere **reembolsar** y **reembolso**.

reemplazar, reemplazo También se admiten **remplazar, remplazo**, aunque se prefiere **reemplazar** y **reemplazo**.

referéndum o **referendo** Ambas formas están admitidas, aunque es mucho más usual **referéndum**: *un referéndum popular*. El plural de ambas formas es **referendos**, aunque **referéndum** tiene también el plural **referéndums**.

referí Este sustantivo masculino es un anglicismo (de *referee*) que se emplea sobre todo en América: *El referí señaló la pena máxima*. En España se prefiere el término **árbitro**, aunque **referí** haya aparecido alguna vez en la prensa deportiva.

referir Es un verbo irregular. Se conjuga como **sentir**: *refiero, referí*.

***reforzamiento** No se admite este sustantivo; debe usarse **refuerzo**.

refugiar En cuanto al acento, este verbo se conjuga como **cambiar**: *refugio, refugias*.

refulgir Este verbo se conjuga como **surgir**: *refuljo, refuljas*.

regar Es un verbo irregular. Se conjuga como **pensar**. La **g** de la raíz cambia a **gu** delante de **e**: *riegue*.

régimen Es incorrecta la acentuación llana ***regimen**, aunque el plural de este sustantivo sea **regímenes**.

regir Es un verbo irregular. Se conjuga como **pedir**. La **g** de la raíz cambia a **j** ante **a** y **o**: *rijamos, rijo*.

regoldar Es un verbo irregular. Se conjuga como **contar**: *regüeldo, regüeldes*. Obsérvese que la **u** de las formas diptongadas lleva diéresis.

regresar En España, este verbo se usa normalmente como intransitivo: *Regresaré pronto*. En América se usa también como pronominal: *Regrésense a sus hogares*, y como transitivo con el sentido de 'devolver': *Voy a regresar el libro a la biblioteca*.

regular El frecuente uso de este adjetivo con los significados de 'cotidiano', 'habitual', 'asiduo' se debe a la influencia del inglés: *Los robos se han convertido en algo regular en esta zona*. Es más correcto usar los adjetivos mencionados.

rehilar En cuanto al acento, este verbo se conjuga como **enraizar**: *rehílo, rehílas*.

rehuir Es un verbo irregular. Se conjuga como **huir**: *rehuyo, rehuí*.

rehusar En cuanto al acento, este verbo se conjuga como **aunar**: *rehúso, rehúsas*. // Su uso como verbo pronominal es raro: *rehusarse a hablar*, y se prefiere sustituirlo por **negarse a** o simplemente por **rehusar**: *negarse a hablar, rehusar hablar*.

reimprimir Este verbo tiene dos participios pasados: el regular **reimprimido**, que se emplea para la formación de los tiempos compuestos: *Esta obra se ha reimprimido varias veces*, y el irregular **reimpreso**, empleado también como adjetivo: *un libro reimpreso*.

*reiniciación, ***reiniciar**, ***reinicio** Formas no admitidas. Ver **iniciar**.

reinsertar, **reinserción** El verbo **reinsertar** no figura en el diccionario de la RAE, y algunos autores proponen sustituirlo por **reintegrar**, aunque su uso se ha extendido mucho, referido sobre todo a los presos a los que se quiere recuperar para la sociedad. Lo mismo puede decirse del sustantivo **reinserción**, que se usa más en ese sentido que **reintegración**.

reír Es un verbo irregular. Ver cuadro. // Respecto a su acentuación, ver el apartado de ortografía [1.3.6.].

REÍR		
GERUNDIO		
riendo		
INDICATIVO		
Presente	**Pretérito perfecto simple**	
río	*reí*	
ríes	*reíste*	
ríe	*rió*	
reímos	*reímos*	
reís	*reísteis*	
ríen	*rieron*	
SUBJUNTIVO		
Presente	**Pret. imperf.**	**Futuro**
ría	*riera, -ese*	*riere*
rías	*rieras, -eses*	*rieres*
ría	*riera, -ese*	*riere*
riamos	*riéramos, -ésemos*	*riéremos*
riáis	*rierais, -eseis*	*riereis*
rían	*rieran, -esen*	*rieren*
IMPERATIVO		
ríe	*reíd*	

reivindicación Es incorrecta la forma *revindicación para este sustantivo.

reivindicar Es incorrecta la forma *revindicar. // Este verbo suele aplicarse generalmente a lo que se reclama o exige como derecho: *reivindicar su inocencia*, por lo que algunos consideran impropio su uso en construcciones del tipo *reivindicar un crimen, un atentado*, etc., por *atribuirse un crimen, un atentado* o *declararse autor de un crimen, un atentado*.

rejuvenecer Es un verbo irregular. Se conjuga como **agradecer**: *rejuvenezco, rejuveneces*.

relación Se deben usar las construcciones **con relación a** o **en relación con** en lugar de *en relación a, resultante de la mezcla de las dos locuciones anteriores: *¿*Tiene algo que declarar en relación a los hechos?*

relais Ver **relé**.

relé Se debe usar esta forma españolizada y no el sustantivo francés *relais*.

***relentí** Forma incorrecta por **ralentí**.

relinchar No es sinónimo de → **piafar**.

reloj Se debe evitar forma vulgar ***reló**, correspondiente a la pronunciación popular de **reloj**.

relucir Es un verbo irregular. Se conjuga como **lucir**: *reluzco, reluzcas*.

remake Sustantivo inglés que equivale en español a **versión** o **nueva versión**, por lo que es preferible emplear estos últimos términos: *una nueva versión de esta película*, en lugar de: *un remake de esta película*.

remangar También se dice **arremangar**, aunque esta última forma se considera vulgar.

remarcable, **remarcar** Su uso por el adjetivo **notable** y el verbo **notar** es propio del castellano hablado en Cataluña. Se prefiere la utilización de estas últimas formas: *un comportamiento notable*, en lugar de *un comportamiento remarcable*.

rembolsar, **rembolso** Ver **reembolsar, reembolso**.

remediar En cuanto al acento, este verbo se conjuga como **cambiar**: *remedio*.

remendar Es un verbo irregular. Se conjuga como **pensar**: *remiendo*.

remorder Es un verbo irregular. Se conjuga como **mover**: *remuerdo*.

remplazar, **remplazo** Ver **reemplazar, reemplazo**.

renacer Es un verbo irregular. Se conjuga como **agradecer**: *renazco*. // Se construye con la preposición **a**: *renacer a la esperanza*.

rendir Es un verbo irregular. Se conjuga como **pedir**: *rindo*. // Se construye con las preposiciones **a** y **de**: *rendirse al sueño, rendirse de cansancio*.

renegar Es un verbo irregular. Se conjuga como **pensar**. La g de la raíz cambia a **gu** delante de **e**: *reniegue*. // Se construye con la preposición **de**: *renegar alguien de sus ideas*.

renovar Es un verbo irregular. Se conjuga como **contar**: *renuevo*.

renunciar En cuanto al acento, este verbo se conjuga como **cambiar**: *renuncio*. // Se construye siempre con la preposición **a**: *renunciar a un cargo*. // Es incorrecta la forma **arrenunciar* para este verbo.

reñir Es un verbo irregular. Se conjuga como **ceñir**: *riño*.

reo Se construye con la preposición **de**: *reo de muerte*. // Como sustantivo, esta palabra tiene la misma forma para los dos géneros: *el reo /la reo*; su uso como adjetivo es poco frecuente y, en este caso, su femenino es **rea**: *Dejaron libre a una mujer rea de graves cargos*.

repanchigarse o **repanchingarse** Ver **repantigarse** o **repantingarse**.

repantigarse o **repantingarse** Se utiliza más la forma **repantingarse**, aunque la RAE no la admite. Lo mismo sucede con su sinónimo **repanchigarse** o **repanchingarse**; se usa sobre todo la segunda variante, que tampoco está recogida en el diccionario de la RAE.

reparar Este verbo puede construirse con la preposición **en**: *no reparar en gastos*.

repartir Este verbo se construye con la preposición **en**: *repartir en cuatro partes iguales*.

repatriar En cuanto al acento, este verbo se conjuga como **ansiar**: *repatrío*.

repercutir Este verbo es intransitivo y significa 'causar una cosa un efecto secundario en otra': *El ajetreo diario repercute en la salud*. Debe evitarse el uso de este verbo, por influencia del francés, como transitivo: **Los nuevos acuerdos deben repercutir los salarios*.

repetir Es un verbo irregular. Se conjuga como **pedir**: *repito*.

replegar Es un verbo irregular. Se conjuga como **pensar**. La g de la raíz cambia a **gu** delante de **e**: *replieguen*.

repoblar Es un verbo irregular. Se conjuga como **contar**: *repueblo*. // Se construye con la preposición **de**: *repoblar de eucaliptos*.

reponer Es un verbo irregular. Se conjuga como **poner**: *repongo*. // Con el significado de 'replicar a lo que otro dice', sólo se utiliza en las formas de pretérito perfecto simple e imperfecto de subjuntivo: *A su pregunta repuse que no me importaba*. Para el resto de los tiempos se utilizan los correspondientes del verbo **responder**.

reportar En su acepción de 'dar una noticia', este verbo se utiliza más en América que en España, donde se prefiere claramente el término **informar**.

*repórter Debe evitarse este galicismo, ya en desuso; dígase **reportero**.

reposacabezas Este sustantivo es invariable en singular y plural: *un reposacabezas, unos reposacabezas*. Es incorrecto **un reposacabeza*. Este término no está incluido en el diccionario de la RAE, pese a su frecuente uso.

reprise Galicismo que equivale, en el lenguaje del automóvil, a **aceleración** o **recuperación**. Es preferible usar los términos españoles, aunque la palabra francesa se utiliza mucho.

reprobar Es un verbo irregular. Se conjuga como **contar**: *repruebo*.

reproducir Es un verbo irregular. Se conjuga como **conducir**: *reproduzco*.

reptil La RAE también admite la forma **réptil** para este sustantivo, aunque es más usual **reptil**.

repudiar En cuanto al acento, este verbo se conjuga como **cambiar**: *repudio*.

reputar Este verbo se construye con las preposiciones **de**, **en** y **por** y con el adverbio **como**: *reputar a alguien de* (o *por* o *como*) *honesto*. *Reputa en mucho su buen nombre*. A veces, se construye también sin preposición: *un vino que algunos reputan excelente*.

requebrar Es un verbo irregular. Se conjuga como **pensar**: *requiebro*.

requerir Es un verbo irregular. Se conjuga como **sentir**: *requiero*. // Se construye con la preposición **de**: *requerir de amores*.

resabiar En cuanto al acento, este verbo se conjuga como **cambiar**: *resabio*.

rescisión Es incorrecto **rescinsión*.

resentirse Es un verbo irregular. Se conjuga como **sentir**: *me resiento*. // Se construye con las preposiciones **con, contra, de** y **por**: *resentirse con* (o *contra*) *alguien, resentirse de* (o *por*) *una ofensa*.

*reservorio Debe evitarse el uso de este sustantivo, por influencia del francés ***reservoir***, en lugar de **depósito**: **reservorio de agua*.

resfriar En cuanto al acento, este verbo se conjuga como **ansiar**: *resfrío*.

resguardar(se) Este verbo se construye con la preposición **de**: *resguardarse del frío*.

resignarse Este verbo se construye con las preposiciones **a, ante** y **con**: *resignarse a perder, resignarse ante la muerte, resignarse uno con su suerte*.

resistir Este verbo se construye con la preposición **a**: *resistir al calor*.

resoli o **resolí** Se admiten ambas formas, aunque la RAE da preferencia a la primera. // El plural de **resolí** es **resolíes**, aunque suele utilizarse la forma **resolís**.

resollar Es un verbo irregular. Se conjuga como **contar**: *resuello*.

resolver Es un verbo irregular. Se conjuga como **volver**: *resuelvo*. // Se construye con la preposición **a**: *resolverse a hablar*.

resonar Es un verbo irregular. Se conjuga como **contar**: *resuena*.

respe, résped o **réspede** Las tres formas están admitidas para referirse a la lengua de la culebra o víbora, aunque la RAE da preferencia a la primera.

respectar Este verbo se utiliza casi exclusivamente en la locución **por** (o **en**) **lo que respecta a**: *Por lo que a mí respecta, el trabajo está terminado*.

resplandecer Es un verbo irregular. Se conjuga como **agradecer**: *resplandezco*.

responder Este verbo se construye con las preposiciones **a**, **de** y **por**: *responder a una pregunta, responder uno de sus actos, responder por otro*. // Ver **reponer**.

resquebrar Es un verbo irregular. Se conjuga como **pensar**: *resquiebro*.

restablecer Es un verbo irregular. Se conjuga como **agradecer**: *restablezco*.

restaurant Ver **restaurante**.

restaurante La RAE también admite la forma **restorán**, aunque se prefiere el término **restaurante**. Debe evitarse el término francés *restaurant*.

restituir Es un verbo irregular. Se conjuga como **huir**: *restituyo*.

restorán Ver **restaurante**.

restregar Es un verbo irregular. Se conjuga como **pensar**. La **g** de la raíz cambia a **gu** delante de **e**: *restriegue*.

*restrinción Forma vulgar por **restricción**.

resuelto Este adjetivo se construye con la preposición **a**: *Estoy resuelto a pedírselo*.

retemblar Es un verbo irregular. Se conjuga como **pensar**: *retiembla*.

retener Es un verbo irregular. Se conjuga como **tener**: *retengo*.

retorcer Es un verbo irregular. Se conjuga como **mover**. La **c** de la raíz cambia a **z** ante **a** y **o**: *retorzamos, retuerzo*.

retractarse Este verbo se construye con la preposición **de**: *Se retractó de sus declaraciones*.

retraer Es un verbo irregular. Se conjuga como **traer**: *retraigo*. // Se construye con la preposición **de**: *retraerse de hablar*.

retribuir Es un verbo irregular. Se conjuga como **huir**: *retribuyo*.

reúma o **reuma** Ambas formas están admitidas para este sustantivo. Aunque la RAE da preferencia a la segunda, es más frecuente **reúma**. // Su género es ambiguo, aunque se utiliza casi exclusivamente como masculino: *el reúma*. Su uso como femenino es popular: *la reúma*.

reunir Obsérvense los acentos en los tiempos de presente de indicativo y subjuntivo y en el imperativo. Ver cuadro.

REUNIR		
INDICATIVO	SUBJUNTIVO	IMPERATIVO
Presente	Presente	
reúno	*reúna*	
reúnes	*reúnas*	*reúne*
reúne	*reúna*	
reunimos	*reunamos*	
reunís	*reunáis*	*reunid*
reúnen	*reúnan*	

revelar(se) Este verbo no debe confundirse al escribir con su homófono **rebelarse**. El primero, en su forma pronominal, significa 'resultar de una determinada manera': *Sus esfuerzos se revelaron inútiles*. **Rebelarse**, en cambio, significa 'negarse a obedecer u oponerse totalmente a la autoridad': *La tropa se rebeló contra sus oficiales*; y también 'resultar difícil de controlar': *Estos botones se me rebelan*.

revenirse Es un verbo irregular. Se conjuga como **venir**: *se reviene*. También es defectivo. Sólo se utiliza en tercera persona.

reventar Es un verbo irregular. Se conjuga como **pensar**: *reviento*.

reverdecer Es un verbo irregular. Se conjuga como **agradecer**: *reverdezco*.

reverenciar En cuanto al acento, este verbo se conjuga como **cambiar**: *reverencio*.

reverter Es un verbo irregular. Se conjuga como **tender**: *revierto*. // No confundir con → **revertir**.

revertir Es un verbo irregular. Se conjuga como **tender**: *revierto*. // No debe emplearse **reverter** en lugar de **rever-**

tir, pues ese infinitivo corresponde realmente a otro verbo que significa 'rebosar' y es poco usado.

revestir Es un verbo irregular. Se conjuga como **pedir**: *revisto*.

*revindicación, ***revindicar** Formas incorrectas por **reivindicación** y **reivindicar**, respectivamente.

revolcar Es un verbo irregular. Se conjuga como **contar**. La **c** de la raíz cambia a **qu** ante **e**: *revuelquen*.

revolver Es un verbo irregular. Se conjuga como **volver**: *revuelvo*.

ribera No confundir este sustantivo con su homófono **rivera**. **Ribera** significa 'orilla del río, mar o lago': *la ribera izquierda del Sena*. **Rivera** significa 'arroyo': *Entre esos árboles corre una pequeña rivera*.

ring Aunque algunos autores proponen la voz española **cuadrilátero** para sustituir al sustantivo inglés *ring*, ambos términos son igual de populares.

rivera No confundir con → **ribera**.

róbalo o **robalo** Ambas acentuaciones están admitidas para este sustantivo, aunque se prefiere la primera.

robot El plural de este sustantivo es **robots**.

robustecer Es un verbo irregular. Se conjuga como **agradecer**: *robustezca*.

rociar En cuanto al acento, este verbo se conjuga como **ansiar**: *rocío*.

rodar Es un verbo irregular. Se conjuga como **contar**: *ruedo*.

rodríguez 'Persona que se queda trabajando mientras la familia se va de vacaciones'. Este sustantivo no varía en plural: *el/los rodríguez*.

roer Es un verbo irregular. Ver cuadro.

rogar Es un verbo irregular. Se conjuga como **contar**. La **g** de la raíz cambia a **gu** delante de **e**: *rueguen*. // Se construye normalmente con la conjunción **que**: *Te ruego que me esperes*. También se puede utilizar sin conjunción: *Le ruego me perdone*.

rol Se abusa de este sustantivo de origen francés (de *rôle*), utilizado en lugar de **papel, función**, etc.: *el rol protagonista*

ROER		
GERUNDIO		
royendo		
INDICATIVO		
Presente	**Pretérito perfecto simple**	
roo (o roigo o royo)*	*roí*	
roes	*roíste*	
roe	*royó*	
roemos	*roímos*	
roéis	*roísteis*	
roen	*royeron*	
SUBJUNTIVO		
Presente	**Pret. imperf.**	**Futuro**
roa (o roiga o roya)*	*royera, -ese*	*royere*
roas (o roigas o royas)*	*royeras, -eses*	*royeres*
roa (o roiga o roya)*	*royera, -ese*	*royere*
roamos (o roigamos o royamos)*	*royéramos, -ésemos*	*royéremos*
roáis (o roigáis o royáis)*	*royerais, -eseis*	*royereis*
roan (o roigan o royan)*	*royeran, -esen*	*royeren*
* Formas poco usuales.		

en una película, el rol de la mujer en la sociedad actual. Se prefieren en todos los casos las voces españolas equivalentes.

romper El participio de perfecto de este verbo es irregular: **roto**, y no ***rompido**. // Se construye con las preposiciones **a**, **con** y **en**: *romper a llorar, romper con el pasado, romper en aplausos.*

roulotte Se usa mucho este sustantivo francés, aunque la RAE no lo admite en su diccionario. Sus equivalentes en español serían **caravana** y, en menor medida, **remolque**.

round Este sustantivo inglés puede sustituirse por el español **asalto**, aunque la voz inglesa se utiliza tanto como la española. Se prefiere, no obstante, la palabra española.

royalty 'Pago que se hace al titular de una obra, patente, etc. por el derecho a explotarla comercialmente'. Anglicismo aún no recogido por la RAE en su diccionario (ed. 1992), aunque de uso corriente en economía. Su plural es *royalties*.

rubeola o **rubéola** Aunque la RAE sólo admite en su diccionario (ed. 1992) la forma **rubéola**, se utiliza más la acentuación **rubeola**.

rubí El plural de este sustantivo es **rubíes**, aunque en la lengua coloquial es frecuente la forma **rubís**.

rumiar En cuanto al acento, este verbo se conjuga como **cambiar**: *rumio*.

rumorear Este verbo sólo se utiliza en tercera persona en construcciones impersonales: *Se rumorea que va a haber un cambio en la dirección*, y de pasiva refleja: *Se rumorean muchos cambios*.

S

sábana / sabana No deben confundirse estos dos sustantivos. **Sábana** es 'cada una de las dos piezas de tela que se utilizan como ropa de cama'. **Sabana** es cierto tipo de formación vegetal en la que predominan los arbustos y árboles aislados: *la sabana africana*.

sábbat o **sabbat** Se usan ambas formas para referirse a la fiesta judía del sábado. Ninguna de ellas está admitida por la RAE.

saber Es un verbo irregular. Ver cuadro. // Se construye con las preposiciones **a** y **de**: *saber a pescado, saber de todo*.

SABER			
INDICATIVO			
Presente	**Pret. perf. simple**	**Futuro**	**Condicional**
sé	*supe*	*sabré*	*sabría*
sabes	*supiste*	*sabrás*	*sabrías*
sabe	*supo*	*sabrá*	*sabría*
sabemos	*supimos*	*sabremos*	*sabríamos*
sabéis	*supisteis*	*sabréis*	*sabríais*
saben	*supieron*	*sabrán*	*sabrían*
SUBJUNTIVO			
Presente	**Pret. imperf.**		**Futuro**
sepa	*supiera, -ese*		*supiere*
sepas	*supieras, -eses*		*supieres*
sepa	*supiera, -ese*		*supiere*
sepamos	*supiéramos, -ésemos*		*supiéremos*
sepáis	*supierais, -eseis*		*supiereis*
sepan	*supieran, -esen*		*supieren*

sabihondo o **sabiondo** Ambas formas están admitidas para este adjetivo y sustantivo, aunque se emplea más la segunda.

sabor Este sustantivo se construye con la preposición **a**: *sabor a chocolate*.

sabotaje Debe evitarse la forma francesa *sabotage* para este sustantivo.

sacabocados o **sacabocado** Ambas formas están admitidas, aunque se prefiere la primera. // **Sacabocados** no varía en plural: *un /unos sacabocados*.

sacar Este verbo se construye con las preposiciones **a**, **de** y **en**: *sacar al balcón, sacar a relucir, sacar de un sitio, sacar de paseo, sacar en limpio*.

sacerdote Su femenino es **sacerdotisa**, no *la sacerdote*.

saciar En cuanto al acento, este verbo se conjuga como **cambiar**: *sacio*. // Se construye con la preposición **de**: *saciarse de comida*.

sacrificar(se) Este verbo se construye con las preposiciones **a** y **por**: *sacrificar una víctima a los dioses, sacrificarse uno por sus ideales*.

saga Este sustantivo designa a las leyendas escandinavas, aunque por extensión se utiliza con el significado de 'relato que narra la historia de varias generaciones de una familia'. Debe evitarse, por tanto, su uso con el significado de 'familia': *Este chico es de la célebre saga de los Martín*.

sah Este sustantivo de origen persa se escribe muy a menudo **sha**, aunque la RAE, en la edición de 1992 de su diccionario, no admite esta última forma.

sahariano o **saharaui** Se dice de las dos maneras, si bien para referirse a los naturales del Sáhara (o Sahara) se prefiere **saharaui**. // La **-h-** de estas palabras se pronuncia aspirada.

salir Es un verbo irregular. Ver cuadro.

salobre No confundir este adjetivo con **salubre**. **Salobre** significa 'que tiene sal': *agua salobre*; **salubre** es 'saludable': *un clima salubre*.

SALIR			
INDICATIVO			**SUBJUNTIVO**
Presente	Futuro	Condicional	Presente
salgo	saldré	saldría	salga
sales	saldrás	saldrías	salgas
sale	saldrá	saldría	salga
salimos	saldremos	saldríamos	salgamos
salís	saldréis	saldríais	salgáis
salen	saldrán	saldrían	salgan

salpimentar Es un verbo irregular. Se conjuga como **pensar**: *salpimiento*.

salpullido Ver **sarpullido**.

saltimbanqui Debe evitarse el uso de la forma plural de este sustantivo (**saltimbanquis**) con valor de singular: **el saltimbanquis del circo*.

salubre No confundir con → **salobre**. // El superlativo de este adjetivo es **salubérrimo**, y no **salubrísimo*.

salud Este sustantivo nunca se utiliza en plural: *Hablaban de su salud* (y no **de sus saludes*).

*salvaconducto Forma incorrecta por **salvoconducto**.

salvaguardar Es incorrecta **salvaguardiar*.

salvaguardia Ambas formas están admitidas, aunque se prefiere la primera.

salvoconducto Es incorrecta la forma **salvaconducto*.

samuray Algunos autores proponen la forma **samurái** para este sustantivo de origen japonés, aunque es más frecuente **samuray**, que es precisamente la forma admitida por la RAE. Su plural es **samuráis**.

san Ver **santo**.

sanar Este verbo se construye con la preposición **de**: *sanar de una enfermedad*.

sanctasanctórum Este sustantivo, aunque procede del latín *sancta sanctorum*, se escribe en una sola palabra. // No varía en plural: *los sanctasanctórum*.

sándwich Algunos autores proponen los sustantivos **empare-dado** o **bocadillo** en lugar de este anglicismo ya admitido por la RAE. Sin embargo, **emparedado** es menos frecuente en España, y en el uso se diferencia claramente entre un **bocadillo** y un **sándwich**, éste preparado siempre con pan de molde. En América se utiliza la forma **sangüiche**, aunque en España no se conoce. // Su plural es **sándwiches**, aunque son más usuales las formas **sándwichs** o **sándwich** (invariable en singular y plural): *Vamos a comer unos sándwichs* (o *sándwich*).

sanfermines Este sustantivo —que alude a los festejos de San Fermín, patrón de Pamplona—, se escribe en una sola palabra y sólo es plural: *El 7 de julio es el primer encierro de los sanfermines*.

sangüiche Ver **sándwich**.

sanmartín Este sustantivo, que significa 'época cercana a la festividad de San Martín', se escribe siempre en una sola palabra.

sánscrito o **sanscrito** En ocasiones se utiliza la forma **sanscrito** para este sustantivo y adjetivo, aunque la RAE, en la edición de 1992 de su diccionario, sólo admite **sánscrito**, que es la variante usual.

santiguar(se) En cuanto al acento, este verbo se conjuga como **averiguar**: *me santiguo*.

santo Este adjetivo adopta la forma apocopada **san** cuando precede, sin artículo, a un nombre propio de varón: *San Antonio*. Se exceptúan los nombres *Tomás* o *Tomé*, *Toribio* y *Domingo*, a los que precede la forma plena del adjetivo **santo**: *Santo Tomás*. // Cuando el adjetivo acompaña al nombre sin artículo, se escribe con mayúscula: *Santa Marta*, *San Carlos*. Sin embargo, cuando **santo** va precedido del artículo y se utiliza de forma genérica, suele escribirse con minúscula: *el santo patrón*.

saprofito o **saprófito** Aunque la RAE sólo admite la primera forma de este sustantivo, es frecuente también la segunda.

sarpullido También se admite **salpullido**, aunque se emplea más **sarpullido**.

satisfacer Es un verbo irregular. Se conjuga como **hacer** (*satisfago*), salvo en la segunda persona del singular del imperativo, que es *satisfaz* o *satisface*.

saudí o **saudita** Se utilizan indistintamente ambas formas, a pesar de que ninguna de ellas está recogida en el diccionario de la RAE. // El plural de **saudí** es **saudíes**, aunque también se utiliza la forma **saudís**.

saxo Forma abreviada del sustantivo **saxofón** o **saxófono**.

saxofón o **saxófono** Ambas formas están admitidas. Aunque la RAE da preferencia a **saxófono**, es más corriente **saxofón**, a menudo abreviada en la voz **saxo**: *un solo de saxo*.

scalextric Ver **escaléxtric**.

scanner Ver **escáner**.

scay Ver **skay**.

schottish Ver **chotis** o **chotís**.

scooter Ver **escúter**.

scout Algunos autores, entre ellos la RAE, prefieren el uso del sustantivo **explorador** en lugar de esta voz inglesa, aunque *scout* está muy extendido: *un grupo de scouts*. También se dice **boy scout** (chico explorador) y **girl scout** (chica exploradora).

script, **script-girl** La RAE propone las palabras **anotador** y **anotadora** para sustituir a las inglesas *script* y *script-girl* ('persona —mujer en el segundo caso— que anota todos los datos y detalles de una escena durante un rodaje'); sin embargo, estos términos están muy arraigados y son los únicos que se usan.

se Es un pronombre masculino y femenino que se utiliza para el singular y el plural de la tercera persona y realiza las funciones de complemento directo (*Se lava*) o complemento indirecto (*Se lava las manos*). Puede tener un valor reflexivo o recíproco (*Ella se peina. Se pegan*), ser parte de un verbo pronominal (*arrepentirse*) o tener un valor enfático y expresivo (*Se bebió todo el café*). En cualquiera de estos casos suele ir antepuesto al verbo. Su uso pospuesto es normal cuando se trata de infinitivos y gerundios (*levantarse*, *riéndose*), y anticuado o regional (Galicia y Asturias) cuando acompaña a un verbo en forma personal (*Levantóse pronto*). // En el habla vulgar a veces se añade una **n** al pronombre se cuando va pospuesto al verbo y se refiere a un sujeto múltiple: **Cállensen*. // **Se** es también la forma especial que toma **le** en función de complemento indirecto cuando concurre con otro pronombre personal de tercera persona en función de complemento directo: *Se lo dije* (= le dije eso). // Puede ser morfema de impersonalidad con el verbo en tercera persona de singular. No lleva sujeto en este caso pero puede llevar complemento directo de persona: *Se rumorea quién es el ganador*. No debe confundirse este morfema de impersonalidad con el **se** marca de pasiva refleja, que puede acompañar a un verbo en singular o plural y siempre se refiere a cosas: *Se oyen voces a lo lejos*. // **se / sé** El pronombre **se** no se acentúa nunca. No debe confundirse, por tanto, con las formas correspondientes de los verbos **ser** y **saber**, que llevan tilde diacrítica: *Sé bueno. No sé tu nombre*.

sé No confundir con → **se**.

secesión Este sustantivo significa 'separación política de parte de la población y el territorio de un país para independizarse o para unirse a otro'. No debe confundirse con **sucesión**, que es el hecho de ocupar el cargo o la posición que ha dejado otra persona. *Una guerra de secesión* no es, por tanto, lo mismo que *una guerra de sucesión* entre dos pretendientes al mismo trono.

secrétaire Ver **secreter**.

secreter Debe usar este sustantivo en lugar de la forma francesa *secrétaire*.

seducir Es un verbo irregular. Se conjuga como **conducir**: *seduzco*.

sefardí o **sefardita** Ambas formas están admitidas, aunque se emplea más **sefardí**. // Su plural es **sefardíes**, aunque también se utiliza la forma **sefardís**.

segar Es un verbo irregular. Se conjuga como **pensar**. La **g** de la raíz cambia a **gu** delante de **e**: *sieguen*.

seguida Se admiten indistintamente la locución **en seguida** y la voz **enseguida**, aunque se usa más la variante en dos palabras.

seguidilla Con el significado de 'cante flamenco de contenido triste con copla de cuatro versos cuyo tercero es de once sílabas' se usan sobre todo, en la lengua coloquial de Andalucía, las formas **seguiriya** o **siguiriya**, a pesar de que la RAE, en la edición de 1992 de su diccionario, no recoge ninguna de ellas.

seguir Es un verbo irregular. Se conjuga como **pedir**. Delante de **a** y **o** el grupo **gu** de la raíz cambia a **g**: *siga, sigo*.

seguiriya Ver **seguidilla**.

según Esta preposición se emplea siempre con las formas **yo**, **tú**, etc. de los pronombre personales: *según tú, esto está mal*, y no **según mí, ti*, etc., *esto está mal*.

seguro Como sustantivo, puede construirse con las preposiciones **de** y **contra**: *seguro de automóviles, seguro contra incendios*. // Como adjetivo, cuando le precede el verbo **ser**, se construye con la conjunción **que**: *Es seguro que vendrá*. Sin embargo, cuando le precede **estar**, se construye con la preposición **de** seguida o no de **que**: *Está seguro de que vendrá. Está segura de ello*.

seísmo Los especialistas en la materia utilizan el sustantivo **sismo**, aunque en el uso ordinario es más corriente **seísmo**: *Ha habido un pequeño seísmo en el sur de España*. **Sismo**, en cambio, es la voz que entra en la formación de los derivados: *sismología, sismólogo, sismógrafo*.

selenio Debe evitarse la forma latina *selénium*.

selénium Ver **selenio**.

self service Tradúzcase por **autoservicio**, que es el término que debe usarse en español.

sembrar Es un verbo irregular. Se conjuga como **pensar**: *siembro*. // Se construye con las preposiciones **de, con, en** y **entre**: *sembrar de (con) abedules, sembrar en la tierra, sembrar la discordia entre la gente*.

semejante Este adjetivo se construye con las preposiciones **a** y **en**: *semejante a otro en todo*.

sencillo Ver **single**.

sendos Este adjetivo expresa idea de distribución: *Las dos casas están necesitando sendas reformas* (una cada casa). Debe evitarse su frecuente confusión con **ambos** ('los dos, uno y otro'): **Sendos amigos trabajan en esta empresa*, en lugar de: *Ambos amigos trabajan en esta empresa*. // A veces se usa incorrectamente **sendos** con el significado de 'grandes': **Le propinaron sendos garrotazos*.

sénior Este adjetivo y sustantivo no está incluido en el diccionario de la RAE; sin embargo, se usa mucho con el significado de 'la mayor de las personas con el mismo nombre': *Juan Carlos, sénior*, o para designar a la categoría que engloba a los deportistas que superan una edad determinada (en torno a los veinte años): *un jugador sénior*. Se opone, en ambos casos, a **júnior**. // Su plural es **séniors**.

sentar(se) Es un verbo irregular. Se conjuga como **pensar**: *siento*. // Se construye con las preposiciones **a**, **en** y **sobre**: *sentarse a la mesa, sentarse en el suelo, sentarse sobre una caja*.

sentenciar En cuanto al acento, este verbo se conjuga como **cambiar**: *sentencio*.

sentir Es un verbo irregular. Ver cuadro.

señalar / señalizar No deben confundirse estos dos verbos. **Señalar** significa 'hacer o poner señales a una cosa para distinguirla': *Señala esa página del libro*. **Señalizar** es 'poner señales de tráfico en calles o carreteras': *Han señalizado esta carretera comarcal*.

septiembre Se admite también **setiembre**, sobre todo en el habla, aunque en el uso culto y en la escritura se emplea más **septiembre**.

séptimo Se admite también **sétimo**, aunque el uso culto y la lengua escrita se decantan por **séptimo**.

sepulcro No es sinónimo de → **cenotafio**.

ser Es un verbo irregular. Ver cuadro de la página 364. También es copulativo y suele ir seguido de un atributo que puede ser un nombre, un adjetivo o un nombre precedido de la preposición **de**: *es bueno, es mi hermana, es de Ma-*

SENTIR		
GERUNDIO		
sintiendo		
INDICATIVO		
Presente	**Pretérito perfecto simple**	
siento	*sentí*	
sientes	*sentiste*	
siente	*sintió*	
sentimos	*sentimos*	
sentís	*sentisteis*	
sienten	*sintieron*	
SUBJUNTIVO		
Presente	**Pretérito imperfecto**	**Futuro**
sienta	*sintiera, -ese*	*sintiere*
sientas	*sintieras, -eses*	*sintieres*
sienta	*sintiera, -ese*	*sintiere*
sintamos	*sintiéramos, -ésemos*	*sintiéremos*
sintáis	*sintierais, -eseis*	*sintiereis*
sientan	*sintieran, -esen*	*sintieren*
IMPERATIVO		
siente	*sentid*	

drid. // Cuando al verbo **ser** le sigue un predicativo, el sujeto suele ir pospuesto: *Es necesaria tu opinión.* // Debe distinguirse de **estar. Ser** indica una cualidad permanente del sujeto: *es morena.* **Estar**, sin embargo, indica una cualidad transitoria: *está morena.* // Se considera vulgar la construcción ***no siendo que**, en lugar de **no sea que**: **Ven pronto no siendo que llueva.* // o **sea** Ver ***osea**.

seriar En cuanto al acento, este verbo se conjuga como **cambiar**: *serio.*

sericicultura o **sericultura** Ambas formas están admitidas. Aunque la RAE, en la edición de 1992 de su diccionario, da preferencia a la primera, es más frecuente **sericultura**.

SER	
GERUNDIO	**PARTICIPIO**
siendo	*sido*
INDICATIVO	

Presente	Pret. imperfecto	Pret. perf. simple
soy	*era*	*fui*
eres	*eras*	*fuiste*
es	*era*	*fue*
somos	*éramos*	*fuimos*
sois	*erais*	*fuisteis*
son	*eran*	*fueron*

SUBJUNTIVO

Pretérito imperfecto	Futuro
fuera, -ese	*fuere*
fueras, -eses	*fueres*
fuera, -ese	*fuere*
fuéramos, -ésemos	*fuéremos*
fuerais, -eseis	*fuereis*
fueran, -esen	*fueren*

IMPERATIVO

sé	*sed*

sérif Ver **shériff** o **shérif**.

*serocopia, ***serografía**, ***serografiar**, ***serográfico**
Formas incorrectas por **xerocopia**, **xerografía**, **xerografiar**, **xerográfico**.

seroterapia Ver **sueroterapia**.

serrar Existe también la variante **aserrar**, aunque es menos usual. // Los dos verbos son irregulares. Se conjugan como **pensar**: *sierro, asierro*.

serrín Existe también la variante **aserrín**, aunque es menos corriente.

servir(se) Es un verbo irregular. Se conjuga como **pedir**: *sirvo*. // Se construye con las preposiciones **a**, **de**, **en** y **para**:

servir a un fin, servir de excusa, servirse de alguien, servir en la marina, servir para algo.

setecientos Es incorrecto **sietecientos.*

setiembre Ver **septiembre**.

sétimo Ver **séptimo**.

seudo- Ver **pseudo-**.

severo Algunos autores consideran inapropiado el uso de este adjetivo, por influencia del inglés *severe*, con el significado de 'grave': *El aparato sufrió severos daños en el aterrizaje de emergencia.* Pese a ello, este uso está muy extendido.

sex appeal Voz inglesa, aún no admitida en el diccionario de la RAE, que puede traducirse por **atractivo sexual**, aunque la expresión inglesa está muy difundida. También se escribe *sexappeal*.

sex shop La RAE no admite esta expresión inglesa. Aunque puede traducirse por **tienda erótica**, la voz *sex shop* aún no tiene equivalente en nuestro idioma.

sex symbol Esta expresión inglesa no está admitida por la RAE; sin embargo, aunque puede traducirse perfectamente por **símbolo sexual**, la expresión inglesa está muy difundida: *Marilyn sigue siendo un sex symbol.*

sexi Ver **sexy**.

sexy Voz inglesa que no está admitida por la RAE y que significa 'de gran atractivo sexual': *chico sexy, ropa sexy.* Se recomienda la sustitución de la palabra *sexy* por **erótico**, **sensual** y similares, aunque estos términos no logran desplazarla en el uso, sobre todo referido a las personas y a su aspecto físico. // En ocasiones se escribe **sexi**.

sha Ver **sah**.

shampoo Ver **champú**.

shériff o **shérif** Se usan ambas formas, aunque la RAE no admite ninguna de ellas, para referirse a la persona encargada de mantener la ley y el orden en algunos lugares de Estados Unidos o al representante de la ley en algunos condados del Reino Unido. También se dan las formas españolizadas **sérif** o **chérif**, aunque son raras. // Su plural es **shériffs** o **shérifs**.

sherry Este sustantivo inglés designa internacionalmente al vino de Jerez. En español se dice siempre **jerez** o **vino de Jerez**.

shii Ver **chií, chiíta** o **chiita**.

shock La RAE no admite este sustantivo inglés ni su forma españolizada **choc** y propone en su lugar el sustantivo español **choque**; sin embargo, *shock* es muy frecuente en nuestro idioma: *Al enterarse de la noticia, sufrió un terrible shock*. Sucede lo mismo con la forma compuesta **electrochoque** y su variante españolizada **electrochoc**, menos utilizados que el sustantivo **electroshock**, derivado del inglés *electric shock*.

short Es frecuente el uso de esta voz inglesa; se prefiere la expresión española equivalente **pantalones cortos**, que hace innecesario recurrir al anglicismo. // Se usa indistintamente en singular o plural con el mismo valor: *un short /unos shorts*.

show Aunque no se halla recogido en el diccionario de la RAE (ed. de 1992), se emplea mucho este término inglés en lugar de los sustantivos **espectáculo** o **número**: *un show musical*. No se debe abusar de este anglicismo, perfectamente sustituible por las palabras citadas; lo mismo puede decirse del *show-business* o **negocio del espectáculo**. Más difícil de sustituir es la voz *showman*, que se ha importado para designar al artista que realiza las funciones de presentador, animador y primera estrella de un espectáculo, pues no existe en español un término que abarque a la vez todos esos matices.

show-business, **showman** Ver **show**.

si[1] **si no** No confundir con → **sino**.

si[2] Nota musical. Su plural es **sis**, no **síes**, que es el plural del adverbio afirmativo **sí**.

sí[1] Es un pronombre personal de tercera persona, invariable para singular y plural. Su valor es exclusivamente reflexivo y se construye siempre con preposición: *para sí, a sí, por sí*. Cuando esta preposición es **con**, adopta la forma **con-**

sigo: *Habla mucho consigo mismo*. Al ser pronombre de tercera persona, debe evitarse su uso para la primera o segunda persona en lugar de los pronombres correspondientes **mí, ti**: **Te atendieron hasta que volviste en sí. *No doy más de sí. *Comenzaste a gritar, completamente fuera de sí.*

sí[2] Es adverbio afirmativo. Su plural es **síes**, y no ***sís**.

sico- sicología, **sicológico**, **sicólogo**, **sicoanálisis** Ver **psico-**.

sicomoro o **sicómoro** Ambas formas están admitidas para este sustantivo, aunque es más frecuente la primera.

sicópata, **sicopatía** Ver **psico-**.

*sietecientos Forma incorrecta por **setecientos**.

siguiriya Ver **seguidilla**.

silenciar En cuanto al acento, este verbo se conjuga como **cambiar**: *silencio*.

sim- Ver **sin-**.

símil Es incorrecta la acentuación llana ***simil**.

similar Este adjetivo se construye con la preposición **a**: *Éste es similar a ese otro*.

*similaridad Forma incorrecta por **similitud**.

*simpar Forma incorrecta por la locución **sin par**.

simpatizar Este verbo se construye con la preposición **con**: *No simpatiza con nadie*.

simple Este adjetivo tiene dos superlativos; uno culto, **simplicísimo**, y otro de uso coloquial, más frecuente: **simplísimo**.

simposio Se prefiere este sustantivo español, que permite formar el plural regular **simposios**, a las formas **symposium** o **simposium**, no admitidas por la RAE.

simposium Ver **simposio**.

simultáneamente Se recomienda evitar la construcción de este adverbio con la preposición **con** y, en su lugar, emplear la preposición **a**: *La reunión se celebrará simultáneamente al almuerzo* (y no **con el almuerzo*).

sin sin embargo Ver **embargo**. // sin fin Ver **sinfín**. // sin par Es incorrecto ***simpar**: **una belleza simpar*.

sin- Prefijo de origen griego que expresa 'unión o simultaneidad': *sincronía, sinestesia.* Ante las consonantes **p** o **b** adopta la forma **sim-**: *simpatizar.*

*sindicalizar Forma incorrecta por **sindicar.**

sine qua non Es incorrecta la grafía en una sola palabra ***sinequanon** para esta locución latina que significa 'sin la cual no' y que en castellano es sinónimo de **indispensable**: *Vestir de etiqueta es condición sine qua non para entrar en ese club.*

*sinembargo Forma incorrecta por **sin embargo.**

sinfín No debe confundirse con **sin fin**. **Sinfín** es un sustantivo masculino que significa 'infinidad, sinnúmero': *un sinfín de esperanzas,* y **sin fin** es una locución adjetiva que significa 'que no tiene final': *Sufrió desdichas sin fin.*

single La RAE sólo admite este sustantivo inglés con el significado de 'cierto tipo de cabo', aunque se emplea frecuentemente en nuestro idioma en la acepción de 'disco sencillo': *un single de Madonna.* En la actualidad, compite en el uso con su equivalente español **sencillo**: *un sencillo de Madonna.*

siniestro a diestro y siniestro Ver **diestro.**

sinnúmero Es un sustantivo masculino que sólo se emplea en singular. Es incorrecta la grafía en dos palabras ***sin número**: **Profirió un sin número de amenazas.*

sino No confundir con **si no**. **Sino** es una conjunción adversativa: *No es torpe, sino descuidado.* **Si no** es una locución de valor condicional, suma de la conjunción **si** más el adverbio **no**: *Nunca lo conseguirás si no lo intentas.*

sinología, sinólogo Sustantivos que designan, respectivamente, el estudio de la lengua, literatura y cultura chinas y la persona dedicada a estos estudios. Son incorrectas las formas ***chinología** y ***chinólogo.**

sinrazón Es un sustantivo femenino, por lo que es incorrecto escribirlo en dos palabras ***sin razón**: **Hay demasiadas sin razones en la vida.*

sinsabor Es un sustantivo masculino que significa 'pesar, disgusto', y se usa más en plural. Con ese sentido es incorrecta la grafía en dos palabras ***sin sabor.**

sinsentido Este sustantivo masculino también pude encontrarse escrito en dos palabras, aunque corrientemente se escribe con una: *Todo lo que cuentas es un verdadero sinsentido* (o *sin sentido*).

sinvergüenza Es un adjetivo y sustantivo que se aplica a la 'persona que realiza actos ilegales o censurables o comete inmoralidad'. Con este sentido, es incorrecto escribirlo en dos palabras *sin vergüenza.

sioux También se escribe **siux**, que es como se pronuncia este nombre de un conjunto de pueblos amerindios, aunque ninguna de las dos formas están incluidas en el diccionario de la RAE.

siqui- siquiatra, siquiatría, siquiátrico Ver **psico-**.

sir La RAE no admite esta voz inglesa que significa 'señor', aunque se emplea sin traducir en nuestro idioma para nombrar al que posee el título de caballero en el Reino Unido o a ese mismo título: *sir Laurence Olivier*.

siriaco o **siríaco** Ambas acentuaciones están admitidas para este adjetivo y sustantivo, aunque la RAE da preferencia a la primera.

sirviente El femenino de este sustantivo es **sirvienta**, no *la sirviente.

sismo Ver **seísmo**.

sístole Es un sustantivo femenino: *la sístole*, no *el sístole.

sitiar En cuanto al acento, este verbo se conjuga como **cambiar**: *sitio, sitias*.

situar En cuanto al acento, este verbo se conjuga como **actuar**: *sitúo, sitúas*.

siux Ver **sioux**.

skay La RAE no admite este sustantivo inglés, aunque su uso está plenamente asentado en español: *asientos de skay*, a veces escrito **scay** o **escay**.

sketch Aunque la RAE no admite este sustantivo inglés, su uso es muy frecuente en español: *He visto un sketch de esa película*. Algunos autores proponen sustituirlo por **apunte**, aunque en realidad este último sustantivo no se usa en el contexto en que se emplea la forma inglesa.

skijama Ver **esquijama**.

slalom o **slálom** El diccionario de la RAE (1992) no recoge este sustantivo de origen noruego, aunque es muy frecuente en español y compite en la lengua escrita con la forma españolizada propuesta por la RAE, **eslalon,** y las no admitidas **eslalom** o **eslálom**.

slip La RAE no admite este sustantivo inglés, a veces castellanizado en la forma **eslip** (que es como se pronuncia), aunque está muy asentado en nuestro idioma. Puede en algunos casos sustituirse por el término **calzoncillos**, pero la voz **eslip** o *slip* designa específicamente un modelo especial de prenda, ajustado y sin perneras, que puede tratarse tanto de unos calzoncillos como de un bañador.

slogan Ver **eslogan**.

smoking Ver **esmoquin**.

snob, **snobismo** Ver **esnob**.

so Esta preposición de origen latino hoy sólo se emplea en las locuciones **so pena de** y **so pretexto de**: *Lo haré, so pena de equivocarme. So pretexto de ayudarnos, se instaló en nuestras vidas*, y, con mucha menor frecuencia, en **so capa de** y **so color de**.

sobra La forma **de sobras* por locución adjetiva **de sobra** es un vulgarismo: **Lo sabes de sobras*.

sobre Es un galicismo censurable el uso de esta preposición por **de** en construcciones del tipo: **Han aprobado ocho sobre los diez alumnos* (por *Han aprobado ocho de los diez alumnos*). **Uno sobre diez hombres vive más de noventa años* (por *Uno de cada diez hombres vive más de noventa años*). Asimismo, no debe usarse **sobre** por **contra** en frases como: **Hay orden de búsqueda y captura sobre ese individuo* (por *Hay orden de búsqueda y captura contra ese individuo*). // Otras construcciones de influencia francesa son **sobre encargo* y **sobre medida*: **un pedido sobre encargo, *un traje sobre medida* (por *un pedido por encargo* y *un traje a medida*).

sobrecoger Este verbo se conjuga como **coger**: *sobrecoge, sobrecoja*.

sobredimensionar Aunque no figura en el diccionario de la RAE (ed. 1992), se utiliza mucho este verbo con el mismo significado que **exagerar** o **magnificar**: *La prensa ha sobredimensionado ese asunto*. Se prefiere el uso de los citados términos o de otros sinónimos.

sobreentender Ver **sobrentender**.

sobreesdrújulo Ver **sobresdrújulo**.

sobreestimar Ver **sobrestimar**.

sobreexceder Ver **sobrexceder**.

sobreexcitar También se admite **sobrexcitar**, aunque suele preferirse **sobreexcitar**.

sobrehaz Es un sustantivo femenino: *la sobrehaz*, no **el sobrehaz*.

sobrehilar En cuanto al acento, este verbo se conjuga como **enraizar**: *sobrehílo, sobrehílas*.

sobrentender Es un verbo irregular. Se conjuga como **tender**: *sobrentiendo, sobrentiendes*. // También se dice **sobreentender**, aunque se prefiere la forma con una sola **e**.

sobrepelliz Es un sustantivo femenino: *la sobrepelliz*, no **el sobrepelliz*.

sobreponer Es un verbo irregular. Se conjuga como **poner**: *sobrepongo, sobrepuse*.

sobresaliente Cuando funciona como sustantivo con el significado de 'sustituto', es de género común: *Al enfermar la actriz principal, salió a escena la sobresaliente*, aunque también se admite la forma femenina **sobresalienta** para este sentido.

sobresalir Es un verbo irregular. Se conjuga como **salir**: *sobresalgo, sobresalgas*.

sobresdrújulo También se admite la forma **sobreesdrújulo**, aunque suele preferirse **sobresdrújulo**.

sobreseer Es un verbo irregular. Se conjuga como **leer**: *sobreseí, sobreseyó*. // Es incorrecta el infinitivo ****sobreseír**: **Van a sobreseír el caso*.

*sobreseír Forma incorrecta por **sobreseer**.

sobrestimar La RAE sólo recoge en su diccionario la forma **sobrestimar** para este verbo, aunque no es raro encontrarse con la forma **sobreestimar** por influencia de palabras como **sobreentender**, **sobreexcitar**, etc.

sobrevenir Es un verbo irregular. Se conjuga como **venir**: *sobrevenga, sobrevino*. Generalmente se emplea sólo en las terceras personas de todos los tiempos: *Tras las ofensas sobrevinieron las clásicas disculpas*.

*sobrevivencia Forma incorrecta por **supervivencia**.

sobreviviente Ver **supervivencia**.

sobrevivir Es incorrecta la forma ***supervivir**.

sobrevolar Es un verbo irregular. Se conjuga como **contar**: *sobrevuelo, sobrevueles*.

sobrexceder También se admite la forma **sobreexceder** para este verbo, aunque suele preferirse **sobrexceder**.

sobrexcitar Ver **sobreexcitar**.

socio- Este elemento prefijo se une a sustantivos o adjetivos sin separación por guión: *socioeconómico, sociocultural* (no ***socio-económico, *socio-cultural**).

sofá sofá-cama o **sofá cama** Se escribe de ambas maneras. Se emplea frecuentemente el plural **sofás-camas** o **sofás camas**, aunque es preferible y más corriente la forma **sofás-cama** o **sofás cama**.

sofreír Es un verbo irregular. Se conjuga como **reír**: *sofrío, sofrías*.

software Préstamo del inglés que designa el 'conjunto de instrucciones que permiten a una máquina o a un ordenador realizar una tarea determinada'. Este sustantivo, de género masculino, no está recogido en el Diccionario de la Academia (que registra **programa** con este significado), aunque tiene una alta frecuencia de uso.

sol El diminutivo de este sustantivo es **solecito**, no ***solito**: *Hace un solecito muy agradable*. // Se escribe con mayúscula cuando es el nombre de la estrella de nuestro sistema solar: *El Sol sale por el este*. Cuando nos referimos a su luz o a otros astros similares, es nombre común y se escribe con minúscula inicial: *No aguanto tanto sol. En nuestra galaxia hay millones de soles.*

sol Nota musical. Es un sustantivo masculino invariable en plural: *los sol sostenidos*, no **los soles sostenidos*.

solamente Ver **sólo**.

solar Es un verbo irregular. Se conjuga como **contar**: *suelo, suelas*.

solario o **solárium** Aunque la RAE sólo incluye en su diccionario (ed. 1992) el sustantivo latino **solárium**, se utiliza también la forma castellanizada **solario**: *una piscina con solario.*

soldar Es un verbo irregular. Se conjuga como **contar**: *sueldo, sueldas.*

soler Es un verbo irregular. Se conjuga como **mover**. También es defectivo; sólo se usan los tiempos del presente (*suelo*), pretérito perfecto (*he solido*), pretérito perfecto simple (*solió*) y pretérito imperfecto de indicativo (*solía*), el presente de subjuntivo (*suela*) y las formas no personales: *soler, soliendo, solido.*

solo / sólo No confundir estos términos. El adverbio **sólo**, que equivale a **solamente**, suele escribirse siempre con tilde para evitar su confusión con el adjetivo **solo** ('que no está acompañado'): *Sólo deseo que me dejen tranquilo. Me siento muy solo sin ti.* Algunos proponen restringir el uso de la forma con tilde únicamente a los casos en que exista la posibilidad de equívoco entre adverbio y adjetivo y ésta no pueda resolverse por el contexto de la frase: *Vino él solo* ('vino sin compañía' o 'únicamente vino él').

soltar Es un verbo irregular. Se conjuga como **contar**: *suelto, sueltas.*

somier Debe usarse la adaptación española del sustantivo francés *sommier* y no este último. // Su plural es **somieres**.

somnambulismo, **somnámbulo** Ver **sonambulismo, sonámbulo**.

somnolencia Aunque también se admite **soñolencia**, el uso culto prefiere la forma con **-mn-**.

sonambulismo, **sonámbulo** También se admiten **somnambulismo, somnámbulo**, aunque hoy están en desuso.

sonar Es un verbo irregular. Se conjuga como **contar**: *sueno, suenas*.

sonar o **sónar** Término formado por la siglas de la expresión inglesa *Sound Navigation And Ranging*. La RAE propone la acentuación aguda **sonar** para este sustantivo, aunque es muy frecuente el uso de **sónar**, con acentuación grave.

sonreír Es un verbo irregular. Se conjuga como **reír**: *sonrío, sonrías*.

*sonsoniquete Forma incorrecta formada por la combinación de los sinónimos **sonsonete** y **soniquete**.

soñar Es un verbo irregular. Se conjuga como **contar**: *sueño, sueñas*.

soñolencia Ver **somnolencia**. // Es incorrecto ***soñoliencia**.

sorprendente / sorpresivo Estos adjetivos a veces se emplean como sinónimos, pero tienen diferentes matices. **Sorprendente** tiene el significado de 'que produce sorpresa' y **sorpresivo** es 'que se produce por sorpresa o inesperadamente': *Tuvo un modo sorprendente de actuar. Lo sorpresivo del ataque impidió cualquier reacción por parte del enemigo.*

sosegar Es un verbo irregular. Se conjuga como **pensar**. La **g** de la raíz cambia a **gu** delante de **e**: *sosiegue*.

sosia o **sosias** la RAE sólo admite el sustantivo **sosia** (de *Sosia*, personaje de una comedia de Plauto), aunque la forma **sosias** es la preferida por los hablantes.

sospechar Se considera vulgarismo el uso de la preposición **de** en construcciones del tipo: **Sospecho de que no volverá* por *Sospecho que no volverá*. Ver apartado de gramática [2.8.1.].

sostener Es un verbo irregular. Se conjuga como **tener**: *sostengo, sostuve*. // Se considera impropio su uso con el significado de 'mantener' con complementos como **conversación, entrevista, reunión**: **El gobierno sostendrá una reunión con la oposición*, aunque se emplea normalmente con otros como **idea, opinión, disputa**: *Sostuvo sus ideas con férrea determinación*.

soterrar Es un verbo irregular. Se conjuga como **pensar**: *sotierro, sotierras*.

soufflé El diccionario de la RAE no recoge este sustantivo francés, pero no hay una palabra equivalente en nuestro idioma ni tampoco una forma españolizada **suflé** que la supla.

souvenir La RAE no recoge en su diccionario (ed. 1992) este sustantivo francés; no obstante, está muy arraigado en nuestro idioma y compite en el uso su equivalente español **recuerdo**: *Te he traído un souvenir de Roma*.

soviet Aunque algunos autores consideran más correcta la pronunciación /soviét/ para este sustantivo, el uso de la acentuación grave /sóviet/ está generalizado.

sparring la RAE no admite este sustantivo inglés, pero no posee equivalentes exactos en español: *Este boxeador entrena con varios sparrings*.

sponsor Ver **espónsor**.

sport La RAE no admite este sustantivo inglés y, tampoco, la forma españolizada **esport**, aunque *sport* se emplea frecuentemente en nuestro idioma, aplicado a cierto tipo de prendas de vestir: *un traje sport* (o *de sport*). Las formas compuestas **sportsman o esportsman** se emplean en menor medida que sus equivalentes españoles: **atleta, deportista,** etc.

spot Aunque la RAE no admite este sustantivo inglés, se emplea frecuentemente en nuestro idioma y compite con la forma equivalente española **anuncio**: *un spot publicitario*. Es preferible usar el término español.

spray La RAE no admite este sustantivo inglés (o el de su forma española **esprái**), aunque su uso está plenamente aceptado en nuestro idioma y ha desplazado en gran medida los españoles **aerosol, atomizador, pulverizador, vaporizador,** etc.

sprint También se escribe **esprint**, que ha dado origen a derivados como **esprinter** (en competencia con la forma española **velocista**) y **esprintar**. Ninguno de estos términos está recogido en el diccionario de la RAE, aunque se utilizan habitualmente en el lenguaje deportivo.

squash El diccionario de la RAE no recoge este sustantivo inglés, aunque el deporte designado por él no tiene traducción ni ningún otro nombre equivalente en español: *un partido de squash*.

squatter Ver **okupa**.

srilankés o **srilanqués** Ver **cingalés**.

*stablishment Forma incorrecta por **establishment**.

stadium Ver **estadio**.

stand Algunos autores recomiendan evitar este sustantivo inglés y proponen sustituirlo por formas españolas como **pabellón**, **puesto**, **caseta**, etc.; sin embargo, el término *stand* está muy asentado en nuestro idioma: *El stand de joyería está situado justo en el centro del recinto ferial*.

standard Ver **estándar**.

standing Aunque la RAE no admite este sustantivo inglés y algunos autores proponen sustituirlo por formas españolas como **categoría**, **nivel**, su empleo está muy asentado en nuestro idioma: *viviendas de alto standing*. Siempre es preferible el uso de los términos españoles equivalentes.

starter 'Dispositivo del automóvil que regula el paso del aire al carburador'. La RAE no admite este sustantivo inglés, a veces castellanizado en la forma **estárter**. En español existe el término **estrangulador**, aunque se usa menos.

statu quo Son incorrectas las formas *statuquo o *status quo para esta locución latina. // Aunque frecuentemente se pronuncia /státu kúo/, su acentuación correcta es /státu kuó/.

status Esta voz latina, asentada en nuestro idioma a través del inglés, no está admitida por la RAE, y tampoco el sustantivo españolizado **estatus**; sin embargo, ambas formas se emplean abundantemente, sustituyendo en muchos casos a equivalentes españoles como **estado**, **situación**, **posición**: *un elevado status* (o *estatus*) *social*.

stock Se prefiere el sustantivo **almacenamiento**, o el término **existencias,** al inglés *stock*, aunque esta palabra está muy arraigada en el lenguaje comercial: *No lo tengo en stock.* Los derivados **stockar** y **stockaje** deben sustituirse por **almacenar** y **almacenaje**.

stop La RAE no recoge en su diccionario (ed. de 1992) este sustantivo inglés; sin embargo, está plenamente asentado en nuestro idioma como nombre de una señal de tráfico: *Se saltó un stop.*

stress Ver **estrés**.

strip-tease o **striptease** Aunque no está incluida en el diccionario de la RAE, esta voz inglesa, con cualquiera de sus dos grafías, está plenamente asentada en nuestro idioma, empleada como sustantivo masculino: *un espectáculo de striptease* (o *striptease*). Los españoles pronunciamos normalmente /estríptis/, aunque hay quien dice /estriptís/.

su Adjetivo posesivo, apócope de **suyo**. Debe evitarse su uso, por influencia del inglés y del francés, en lugar del artículo determinado: **Ese error le costó su vida*. Lo apropiado es: *Ese error le costó la vida.*

suahili 'Lengua africana'. Algunos autores prefieren la forma **suajili,** más cercana al español, para este sustantivo, aunque en la lengua escrita es frecuente la utilización de **suahili** y, en menor medida, **swahili**. La **-h-** de estos últimos se pronuncia aspirada.

suajili Ver **suahili**.

subarrendar Es un verbo irregular. Se conjuga como **pensar**: *subarriendo, subarriendas.*

subconciencia o **subconsciencia** Ambas formas están admitidas, aunque se utiliza más la segunda. En cambio, se admite el adjetivo **subconsciente**, pero no ***subconciente**.

*subconciente Forma incorrecta por **subconsciente**.

subir Se recomienda evitar la construcción pleonástica ***subir arriba**: **Sube arriba y traeme algunas manzanas*. Puede sustituirse simplemente por **subir**: *Sube y tráeme algunas manzanas.*

*sublimizar Verbo no admitido; dígase **sublimar** ('elogiar mucho').

*subrealismo, *subrrealismo, *subrealista, *subrrealista Formas incorrectas por **surrealismo** y **surrealista**.

subscribir, subscripción, subscriptor, subscrito Ver suscribir.

subseguir Es un verbo irregular. Se conjuga como **pedir**. Delante de **a** y **o** el grupo **gu** de la raíz cambia a **g**: *subsiga*.

substancia, substancial, substanciar, substancioso, substantivar, substantivo Ver **sustancia**.

substitución, substituible, substituir, substitutir, substitutivo, substituto Ver **sustituir**.

substracción, substraendo, substraer Ver **sustraer**.

substrato Ver **sustrato**.

suburbial La RAE no admite este adjetivo, aunque se emplea frecuentemente como **suburbano**, 'perteneciente o relativo a los suburbios': *los ambientes suburbiales de la ciudad.*

subvención Es incorrecto ***suvención**.

subvenir Es un verbo irregular. Se conjuga como **venir**: *subviene, subvino.* // Este verbo, que significa 'sufragar, costear', es intransitivo y se construye con la preposición **a**: *Esas ayudas contribuirán a subvenir a la educación de los hijos.*

subversión, subversivo, subvertir Hoy se han desechado **suversión, suversivo, suvertir,** empleándose sólo las formas con -**bv**-.

subvertir Es un verbo irregular. Se conjuga como **sentir**: *subvierto, subviertes.*

subyacer Es un verbo irregular. Se conjuga como **yacer**: *subyazco, subyazgo* o *subyago; subyazcas, subyazgas* o *subyagas.*

suceder Este verbo se usa siempre en tercera persona para los significados de 'producirse o desarrollarse un hecho' o 'ir alguien o algo después de otra persona o cosa': *¿Qué sucederá si te vas? A los años de luz sucederán otros de penumbra.* Con los sentidos de 'pasar a ocupar una persona el cargo, puesto, etc. que tenía otra' o 'heredar a alguien', se emplea en todas las personas: *El príncipe sucederá al rey. Como no tiene hijos le sucederéis vosotros, sus sobrinos.*

sucesión No confundir con → **secesión.**

sud- Prefijo de origen anglosajón que significa 'sur': *sudafricano, sudeste.* Equivale al prefijo **sur-** (*surafricano, sureste*), aunque en España se tiende a usar más la forma **sud-.**

sudafricano Se dice también **surafricano.**

sudamericano Se dice también **suramericano.** // No confundir con → **latinoamericano.**

sudcoreano Se dice también **surcoreano.**

sudeste, **sudoeste**, **sudsudeste**, **sudsudoeste** Se dice también **sureste, suroeste, sursureste, sursuroeste.**

sudvietnamita Se dice también **survietnamita.**

sueroterapia También se admite la forma **seroterapia** para este sustantivo, aunque es más frecuente **sueroterapia.**

suéter Forma española para el sustantivo inglés *sweater* ('jersey').

sugerencia Este sustantivo es sinónimo de **sugestión** con el significado de 'idea que se sugiere', aunque con este sentido se usa sobre todo **sugerencia**: *Se abre el turno de preguntas y sugerencias.* **Sugestión** significa, además, 'acción y efecto de sugestionar o sugestionarse', sentido que no comparte con **sugerencia.**

sugerir Es un verbo irregular. Se conjuga como **sentir**: *sugiero, sugieres.*

sugestión Ver **sugerencia.**

suite 'Tipo de composición musical' y 'conjunto de dos o más habitaciones de hotel comunicadas entre sí'. La RAE no incluye en su diccionario este sustantivo francés, aunque está plenamente asentado en español. // Se pronuncia /suit/ y su plural es **suites,** pronunciado /suits/.

sujeción Es incorrecto *sujección.

sumergir Es incorrecto *sumerger. // Este verbo se conjuga como **surgir.**

suministrar No confundir con el verbo **administrar. Suministrar** es 'proporcionar algo que se necesita': suministrar alimentos. **Administrar**, con el sentido de 'dar' o 'aplicar', sólo se refiere a medicinas o sacramentos: *administrar la extremaunción a un enfermo*, pero no **suministrar la extremaunción*.

sunita Ver **sunnita**.

sunna 'Rama ortodoxa del Islam'. Existe la forma **zuna** para este sustantivo de origen árabe, aunque la grafía habitual es **sunna**.

sunní o **sunnita** Ambas formas de este adjetivo y sustantivo se utilizan para referirse a los musulmanes seguidores de la *sunna* o rama ortodoxa del Islam. También se emplea la forma **sunita**.

superávit En general, se prefiere el plural invariable **superávit** (*los superávit*) para este sustantivo, aunque no es raro encontrar la forma **superávits**.

superior Comparativo de superioridad de **alto**. Puede ir precedido de **muy**, pero no de **más**: **Es más superior en calidad*.

superrealismo, **superrealista** Ver **surrealismo**.

supervivencia, **superviviente** Es incorrecto **sobrevivencia*, en cambio, se admiten tanto **superviviente** como **sobreviviente**.

*supervivir Forma incorrecta por **sobrevivir**.

suponer Es un verbo irregular. Se conjuga como **poner**: *supongo*, *supuse*. // La forma pronominal de este verbo se usa sólo en tercera persona y en construcciones impersonales: *Se supone que eres un profesional*. Es vulgar su uso en construcciones personales: **Me supongo que vendrá temprano* (por *Supongo que vendrá temprano*).

sur- Ver **sud-**.

sura Se prefiere este sustantivo a la forma **azora** (no admitida por la RAE) para designar cualquiera de las lecciones o capítulos en que se divide el Corán.

surafricano Se dice también **sudafricano**.

suramericano Se dice también **sudamericano**. // No confundir con → **latinoamericano**.

surcoreano Se dice también **sudcoreano**.

sureste, suroeste, sursureste, sursuroeste Se dice también **sudeste, sudoeste, sudsudeste, sudsudoeste**.

surf o **surfing** Este sustantivo inglés se usa indistintamente en cualquiera de sus dos grafías, aunque en España se utiliza sobre todo la primera forma. Lo mismo ocurre con **windsurf** y **windsurfing**.

surgir En este verbo, la **g** de la raíz se hace **j** ante **a** y **o**: *surjo*, *surja*.

surmenage Se recomienda evitar este sustantivo francés, que puede sustituirse por otros españoles como **agotamiento, sobrefatiga**.

surrealismo Aunque la RAE de preferencia al sustantivo **superrealismo** y algunos autores consideran la forma **surrealismo** como traducción inexacta del francés *surréalisme*, lo cierto es que **superrealismo** se emplea en nuestro idioma mucho menos que **surrealismo**. Sucede igual para los sustantivos derivados **surrealista** y **superrealista**. // Son incorrectas las formas *subrealismo, *subrrealismo y *subrealista, *subrrealista.

survietnamita Se dice también **sudvietnamita**.

susceptible No confundir con **capaz**. El adjetivo **susceptible** significa 'que puede recibir la acción o el efecto que se expresa' y **capaz** significa 'que puede hacer alguna cosa'; se dice, por tanto, *una situación susceptible de ser mejorada* o *una persona capaz de mejorar*, pero no *una situación capaz de ser mejorada* o *una persona susceptible de mejorar*.

suscitar No confundir con → **concitar**.

suscribir El participio de este verbo es irregular: **suscrito**. La forma **suscripto**, también admitida, hoy está en desuso. // También se dice **subscribir, subscrito**, aunque el uso actual prefiere las formas sin **-b-**. Sucede igual para los derivados **suscripción, suscriptor** (o **subscripción, subscriptor**).

suscripción, suscripto, suscrito, suscriptor Ver **suscribir**.

sustancia También se admite la grafía **substancia** para este sustantivo, aunque en el uso actual se prefiere la forma sin **-b-**. Sucede igual para todos sus derivados: **sustancial, sustanciar, sustancioso, sustantivar, sustantivo**, etc., mejor que **substancial, substanciar, substancioso, substantivar, substantivo** y también **insustancial, insustancialidad, insustancialmente** mejor que **insubstancial, insubstancialidad, insubstancialmente**.

sustancial, sustanciar, sustancioso, sustantivar, sustantivo Ver **sustancia**.

sustitución, sustituible, sustituto, sustitutivo Ver **sustituir**.

sustituir Es un verbo irregular. Se conjuga como **huir**: *sustituyo, sustituí*. // También existe la forma **substituir**, aunque el uso moderno prefiere la forma sin **-b-**. Sucede igual para sus derivados: **sustitución, sustituible, sustituto, sustitutivo**, etc., mejor que **substitución, substituible, substitutivo, substituto**, etc., e **insustituible** mejor que **insubstituible**.

sustracción, sustraendo Ver **sustraer**.

sustraer Es un verbo irregular. Se conjuga como **traer**: *sustraigo, sustraje*. // También existe la forma **substraer**, aunque en la actualidad se prefiere la forma sin **-b-**. Sucede igual para los derivados: **sustracción, sustraendo** mejor que **substracción, substraendo**.

sustrato También se dice **substrato**, aunque en la actualidad se prefiere la forma sin **-b-** para este sustantivo.

sutil Es una palabra aguda, por lo que es incorrecta la pronunciación */sútil/*.

*suvención Forma incorrecta por **subvención**.

suversión, suversivo, suvertir Ver **subversión, subversivo, subvertir**.

suyo Como adjetivo posesivo de tercera persona, **suyo, suya, suyos, suyas** se apocopa en la forma **su** (**sus** para el plural) cuando precede a un sustantivo, aunque entre ellos se interponga otro adjetivo: *su amigo, su buen amigo; sus pa-*

dres, sus ancianos padres. Estos posesivos también lo son del pronombre de respeto de segunda persona **usted** (**ustedes**): *Vi a su padre* ('al padre de usted'). *Ustedes son responsables y toda la culpa es suya.*

swahili Ver **suahili**.

sweater Ver **suéter**.

swing La RAE no admite este sustantivo o adjetivo inglés, aunque se usa mucho en nuestro idioma con los significados de 'cierto estilo musical de jazz' y 'tensión emocional en la interpretación de esta música': *un cantante con mucho swing*. También designa, en boxeo, un tipo de golpe circular.

symposium Ver **simposio**.

t

tablazón Es un sustantivo femenino: *la tablazón*, no **el tablazón*.

tabú El plural de este sustantivo es **tabúes** o **tabús**: *una educación llena de tabúes* (o *tabús*). Con función adjetiva, en aposición con otro sustantivo en plural, normalmente permanece invariable: *temas tabú*.

tachar Este verbo se construye con la preposición **de** en su acepción de 'atribuir un defecto, cualidad negativa, etc.': *tachar de incompetente*. // Se considera impropio su uso con el sentido general de 'calificar', 'considerar': **tachar de hermoso, de inteligente*, etc.

táctil Es incorrecta la acentuación aguda **tactil* para este adjetivo.

taíno o **taino** La RAE sólo admite la forma **taíno** para este adjetivo o sustantivo, aunque también se emplea la acentuación **taino**.

tal La locución **con tal de**, cuando va seguida de la conjunción **que**, también puede usarse sin la **de**: *Con tal (de) que vengas, soy capaz de cualquier cosa*. // **tal es así* Ver **tanto**.

talayot o **talayote** La RAE sólo admite la grafía **talayote** para este sustantivo, aunque es más frecuente la forma original mallorquina **talayot**.

tam-tam o **tamtan** La RAE sólo admite la forma **tamtan** para este sustantivo, aunque la forma más corriente es **tam-tam**.

tan Adverbio de cantidad, apócope de **tanto**.

tándem El plural de este sustantivo es **tándems** o **tándemes**, aunque no es raro que permanezca invariable: *los tándem*.

tángana Es incorrecta la acentuación *tangana para este sustantivo: *¡Menuda tangana se armó!

tanto Como adjetivo o pronombre, en correlación con **como**, introduce el primer término de una comparación de igualdad: ¿La quisiste tanto como a mí? En correlación con **que** se usa como primer término de una correlación consecutiva: Sufre tanto que no sé cómo continúa viviendo. // Como adverbio, se apocopa en la forma **tan** delante de adjetivos (no en grado superlativo: *tan tristísimo), adverbios y locuciones adverbiales: tan feliz, tan solo, tan de lejos. En correlación con las conjunciones **cuan** o **como**, expresa comparaciones de igualdad: tan simple como eso. También antecede a la conjunción **que** en correlaciones consecutivas: Caminaba tan apesadumbrado que apenas veía por dónde iba. El adverbio **tanto** no se apocopa en la forma **tan** ante los comparativos **mayor, menor, mejor, peor, más** y **menos**: tanto mayor, tanto mejor, tanto menos. Cuando **mayor** se emplea sin valor comparativo, sí existe apócope de **tanto**: No sabía que fueras tan mayor. // Se debe evitar la apócope de **tanto**, o su sustitución por **tal**, en la locución **tanto es así**: *Tan (o tal) es así, que no tuve otro remedio que volver. *Tal es así, que se fueron sin despedirse. La frase correcta sería: Tanto es así, que no tuve otro remedio que volver. // **entre tanto** Ver **entretanto**.

tañer Es un verbo irregular. Ver cuadro de la página siguiente. // Es incorrecta la forma *tañir: *tañir un instrumento.

*tañir Forma incorrecta por **tañer**.

taparrabo o **taparrabos** Ambas formas están admitidas para este sustantivo, aunque es más usual **taparrabos**.

tapiar En cuanto al acento, este verbo se conjuga como **cambiar**: tapio, tapias.

taquigrafiar En cuanto al acento, este verbo se conjuga como **ansiar**: taquigrafío, taquigrafías.

tarambana o **tarambanas** La RAE sólo admite la forma **tarambana** para este adjetivo o sustantivo, aunque tam-

TAÑER		
GERUNDIO		
tañendo		
INDICATIVO	**SUBJUNTIVO**	
Pret. perf. simple	**Pret. imperfecto**	**Futuro**
tañí	tañera, -ese	tañere
tañiste	tañeras, -eses	tañeres
tañó	tañera, -ese	tañere
tañimos	tañéramos, -ésemos	tañéremos
tañisteis	tañerais, -eseis	tañereis
tañeron	tañeran, -esen	tañeren

bién se emplea el plural **tarambanas** con valor de singular: *Es un tarambanas.*

tarde En América se utiliza a menudo la construcción **en la tarde**, en lugar de **por la tarde**: *Te llamaré mañana en la tarde.* // **Ayer tarde** Ver **ayer.**

*targiversar Forma incorrecta por **tergiversar.**

tatuar En cuanto al acento, este verbo se conjuga como **actuar**: *tatúo, tatúas.*

taxi Constituye un vulgarismo el uso de la forma de plural ***taxis** como si fuera singular: **Tomamos un taxis para ir a casa.*

te Pronombre personal átono de segunda persona singular. Siempre se escribe sin tilde, a diferencia del sustantivo **té** ('infusión'). // Debe evitarse la construcción vulgar ***te se** por **se te**: **Te se ha caído el bolígrafo.*

té Este sustantivo masculino ('infusión') siempre se escribe con tilde, a diferencia del pronombre **te.**

tecnicolor Se prefiere esta grafía a la forma **technicolor** (de *Technicolor*, marca registrada).

teja Ver **tocateja (a).**

tejemaneje Es incorrecta la escritura en dos palabras ***teje maneje** para este sustantivo.

*teleespectador Forma incorrecta por **telespectador.**

telefax Ver **fax.**

telefax o **telefacsímil** Ver **fax**.

telefilm o **telefilme** Ver **film** o **filme**.

telegrafiar En cuanto al acento, este verbo se conjuga como **ansiar**: *telegrafío, telegrafían*.

telekinesia, telekinesis, telequinesia, telequinesis La RAE sólo admite para este sustantivo femenino las formas **telekinesia** y **telequinesia**, pero no las variantes **telekinesis** y **telequinesis**, que, sin embargo, también se usan.

telespectador Es incorrecta la forma **teleespectador*.

telurio o **teluro** Nombre de un elemento químico. La RAE sólo admite la forma **telurio** para este sustantivo, pero se dice también **teluro**.

tema No debe usarse este sustantivo como **asunto, problema, cuestión**, etc. El **tema** es aquello de lo que algo trata o habla: *el tema de un libro, de una conversación*, por tanto no puede decirse **ese tema no me concierne* o **el tema de conseguir piso se ha puesto fatal*. // Evítese el uso de **tópico**, por influencia del inglés *topic*, en lugar de **tema**.

temblar Es un verbo irregular. Se conjuga como **pensar**: *tiemblo, tiemblas*.

temer Este verbo no se construye con la preposición **de**: **Me temo de que está gravemente enfermo*. Lo correcto es: *Me temo que está gravemente enfermo*.

ten con ten Es incorrecta la forma en una sola palabra **tencontén* para esta locución.

tenaza o **tenazas** Se puede decir de ambas maneras, aunque es preferible la forma en plural **tenazas** con valor de singular: *Sacó el clavo con unas tenazas*.

tender Es un verbo irregular. Ver cuadro de la página siguiente.

tener Es un verbo irregular. Ver cuadro de la página siguiente. // **tener presente** Ver **presente**.

tentado Este participio y adjetivo se construye con la preposición **de**: *Me sentí tentado de mentir*, no **Me sentí tentado a mentir*.

tentar Es un verbo irregular. Se conjuga como **pensar**: *tiento, tientas*.

TENDER

INDICATIVO	SUBJUNTIVO	IMPERATIVO
Presente	**Presente**	
tiendo	*tienda*	
tiendes	*tiendas*	*tiende*
tiende	*tienda*	
tendemos	*tendamos*	
tendéis	*tendáis*	*tended*
tienden	*tiendan*	

TENER

INDICATIVO

Presente	Pret. perf. simple	Futuro	Condicional
tengo	*tuve*	*tendré*	*tendría*
tienes	*tuviste*	*tendrás*	*tendrías*
tiene	*tuvo*	*tendrá*	*tendría*
tenemos	*tuvimos*	*tendremos*	*tendríamos*
tenéis	*tuvisteis*	*tendréis*	*tendríais*
tienen	*tuvieron*	*tendrán*	*tendrían*

SUBJUNTIVO

Presente	Pret. imperfecto	Futuro
tenga	*tuviera, -ese*	*tuviere*
tengas	*tuvieras, -eses*	*tuvieres*
tenga	*tuviera, -ese*	*tuviere*
tengamos	*tuviéramos, -ésemos*	*tuviéremos*
tengáis	*tuvierais, -eseis*	*tuviereis*
tengan	*tuvieran, -esen*	*tuvieren*

IMPERATIVO

ten	*tened*

teñir Es un verbo irregular. Se conjuga como **ceñir**: *tiño, tiñes*.

tercer Adjetivo apócope de **tercero**.

tercero Este adjetivo numeral ordinal se apocopa en la forma **tercer** cuando precede a un sustantivo masculino: *el* *tercer hombre*, aunque entre ellos se interponga otro adjetivo: *el tercer gran error*. La forma **tercero** también puede apocoparse en todos los compuestos de los que forma parte: **decimotercero** o **decimotercer**. Es un uso vulgar emplear la forma apocopada ante sustantivos femeninos: **la tercer mujer en su vida*.

terciar En cuanto al acento, este verbo se conjuga como **cambiar**: *tercio, tercias*.

tergiversar Es incorrecta la forma **targiversar* para este verbo.

termes Existen también las formas **termita** y **térmite**. La RAE da preferencia a la masculina **termes**, pero es más corriente la femenina **termita**. La también femenina **térmite** apenas se utiliza.

terminar Este verbo, en su uso intransitivo, se construye con las preposiciones **con, de, en** y **por**: *terminar con la tarea, terminar de comer, terminar en punta, terminar por marcharse*.

termita o **térmite** Ver **termes**.

termostato o **termóstato** Ambas acentuaciones están admitidas para este sustantivo, aunque la más común es **termostato**.

terrario o **terrarium** La RAE sólo admite la forma **terrario** para este sustantivo, aunque se usa a menudo la grafía latinizada **terrarium**.

test, testar El sustantivo inglés *test* está admitido por la RAE, pero no así el verbo derivado de él, **testar** ('someter algo a un test o prueba'), aunque se utiliza mucho. **Test** es invariable en plural: *los test*. Existe otro verbo **testar**, éste sí admitido por la RAE, que significa 'hacer testamento'.

testimoniar En cuanto al acento, este verbo se conjuga como **cambiar**: *testimonia, testimonian*.

testuz El género de este sustantivo es ambiguo y, aunque algunos autores señalan que suele emplearse como masculino, su uso normal es como femenino: *El toro bajó la testuz y embistió con furia*.

tétano o **tétanos** Ambas formas están admitidas para este sustantivo, aunque se utiliza más **tétanos**.

ti Pronombre personal de segunda persona singular. Siempre funciona como complemento y se construye con preposición: *a ti*, *de ti*. Con la preposición **con** adopta la forma **contigo**. Es incorrecta la grafía con tilde ***tí**, por analogía con **mí** y **sí**.

tic El plural de este sustantivo es **tics**: *Tiene muchos tics nerviosos.*

ticket Ver **tique** o **tíquet**.

tictac o **tic-tac** La RAE sólo admite la forma **tictac** para este sustantivo onomatopéyico, aunque a menudo se ve escrito con la forma **tic-tac**.

tie break Expresión tenística inglesa que debe traducirse por **muerte súbita**.

tierno El superlativo culto de este adjetivo es **ternísimo**, aunque es mucho más frecuente la variante popular **tiernísimo**.

tigre El femenino de uso más común para este sustantivo es **tigresa**, aunque también se admite la forma **tigra** y en ocasiones se emplea el masculino **tigre** para los dos géneros: *el tigre macho y la tigre hembra.*

tijera o **tijeras** Se puede decir de ambas maneras, aunque se usa más y es preferible la forma en plural **tijeras** con valor de singular: *Corta el hilo con las tijeras.*

tildar Este verbo se construye con la preposición **de**: *tildar a alguien de ignorante.* // Su significado es 'atribuir a alguien un defecto o cualidad negativa', por lo que se considera impropio su uso con el sentido general de 'llamar' o 'calificar': *La crítica ha tildado de excelente esta película.*

tilde Este sustantivo se considera de género ambiguo, aunque normalmente se emplea como femenino: *Has olvidado poner algunas tildes en ese texto.*

tintinar o **tintinear** Ambas formas están admitidas y, aunque la RAE da preferencia a la primera, es más frecuente **tintinear**.

tiovivo Es incorrecta la acentuación ***tíovivo**.

tique o **tíquet** La RAE sólo admite la forma **tique**, aunque tanto **tíquet** como el original inglés *ticket* se usan mucho. Es preferible siempre utilizar las formas españolizadas.

tirar No es sinónimo de → **estirar**.

tiritar o **titiritar** Ambas formas están admitidas para este verbo, aunque es más usual la primera.

tiroides Como sustantivo, pese a ser el nombre de una glándula, su género es masculino: *el tiroides*, no **la tiroides*.

tisú El plural de este sustantivo es **tisúes**, aunque también se usa **tisús**.

tizne El género de este sustantivo es ambiguo, aunque normalmente se emplea como masculino: *el tizne de una vasija*.

toalla Es incorrecta la grafía **tohalla* para este sustantivo.

toca Para la locución **a toca teja**, ver **tocateja** (a).

tocar Como verbo intransitivo se usa sólo en tercera persona: *Ahora te toca a ti*, salvo con el sentido de 'ser pariente': *Ramón y yo nos apellidamos igual, pero no nos tocamos nada*.

tocateja (a) La RAE da preferencia a la forma en tres palabras, **a toca teja**, sobre **a tocateja**, aunque frecuentemente se escribe de esta última manera.

todo Ante sustantivos femeninos que comienzan por **a-** o **ha-** tónicas debe emplearse la forma femenina de este adjetivo: *toda alma* (no **todo alma*). // Se prefiere la locución adverbial **con todo**, o su equivalente **no obstante**, a las expresiones **con todo y eso** y **con todo y con eso**, consideradas de uso vulgar: *Se portó fatal, pero, con todo y con eso, le perdoné*. // **todo quisque** Ver **quisque**.

todopoderoso Es incorrecta la escritura en dos palabras **todo poderoso*.

*tohalla Forma incorrecta por **toalla**.

toilette La RAE no admite este sustantivo francés, a veces también escrito **toilete**, y es preferible sustituirlo por equivalentes españoles, como **tocador**, **servicio**, **lavabo** o **arreglarse** por **hacerse la toilette**, según los casos.

tomacorriente Este sustantivo se utiliza frecuentemente en América en lugar de la expresión **toma de corriente**, que es lo que se dice en España.

tomar Este verbo se construye con las preposiciones **a** y **por**: *tomar algo a risa, tomarle a uno por tonto*.

top secret Debe usarse su traducción, **alto secreto**.

tópico Ver **tema**.

topless Aunque se puede sustituir este anglicismo por expresiones equivalentes en español (**con los pechos desnudos, sin la parte de arriba**, etc.), los hablantes han impuesto esta voz, por su mayor brevedad: *hacer topless en la playa*. Por otro lado, **topless** es el único nombre que se da al establecimiento o local de espectáculos donde trabajan mujeres desnudas de cintura para arriba y, por extensión, a locales similares en los que se exhiben hombres.

torácico Es incorrecta la forma **toráxico*.

tórax Es incorrecta la forma **torax*.

*toráxico Forma incorrecta por **torácico**.

torcer Es un verbo irregular. Se conjuga como **mover**. La **c** de la raíz cambia a **z** ante **a** y **o**: *torzamos, tuerzo*.

torero El femenino de este sustantivo es **torera**. No debe utilizarse, por tanto, las expresiones **mujer torero** ni tampoco **torero** como invariable para masculino y femenino.

torno La locución adverbial **en torno** ('alrededor' y 'acerca de') puede construirse con las preposiciones **a** y **de**: *reunidos en torno al* (o *del*) *fuego*.

tortícolis o **torticolis** Ambas acentuaciones están admitidas para este sustantivo, pero es más frecuente la primera. // Aunque tradicionalmente se considera de género masculino, se tiende a usarlo como femenino. // Es incorrecto **tortículis*.

tos ferina Es incorrecto **tosferina*.

tostar Es un verbo irregular. Se conjuga como **contar**: *tuesto*.

totalidad casi la totalidad Ver **casi**.

tótem El plural de este sustantivo es **tótems** o **tótemes**.

toupet Debe usarse el sustantivo español **tupé** en lugar de esta voz francesa.

tour Con frecuencia se utiliza este sustantivo francés con el significado de 'excursión, viaje' (*un tour organizado*), pero resulta más apropiado usar los sustantivos españoles equivalentes.

tour-operador Esta voz, procedente del inglés *tour-operator*, se utiliza con frecuencia con el significado de '**agente de viajes**'; se prefiere esta construcción o la expresión **operador turístico** en su lugar.

tournée Se usa a menudo este sustantivo francés, en lugar del español **gira**, para referirse a una serie de actuaciones de un artista por distintas ciudades o países. Debe usarse preferentemente la palabra española.

tra- Ver **trans-**.

trade mark Tradúzcase esta expresión inglesa por **marca** o **marca registrada**.

traducir Es un verbo irregular. Se conjuga como **conducir**: *traduzco*. // Se construye con las preposiciones **a** y **de**: *traducir del francés al español*.

traer Es un verbo irregular. Ver cuadro de la página siguiente.

tráiler Anglicismo admitido por la RAE. Sin embargo, es prefiere su equivalente español, **avance**, referido al anuncio de una película hecho con fragmentos de la misma.

training Debe utilizarse en su lugar su traducción española, **entrenamiento**.

trans- Este prefijo de origen latino puede significar 'más allá, del otro lado' (*transatlántico*), 'a través de' (*transcontinental*) o 'cambio' (*transformar*). Existen también las variantes **tras-** y **tra-**, por ejemplo: *trasmontano, transmontano* o *tramontano*). Son numerosas las palabras que pueden escribirse indistintamente con **trans-** o **tras-**; aunque su uso normal suele inclinarse por una u otra forma. Por ejemplo, aunque las siguientes palabras y sus familias correspondientes admiten ambas formas, se escriben casi siempre con **trans-**: *transalpino, transandino, transatlántico, transbordar, transcontinental, transcribir, transcurrir, transferencia, transfiguración, transfixión, transformación, tránsfu-*

TRAER		
GERUNDIO		**PARTICIPIO**
trayendo		*traído*
INDICATIVO		

Presente	**Pretérito perfecto simple**	
traigo	*traje*	
traes	*trajiste*	
trae	*trajo*	
traemos	*trajimos*	
traéis	*trajisteis*	
traen	*trajeron*	

SUBJUNTIVO		
Presente	**Pret. imperfecto**	**Futuro**
traiga	*trajera, -ese*	*trajere*
traigas	*trajeras, -eses*	*trajeres*
traiga	*trajera, -ese*	*trajere*
traigamos	*trajéramos, -ésemos*	*trajéremos*
traigáis	*trajerais, -eseis*	*trajereis*
traigan	*trajeran, -esen*	*trajeren*

ga, transfusión, transgresión, translinear, transliterar, trans-mediterráneo, transmigración, transmitir, transmutar, transo-ceánico, transpacífico, transparencia, transpiración, transpire-naico, transporte, transverberación, transverso. Otras, sin embargo, como *trascendencia, traslación, traslucir, trasponer o trasvasar* y sus familias, se escriben normalmente con **tras-**. Por último, hay una serie de palabras para las que sólo se admite la forma **tras-**. Son: *trascoro, trasdós, tras-fondo, trashumancia, trasladar, trasluz, trasmallo, trasnochar, traspapelar, traspasar, traspié, trasplante, traspunte, trasqui-lar, trastienda, trastocar, trastorno, trastrocar*, y sus corres-pondientes familias.

transalpino Ver **trans-**.
transandino Ver **trans-**.
transatlántico Ver **trans-**.

transbordador, transbordar, transbordo Ver **trans-**.

transcendencia, transcendental, transcendente Ver **trans-**.

transcender Ver **trascender**.

transcontinental Ver **trans-**.

*transcoro Forma incorrecta por **trascoro**.

transcribir, transcripción Ver **trans-**. // Transcribir tiene dos participios, ambos irregulares: **transcrito** (o **trascrito**) y **transcripto** (o **trascripto**), este último poco usado.

transcurrir No confundir este verbo con **discurrir**. Los dos significan 'pasar, correr', pero mientras **transcurrir** se aplica generalmente al tiempo (*Han transcurrido varios años desde entonces*), **discurrir** suele utilizarse con el sentido de correr algo por alguna parte: *Discurrir un río entre dos laderas*. // Ver **trans-**.

transcurso Ver **trans-**.

*transdós Forma incorrecta por **trasdós**.

transexualidad o **transexualismo** Ambas formas están admitidas para este sustantivo, aunque es más frecuente la primera.

transferencia Ver **trans-**.

transferir Es un verbo irregular. Se conjuga como **sentir**: *transfiero*. // Ver **trans-**.

transfiguración, transfigurar Ver **trans-**.

transfixión Ver **trans-**.

*transfondo Forma incorrecta por **trasfondo**.

transformación, transformador, transformar, transformista Ver **trans-**.

tránsfuga, tránsfugo, transfuguismo Ver **trans-**. // Aunque se pueden usar indistintamente **tránsfuga** y **tránsfugo**, se emplea preferentemente **tránsfuga** como forma invariable para masculino y femenino: *un tránsfuga*.

transfundir, transfusión Ver **trans-**.

transgredir Es un verbo defectivo. Se conjuga como **abolir**. // Ver **trans-**.

transgresión, transgresor Ver **trans-**.

*transhumancia, *transhumante, *transhumar Formas incorrectas por **trashumancia, trashumante, trashumar**.

transigir Este verbo se conjuga como **surgir**: *transijo*.

translación, translaticio, translativo Ver **trans-**.

transliterar ver **trans-**.

translúcido, transluciente Ver **trans-**.

transmediterráneo Ver **trans-**.

transmigración, transmigrar Ver **trans-**.

transmisión, transmisor, transmitir Ver **trans-**.

transmutación Ver **trans-**.

transoceánico Ver **trans-**.

transpacífico Ver **trans-**.

transparencia, transparentar, transparente Ver **trans-**.

transpiración, transpirar Ver **trans-**.

transpirenaico Ver **trans-**.

*transplantar, *transplante Formas incorrectas por **trasplantar, trasplante**.

transponer Ver **trasponer**.

transportar, transporte, transportista Ver **trans-**.

transposición, transpositor Ver **trans-**.

transvasar, transvase Ver **trans-**.

transverberación Ver **trans-**.

transversal, transverso Ver **trans-**.

tras Esta preposición y la locución **tras de** son de uso literario. En la lengua coloquial suele utilizarse **detrás de** o **después de**: *Va tras* (o *detrás de*) *la pelota*.

tras- Ver **trans-**.

trasalpino Ver **trans-**.

trasandino Ver **trans-**.

trasatlántico Ver **trans-**.

trasbordador, trasbordar, trasbordo Ver **trans-**.

trascendencia, trascendental, trascendente Ver **trans-**.

trascender Es un verbo irregular. Se conjuga como **tender**: *trasciendo*. // Ver **trans-**.

trascontinental Ver **trans-**.

trascordarse Es un verbo irregular. Se conjuga como **contar**: *se trascuerda*.

trascoro Es incorrecta la forma **transcoro* para este sustantivo.

trascribir, trascripción Ver trans-.

trascurrir, trascurso Ver trans-.

trasdós Es incorrecta la forma **transdós*.

trasegar Es un verbo irregular. Se conjuga como **pensar**. La g de la raíz cambia a **gu** delante de **e**: *trasiegue*.

trasferencia, trasferir Ver trans-.

trasfiguración, trasfigurar Ver trans-.

trasfixión Ver trans-.

trasformación, trasformador, trasformar, trasformista Ver trans-.

trásfuga, trásfugo, trasfuguismo Ver tránsfuga, tránsfugo, transfuguismo.

trasfundir, trasfusión Ver trans-.

trasgredir Ver transgredir.

trasgresión, trasgresor Ver trans-.

trashumancia, trashumante trashumar Son incorrectas las formas **transhumancia*, **transhumante*, **transhumar*.

traslación, traslaticio, traslativo Ver trans-.

trasliterar Ver trans-.

traslúcido, trasluciente Ver trans-.

trasmediterráneo Ver trans-.

trasmigración, trasmigrar Ver trans-.

trasmisión, trasmisor, trasmitir Ver trans-.

trasmutación, trasmutar Ver trans-.

trasnoche o **trasnocho** Ambas formas están admitidas y, aunque la RAE da preferencia a la segunda, es algo más usual la primera // **Trasnoche** tiene género masculino: *Estoy cansado después tanto trasnoche*.

trasoceánico Ver trans-.

traspacífico Ver trans-.

trasparencia, trasparentar, trasparente Ver trans-.

traspié Debe evitarse el uso de la forma de plural **traspiés** como si fuese singular: **Ha dado un traspiés.*

traspiración, **traspirar** Ver **trans-**.

traspirenaico Ver **trans-**.

trasplantar, **trasplante** Son incorrectas las formas **transplantar, *transplante* para este verbo y este sustantivo.

trasponer Es un verbo irregular. Se conjuga como **poner**: *traspongo, traspuesto.* // Ver **trans-**.

trasportador, **trasportar**, **trasporte**, **trasportista** Ver **trans-**.

trasposición, **traspositor** Ver **trans-**.

trastocar Este verbo significa 'trastornar, revolver': *Has trastocado las fichas.* Debe evitarse su confusión con **trastrocar**, 'cambiar o confundir unas cosas por otras': *La pérdida de memoria le hace trastrocar los nombres, las fechas...*

trastrocar Es un verbo irregular. Se conjuga como **contar**. La **c** de la raíz cambia a **qu** ante **e**: *trastrueques.* // No confundir con → **trastocar**.

trasvasar, **trasvase** Ver **trans-**.

trasverberación Ver **trans-**.

trasversal, **trasverso** Ver **trans-**.

*trasvesti, *trasvestí, *trasvestido, *trasvestirse Formas incorrectas por **travesti**, **travestí**, **travestido** y **travestirse**.

tratar Este verbo se construye con las preposiciones **con, de** y **sobre**: *tratarse con otro, tratar de tú a alguien, tratar sobre un asunto.* // La construcción **se trata de** es impersonal: *Hago lo que quiero; se trata de mi vida.* No debe utilizarse, por tanto, con un sujeto: **La película El gran dictador se trata de una sátira contra el nazismo.* Lo correcto es: *La película El gran dictador es* (o *trata de*) *una sátira contra el nazismo.*

*traumar Forma incorrecta por **traumatizar**.

travelín o **travelling** Se da preferencia al sustantivo **travelín** sobre la voz inglesa *travelling*, aunque se hace abundante uso de esta última. // Su plural es **travelines** y **travellings**, respectivamente.

través a campo través, **campo a través** Ver **campo**.

travesti, **travestí** o **travestido** Son incorrectas las formas *trasvesti, *trasvestí, *trasvestido. // Se usa más el galicismo **travesti**, o su variante **travestí**, que la forma **travestido**, que es la más inusual, a pesar de que algunos la recomiendan por ser de formación más castellana. Sólo esta última variante esta admitida por la RAE. // El plural de **travestí** es **travestíes**, aunque se utiliza habitualmente las formas **travestís** o **travestis**.

travestirse Es incorrecto *trasvestirse. // Es un verbo irregular. Se conjuga como **pedir**: *se traviste*.

traviesa a campo traviesa Ver **campo**.

treceavo Numeral partitivo correspondiente al cardinal **trece**: *la treceava parte*. Se dice también **trezavo**, aunque esta última forma es poco usada. // No debe usarse en lugar del numeral ordinal **decimotercero**: *el puesto treceavo*.

*trenta Forma incorrecta por **treinta**.

trezavo Ver **treceavo**.

tríada Es incorrecta la forma *triada para este sustantivo.

trianual No debe confundirse con el adjetivo **trienal**. **Trianual** significa 'que ocurre tres veces al año': *una revista trianual*. **Trienal** es 'lo que ocurre cada tres años': *un viaje trienal*.

tríceps Es incorrecta la forma *triceps, sin tilde. Ver **bíceps**.

trienal No confundir con → **trianual**.

triglifo o **tríglifo** Ambas acentuaciones están admitidas para este sustantivo, aunque se prefiere la primera.

trocar Es un verbo irregular. Se conjuga como **contar**. La **c** de la raíz cambia a **qu** ante **e**: *trueques*. // Se construye con las preposiciones **en** y **por**: *trocarse una cosa en otra* ('transformarse'), *trocar una cosa por otra* ('cambiar').

tronar Es un verbo irregular. Se conjuga como **contar**: *truena*.

tropezar Es un verbo irregular. Se conjuga como **pensar**. La **z** de la raíz cambia a **c** ante **e**: *tropiece*.

trotaconventos Aunque tiene forma de plural, este sustantivo es singular: *una trotaconventos*. // Es incorrecta la forma **trota conventos*.

trotamundos Aunque tiene forma de plural, este sustantivo es singular: *un trotamundos*, no **un trotamundo*. // Es incorrecta la forma **trota mundos*.

troupe Con el significado de 'conjunto de actores, director, etc. formado para representar obras teatrales', debe usarse el sustantivo **compañía** en lugar de la palabra francesa *troupe*.

trust 'Unión de empresas o sociedades con objeto de dominar el mercado'. Algunos proponen la españolización de esta voz inglesa en la forma **truste**; sin embargo, el término habitual es *trust*. No tiene equivalentes en español.

truste Ver **trust**.

tu Forma apocopada del adjetivo posesivo **tuyo(s)**, **tuya(s)**, que se usa cuando precede a un sustantivo, aunque medie entre ellos otro adjetivo: *tu buen amigo Luis*. Distíngase de → **tú**.

tú Pronombre personal de segunda persona singular. Es invariable en cuanto al género y su plural es **vosotros**; siempre lleva acento, a diferencia de **tu**, forma apocopada del adjetivo posesivo **tuyo(s)**, **tuya(s)**. El pronombre **tú** desempeña la función de sujeto, por lo que generalmente es una incorrección su uso precedido de preposición: **hacia tú*, **para tú*. En estos casos se utiliza la forma **ti**: *para ti*, *hacia ti*, que precedida de la preposición **con** adopta la forma **contigo**: *Voy a volver contigo*. Sí se utiliza la forma **tú** precedida de preposición en las expresiones **de tú a tú**, **entre tú y yo**, **según tú**, **incluso tú**.

tullir Es un verbo irregular. Se conjuga como **mullir**: *tullera*, *tullendo*.

tumba No es sinónimo de → **cenotafio**.

tupé Ver **toupet**.

tutú El plural de este sustantivo es **tutús**, no **tutúes*.

txistu, txistulari Se usan también las grafías castellanizadas **chistu** y **chistulari**.

u

u Esta variante de la conjunción disyuntiva **o**, se utiliza cuando la palabra siguiente comienza por **o-** u **ho-**: *claro u oscuro, mujeres u hombres.*

ubérrimo Superlativo irregular de **fértil**.

ubicar Este verbo significa 'estar en un determinado espacio o lugar': *La finca está ubicada al norte de la provincia.* En América se utiliza también con los significados de 'situar' o 'localizar': *Se ha ubicado en primer lugar. Ubíqueme al señor Moretti.*

ufanarse Este verbo se construye con las preposiciones **con** y **de**: *ufanarse alguien con (o de) su buena suerte.*

ufo, **ufología**, **ufólogo** Ver **ovni**.

ultimátum Palabra de origen latino. Pertenece al lenguaje diplomático, aunque hoy se ha extendido su uso. El plural es **ultimátums** o **ultimatos**, más cercana al castellano. La RAE propone la forma invariable **ultimátum** para singular y plural.

ultra- Significa 'más allá' y se utiliza siempre como prefijo: *ultramar, ultraderechista*, etc. Es incorrecto, por tanto, escribir **ultra mar* o **ultra derechista*.

umbral No confundir con → **dintel**.

un Forma apocopada de → **uno**. // Funciona como artículo indeterminado ante nombres masculinos singulares, aunque entre los dos vaya algún adjetivo: *un buen hombre.* También se utiliza **un** ante nombres femeninos que comienzan por **a-** o **ha-** tónicas, cuando el artículo los precede inmediatamente: *un arma.* Cuando entre el artículo y el nombre exista alguna otra palabra, debe utilizarse, sin embargo, la forma femenina **una**: *una blanca ave*. Ver apartado de gramática [2.2.]. Se considera también un adjetivo indefinido, pues en ocasiones funciona de manera semejante a **algún**, **alguna**: *Avisen a un* (o *algún*) *médico*.

undécimo Es el numeral ordinal correspondiente a **once**. Debe evitarse la forma incorrecta *****decimoprimero**. // Es sinónimo de **onceno**, aunque es mucho más frecuente la forma **undécimo**. // No debe confundirse con el partitivo **onceavo** ('una de las once partes en las que se divide un todo'): **Ha llegado en onceavo lugar*.

*****uniformación** Forma incorrecta por **uniformidad**.

*****uniformizar** Forma incorrecta por **uniformar**.

unir(se) Este verbo se construye con las preposiciones **a**, **con**, **en** y **entre**: *unir una cosa a* (o *con*) *otra, unirse a un grupo, unirse en comunidad, unirse entre sí*.

uno Cuando funciona de adjetivo numeral, se apocopa en la forma **un** ante sustantivos masculinos: *un corderito*, y sucede lo mismo para todos los adjetivos numerales de los que forma parte: *treinta y un corderitos*. Ante sustantivos femeninos no se produce la apócope: *veintiuna mujeres*, salvo que tales sustantivos sigan inmediatamente al adjetivo y comiencen por **a-** o **ha-** tónicas: *veintiún almas*. Cuando **uno** precede al numeral **mil**, siempre se apocopa: *veintiún mil individuos, treinta y un mil personas* (no *****treinta y una mil personas*). El número que sigue a **mil** es **mil uno**, apocopado en la forma **mil un** ante sustantivo masculino: *mil un hombres* y con variación de género ante sustantivo femenino: *mil una mujeres*. Cuando se pretende, sin embargo, expresar una cantidad grande vagamente definida con este numeral, suele intercalarse la conjunción **y** entre **mil** y **uno** / **una**: *las mil y una noches*. // Como adjetivo indefinido, el verbo puede aparecer en singular o plural en construcciones del tipo: *uno de los que asistió* (o *asistieron*) *a la reunión...* ; se prefiere la concordancia en plural con el artículo **los** y no en singular con **uno**: *Uno de los que asistieron a la reunión es amigo mío*.

uperisación o **uperización** Ver **uperisar** o **uperizar**.

uperisar o **uperizar** Ambas formas se emplean para designar cierto procedimiento de esterilización de la leche. Se prefiere el verbo **uperizar**, cuya terminación es más característica del español que **-isar**, adaptada del francés. Sucede igual con los sustantivos **uperisación** y **uperización**.

urbi et orbi Expresión latina que significa 'a la ciudad (el Vaticano) y al orbe'. Se refiere específicamente a la bendición y a los mensajes que el Papa dirige al mundo entero, aunque a veces también se use con intención irónica en otros contextos. Es incorrecto **urbi et orbe*.

urgir Se considera inadecuado emplear este verbo con un sujeto personal: **El jefe urge a sus empleados para que terminen el trabajo a tiempo*. El uso correcto es: *Urge terminar el trabajo a tiempo*. Sustitúyase **urgir** en el primer caso por otros verbos como **apremiar**, **instar**, **acuciar**, **exhortar**, etc.

usar Este verbo puede construirse con la preposición **de**: *Usó (de) todo su encanto para seducirle*.

usted, **ustedes** Pronombre personal de segunda persona que se utiliza como forma de tratamiento de respeto y que, a diferencia de **tú** y **vosotros**, concuerda con el verbo en tercera persona: *¿Qué desea usted?* // En algunas zonas de España (Andalucía occidental, Canarias) y de América, el plural **ustedes** se emplea también como forma de confianza equivalente a **vosotros**: *Ustedes son mis hermanos*. En Andalucía se da, además, una variante popular, en la que **ustedes** concierta con el verbo en segunda persona: *Ustedes tenéis mucha cara, ¿no?*; asimismo, los adjetivos y pronombres posesivos que se usa en este caso no son los de tercera persona -**su(s)**, **suyo(s)**, **suya(s)**-, sino **vuestro**: *Ustedes tenéis vuestras ideas y yo las mías, pero como la decisión es vuestra, ustedes veréis*. Por lo general, esta variante se considera un vulgarismo.

usufructuar En cuanto al acento, este verbo se conjuga como **actuar**: *usufructúo, usufructúan*.

utopía o **utopia** Aunque se admitan ambas acentuaciones para este sustantivo, normalmente sólo se emplea la forma **utopía**.

V

vaca No confundir al escribir con → **baca**.

vacante No confundir al escribir con → **bacante**.

vacía No confundir al escribir con → **bacía**.

vaciar En cuanto al acento, este verbo se conjuga como **ansiar**: *vacío, vacías*.

vagabundo o **vagamundo** Ambas formas están admitidas, aunque la segunda suele emplearse sólo en el habla popular.

vagaroso 'Agitado'. Es incorrecta la forma **vagoroso* para este adjetivo: **el vagoroso batir de las olas*. Es un término poético.

*vagoroso Forma incorrecta por **vagaroso**.

valer Es un verbo irregular. Ver cuadro. // **valer la pena** Ver **pena**.

VALER				
INDICATIVO				**SUBJUNTIVO**
Presente	Pret. imperf.	Futuro	Condicional	Presente
valgo	*valía*	*valdré*	*valdría*	*valga*
vales	*valías*	*valdrás*	*valdrías*	*valgas*
vale	*valía*	*valdrá*	*valdría*	*valga*
valemos	*valíamos*	*valdremos*	*valdríamos*	*valgamos*
valéis	*valíais*	*valdréis*	*valdríais*	*valgáis*
valen	*valían*	*valdrán*	*valdrían*	*valgan*

valet No confundir este sustantivo francés, que designa a un sirviente o criado, con su homófono **ballet** ('danza').

valido No confundir con → **balido**.

valiente El superlativo de este adjetivo es **valentísimo**, no *valientísimo.

valkiria Aunque la RAE admite esta forma, da preferencia a la grafía **valquiria**, más cercana al español. A veces también puede encontrarse escrito **walkiria**, forma castellanizada del antiguo alemán *walkyrien*, que no figura en el diccionario de la RAE.

valón 'Del territorio belga comprendido entre el Escalda y el Lys'. También se escribe **walón**, aunque la RAE da preferencia a la grafía con **v-**.

valquiria Ver **valkiria**.

vals El plural de este sustantivo es **valses**, no *los vals. // En América se emplea la forma **valse** para el singular, usada a veces como sustantivo femenino: *la valse*.

valse Ver **vals**.

valuar En cuanto al acento, este verbo se conjuga como **actuar**: *valúo, valúas*.

vanagloriarse En cuanto al acento, este verbo se conjuga como **cambiar**: *me vanaglorio, te vanaglorias*.

vaporizar También se dice **evaporizar**, aunque esta segunda forma es rara.

vaqueta No confundir con → **baqueta**.

variar En cuanto al acento, este verbo se conjuga como **ansiar**: *varío, varías*.

varice o **várice** Ver **variz**.

varietés La RAE no admite este sustantivo francés y se prefiere sustituirlo por la forma española **variedades**: *espectáculo de variedades* (por *espectáculo de varietés*).

variz También se admiten las formas **varice** y **várice** para este sustantivo, aunque la de uso común es **variz**.

varón No confundir con → **barón**.

vasca No confundir con → **basca**.

vascuence Ver **euskera** o **eusquera**.

vascular No confundir con → **bascular**.

vastedad, **vasto** No confundir con **bastedad** y **basto**. Ver **basto**.

vate No confundir con → **bate**.

váter Sustantivo propuesto por la RAE para sustituir al anglicismo *water*, aunque esta última forma aún se emplea mucho, a veces escrito **wáter**.

vatio Se prefiere esta forma a la grafía **watio** para este sustantivo. La RAE admite la grafía **watt** para designar la unidad de potencia **vatio** en la nomenclatura internacional.

vaudeville Ver **vodevil**.

*vecindaje Forma incorrecta por **vecindad**.

vedette Aunque la RAE no admite este sustantivo francés, no se emplea otra palabra en nuestro idioma para referirse a la mujer que actúa en revistas musicales, espectáculos de variedades, etc.

vegetales En español no debe utilizarse, por influjo del inglés, este sustantivo en lugar de **verdura**. No todos los vegetales son verduras, sino sólo las hortalizas, sobre todo las de hojas verdes. Se puede decir: *En ese puesto venden fruta y verdura*, pero no: **venden fruta y vegetales*.

*vehicular No se admite este verbo, empleado abundantemente con los significados de 'transportar', 'transmitir', 'canalizar', etc.: **vehicular medidas*. Puede sustituirse por los verbos mencionados, según los casos: *canalizar medidas*.

veintavo o **veinteavo** Ambas formas están admitidas para este adjetivo, aunque la primera hoy está en desuso.

veinte, veinti- Es incorrecta la forma ***vente**, así como el prefijo***venti-** (**ventiuno, *ventidós*, etc.) en lugar de **veinti-**: *veintiuno, veintidós*.

veintiún Ver **veintiuno**.

veintiuno Como adjetivo, este numeral cardinal se apocopa en la forma **veintiún** ante sustantivos masculinos: *veintiún días*. // Son erróneas las formas ***ventiuno** y ***ventiún** por **veintiuno** y **veintiún**.

vello No confundir con → **bello**.

vendetta La RAE no admite este sustantivo italiano, sustituible por la forma española **venganza**.

vendimiar En cuanto al acento, este verbo se conjuga como **cambiar**: *vendimio, vendimias*.

veni, vidi, vici 'Vine, vi, vencí' (Julio César). Es incorrecto *veni, vidi, vinci** para esta cita latina; la primera persona de pretérito perfecto simple de indicativo del verbo latino **vincere** (vencer) es **vici** y no *vinci**.

venir Es un verbo irregular. Ver cuadro.

VENIR			
GERUNDIO			
viniendo			
INDICATIVO			
Presente	**Pret. perf. simple**	**Futuro**	**Condicional**
vengo	*vine*	*vendré*	*vendría*
vienes	*viniste*	*vendrás*	*vendrías*
viene	*vino*	*vendrá*	*vendría*
venimos	*vinimos*	*vendremos*	*vendríamos*
venís	*vinisteis*	*vendréis*	*vendríais*
vienen	*vinieron*	*vendrán*	*vendrían*
SUBJUNTIVO			
Presente	**Pret. imperfecto**	**Futuro**	
venga	*viniera, -ese*	*viniere*	
vengas	*vinieras, -eses*	*vinieres*	
venga	*viniera, -ese*	*viniere*	
vengamos	*viniéramos, -ésemos*	*viniéremos*	
vengáis	*vinierais, -eseis*	*viniereis*	
vengan	*vinieran, -esen*	*vinieren*	
IMPERATIVO			
ven		*venid*	

*vente** Forma incorrecta por el numeral **veinte**.
*venti-** Forma incorrecta por **veinti-**.
ventiscar o **ventisquear** Ambas formas están admitidas, aunque la RAE da preferencia a la primera. // Son verbos impersonales; sólo se emplean el infinitivo y las terceras

personas de todos los tiempos: *Parece que va a ventiscar. Mañana ventiscará.*

ventrílocuo, ventriloquia Son incorrectas las acentuaciones *ventrilocuo y *ventriloquía y la forma *ventríloco por **ventrílocuo.**

ver Es un verbo irregular. Ver cuadro.

VER	
GERUNDIO	**PARTICIPIO**
viendo	*visto*
INDICATIVO	

Presente	**Pretérito imperfecto**
veo	*veía*
ves	*veías*
ve	*veía*
vemos	*veíamos*
veis	*veíais*
ven	*veían*

SUBJUNTIVO		
Presente	**Pret. imperfecto**	**Futuro**
vea	*viera, -ese*	*viere*
veas	*vieras, -eses*	*vieres*
vea	*viera, -ese*	*viere*
veamos	*viéramos, -ésemos*	*viéremos*
veáis	*vierais, -eseis*	*viereis*
vean	*vieran, -esen*	*vieren*

IMPERATIVO	
ve	*ved*

verbigracia o **verbi gratia** Ambas formas están admitidas con el significado de 'por ejemplo', aunque en general se prefiere la primera, que es la forma españolizada, a la locución latina **verbi gratia**: *Los ingredientes pueden ser, verbigracia, los siguientes: harina, huevos, vainilla y levadura.* Su abreviatura es **v. gr.**

verdecer Es un verbo irregular. Se conjuga como **agradecer**: *verdecen, verdezcan.*

verdemar o **verde mar** Se admiten ambas grafías, en una o en dos palabras, para designar 'el color verdoso parecido al del mar': *ojos verdemar* (o *verde mar*).

verderol o **verderón** Nombre de cierto pájaro. Ambas formas están admitidas, aunque la RAE da preferencia a **verderón**.

verdura No confundir con → **vegetales**.

verdusco Es incorrecta la forma *verduzco para este adjetivo.

vergonzante / vergonzoso Estos adjetivos no son sinónimos. **Vergonzante** se aplica al que por vergüenza actúa de forma encubierta, y se dice en especial de las personas que piden sin hacerlo abiertamente: *un pobre vergonzante.* **Vergonzoso** quiere decir 'que hace sentir vergüenza' o 'que siente vergüenza con facilidad': *Su comportamiento fue vergonzoso. Se pone colorada porque es muy vergonzosa.*

vermífugo 'Que que mata o expulsa las lombrices intestinales'. Es incorrecta, por redundante, la forma *antivermífugo en lugar de este adjetivo y sustantivo, pues el prefijo **anti-** ('contrario, opuesto') y el sufijo **-fugo** ('que elimina') son equivalentes y se anulan; *antivermífugo significaría justo lo contrario que **vermífugo**.

vermouth, **vermuth** Ver **vermú**.

vermú o **vermut** Ambas formas están admitidas para este sustantivo, aunque en general se prefiere la primera, que permite formar el plural **vermús**, más cercano al español que **vermuts**. // Es innecesaria la utilización de la grafía francesa *vermouth* o de la alemana *vermuth*.

versátil Este adjetivo significa originariamente 'voluble, inconstante', por lo que conviene no abusar de él, como elogio, aplicado a personas muy adaptables o que realizan actividades muy diversas: *Es un artista versátil*. En este caso, úsese preferentemente **polifacético**.

versus Aunque esta preposición latina, con el significado de 'contra, frente a', se ha asentado en nuestro idioma a tra-

vés del inglés, es impropia del español y conviene evitarse, así como sus abreviatura **vs**: *Clay versus* (o *vs*) *Foreman*.
Dígase: *Clay contra Foreman*.

verter Es un verbo irregular. Se conjuga como **tender**: *vier-*
to, viertes, verted. // Es incorrecta la forma *vertir*: *virtió,*
virtieron por *vertió, vertieron*.

***vertir** Forma incorrecta por **verter**.

***ves** Forma incorrecta para el imperativo del verbo **ir**: *ve*.

vesania Es incorrecta la forma *vesanía* para este sustantivo.

vestidura Este sustantivo suele utilizarse en plural: *rasgarse*
las vestiduras.

vestir Es un verbo irregular. Se conjuga como **pedir**: *visto*. //
Se construye con la preposición **de**: *vestirse de blanco*. // Es
incorrecta la forma vulgar *vistir*.

veta No confundir con → **beta**.

vez Es incorrecta la omisión de la conjunción **que** en la locución **una vez que**: *Una vez lo dijo, se quedó tranquilo* (por
Una vez que lo dijo, se quedó tranquilo). // La locución prepositiva **en vez de** puede construirse con pronombres como **tú, él, vosotros**, etc.: *En vez de él, tendrías que haber ido*
tú. Es incorrecto su uso con los posesivos **mío, tuyo, suyo**,
etc., en su lugar: *En vez suyo, tendrías que haber ido tú*. // El
uso de las locuciones **por primera vez** o **por vez primera**
con artículo (*Hoy la he visto por la primera vez*) no es propio del español. Debe construirse sin artículo. // Es incorrecto el empleo de *las más de las veces* por la locución
la mayoría de las veces: *Las más de las veces se equivoca*.

viceversa Es incorrecto *viciversa*.

viciar En cuanto al acento, este verbo se conjuga como **cam-**
biar: *vicio*.

vicisitud Es incorrecta la forma *visicitud* para este sustantivo.

***viciversa** Forma incorrecta por **viceversa**.

vídeo En América suele utilizarse la acentuación llana **video**
para este sustantivo, aunque en España se prefiere la forma esdrújula **vídeo**.

vidriar En cuanto al acento, este verbo se conjuga como **cambiar**: *vidrio*.

vilipendiar En cuanto al acento, este verbo se conjuga como **cambiar**: *vilipendio*.

violento No confundir con → **virulento**.

violoncelo, **violoncelista**, **violoncello**, **violoncellista** Ver **violonchelo, violonchelista**.

violonchelo, **violonchelista** También se admiten las formas **violoncelo** y **violoncelista** para estos sustantivos, aunque se prefiere **violonchelo** y **violonchelista**. Deben evitarse los italianismos **violoncello, violoncellista**. // El término **chelo** procede de la terminación del sustantivo **violonchelo** y es muy frecuente, aunque el diccionario de la RAE no la recoge. A veces se usa la forma **cello** (del italiano *violoncello*), pronunciado "chelo"; es preferible la española **chelo**.

vip Este sustantivo es la abreviatura de la expresión inglesa *very important person* ('persona muy importante'). No está admitido por la RAE en su diccionario, aunque es frecuente su uso, sobre todo en aposición: *clase vip*, *sala vip*, etc. Su plural es **vips**.

virrey El femenino de este sustantivo es **virreina**. Es incorrecto *la virrey*.

virulento Este adjetivo no es exactamente sinónimo de **violento**. **Virulento** significa 'mordaz, duro, hiriente': *una crítica virulenta*. **Violento** es 'brutal, agresivo, que emplea la violencia': *un hombre violento*.

vis a vis 'Cara a cara', 'de frente'. A pesar de que la RAE no la admite en su diccionario (ed. de 1992), esta expresión, procedente del francés *vis à vis*, se usa con cierta frecuencia: *Tuvieron una conversación vis a vis*.

visa, **visación** Ver **visado**.

visado En España se prefiere este sustantivo a las formas **visación** o **visa**, que se emplean en algunos países de América.

*****visicitud** Forma incorrecta por **vicisitud**.

vista No deben confundirse las locuciones **en vista de** y **a la vista de**. La primera significa 'en consideración a algo, a causa de algo': *En vista de lo ocurrido, tomaré una determinación*; y no **A la vista de lo ocurrido, tomaré una determinación*. **A la vista de** significa 'viendo algo' o 'en presencia de algo': *Está a la vista de todos*; y no **Está en vista de todos*. // Debe evitarse la locución ***con vistas a**: **Lo ha escrito con vistas a conseguir el premio*. Utilícense las expresiones **de cara a** o **con miras a**: *Lo ha escrito con miras a conseguir el premio*.

*vistir Forma incorrecta por **vestir**.

vítor Este sustantivo se utiliza casi siempre en plural: *El público estalló en vítores*.

vivac o **vivaque** Ambas formas están admitidas para este sustantivo. La RAE da preferencia a la segunda, aunque se emplea más **vivac**. // El plural más correcto de ambas palabras es **vivaques**.

vizcaíno La forma **vizcaino** es regional; se prefiere, en general, la acentuación **vizcaíno**.

vocal No confundir con su homófono → **bocal**.

vodevil Forma propuesta por la RAE para ser utilizada en lugar del sustantivo francés *vaudeville*.

vodka o **vodca** Ambas formas están admitidas, aunque se prefiere la primera. // Aunque, según el diccionario de la RAE, su género es ambiguo, este sustantivo se utiliza casi exclusivamente como masculino: *el vodka*.

volar Es un verbo irregular. Se conjuga como **contar**: *vuela*.

volcar Es un verbo irregular. Se conjuga como **contar**. La **c** de la raíz cambia a **qu** ante **e**: *vuelques*.

voleibol Ver **balonvolea**.

volframio También se admite para este sustantivo las formas **wólfram** o **wolframio**, aunque se prefiere **volframio**.

volver Es un verbo irregular. Ver cuadro. // **volver** alguien **en sí** Ver **sí**[1].

vos Pronombre personal de segunda persona singular que, actualmente, equivale a **tú**; desaparecido en España a lo largo del siglo XVII, está generalizado en algunos países americanos como Argentina, Uruguay, Paraguay y casi to-

VOLVER	
PARTICIPIO	
vuelto	

INDICATIVO	**SUBJUNTIVO**
Presente	**Presente**
vuelvo	*vuelva*
vuelves	*vuelvas*
vuelve	*vuelva*
volvemos	*volvamos*
volvéis	*volváis*
vuelven	*vuelvan*
IMPERATIVO	
vuelve	*volved*

da América Central. Esta modalidad de habla se llama **voseo**. A este pronombre suele acompañarle, en los países
mencionados, variantes de las formas verbales de presente de indicativo (*contás, tenés, venís*), imperativo (*contá, te-
né, vení*) y presente de subjuntivo (*contés, tengás, vengás*).
La segunda persona de singular del presente del verbo **haber** es *has*, y la del verbo **ser**, *sos*: *Vos no sos el que esperaba*.
// Su plural es **ustedes** -como forma de tratamiento de
confianza- o **vosotros**, aunque este último es menos usual
en la zona de voseo.

vosotros Ver **ustedes**.

votar Este verbo significa 'dar a alguien su voto'. No debe
confundirse, al escribir, con el verbo homófono **botar** ('dar
saltos').

voto Este sustantivo significa 'decisión de una persona sobre
las opciones que se presentan en una elección': *¿A quién
has dado tu voto?* No debe confundirse, al escribir, con el
sustantivo homófono **boto** ('tipo de calzado').

voyeur Este sustantivo francés designa a la persona que encuentra satisfacción sexual en mirar a otras en situaciones

eróticas. Este galicismo, no admitido por la RAE, no tiene equivalente exacto en nuestro idioma pues, aunque existe la voz española **mirón**, ésta es más general y se puede aplicar a diferentes circunstancias.

W

w Esta letra sólo se emplea en palabras de procedencia extranjera. En español, generalmente se pronuncia como **b** o **v**: *walkiria*, *wáter*, excepto en algunas palabras de procedencia inglesa, para las que se pronuncia **u**, **gu** (o **gü**): *western*, *whisky*, *walkie-talkie*.

walkie-talkie 'Aparato transmisor-receptor de radio portátil'. Aunque la RAE no admite esta voz inglesa, empleada en español como sustantivo masculino, está plenamente asentada en nuestro idioma: *Nos comunicaremos con los walkie-talkies*.

walkiria Ver **valkiria**.

walkman Nombre comercial de un casete portátil de tamaño reducido y con auriculares, que ha pasado a designar cualquier marca de este tipo de aparatos: *Va escuchando su walkman en el metro*. Aunque la RAE no recoge en su diccionario este sustantivo, no existe ningún término equivalente en español.

walón Ver **valón**.

water o **wáter** Ver **váter**.

waterpolo o **water-polo** Se escribe de ambas maneras. Algunos proponen traducir esta voz inglesa por **polo acuático**, pero lo cierto es que **waterpolo** (o **water-polo**) es el nombre que se utiliza en nuestro idioma para designar el deporte al que se hace referencia, aunque no figura en el diccionario de la RAE (ed. 1992).

watio, **watt** Ver **vatio**.

weekend No es necesario utilizar este anglicismo, al contar con la expresión española equivalente **fin de semana**.

western Este anglicismo es habitual en el lenguaje cinematográfico, aunque fuera del mismo se utiliza más, y es preferible, su traducción **película del oeste**. Su plural es **westerns**.

whisky Ver **güisqui**.

windsurf o **windsurfing** Ver **surf** o **surfing**.

wólfram o **wolframio** Ver **volframio**.

X

xerocopia, **xerografía**, **xerografiar**, **xerográfico** Son incorrectas las formas *serocopia, *serografía, *serografiar, *serográfico.

xeroftalmia o **xeroftalmía** Ambas formas están admitidas, aunque se prefiere la primera.

xilofón o **xilófono** Se utilizan corrientemente ambas formas de este sustantivo, pero la RAE, en la edición de 1992 de su diccionario, sólo recoge la segunda.

y

y[1] Vigesimosexta letra del abecedario español. Ver **ll**.

y[2] Esta conjunción copulativa toma la forma **e** ante palabras que comienzan por **i-** o **hi-**: *basílica e iglesia; oxígeno e hidrógeno.* La forma **y** se mantiene cuando precede a palabras que comienzan por el diptongo **hie-**: *leones y hienas,* o cuando la conjunción tiene un valor adverbial interrogativo: *¿Y Ignacio?*

ya Las locuciones **desde ya** ('desde ahora') y **ya mismo** ('ahora mismo'), normales en el español de América y antes sólo regionales en España, se han asentado en el español común peninsular, empleándose con mucha frecuencia para los valores citados, aunque no están admitidas por la RAE: *Comenzarás desde ya. Comienza ya mismo.*

yac Ver **yak**.

yacer Es un verbo irregular. Ver cuadro.

YACER	
INDICATIVO	**SUBJUNTIVO**
Presente	**Presente**
yazco, yazgo o *yago*	*yazca, yazga* o *yaga*
yaces	*yazcas, yazgas* o *yagas*
yace	*yazca, yazga* o *yaga*
yacemos	*yazcamos, yazgamos* o *yagamos*
yacéis	*yazcáis, yazgáis* o *yagáis*
yacen	*yazcan, yazgan* o *yagan*
IMPERATIVO	
yace o *yaz*	*yaced*

yaguar Ver **jaguar**.

yak 'Mamífero bóvido que habita en el Tíbet'. Aunque la RAE da preferencia a la grafía **yac**, suele ser más frecuente la forma **yak** para este sustantivo masculino. Su plural es **yacs** o **yaks**: *una manada de yaks*.

yankee o **yanki** Ver **yanqui**.

yanqui Forma española para el adjetivo o sustantivo inglés *yankee*. Se prefiere **yanqui** a la grafía inglesa o a su adaptación **yanki**. // Su plural es **yanquis**, no *yanquies.

yaz Ver **jazz**.

yedra Ver **hiedra**.

yeísmo Ver **y**[1].

yemení o **yemenita** 'Del Yemen, país de Oriente Medio'. Se dice de ambas maneras, aunque se usa más el adjetivo o sustantivo **yemení**. // El plural de **yemení** es **yemeníes** o **yemenís**.

yen 'Moneda de Japón'. El plural de este sustantivo es **yenes**, no *yens.

yerba Ver **hierba**.

yerbabuena Ver **hierbabuena**.

yerno El femenino de este sustantivo es **nuera**. En algunos países de América también se emplea la forma **yerna**; no así en España.

yiddish, **yidish**, **yídish** o **yidis** Existe gran vacilación respecto a la grafía de este sustantivo procedente del alemán e introducido en nuestro idioma a través del inglés. En general, suele emplearse la forma inglesa *yiddish* (pronunciada /yídish/ y a veces escrita **yidish**), aunque algunos proponen su castellanización definitiva en la forma **yidis**.

yihad Empléese mejor esta grafía que la de la variante **jihad** para esta palabra árabe. El término se ha popularizado gracias a los medios de comunicación, pero se puede sustituir por su traducción en español: **guerra santa**.

yip Ver **jeep**.

yo Este pronombre personal se construye sin preposición; expresiones como *con yo son propias del lenguaje rústico o vulgar. // El uso recto prescribe que este pronombre no debe preceder a otros pronombres o nombres propios en una enumeración: *Yo y Fernando tenemos muchos planes*. Lo apropiado es: *Fernando y yo tenemos muchos planes*. // Evítese la construcción de carácter regional ***yo de ti** (**de usted** o **de ustedes**). Se prefieren las expresiones **yo en tu lugar** o **yo que tú**: *Yo en tu lugar saldría de aquí*, y no: **Yo de ti saldría de aquí*. // Para la construcción **yo soy de los que** + *verbo*, se prefiere la concordancia del verbo en plural con **los**, y no en singular con **yo**: *Yo soy de los que viven sin temor* (mejor que: *Yo soy de los que vive sin temor*). // El plural de **yo** puede ser **yoes** o **yos**: *mis otros yoes* (o *yos*).

yodo También se escribe **iodo**, aunque esta última grafía no está admitida por la RAE.

yogourth, **yogur** o **yogurt** Se prefiere la grafía **yogur**, única admitida por la RAE. El 'aparato para fabricar yogur' se denomina **yogurtera** (término no incluido en el diccionario de la RAE, ed. 1992), aunque algunos proponen la grafía **yogurera**, formada sobre la palabra **yogur**.

yogurera o **yogurtera** Ver **yogourth**.

yóquey o **yoqui** Ver **jockey**.

ytrio Ver **itrio**.

yudo, **yudoca** Ver **judo**, **judoka**.

yugoeslavo o **yugoslavo** En el uso actual predomina la forma **yugoslavo** para este adjetivo o sustantivo.

yuppie Anglicismo muy extendido en los últimos años, no admitido por la RAE. Está formado por **yup-**, siglas del inglés *Young Urban and Professional* ('joven urbano y profesional'), y designa al tipo de joven profesional de éxito. En el uso corriente se aplica, despectivamente, al joven con aspecto o ínfulas de ejecutivo.

yuxtaponer Es un verbo irregular. Se conjuga como **poner**: *yuxtapongo, yuxtapuse*.

Z

zaherir Es un verbo irregular. Se conjuga como **sentir**: *zahiero, zahieres*.

zaíno o **zaino** La RAE sólo admite la acentuación **zaino** para este adjetivo; sin embargo, se usa mucho la forma **zaíno**. Se aplica a la caballería que tiene el pelo castaño oscuro, sin mezcla de otro color, o al toro completamente negro.

zambullir Es un verbo irregular. Se conjuga como **mullir**: *zambullí, zambulliste*.

zar, **zarevich**, **zarina** Deben evitarse las grafías **czar, czarevitz, czarina** en estos sustantivos.

zeda Ver **zeta**.

zedilla Ver **cedilla**.

zenit, ***zénit** Ver **cenit**.

zeta Es el nombre de la última letra del abecedario. También se admiten las formas **zeda, ceda** y **ceta**, aunque la más usual es **zeta**.

zeugma También se admite para este sustantivo la forma **ceugma**, aunque la RAE da preferencia a **zeugma**. // También se dice **zeuma**, aunque esta forma no está admitida por la RAE.

zigoto Se escribe también **cigoto**.

zigzag El plural de este sustantivo es **zigzagues** o **zigzags**. Aunque algunos autores prefieren la primera forma, es más corriente la segunda.

zinc Se escribe también **cinc**.

zíngaro Ver **cíngaro**.

zinnia Nombre de cierta planta. También se admite la forma **cinia**, más usual al tener una grafía más sencilla, aunque la RAE da preferencia a **zinnia**.

zircón / zirconio Ver **circón /circonio**.

zodiaco o **zodíaco** Ambas acentuaciones están admitidas para este sustantivo, aunque se prefiere la primera. // Los nombres de los signos del zodiaco y las constelaciones representadas por ellos por lo general se escriben con mayúscula: *Aries, Capricornio, Géminis*, etc. Cuando se aplican a las personas nacidas bajo uno de estos signos, se escriben con minúscula y, por lo general, no varían en plural: *Se dice que los cáncer son muy apasionados*.

zombi o **zombie** Debe usarse el sustantivo **zombi**, admitido por la RAE, y no la forma inglesa *zombie*.

zoom 'Cierto dispositivo de las cámaras de fotos, de cine o televisión que permite acercar las imágenes'. La Academia propone la forma españolizada **zum**, pero el término más frecuente en el uso es el original inglés *zoom*. Su plural es **zooms**.

zum Ver **zoom**.

zuna Ver **sunna**.

zurcir La **c** de la raíz de este verbo cambia en **z** ante las vocales **a** y **o**: *zurzo, zurces, zurza*.

GRAMÁTICA

1. Ortografía

La Real Academia Española (RAE), en la edición de 1992 de su *Diccionario*, define la ortografía como 'la parte de la gramática que enseña a escribir correctamente por el acertado empleo de las letras y de los signos auxiliares de la escritura'; es decir, regula mediante normas la forma de representar los sonidos y las palabras, y la utilización de los signos de puntuación.

1.1. Uso de las consonantes

En español, no existen grandes diferencias entre los sonidos y las grafías, aunque hay ciertos desajustes debidos a razones históricas o fonéticas; como por ejemplo, el mantenimiento de la **h**, que es una letra muda, la existencia de grafías o letras que representan a varios fonemas (la **c** representa el sonido /k/ ante **a, o, u** y /z/ ante **e, i**), o de fonemas que representan a varias letras (el fonema /i/ puede ser representado por las grafías **i** e **y**, o /k/, por **c, qu** y **k**). Asimismo, distintas letras pueden representar un único sonido; eso pasa con la **b** y la **v** o con la **g** y la **j**.

Existe una serie de reglas ortográficas generales que pueden ayudarnos a escribir correctamente y que se detallan en los siguientes apartados.

1.1.1. Uso de la b

Se escriben con **b**:

- Las palabras que empiezan por **bibl-** ('libro'), **bien-** o **bene-**: *bibliobús, bienvenido, benefactor*. Se exceptúan *Viena* y *vienés, viento* y *vientre*.
- Las palabras que comienzan por las sílabas **bu-, bur-** y **bus-**: *buzo, burlar, buscar*.
- Las palabras que empiezan por los prefijos **bi-, bis-, biz-** con el significado de 'dos veces': *bilingüe, bisabuelo, biznieto*.
- Las palabras que llevan el sonido /b/ a final de sílaba (*absolver*), a final de palabra (*pub*), antes de cualquier

consonante de la misma sílaba (*hablar*) y después de **m** (*cambio*).

- Las palabras terminadas en **-bilidad, -bundo** y **-bunda**: *contabilidad, furibundo, meditabunda*. Se exceptúan *movilidad* y *civilidad*.

- Las formas de los verbos terminados en **-bir, -buir** y **-ber**; y todas las de los verbos **deber** y **beber**: *subir, contribuir, cabemos, sabiendo, debía, beberá*. Se exceptúan *hervir, servir, vivir, precaver* y sus compuestos.

- Las desinencias del pretérito imperfecto de indicativo de los verbos cuyo infinitivo termina en **-ar** y las del verbo **ir**: *saltaba, sacabais, ibas*.

1.1.2. Uso de la v

Se escriben con **v**:
- Las palabras que empiezan por **ll** y contienen el fonema /**b**/: *llover, llevar*.

- Las palabras que comienzan por **villa-** (excepto *billar*), o **vice-, viz-, vi-** con el significado de 'en lugar de': *villancico, vicedecano, vizcondesa, virrey*.

- Las palabras en las que el fonema /**b**/ va detrás de **d**,

b o **n**: *adviento, subvencionar, involuntario*.

- Las voces que finalizan en **-ívoro, -ívora**: *carnívoro, omnívora*. Se exceptúa *víbora*.

- Los adjetivos con acentuación llana que terminan en **-avo, -ava, -ave, -evo, -eva, -eve, -ivo, -iva**: *octavo* (*octava*), *clave, nuevo* (*nueva*), *leve, cautivo* (*cautiva*).

- Las formas de los verbos que, sin tener ni **b** ni **v** en su infinitivo, llevan el fonema /**b**/: *tuve, estuviste*. Se exceptúa el pretérito imperfecto de indicativo de los verbos de la primera conjugación (*cantaba*) y el del verbo **ir** (*iba*).

1.1.3. Uso de la w

La **w** sólo se emplea en voces de procedencia extranjera, sobre todo germánicas o anglosajonas: *waterpolo, Wagner*. Cuando la **w** representa al sonido /**b**/, suele admitirse la sustitución de la **w** por **v**: *watio* o *vatio, walón* o *valón*.

1.1.4. Uso de c, k, qu

El fonema /**k**/ se transcribe con **c** ante **a, o, u**, y con **qu** ante **e**, **i**: *casa, cometa, cumbre, querer, quimera*. Sólo en algunas palabras se trascribe este sonido con **k**: *kiosco, Kenia, káiser, kilo*.

1.1.5. Uso de la g

El uso de esta consonante no ofrece duda cuando representa el fonema /g/: *ganar, gozne, gusto*; ante **e** e **i** adopta la grafía **gu**: *guerra, guiso*. Sin embargo, en los casos en que a la **g** siguen inmediatamente las vocales **e, i**, puede confundirse con la **j**, puesto que ambas letras representan en este caso al mismo sonido: *gente, jarabe*.

Se escriben con **g** delante de **e, i**:

- Las palabras que empiezan por **geo-, legi-, gen-** y **gem-**: *geología, legislar, generoso, gemelo*. Se exceptúan *lejía* y los derivados de *lejos* (*lejísimos*).
- Los términos que contienen la sílaba **gen**: *gentío, margen*. Se exceptúan *jengibre, avejentarse* y *ajenjo*.
- Las voces que tienen estas terminaciones: **-logía, -geno, -gena, -gesimal, -gési-mo, -genio, -gélico, -géti-**co, **-genario, -ginoso**: *cardiología, oxígeno, indígena, sexagesimal, vigésimo, primigenio, angélico, energético, nonagenario, cartilaginoso*. Se exceptúan *ajeno* y *aguajinoso*.
- Los verbos cuyo infinitivo acaba en **ger, gir**: *coger, escogió, surgirá*. Se exceptúan *tejer, crujir* y sus derivados.

1.1.6. Uso de la j

Se escriben con **j** delante de **e, i**:
- Las palabras que comienzan por **aje-** y **eje-**: *ajeno, ejemplo*. Se exceptúan *agenda, agencia* y sus derivados.
- Las palabras que terminan en **-aje, -eje** y **-jería**: *garaje, hereje, mensajería*. Se exceptúan las formas *protege* y *proteges*, del verbo *proteger*. Tampoco se escriben con **j** los sustantivos *cónyuge, auge, enálage, ambages*.
- Las formas de los verbos cuyo infinitivo termina en **-jar** o en **-jear**: *encajar, hojear*.
- Los tiempos de los verbos que, sin tener **g** ni **j** en su infinitivo, llevan el fonema /j/: *trajimos, produje*.

1.1.7. Uso de la h

La **h** es una letra muda; esto quiere decir que no se pronuncia, por lo que provoca ciertas dificultades a la hora de escribir. Se escriben con **h:**

- Las voces que empiezan por **hie-, hue-**: *hielo, hueso.*
- Las palabras que empiezan por **hidro-, hidr-** ('agua'): *hidrógeno, hidratar.*
- Las palabras que comienzan por **herm-, horm-, horr-, hum-**, seguido de vocal: *hermoso, hormiga, hórreo, humedad.* Se exceptúan *ermita* y sus derivados.
- Las voces que llevan las formas prefijas de origen griego **hepta-** ('siete'), **hecto-** ('cien'), **hemi-** ('mitad'), **hetero-** ('otro'), **homo-** ('mismo'), **hipo-** ('falta'), **hiper-** ('exceso'): *heptágono, hectolitro, hemisferio, heterodoxo, homónimo, hipocondríaco, hipertenso.*
- Todas las formas de los verbos **haber** y **hacer**: *hago, hice, había, habremos.*
- Las interjecciones *¡ah!, ¡ha!, ¡eh!, ¡oh!, ¡hala!, ¡bah!, ¡hola!, ¡huy!* Sin embargo *¡ay!, ¡ea!, ¡aúpa!, ¡ojalá!,* *¡olé!* se escriben siempre sin **h.**

1.1.8. Uso de la ll

En amplias zonas de España y América, se pronuncia la **ll** exactamente igual que la **y.** Este fenómeno se denomina **yeísmo** y es una modalidad de habla, no una incorrección. Se escriben con **ll:**

- Las palabras en las que el sonido /ll/ sigue a las sílabas **fa-, fo-, fu-**: *fallar, follón, fullero.*
- Las palabras que terminan en **-illa, -illo**: *camilla, bocadillo.*
- Los sustantivos que acaban en **-alle, -elle, -ello** y **-ullo**: *valle, muelle, bello, murmullo.* Palabras como *distribuyo, cuyo, suyo,* etc., no son excepciones a esta regla porque no son sustantivos.
- Los verbos que tienen las terminaciones **-allar, -ellar, -illar, -ollar, -ullar, -ullir**: *callar, mellar, brillar, abollar, aullar, bullir.*

1.1.9. Uso de la y

La letra **y** representa dos fonemas /y/ (de *yacimiento*) e /i/ (de *muy*).

Se escriben con **y**:
- La conjunción **y**: *chicos y chicas*.
- Las palabras que comienzan por la sílaba **yer-** y las que contienen la sílaba **-yec-**: *yermo, inyección*.
- Las palabras en las que el fonema /y/ sigue a los prefijos **ad-, dis-, in-, sub-**: *adyacente, disyuntiva, inyectar, subyugar*.
- Las voces en las que el fonema /i/ ocupa la posición final de un diptongo o triptongo: *ley, voy, buey*. Siempre que este fonema va acentuado, se escribe **i**: *reí*. Cuando el plural de estas palabras se forma añadiendo **-es**, la **y** se conserva. Sin embargo, cuando el plural se forma añadiendo **-s**, la **y** se transforma en **i**: *leyes, bueyes*, pero en cambio *paipáis* (de *paipay*).
- Las formas de los verbos que, sin tener ni **ll** ni **y** en su infinitivo, presentan el fonema /y/: *cayeron, oyeron*.

1.1.10. Uso de la m

Se escribe siempre **m** y no **n**:
- Antes de **b** y **p**: *amplio, ambulante*.

- El prefijo **in-** se convierte en **im-** cuando precede a **b** o **p**: *importante, imbatido*.
- Cuando precede a **n** en palabras simples: *himno, amnesia*. Se exceptúa el adjetivo *perenne*. Las palabras que comienzan por **in-, con-, circun-** seguido de **n** no son excepciones a esta regla porque se tratan de palabras compuestas: *innoble, connotar, circunnavegar*.
- Al final de algunas palabras que proceden de otros idiomas: *álbum, currículum*.

1.1.11. Uso de r y rr

El sonido /r/ (de *puro*) se transcribe siempre como **r**: *origen, maravilla*. El sonido /rr/ (de *roto*) se transcribe con **rr** cuando va entre vocales y con **r** en los demás casos: *corro, irrompible, ratón, aprender*.

1.1.12. El seseo.
Las grafías c, z y s

El fonema fricativo interdental /θ/, en el que el aire pasa rozando entre la lengua y los dientes, se escribe con la letra **z** ante las vocales **a, o,** u **y**, generalmente, con **c** ante **e**, **i**: *caza, pozo, zueco, cesto, cielo*.

En el habla propia de algunas zonas de España como Andalucía o Canarias y de toda América Latina ha desaparecido el fonema fricativo interdental /θ/ y en su lugar utilizan el fonema fricativo alveolar /s/; es decir, que pronuncian *cepillo* y *zapato* como /*sepillo*/, /*sapato*/. Esto, que es una modalidad de habla y no una incorrección, se denomina **seseo** y da lugar a una gran cantidad de homófonos, es decir, palabras que se pronuncian igual aunque se escriben de distinta forma. Es el caso, por ejemplo de *caso*, del verbo *casar* y *cazo* (pronunciado /*caso*/), del verbo *cazar*.

Conviene diferenciar qué palabras se escriben con una letra y cuáles con otra, independientemente de cómo se pronuncie localmente.

Se escriben con **c**:

- Las palabras que terminan en **-cer**, salvo *ser* y *coser*: *hacer, cocer, torcer*...
- Los sufijos diminutivos **-cillo, -cito, -cico, -cecito, -cecillo**: *cacillo, pocito, mocico, pececillo, piececito*.

- Los sufijos **-acia, -icio, -icia, -ecer, -ancia, -encia**: *eficacia, oficio, pericia, amanecer, elegancia, prudencia*. Los nombres *idiosincrasia, antonomasia, paronomasia* no son excepciones ya que no llevan el sufijo **-acia**.
- Los sustantivos que llevan los sufijos **-ación, -ción, -ición,** derivados de los verbos de la primera, segunda y tercera conjugación: *edificación, codificación, opción, nutrición, petición, definición, contención*.

Se escriben con **s**:

- Antes de **p** y **t**: *espejo, estepa*.
- Los sufijos **-es/-esa, -ense** (gentilicios), **-isa, -ista** (de profesión), **-esa** (de dignidad), **-oso/-osa, -esco/-esca, -uso/-usa, -ésimo/-ésima** (de adjetivos), **-asco/-asca, -astro, -ismo, -ista**: *alavés, gerundense, pitonisa, electricista, duquesa, hermoso, picaresco, iluso, milésimo, peñasco, poetrastro, comunismo, comunista*.
- Las palabras terminadas en **-sivo** (del sufijo **-ivo**), **-sis**: *alusivo, catálisis*.

Se escriben con **z**:

- Las palabras en las que el sonido /z/ precede a las

vocales **a, o, u**: *zapato, zorro, cazuela*. Ante **e, i** el sonido /**z**/ se transcribe como **z** en algunas palabras: *¡zis, zas!, zigzag, zigurat*. En algunas palabras, el sonido /**z**/ se transcribe como **z** o **c** indistintamente: *zinc* o *cinc, zeta* o *ceta, azimut* o *acimut*.

- Los sufijos de sustantivos **-azo, -azón, -ez, -eza, -iz** y los sufijos de adjetivos **-az, -izo, -iza**: *capazo, tazón, juez, jueza, institutriz, capaz, rojizo, rojiza*.
- Los sufijos **-azgo, -anza**: *mayorazgo, asechanza*.
- Los verbos irregulares que terminan en **-acer, -ecer, -ecir, -ocer**, añaden una **z** en la raíz de los tiempos presentes: *mezco, agradezco*.

1.1.13. Uso de la x

Se escriben con **x**:
- Las palabras que empiezan por **exa-, hexa-, exe-, exi-, exo-, exu-, exh-**: *examen, hexágono, exento, existir, exorbitante, exudar, exhibir*. Se exceptúan los demostrativos *esa, esas, ese, eso, esos* y los sustantivos *esencia, esófago, esotérico*.

- Las voces que comienzan por los prefijos **extra-** ('fuera de') o **ex-** ('que ya no es'): *exmujer, extraoficial*.
- Las palabras en las que el sonido /**ks**/, a menudo pronunciado simplemente /**s**/, precede a las sílabas **pla, ple, pli, plo, pre, pri, pro**: *explanada, explicar, expresión*, etc. Se exceptúan los sustantivos *esplendor* y sus derivados y *espliego*.
- Las palabras *flexión* y sus derivados *inflexión* y *reflexión, anexión, conexión, complexión* y *crucifixión*. Todas las demás palabras que, en las zonas de seseo, terminan en los sonidos /**csión**/ se escriben con **-cc-**: *acción, seducción*, etc.

1.2. Uso de las mayúsculas

Se escriben con letra inicial mayúscula:
- La palabra con la que comienza un escrito y la palabra que va detrás de punto: *Son míos los dos. Los tuyos están fuera*.
- Los nombres propios: *Yolanda, Granada, Everest*. Cuando el nombre propio

comienza por artículo, éste también se escribe con mayúscula: *El Ferrol, La Coruña*.

- Los apodos o sobrenombres que acompañan o sustituyen al nombre: *Fernando el Católico, Clarín*.

- Los nombres de dignidad, títulos y atributos divinos: *el Papa, el Rey, el Todopoderoso*. Cuando estos títulos se usan con sentido genérico o seguidos del nombre de quien los posee, se escriben con minúscula: *el papa Pío XII, el rey Alfonso XII, los alcaldes de toda España*.

- Los tratamientos abreviados: *Sr. (señor), Vd. (usted), S.A.R. (su alteza real)*.

- Los nombres de instituciones, corporaciones, establecimientos y acontecimientos únicos: *el Museo Arqueológico, la Real Academia Española, la Segunda Guerra Mundial*.

- Los títulos de libros, revistas, periódicos y obras de arte: *La plaza del diamante, Quimera, El País, Los fusilamientos del Dos de Mayo*.

- Los nombres de los astros *Sol* y *Luna*, salvo cuando se usen como nombres comunes referidos a su luz o a otros astros similares: *Hace sol. Noche sin luna. Las lunas de Júpiter*.

En cualquiera de los casos anteriores, cuando la palabra empieza por **ch** o **ll** sólo se escribe en mayúscula la primera letra: *Lleida, Chema*.

El uso de mayúscula es optativo en los nombres de disciplinas científicas, épocas históricas y movimientos religiosos, políticos o culturales, influyendo en ello la costumbre o la tradición.

Los meses del año, al igual que los días de la semana, se escriben con minúscula inicial, no con mayúscula: *enero, febrero, sábado, domingo*.

En las palabras compuestas unidas por un guión, la segunda palabra se escribe siempre con minúscula: *Ciudad-estado*.

1.3. Normas de acentuación

En todas las palabras de más de una sílaba siempre hay una sílaba que se pronuncia con mayor intensidad que las demás. A esta sílaba se la denomina **sílaba tónica**. En ocasiones se utiliza en la escritura un signo, llamado **tilde** o **acento**, para distinguir la sílaba tónica: *canción, mármol, cándido*. Según la colocación del acento, las palabras se dividen en:

- **agudas**: las acentuadas en la última sílaba.
- **llanas**: las acentuadas en la penúltima sílaba.
- **esdrújulas**: las acentuadas en la antepenúltima sílaba.
- **sobreesdrújulas**: las acentuadas antes de la antepenúltima sílaba.

1.3.1. Palabras agudas, llanas, esdrújulas y sobreesdrújulas

Las **palabras agudas** llevan tilde cuando acaban en **vocal**, en **n** o en **s**:
- Con tilde: *salí, acción, atrás.*
- Sin tilde: *capaz, poner, reloj.*
Se exceptúan las palabras agudas acabas en **n** o **s** precedida de otra consonante: *Mayans, Casals,* pero no **Mayáns, *Casáls.*
Las **palabras llanas** llevan tilde cuando acaban en **consonante** distinta de **n** o **s**:

- Con tilde: *Cádiz, útil, azúcar.*
- Sin tilde: *salida, combinan, casas.*
Se exceptúan las palabras llanas acabas en **n** o **s** precedida de otra consonante, que sí llevan tilde: *bíceps, tríceps, fórceps.*
Las **palabras esdrújulas** llevan siempre tilde: *cáscara, antídoto, lingüística, mármoles.*
Las **palabras sobreesdrújulas** se forman mediante la incorporación de pronombres personales pospuestos a una forma verbal y siempre llevan tilde: *contéstamelo.*

1.3.2. Acentuación de diptongos, triptongos e hiatos

Los **diptongos** y **triptongos** sólo llevan tilde cuando así lo exijan las normas generales de acentuación. En el caso de que lleven tilde, ésta se sitúa sobre la vocal más abierta (**a, e, o**), tanto si está en primer lugar como en segundo:
- Palabras agudas:
  - con tilde: *comprendió, camión, andáis.*
  - sin tilde: *desviar, usual.*

- Palabras llanas:
  - con tilde: *huésped, acuátil.*
  - sin tilde: *cuentan, tienes, cuerpo.*
- Palabras esdrújulas y sobreesdrújulas: *cuéntaselo, sabiéndolo, muérdago.*

Los diptongos /ai/, /ei/, /ui/ cuando están a final de palabra se escriben **ay, ey, uy**, y no llevan tilde aunque se trate de palabras agudas: *paipay, guirigay.*

Si las dos vocales del diptongo son cerradas (**i, u**), la tilde recae sobre la segunda vocal, siempre que así lo indiquen las reglas generales de acentuación:

- Palabras agudas:
  - con tilde: *contribuí, construís.*
  - sin tilde: *contribuir, construid.*
- Palabras llanas:
  - sin tilde: *cuido, juicio, jesuita.*
- Palabras esdrújulas: *casuístico, jesuítico.*

A menudo, en el grupo **ui** se produce hiato en la pronunciación. Sin embargo este hiato no se marca en la escritura poniendo tilde. Por eso los participios de los verbos acabados en **-uir** se escriben

sin tilde, que sería lo esperable: *destruido, instituido.*

En los **triptongos** se acentúa siempre la vocal abierta, que es la que está situada en medio: *desviéis, contagiáis.*

Cuando el triptongo está al final de palabra y acaba en el fonema /i/, éste adopta la grafía **y**, y el triptongo no se acentúa: *Uruguay.*

Se produce un **hiato** cuando dos vocales que van juntas se pronuncian separadas y, por tanto, pertenecen a sílabas distintas. La tilde en este caso, además de indicar la mayor intensidad de una sílaba, sirve para marcar la ruptura gráficamente. Esto es lo que diferencia a palabras como *ansia* y *ansía*, *actúo* y *actuó.*

Los hiatos formados por dos vocales abiertas o dos vocales cerradas se acentúan siguiendo siempre las reglas generales de acentuación: *construí, poético.*

En los casos en los que el hiato se produce entre una vocal abierta y una cerrada, esta última lleva siempre tilde, aunque contravenga las reglas generales de acentuación y aun cuando entre las vocales que forman el hiato se intercale una **h**:

- Palabras agudas: *Raúl, raíz, caí, reír, oír*.
- Palabras llanas: *Díaz, desvía, evalúe, bahía, oído*.
- Palabras esdrújulas: *saldríamos, conveníamos, cardíaco*.

La RAE admite, para algunas de estas palabras, una doble acentuación: *elegíaco* o *elegiaco*, *cardíaco* o *cardiaco*, *período* o *periodo*, *reúma* o *reuma*, etc.

1.3.3. Acentuación de las palabras compuestas

Las palabras compuestas siguen las normas generales de acentuación, por lo que puede suceder que el segundo elemento de algunas de estas palabras lleven una tilde que no tienen en su forma simple: *sinfín, entredós*. También puede ocurrir que el primer elemento de un término compuesto pierda la tilde que lleva cuando no forma parte de dicha palabra: *asimismo, decimocuarto, tiovivo*.

En los compuestos de dos o más adjetivos separados por guión, cada adjetivo conserva su propio acento: *crítico-biográfico, histórico-artístico*.

Las formas verbales que llevan un pronombre personal pospuesto forman con él una sola palabra. Estos compuestos llevan tilde en los siguientes casos:

- Siempre que la forma verbal aislada lleve tilde, aun cuando contravenga las reglas generales de acentuación: *acabóse, dolióme*.
- Cuando la unión de la forma verbal y el pronombre da como resultado una palabra esdrújula o sobreesdrújula: *convéncete, dígamelo*.

1.3.4. Acentuación de los adverbios terminados en -mente

Los adverbios terminados en **-mente** conservan la acentuación del adjetivo a partir del cual se han formado: *fácilmente, suavemente, próximamente*.

1.3.5. Acentuación de las mayúsculas

Las mayúsculas, al igual que las minúsculas, deben llevar tilde siempre que lo exijan las reglas de acentuación: *Ángela, Óscar.*

1.3.6. Acentuación de los monosílabos

Los monosílabos no llevan tilde. Sin embargo, hay excepciones:

- Los casos de acento diacrítico, que se tratan en el apartado [1.3.7.].
- Aquellas palabras como *fié* (pretérito perfecto simple de *fiar*), *ión*, *guión*, *huí* (pretérito perfecto simple de *huir*), *lié* (pretérito perfecto simple de *liar*), *riáis* (presente de subjuntivo de *reír*), etc., en las que el hablante pronuncia un hiato entre las vocales. En principio, estas voces no deben llevar tilde, pues, en realidad, se considera que lo que hay en ellas es diptongo o triptongo -aunque se perciba como hiato en la pronun-

ciación-, por lo que se trataría de monosílabos, que no se acentúan: *fie, ion, guion, hui, lie, riais.* No obstante, la Academia permite la acentuación gráfica en estos casos por el peso que aún tienen las normas ortográficas anteriores a las de 1999, que imponían la tilde.

1.3.7. Acentuación diacrítica

Los monosílabos no se acentúan, salvo que puedan confundirse con otra palabra de igual forma: *vio, fue, el* (artículo), *él* (pronombre).
Cuando sí existe la posibilidad de confundir dos monosílabos, uno de ellos se acentúa para distinguirse del otro (*el* y *él*, por ejemplo). A esta acentuación se la llama **acentuación** o **tilde diacrítica**.
Éstas son las principales palabras que pueden llevar tilde diacrítica:

Sin tilde	Con tilde
el Artículo: *Toma el vaso.*	**él** Pronombre personal: *Él es tu profesor*
mi, tu Posesivo: *Mi trabajo. Tu casa.*	**mí, tú** Pron. personal: *Es para mí. Habla tú*
te Pron. personal: *Te lo dejaré.*	**té** Sustantivo: *¿Quieres un té?*

Sin tilde	Con tilde
se Pron. personal: *Se enfada.*	**sé** Verbo saber: *No lo sé.* Verbo ser: *Sé positivo*
si Condición: *Si no es tarde, iré.*	**sí** Afirmación: *Dile que sí.* Pron. personal: *Lo quiere para sí.*
de Prep.: *El coche es de mi hermano.*	**dé** Verbo dar: *Dile que te dé un libro.*
mas Conj. 'pero': *Lo intenté, mas no pude conseguirlo.*	**más** Adv. de cantidad: *No comas más.*
aun Conj. 'incluso': *No lo haré aun si me lo piden.*	**aún** Adv. 'todavía': *Aún no es la hora.*
que, cual, quien, cuanto, cuando, donde, como Enunciativos: *Haz que me escuche. Invita a quien te apetezca.*	**qué, cuál, quién, cuánto, cuándo, dónde, cómo** Interrogativos: *¿Dónde lo has dejado?* Exclamativos: *¡Cuánto tiempo!*
porque Conj. causal: *Se fue porque quiso.*	**porqué** Sustantivo: *Quiero saber el porqué.*

1.4. Partición silábica

- Las palabras se dividen en sílabas. Por tanto, nunca se pueden separar las vocales que forman un diptongo o un triptongo: *con-ve-nien-cia, des-pre-ciar, cam-biar.*

- Cuando una palabra contiene un prefijo, puede separarse el prefijo, aunque esa división no coincida con la separación en sílabas: *des-andar* o *de-sandar.*

- No se debe separar una vocal, ya esté al principio de la palabra como al final, del resto de la palabra: *ma-rea* (no *mare-a*), *ayu-da* (no *a-yuda*).

- En las palabras que contienen **h** precedida de consonante distinta de **c**, la **h** siempre inicia sílaba distinta: *des-hilvanar, in-humano.*

- **Ch, ll** y **rr** nunca pueden dividirse: *ha-cha, co-llar, pe-rro*; sin embargo, **cc** puede separarse porque cada **c** pertenece a una sílaba distinta: *ac-ción*.

- Los grupos consonánticos **br, bl** tampoco pueden separarse, salvo que la **b** forme parte de un prefijo: *cobrar, sub-lunar*.

1.5. Escritura de los numerales

1.5.1. Los números cardinales

- Los números del cero al nueve se escriben normalmente con la palabra que los nombra: *seis, dos, cinco*.
- Los números del 10 al 20 pueden escribirse con letra o con número: *once* (*11*), *quince* (*15*). Del 20 en adelante, suelen escribirse con número: *35, 28, 75*.
- Los millones, billones, etc. se escriben con letra: *un millón*. Para las decenas, centenas, etc. de millón puede escribirse así: *500 millones*.
- Cuando se representan con letra, los números cardinales se escriben en una sola palabra hasta el treinta: *uno, dos, tres, ..., trece, catorce, quince, ..., veintiuno, veinti-*

dós, veintitrés, ... A partir de treinta, en tres o más: *treinta y cuatro, sesenta y tres, ciento noventa y nueve*. Son incorrectas, por tanto, las formas como **sesentaiuno, *setentaidós, *noventaitrés*, etc. Los numerales *dieciséis, diecisiete, dieciocho* y *diecinueve* pueden escribirse también *diez y seis, diez y siete, diez y ocho, diez y nueve*, aunque estas formas hoy se consideran anticuadas.

- Las fechas pueden escribirse con letra o con número, aunque generalmente se prefiere escribir el día y el año con número y el mes con letra: *20 de diciembre de 1994*. Las décadas se escriben siempre con letra: *los años veinte*.
- Los números decimales, temperaturas, horarios, numeración de casas, etc. se escriben siempre con número: *23'4, 25º, 8 h 35 m, portal 12*.

1.5.2. Los números ordinales

Los números ordinales, hasta el vigésimo primero, se pueden escribir con letra, números romanos o cifras seguidas de letras voladitas: *octavo*, *VIII*, *8º*. A partir del vigésimo, suelen escribirse con cifra seguida de letra voladita: *75º, 24º*. Debe evitarse el uso de los numerales partitivos como ordinales: *quinceavo* significa 'cada una de las quince partes en que se divide un todo' y no 'el que ocupa en un orden el número dieciséis'. A continuación, figura una lista de los numerales cardinales con sus correspondientes ordinales y partitivos:

Cardinal	Ordinal	Partitivo
uno	*primero, -a* (apóc. *primer*)	
dos	*segundo*	*medio, -a*
tres	*tercero, -a* (apóc. *tercer*)	*tercio, -a*
cuatro	*cuarto, -a*	*cuarto, -a*
cinco	*quinto, -a*	*quinto, -a*
seis	*sexto, -a*	*sexto, -a*
siete	*séptimo, -a*	*séptimo, -a*
ocho	*octavo, -a*	*octavo, -a*
nueve	*noveno, -a*	*noveno, -a*
diez	*décimo, -a*	*décimo, -a*
once	*undécimo, -a*	*onceavo,-a; onzavo,-a*
doce	*duodécimo, -a*	*doceavo,-a; dozavo,-a*
trece	*decimotercero, -a*	*treceavo,-a; trezavo,-a*
catorce	*decimocuarto, -a*	*catorceavo,-a; catorzavo,-a*
quince	*decimoquinto, -ta*	*quinceavo,-a; quinzavo,-a*
dieciséis	*decimosexto, -a*	*dieciseisavo, -a*
diecisiete	*decimoséptimo, -a*	*diecisieteavo, -a*
dieciocho	*decimoctavo, -a*	*dieciochoavo,-a dieciochavo, -a*
diecinueve	*decimonoveno, -a decimonono, -a*	*diecinueveavo, -a*
veinte	*vigésimo, -a*	*veinteavo,-a; veintavo,-a*
veintiuno, -a (apóc. *veintiún*)	*vigésimo,-a primero,-a*	*veintiunavo, -a*

439

Cardinal	Ordinal	Partitivo
treinta	*trigésimo, -a*	*treintavo, -a*
treinta y uno, -a *(apóc. treinta y un)*	*trigésimo,-a primero,-a*	*treintaiunavo, -a*
cuarenta	*cuadragésimo, -a*	*cuarentavo, -a*
cincuenta	*quincuagésimo, -a*	*cincuentavo, -a*
sesenta	*sexagésimo, -a*	*sesentavo, -a*
setenta	*septuagésimo, -a*	*setentavo, -a*
ochenta	*octogésimo, -a*	*ochentavo, -a*
noventa	*nonagésimo, -a*	*noventavo, -a*
cien	*centésimo, -a*	*centésimo, -a*
mil	*milésimo, -a*	*milésimo, -a*
millón	*millonésimo, -a*	*millonésimo, -a*

1.5.3. Los números romanos

Se escriben con números romanos:

- Los ordinales inferiores a veintiuno: *XII, III, V.*
- La representación de siglos y el orden de los nombres de papas o reyes; congresos, ferias y capítulos de libros: *siglo XX, Alfonso XII, Pío XII, III Congreso de Medicina Interna, capítulo VIII.*

1.6. Puntuación

La función de los signos de puntuación es delimitar la estructura de las oraciones que componen un escrito y, por lo tanto, facilitan e incluso resultan imprescindibles para interpretar dicho texto correctamente.

Algunos de estos signos, como por ejemplo los puntos suspensivos o las comillas, marcan además la actitud del hablante con respecto a lo que está diciendo. Aportan, por lo tanto, cierta subjetividad a un texto.

Vamos a ver ahora las normas para el correcto empleo de los distintos signos de puntuación.

1.6.1. El punto

Se usa el punto en los casos siguientes:

- Para cerrar una oración o cualquier otro período que tenga sentido completo: *El domingo iremos a pasar el día al campo.*

El **punto y seguido** se utiliza para aislar períodos que tratan del mismo tema y están situados en la misma línea. El **punto y aparte** señala el final de un párrafo y el comienzo de otro que, o bien trata de un tema distinto, o de un aspecto diferente del mismo tema. El **punto final** señala el final de un escrito.

Después de los signos de interrogación y exclamación no se usa punto, porque estos signos lo sustituyen: *¿Quién llama a la puerta? Entre.*

- Al final de las abreviaturas, o después de cada una de las iniciales que las forman: *Ilmo. Sr., S. A. R.*

1.6.2. La coma

Se emplea coma en los siguientes casos:

- Para separar los miembros de una oración compuesta: *Iré a verte, aunque no sé a qué hora.*
- Para separar los diferentes términos de una enumeración cuando no van unidos por las conjunciones **y, ni, o**: *Las provincias gallegas son La Coruña, Lugo, Orense y Pontevedra.*
- Para separar una aclaración que se inserta en el discurso: *En la calle Velázquez, donde vivo, me encontré a tu hermano.*
- Para señalar la omisión de una forma verbal: *Yo vivo en París; mis padres, en Salamanca.*
- Cuando se cambia el orden de los miembros de una oración, poniendo en primer término expresiones de tipo circunstancial. La coma se sitúa tras el miembro que se anticipa: *Siempre que llueve, prefiero no salir de casa.*
- Cuando en la oración nombramos a un interlocutor, la coma separa el nombre del resto del discurso: *Quiero saber, Ana, lo que ocurre.*
- Después de locuciones como *es decir, en efecto, sin duda, a saber, por ejemplo, por tanto, por último, por consiguiente, así pues, sin embargo, no obstante,* etc. Si estas expresiones van intercaladas en el discurso, se escribe coma antes y después de

ellas: *Es, sin duda, lo mejor que puedes hacer.*

1.6.3. El punto y coma

Se utiliza punto y coma en los siguientes casos:
- Para separar los miembros de una enumeración o de una oración compuesta, cuando alguno de ellos contiene a su vez comas: *Yo visité Málaga; Ana, Córdoba; mi madre, Granada.*
- Para separar oraciones que son sintácticamente independientes, pero están relacionadas por su sentido: *Subió las escaleras rápidamente; abrió la puerta de la casa; encendió la luz y se lo encontró ahí sentado, mirándole fijamente.*
- Antes de *pero, aunque, no obstante, sin embargo...,* cuando separan miembros de cierta extensión: *Quiero celebrar una fiesta en mi casa; aunque tendré que prepararla muy bien para que todo salga perfecto.*

1.6.4. Los dos puntos

Se emplean dos puntos en los siguientes casos:

- Antes de una enumeración precedida de una palabra o expresión que engloba a todos sus miembros: *Ha venido toda la familia: los tíos, los abuelos y los primos.*
- Antes de una afirmación que explica, resume o es consecuencia de lo que le precede: *No aguanto más: estoy cansada de tus quejas.*
- Después de las palabras o expresión con que se introduce una cita: *Me dijo: «No volveré tarde».*
- Tras la fórmula de saludo en las cartas (*Querido amigo:*) y después de fórmulas como *expone, solicita, certifica...* en documentos administrativos.

1.6.5. Los puntos suspensivos

Se usan puntos suspensivos en los siguientes casos:
- Al final de una oración o enumeración que se deja incompleta: *Es un día muy desagradable: el viento, la lluvia, el frío...*
- Para indicar la omisión de parte de una cita textual: *Ya sabes que «A quien madruga...».*

- Cuando queremos hacer una pausa que expresa temor o duda: *Debería ir, pero... no sé si lo haré.*

1.6.6. Las comillas

Se utilizan las comillas en estos casos:
- Para señalar una palabra o expresión que está utilizada de forma irónica o con un sentido especial: *Este chico es muy «callado», «La gente guapa».*
- Para señalar una palabra o expresión que utilizada con sentido familiar: *Mi madre conduce un «mini».*
- Para encerrar el título de un artículo, de un poema, de una parte de una obra, etc.: *Busca el capítulo «Puntuación» en la Ortografía de la lengua española.*
- Cuando se reproducen textualmente palabras de un autor o de otra persona: *Contestó rápidamente: «Yo no he sido».*
- Para escribir una palabra poco conocida o extranjera, y para destacar los apodos y seudónimos: *La «tournée» de la compañía teatral. Lorenzo «el Magnífico».*

1.6.7. La raya

Se emplea la raya en los siguientes casos:
- En los diálogos, para introducir la intervención de cada personaje, las acotaciones y los comentarios del narrador: *–No quiero verte aquí cuando yo vuelva –dijo.*
- Para encerrar una aclaración o un inciso: *Cuando te encontré –después de mucho buscarte– ya era tarde.*

1.6.8. El paréntesis

Se utiliza el paréntesis en los siguientes casos:
- Para encerrar incisos: *Era tarde (las dos de la madrugada) cuando conseguí dormirme.* En este uso coincide con la raya. No existen criterios que aclaren cuándo se debe emplear un signo u otro.
- Para encerrar fechas, nombre del autor a quien corresponde una cita, explicación de abreviaturas, etc.: *la ONU (Organización de las Naciones Unidas).*

1.6.9. Los signos de admiración

Se emplea la admiración para encerrar partes de una oración en los que se expresan sentimientos o emociones de alegría, dolor, admiración, indignación, sorpresa, dolor...: *¡Qué frío!*, *¡Qué susto!*
El signo de apertura de la admiración debe colocarse en el lugar preciso donde realmente empieza la exclamación: *Primero encontró un buen trabajo, luego le tocó la lotería: ¡qué suerte tiene!*

1.6.10. Los signos de interrogación

Se utiliza la interrogación en los siguientes casos:
- Para limitar oraciones en las que se formula una pregunta directa: *¿Has comprado lo que te pedí?*
- Para indicar que existen dudas sobre un dato que se ofrece o que éste se desconoce: *Joanot Martorell (1410? - 1468) es el autor de* Tirant lo Blanc. *Don Rodrigo (? - Guadalete 711), último rey visigodo.*

El signo de apertura de la interrogación debe colocarse donde realmente comienza la pregunta: *Si me pregunta, ¿qué le digo?*
Hay también una forma de pregunta indirecta que no lleva signos de interrogación: *Se pregunta cuándo acabará todo.* En este tipo de oraciones interrogativas indirectas suelen estar presentes verbos como *preguntar, solicitar, cuestionar,* etc.; y el adverbio o pronombre interrogativo siempre va acentuado.

1.6.11. El guión

Se utiliza guión en los siguientes casos:
- Para dividir una palabra al final de línea.
- Para separar los miembros de una palabra compuesta formada por dos adjetivos: *histórico-artístico, ítalo-germánico.*
- Para separar fechas cuando se indica un período: *1990 - 1994.*

1.6.12. La diéresis

La diéresis permite diferenciar los grupos **gue, gui,** en

los que la **u** no se pronuncia: *guerra, guitarra*, de los grupos **güe, güi,** en los que esa **u** sí se pronuncia: *bilingüe argüir.* Sólo se utiliza en estas combinaciones, y no en **gua** y **guo.**

1.7. Uso de la cursiva

La letra *cursiva* se representa tipográficamente y en los textos manuscritos mediante el <u>subrayado.</u>

Se utiliza la cursiva:
- En palabras extranjeras de uso no común, o en aquellas que todavía no están aceptadas por la RAE: *knock-out, script.*
- En palabras o expresiones empleadas intencionadamente mal, voces dialectales, voces jergales, etc.: *güai, beri güel.*
- En nombres científicos: *Candida tropicalis.*
- En títulos de libros: *El ingenioso hidalgo Don Quijote de la Mancha.*
- En títulos de canciones, obras teatrales, películas y óperas: *Yesterday, La venganza de Don Mendo, Lo que el viento se llevó, Aída.*

2. Morfología y sintaxis

2.1. Concordancia

En español, la concordancia consiste en la igualdad de género y número entre artículo o adjetivo y sustantivo: *la mano, estos hombres*, y la igualdad de número y persona entre verbo y sujeto: *Ella canta muy bien. Nosotros volveremos mañana*.

2.1.1. Concordancia entre adjetivo y sustantivo

Cuando el adjetivo se refiere a varios sustantivos va en plural; y si los sustantivos a los que se refiere son de diferente género, el adjetivo adopta la forma masculina: *lirios y azucenas bellísimos*. En los casos en que el adjetivo precede a dos o más sustantivos, se tiende, sin embargo, a concertarlo con el más próximo: *obligada devoción y respeto*.
En ciertos casos, algunos adjetivos no se ajustan a la regla general de concordancia, como ocurre, por ejemplo, con los adjetivos de color a

los que se le añade otro calificativo: *pantalones azul marino*, y no **pantalones azules marinos*. Los calificativos que, aunque designen colores, son en su origen sustantivos no concuerdan con el nombre en género (*pantalones violeta*), y rara vez en número: *tonalidades malva* (o *malvas*).

2.1.2. Concordancia entre sujeto y verbo

Cuando el sujeto es un sustantivo como *grupo, colectivo*, etc., o un sintagma como *la mayoría de la población, el 10% de los encuestados*, etc. pueden surgir dudas en cuanto al número del verbo. En los casos anteriores el verbo ha de ir en singular, ya que, aunque los sustantivos sean colectivos, su número gramatical es el singular:
- *El colectivo de estudiantes piensa ir a la huelga.*
- *El 30% de los encuestados está a favor de la nueva ley.*
A veces aparecen casos de concordancia sintácticamen-

te correcta: *Un gran número de religiosas ha sido homenajeado por su labor humanitaria*, que resultan extraños en cuanto a su interpretación: no es el '*gran número*' el homenajeado, sino '*cada una de las religiosas*'. Por ello se tiende a usar el verbo en plural. Es la llamada **concordancia *ad sensum*** y está admitida por la RAE: *Un gran número de religiosas han sido homenajeadas por su labor humanitaria*.

Los números y cifras conciertan con el verbo en plural, ya que expresan idea de cantidad: *Han sido detenidas un centenar de personas*, excepto cuando se hace referencia a la unidad: *Llamaré cuando sea la una, no *cuando sean la una*.

2.2. Femeninos que empiezan por *a* o *ha* tónicas

Para evitar la cacofonía, los sustantivos femeninos que empiezan por **a-** o **ha-** tónicas se construyen en singular con los artículos determinado e indeterminado en masculino: *el agua*, *un hacha*; se

exceptúan los nombres de las letras del alfabeto: *la a*, *una hache*, los sustantivos invariables: *una árabe*, y algunos nombres de lugares geográficos: *La Haya*. También se emplean las formas femeninas del artículo ante nombres propios: *la Ana*, aunque este uso se considera vulgar.

Si entre el artículo y el sustantivo se intercala otra palabra, se emplea, sin embargo, la forma femenina del artículo: *la cristalina agua*, *la afilada hacha*.

Es incorrecto el uso de otros determinantes o adjetivos en masculino ante sustantivos que comienzan por **a-** o **ha-** tónicas: **mucho agua*, **aquel hacha*, **ese águila*, en lugar de *mucha agua*, *aquella hacha*, *esa águila*. Asimismo, se emplea el femenino **toda**, y no el masculino **todo**, en construcciones como *toda el agua*.

2.3. Uso de los pronombres

La correcta utilización de los pronombres personales **lo, los, la, las, le, les** para las funciones de complemento directo e indirecto es la siguiente:

Gramática

	COMPLEMENTO DIRECTO	
	Masculino	Femenino
Singular	*lo*	*la*
Plural	*los*	*las*

	COMPLEMENTO INDIRECTO	
	Masculino	Femenino
Singular	*le*	*le*
Plural	*les*	*les*

No obstante, la necesidad del hablante para distinguir entre persona / no persona y masculino / femenino ha generado los fenómenos de **leísmo, laísmo y loísmo,** con diversa aceptación en nuestra lengua.

2.3.1. Leísmo

Consiste en el uso de los pronombres de **le, les** en función de complemento directo, generalmente para referirse a personas del sexo masculino. Así, el hablante distingue entre persona y no persona empleando **le, les** para el primer caso, y **lo, los** para el segundo: *Le vi ayer a Roberto. Vi un libro interesante y lo compré.*

Este uso está muy extendido y, en general, suele aceptarse. No así el empleo de **le, les** en función de complemento directo referido a cosas: **Ahí está mi paraguas, dámele.*

2.3.2. Laísmo

Consiste en el uso indebido de los pronombres **la, las** en función de complemento indirecto en lugar de los correspondientes **le, les**: **La entregué unas flores a Lucía*, por *Le entregué unas flores a Lucía.*
El laísmo se considera incorrecto, aunque es muy frecuente en el habla de algunas regiones españolas.

2.3.3. Loísmo

Consiste en la utilización de los pronombres **lo, los** como complemento indirecto tanto para personas como para cosas, en lugar de los correctos **le, les**: *Abrí el cuaderno y lo arranqué una página*, por *le arranqué una página*.

Este uso se considera incorrecto.

2.4. Uso del artículo

El artículo es una palabra carente de significado propio, que actúa como indicador de género y número y precede al sustantivo, actuando como modificador directo del mismo. Tiene la propiedad de sustantivar adjetivos y oraciones: *Dame el azul, no el verde. Vino el que tú ya sabes.*

Existen dos tipos de artículo:

- El **artículo determinado** (**el, la, lo, los, las**), que señala o muestra un ser u objeto concreto: *Llama a la niña. Te presto el coche.*
- El **artículo indeterminado** (**un, una, unos, unas**), que hace referencia a un ser u objeto inconcreto o no conocido o presentado antes y en realidad funciona como un adjetivo indefinido: *Vino un señor preguntando por usted. Un día de éstos le daré su merecido.* A veces tiene un valor enfático o expresivo: *Hace un frío...*

Es vulgar el uso del artículo determinado ante nombre propio o apellidos de persona: *la Elisa, el Martínez*. Está permitido en determinados casos, como cuando se trata de un sobrenombre (*El Greco*), de una dinastía (*los Austrias*), del apellido de un autor italiano del siglo XIV (*el Petrarca*), o de un nombre propio utilizado como genérico: *Felicita a todas las Anas*. Asimismo, algunos autores defienden su uso con nombres de mujeres famosas: *la Pardo Bazán, la Caballé*; aunque, en general, se prefiere utilizar el nombre sin artículo.

Algunos nombres de ciudades o países, que tradicionalmente llevaban artículo (*El Ferrol, La Coruña, El Brasil, La Argentina*), se utilizan frecuentemente sin él: *Ferrol, Coruña, Brasil, Argentina*. Hoy se consideran correctas las dos formas. Sí llevan artículo los nombres de lugar dobles y compuestos (*los Países Bajos, los Estados Unidos*) y los de regiones (*La Mancha, Los Pirineos, El Ampurdán*) o si el nombre del país va calificado por una frase o adjetivo: *la América prehispánica, la España de los Reyes Católicos*. Los nombres de accidentes geográficos se construyen con artículo porque se supone implícito el genérico correspondiente: *el Guadiana, el Teide, el Mediterráneo*.

No debe omitirse el artículo en frases como **el resto de vacaciones* o **la mayoría de gente*, por *el resto de las vacaciones y la mayoría de la gente*.

Para el uso del artículo ante sustantivos femeninos que empiezan con **a-** o **ha-** tónicas, ver [2.2.].

2.5. Uso del adjetivo

Los adjetivos se dividen, según su significado, en:

- **Calificativos**, que designan cualidad, estado, etc., referidos al sustantivo: *la hierba verde, el mar azul*.
- **Determinativos**, que no designan cualidad, sino que concretan el significado del sustantivo a través de relaciones gramaticales; incluyen los adjetivos **demostrativos, posesivos, indefinidos, numerales, relativos, interrogativos** y **exclamativos**.

Los **adjetivos calificativos** pueden aparecer antepuestos o pospuestos al sustantivo, y tal situación a veces implica un cambio de significado:

- *Un hombre bueno;* designa una simple cualidad del sustantivo.
- *Un buen hombre;* expresa cierta valoración subjetiva por parte del hablante.

Asimismo, los **adjetivos calificativos** se subdividen en:

- **Adjetivos especificativos**, que añaden una nueva idea o restringen el significado del sustantivo: *una casa grande, un reloj digital*.

- **Adjetivos explicativos** o **epítetos**; que realzan una cualidad o circunstancia que le es propia al sustantivo: *la nieve fría, un cálido verano*. Los adjetivos explicativos o epítetos son característicos de la lengua literaria: «*Noche oscura del alma*».

2.5.1. Grados del adjetivo calificativo

Los grados del adjetivo calificativo son:

- **Grado positivo**, que nombra simplemente una cualidad: *labios rosados*.
- **Grado comparativo**, que establece una comparación de:
  - *superioridad*, formado con *más ... que*: *Eres más fuerte que yo.*
  - *igualdad*, formado con *tan ... como*: *Es tan astuto como tú.*
  - *inferioridad*, formado con *menos ... que*: *Soy menos afortunada que ellos.*
- **Grado superlativo**, que nombra la cualidad en su grado superior y se divide en:
  - *absoluto*, que no establece comparación alguna: *Tiene un carácter violentísimo.*
  - *relativo*, que plantea una comparación entre los elementos de un grupo: *la más triste de las historias.*

Existen adjetivos que por sí mismos tienen valor comparativo, por lo que no necesitan llevar antepuesta ninguna partícula, como por ejemplo:

- **mayor**, comparativo de *grande*
- **menor**, comparativo de *pequeño*
- **mejor**, comparativo de *bueno*
- **peor**, comparativo de *malo*
- **superior**, comparativo de *alto*
- **inferior**, comparativo de *bajo*

Es un error frecuente añadir partículas aumentativas o diminutivas a este último tipo de adjetivos comparativos, como si se tratara de simples adjetivos en grado positivo: **Soy más mayor que tú (Soy mayor que tú).*

El **grado superlativo** se forma anteponiendo al adjetivo el adverbio **muy**: *muy grande*; añadiendo al adjetivo los sufijos **-ísimo** o **-érrimo**: *grandísimo, celebérrimo*, o mediante prefijos como **re-, requete-, super-, ultra-**, etc.: *requetebueno, superbonito*. Para las variantes y el uso particular del sufijo de superlativo, ver **-ísimo** en la parte alfabética.

Algunos superlativos son irregulares y presentan junto a su forma culta otra de uso común:

SUPERLATIVO		
Positivo	Forma culta	Forma común
bueno	*bonísimo*	*buenísimo, muy bueno*
cruel	*crudelísimo*	*cruelísimo, muy cruel*
fuerte	*fortísimo*	*fuertísimo, muy fuerte*
íntegro	*integérrimo*	*integrísimo, muy íntegro*
libre	*libérrimo*	*muy libre*
negro	*nigérrimo*	*negrísimo, muy negro*
pobre	*paupérrimo*	*pobrísimo, muy pobre*
pulcro	*pulquérrimo*	*pulcrísimo, muy pulcro*
sabio	*sapientísimo*	*muy sabio*

2.6. Uso del adverbio

El adverbio es una parte de la oración que expresa diversas circunstancias (tiempo, modo, lugar, etc.) y desempeña la función de complemento del verbo, de un adjetivo o de otro adverbio.
Su posición en la frase puede variar:

• *Mañana llegaré temprano.*
• *Llegaré temprano mañana.*

Aunque, en general, se prefiere evitar su colocación al principio de un párrafo o período sintáctico, sobre todo tratándose de adverbios acabados en *-mente*, al igual que las locuciones adverbiales o complementos circunstan-

ciales: *Terriblemente asustado llegó a casa.*
Es preferible: *Llegó a casa terriblemente asustado.*

2.7. Uso de algunos tiempos y modos verbales

2.7.1. Condicional

Los tiempos verbales del condicional (simples y compuestos) pertenecen al modo indicativo e indican una acción futura respecto de otra pasada: *Prometió que volvería a casa.*
También se emplean para atenuar la formulación de un deseo, un reproche, una peti-

ción, etc., o para expresar cierta posibilidad en el pasado:

- *¿Querrías acercarme ese libro?*
- *Yo tendría entonces unos siete años.*

En oraciones condicionales, se prefiere la combinación **subjuntivo** + **condicional** a la de **subjuntivo** + **subjuntivo**:

- *Si hubieras prestado atención no habríamos perdido.* (subjuntivo + condicional)
- *Si hubieras prestado atención no hubiésemos perdido.*

(subjuntivo + subjuntivo)

Sin embargo, es preferible la construcción **indicativo** + **indicativo** a **indicativo** + **condicional** en frases del tipo:

- *Si me dejas, no podré resistirlo.* (indicativo + indicativo).
- *Si me dejas, no podría resistirlo.* (indicativo + condicional).

Es incorrecta la construcción **condicional** + **condicional**:

- **Si yo tendría dinero, te lo daría* (*Si yo tuviera dinero, te lo daría*).
- **Si tú habrías abandonado, no estaríamos aquí* (*Si tú hubieras abandonado, no estaríamos aquí*).

La utilización del condicional para expresar posibilidad en el pasado en frases que pretenden mostrar una duda, un rumor, un hecho no comprobado, etc. se debe a la influencia del francés: *Se rumorea que los tipos de interés podrían subir un dos por ciento.* Lo más apropiado sería: *Se rumorea que los tipos de interés pueden subir* o *Parece ser que los tipos de interés pueden subir.*

2.7.2. Subjuntivo

El modo subjuntivo presenta una acción posible, deseable o dudosa, y refleja la subjetividad del hablante: *Ojalá te restablezcas pronto.* Se usa especialmente en oraciones subordinadas: *Quiero que me digas toda la verdad.*

Las terminaciones **-ara** o **-ase** del pretérito imperfecto de subjuntivo hoy se emplean indistintamente, aunque si ambas formas verbales figuran en la misma oración, la primera precede a la segunda: *Dijera lo que dijese, nadie me creería.*

En frases del tipo: *Si me viera obligado, se lo confesara,* hoy de uso arcaizante y regional, se prefiere sustituir el segundo pretérito imperfecto de subjuntivo por el condicional: *Si me viera obligado, se lo diría.* Asimismo, en otras como: *La conferencia que pronunciara ayer fue soporífera*, es más normal el uso del pretérito perfecto simple de indicativo en lugar del imperfecto de subjuntivo: *La conferencia que pronunció ayer fue soporífera.*

2.7.3. Imperativo / infinitivo

En la lengua hablada es muy frecuente la utilización del infinitivo por el imperativo de segunda persona plural: **¡Callar todos ahora mismo!* (*¡Callad todos ahora mismo!*) Este uso se considera vulgar, así como el de las formas **callaros*, **sentaros*, etc., que mantienen la -r del infinitivo, por las correctas *callaos*, *sentaos*, etc.

Sólo se admite el empleo del infinitivo en frases imperativas cuando va precedido de la preposición **a**: *¡A callar todos!* Las oraciones negativas no admiten el imperativo, que se sustituye por el presente de subjuntivo: **No entrad aquí* (*No entréis aquí*).

A veces, para añadir un matiz más impersonal, a modo de instrucción, el imperativo se sustituye por el propio infinitivo en frases negativas:

- *No fumar.*
- *No hablar con el conductor.*

2.7.4. Gerundio

El gerundio presenta una acción que se está desarrollando y, cuando acompaña al verbo principal, expresa anterioridad o simultaneidad a la acción presentada por dicho verbo: *Pensando en pasar inadvertido, entró sigilosamente.*

Existe un uso del gerundio que, en general, se considera incorrecto o poco elegante: es el llamado **gerundio de posterioridad**, que introduce una acción posterior a la del verbo principal o expresa una consecuencia de éste: **Sufrió una caída, rompiéndose una pierna* (*Sufrió una caída y se rompió una pierna*).

Otro empleo poco recomendable es la utilización del gerundio, por influjo del francés, como atributo o predicativo, es decir, para expresar una cualidad, estado o circunstancia del sustantivo al que se refiere:

Una carta conteniendo insultos (*Una carta que contiene insultos*). Sólo los gerundios *ardiendo* e *hirviendo* pueden desempeñar función de atributo en espa-ñol: *Un bosque ardiendo, una sopa hirviendo*.

2.7.5. Modelos de conjugación regular

PRIMERA CONJUGACIÓN: CANTAR			
INDICATIVO		SUBJUNTIVO	
TIEMPOS SIMPLES	TIEMPOS COMPUESTOS	TIEMPOS SIMPLES	TIEMPOS COMPUESTOS
Presente	Pretérito perfecto	Presente	Pretérito perfecto
canto	he cantado	cante	haya cantado
cantas	has cantado	cantes	hayas cantado
canta	ha cantado	cante	haya cantado
cantamos	hemos cantado	cantemos	hayamos cantado
cantáis	habéis cantado	cantéis	hayáis cantado
cantan	han cantado	canten	hayan cantado
Pretérito imperfecto	Pretérito pluscuamperfecto	Pretérito imperfecto	Pretérito pluscuamperfecto
cantaba	había cantado	cantara, -ase	hubiera, -ese cantado
cantabas	habías cantado	cantaras, -ases	hubieras, -eses cantado
cantaba	había cantado	cantara, -ase	hubiera, -ese cantado
cantábamos	habíamos cantado	cantáramos, -ásemos	hubiéramos, -ésemos cantado
cantabais	habíais cantado	cantarais, -aseis	hubierais, -eseis cantado
cantaban	habían cantado	cantaran, -asen	hubieran, -esen cantado
Pretérito perf. simple	Pretérito anterior imperfecto	Futuro	Futuro perfecto
canté	hube cantado	cantare	hubiere cantado
cantaste	hubiste cantado	cantares	hubieres cantado
cantó	hubo cantado	cantare	hubiere cantado
cantamos	hubimos cantado	cantáremos	hubiéremos cantado
cantasteis	hubisteis cantado	cantareis	hubiereis cantado
cantaron	hubieron cantado	cantaren	hubieren cantado

Gramática

PRIMERA CONJUGACIÓN: CANTAR			
INDICATIVO		**IMPERATIVO**	
TIEMPOS SIMPLES	TIEMPOS COMPUESTOS	*canta*	*cantad*
Futuro	**Futuro perfecto**		
cantaré	*habré cantado*		
cantarás	*habrás cantado*	**INFINITIVO**	
cantará	*habrá cantado*		
cantaremos	*habremos cantado*	*cantar*	*haber cantado*
cantaréis	*habréis cantado*		
cantarán	*habrán cantado*		
Condicional	**Condicional perfecto**	**GERUNDIO**	
cantaría	*habría cantado*	*cantando*	*habiendo cantado*
cantarías	*habrías cantado*		
cantaría	*habría cantado*		
cantaríamos	*habríamos cantado*	**PARTICIPIO**	
cantaríais	*habríais cantado*		
cantarían	*habrían cantado*	*cantado*	

SEGUNDA CONJUGACIÓN: TEMER			
INDICATIVO		**SUBJUNTIVO**	
TIEMPOS SIMPLES	TIEMPOS COMPUESTOS	TIEMPOS SIMPLES	TIEMPOS COMPUESTOS
Presente	**Pretérito perfecto**	**Presente**	**Pretérito perfecto**
temo	*he temido*	*tema*	*haya temido*
temes	*has temido*	*temas*	*hayas temido*
teme	*ha temido*	*tema*	*haya temido*
tememos	*hemos temido*	*temamos*	*hayamos temido*
teméis	*habéis temido*	*temáis*	*hayáis temido*
temen	*han temido*	*teman*	*hayan temido*

SEGUNDA CONJUGACIÓN: TEMER			
INDICATIVO		**SUBJUNTIVO**	
TIEMPOS SIMPLES	TIEMPOS COMPUESTOS	TIEMPOS SIMPLES	TIEMPOS COMPUESTOS
Pretérito imperfecto	**Pretérito pluscuamperfecto**	**Pretérito imperfecto**	**Pretérito pluscuamperfecto**
temía	*había temido*	*temiera, -ese*	*hubiera, -ese temido*
temías	*habías temido*	*temieras, -eses*	*hubieras, -eses temido*
temía	*había temido*	*temiera, -ese*	*hubiera, -ese temido*
temíamos	*habíamos temido*	*temiéramos, -ésemos*	*hubiéramos, -ésemos temido*
temíais	*habíais temido*	*temierais, -eseis*	*hubierais, -eseis temido*
temían	*habían temido*	*temieran, -esen*	*hubieran, -esen temido*
Pretérito perf. simple	**Pretérito anterior imperfecto**	**Futuro**	**Futuro perfecto**
temí	*hube temido*	*temiere*	*hubiere temido*
temiste	*hubiste temido*	*temieres*	*hubieres temido*
temió	*hubo temido*	*temiere*	*hubiere temido*
temimos	*hubimos temido*	*temiéremos*	*hubiéremos temido*
temisteis	*hubisteis temido*	*temiereis*	*hubiereis temido*
temieron	*hubieron temido*	*temieren*	*hubieren temido*
Futuro	**Futuro perfecto**	**IMPERATIVO**	
temeré	*habré temido*		
temerás	*habrás temido*	*teme*	*temed*
temerá	*habrá temido*		
temeremos	*habremos temido*	**INFINITIVO**	
temeréis	*habréis temido*		
temerán	*habrán temido*	*temer*	*haber temido*
Condicional	**Condicional perfecto**	**GERUNDIO**	
temería	*habría temido*		
temerías	*habrías temido*	*temiendo*	*habiendo temido*
temería	*habría temido*		
temeríamos	*habríamos temido*	**PARTICIPIO**	
temeríais	*habríais temido*		
temerían	*habrían temido*	*temido*	

Gramática

TERCERA CONJUGACIÓN: PARTIR			
INDICATIVO		**SUBJUNTIVO**	
TIEMPOS SIMPLES	TIEMPOS COMPUESTOS	TIEMPOS SIMPLES	TIEMPOS COMPUESTOS
Presente	**Pretérito perfecto**	**Presente**	**Pretérito perfecto**
parto	*he partido*	*parta*	*haya partido*
partes	*has partido*	*partas*	*hayas partido*
parte	*ha partido*	*parta*	*haya partido*
partimos	*hemos partido*	*partamos*	*hayamos partido*
partís	*habéis partido*	*partáis*	*hayáis partido*
parten	*han partido*	*partan*	*hayan partido*
Pretérito imperfecto	**Pretérito pluscuamperfecto**	**Pretérito imperfecto**	**Pretérito pluscuamperfecto**
partía	*había partido*	*partiera, -ese*	*hubiera, -ese partido*
partías	*habías partido*	*partieras, -eses*	*hubieras, -eses partido*
partía	*había partido*	*partiera, -ese*	*hubiera, -ese partido*
partíamos	*habíamos partido*	*partiéramos, -ésemos*	*hubiéramos, -ésemos partido*
partíais	*habíais partido*	*partierais, -eseis*	*hubierais, -eseis partido*
partían	*habían partido*	*partieran, -esen*	*hubieran, -esen partido*
Pretérito perf. simple	**Pretérito anterior imperfecto**	**Futuro**	**Futuro perfecto**
partí	*hube partido*	*partiere*	*hubiere partido*
partiste	*hubiste partido*	*partieres*	*hubieres partido*
partió	*hubo partido*	*partiere*	*hubiere partido*
partimos	*hubimos partido*	*partiéremos*	*hubiéremos partido*
partisteis	*hubisteis partido*	*partiereis*	*hubiereis partido*
partieron	*hubieron partido*	*partieren*	*hubieren partido*
Futuro	**Futuro perfecto**	**IMPERATIVO**	
partiré	*habré partido*		
partirás	*habrás partido*	*parte*	*partid*
partirá	*habrá partido*		
partiremos	*habremos partido*	**INFINITIVO**	
partiréis	*habréis partido*		
partirán	*habrán partido*	*partir*	*haber partido*

TERCERA CONJUGACIÓN: PARTIR		
INDICATIVO		**GERUNDIO**
TIEMPOS SIMPLES	TIEMPOS COMPUESTOS	
Condicional	Condicional perfecto	*partiendo* *habiendo partido*
partiría	*habría partido*	
partirías	*habrías partido*	**PARTICIPIO**
partiría	*habría partido*	
partiríamos	*habríamos partido*	
partiríais	*habríais partido*	*partido*
partirían	*habrían partido*	

2.8. Errores en la construcción de la frase

2.8.1. Dequeísmo

Consiste en el uso incorrecto de la preposición **de** ante una proposición subordinada introducida por la conjunción **que**:

- **Creo de que voy a llegar tarde* (*Creo que voy a llegar tarde*).
- **Nos dijo de que no volvería* (*Nos dijo que no volvería*).
- **Piensa de que no hay otra solución* (*Piensa que no hay otra solución*).

Este uso incorrecto se ha extendido enormemente en la lengua hablada, y en general suele aparecer cuando la proposición principal introduce un verbo con el significado general de 'decir' o 'pensar': *creer, opinar, imaginar, contar, señalar, aconsejar, contestar, afirmar, suponer, sospechar, prometer, prohibir, negar,* etc.

Sin embargo, debe evitarse el error de suprimir sistemáticamente la preposición **de** para no caer en la incorrección del dequeísmo, ya que en muchos casos la preposición viene exigida por el verbo, un adjetivo, un adverbio o por otro elemento:

- **Antes que te vayas, hazme un favor* (*Antes de que te vayas, hazme un favor*).
- **¿Te has enterado que hay rebajas?* (*¿Te has enterado de que hay rebajas?*).

2.8.2. Anacoluto

Consiste en la falta de rigor o congruencia sintáctica al construir una frase o expresión, por ejemplo: *El delincuente de quien me hablaste, ya le han detenido.*

Para que la frase tenga sentido, *el delincuente de quien me hablaste* debería ser el sujeto paciente de una oración pasiva: *El delincuente de quien me hablaste ya ha sido detenido,* o bien, el complemento directo de la oración principal, sustituyendo el determinante *el* por la contracción *al*: *Al delincuente de quien me hablaste, ya le han detenido.*

El anacoluto se suele producir cuando se hacen incisos largos que alejan demasiado los términos que deberían concordar, con lo que se pierde conciencia de la relación sintáctica existente entre dichos términos. A veces puede que la frase quede incluso sin terminar, o que se cambie el sujeto después del inciso: *Tú, que jamás mentiste, a ti te exigen ahora explicaciones.*

2.9. El género

La distinción entre género masculino o femenino puede establecerse mediante la oposición **-o/-a** y otros morfemas de variación genérica: *hermano/hermana, actor/actriz, héroe/heroína, poeta/poetisa, alcalde/alcaldesa, pintor/pintora,* etc., o por la anteposición de un artículo masculino o femenino en sustantivos ambiguos o invariables: *el mar/la mar, el guía/la guía.*

Los sustantivos de género epiceno en general designan animales y no varían propiamente de género: *un gorila macho/un gorila hembra.*

2.9.1. Femeninos irregulares

En algunos sustantivos, la variación de género supone también una completa oposición de lexemas; es el fenómeno denominado **heteronimia**. Así, tenemos formas de masculino y femenino tan opuestas como:

> *caballo / yegua*
> *carnero / oveja*
> *hombre / mujer*
> *macho / hembra*

marido / mujer
padre / madre
toro / vaca
varón / mujer
yerno / nuera

2.9.2. El género de profesiones, oficios, cargos

Muchos sustantivos de profesiones, oficios o cargos, por tradición, se han utilizado sólo con la forma de masculino: *el/la abogado, el/la ministro*, etc.

En la actualidad, cada vez es más habitual el uso de formas femeninas como *abogada, médica, antropóloga, filósofa*, etc., incluidas ya en el diccionario de la RAE, frente a otras no admitidas aún, pero empleadas en la lengua actual: *minera, bombera, carpintera*, etc.

No obstante, aún existen muchos casos en los que el femenino se forma con el artículo **la** y el sustantivo masculino: *la testigo, la fiscal*.

2.9.3. El género de los nombres propios

No existen normas fijas en cuanto al género de estos sustantivos, sobre todo cuando designan realidades como ríos, países o ciudades, aunque, en términos generales, podría hacerse la siguiente clasificación:

- Los ríos son masculinos: *el Ebro, el Segura*, aunque existen algunos casos esporádicos de terminación **-a** en los que a veces se emplea el femenino: *la Noguera Pallaresa, la Esgueva*.

- Los nombres de países con terminación **-a** adoptan generalmente el género femenino: *la España profunda, la antigua Roma, la magna Grecia*, con alguna excepción como *el Canadá*. Los que terminan en otra vocal o en consonante son masculinos: *el Brasil, los Estados Unidos*.

- Los nombres de ciudades siguen la regla anterior, aunque cuando se combinan con adjetivos como **medio**, **todo**, **mismo**, etc., algunos con terminación **-a** pueden concordar en masculino: *Todo Sevilla se prepara para la Semana Santa. Nos encontramos en el mismo Barcelona*.

2.10. Formación del plural

El morfema de número en español es Ø (ausencia de morfema) para el singular y **-s** o **-es** para el plural:

- Se añade **-s** a las palabras terminadas en **vocal átona** o en **-a, -e tónicas**:
    amigo / amigos
    sofá / sofás (la forma culta *sofaes* hoy está en desuso)
    mamá / mamás
    carné / carnés
- Se añade **-es** a las palabras terminadas en **consonante** o en **-y semivocal**:
    avión / aviones
    ley / leyes
    Las palabras terminadas en **-z** cambian esta consonante por **c**: *lápiz / lápices*, *pez / peces.*
- Se añade **-es** a las palabras que acaban en **-i, -u tónicas**, aunque para estos casos existe la tendencia cada vez más generalizada de formar el plural sólo con **-s**:
    bantú / bantúes o *bantús*
    rubí / rubíes o *rubís*
- Los plurales de los monosílabos terminados en vocal vacilan entre los dos morfemas:

    yo / yoes o *yos*
    ñu / ñúes o *ñus*
    La norma culta prefiere la terminación **-es**.
- El plural culto y de uso más frecuente para los nombres de las vocales es en **-es**: *aes, íes,* etc. Sin embargo, para los nombres de las consonantes se emplea la terminación **-s**: *les, des,* etc., y, en general, también para las notas musicales: *las, mis,* etc.

2.10.1. Plurales irregulares

- Las palabras no agudas terminadas en **-s** o **-x** no varían en plural:
    la crisis / las crisis
    el tórax / los tórax
- Las palabras terminadas en **-y** que forman el plural en **-s**, en general cambian la **-y** por **-i**: *jersey / jerséis*
- En ocasiones, al construirse el plural se produce un cambio de acento:
    carácter / caracteres
    régimen / regímenes
    espécimen / especímenes
- Los sustantivos terminados en **-í** o **-ú** admiten dos posibilidades para la formación del plural:

jabalí / jabalíes o *jabalís*
bantú / bantúes o *bantús*

2.10.2. El plural de las palabras extranjeras

En la actualidad, muchos préstamos extranjeros acabados en consonante presentan un plural en **-es**, según las normas del español, que alterna con otro en **-s**, propio de su lengua original:

club / clubes o *clubs*
cocktail / cócteles o *cocktails*

En otros casos existe una forma españolizada para el singular, con su correspondiente plural según las normas del español, que alterna con el singular propio de su lengua original y su correspondiente plural: *chalé / chalés; chalet / chalets*.

Se producen a veces incorrecciones derivadas de calcos de construcciones extranjeras. Así, no es raro leer o escuchar, por influencia del inglés, *los setentas* o *los años setentas*, en lugar de *los años setenta*, *la década de los setenta* o *los setenta*, con el número en forma singular, que es el modo en que se expresan las décadas en español. Se trata de un fenómeno bastante extendido, sobre todo en el español de América, que es conveniente evitar.

2.10.3. El plural de las palabras cultas

Existe cierta vacilación para formar el plural de algunas palabras cultas de origen latino y griego.

Un caso significativo es el del latín **currículum** y su españolización **currículo**, que presentan, respectivamente, los plurales **currícula** (de uso culto) o **currículums** (menos recomendable), y **currículos**, hoy más frecuente, tanto para el singular españolizado como para el original latino.

El caso de **memorándum** es idéntico: singular **memorándum** o **memorando**; plural **memoranda**, **memorándums**, **memorandos**.

El sustantivo **hipérbaton** presenta el plural **hipérbatos**, que alterna con el de uso poco recomendable **hipérbatons**.

Otros sustantivos como **quórum**, **ínterin**, etc., apenas se emplean en plural, y, cuando se utilizan, en general permanecen invariables: *los quórum*, *algunos ínterin*, etc.

En general, siempre que exista una forma españolizada para estos sustantivos cultos se prefiere ésta al original latino o griego: *armonio / armónium*, *máximo / máximum*, *mínimo / mínimum*, etc.

2.10.4. El plural de abreviaturas y siglas

- **Abreviaturas** En ciertos casos, el plural de las abreviaturas puede formarse duplicando las letras que las componen, como por ejemplo:
  - *EE. UU.* ('Estados Unidos')
  - *RR. CC.* ('Reyes Católicos')
  - *SS. MM.* ('Sus Majestades')

  También puede añadirse el morfema **-s** para la formación de algunos plurales:
  - *vol.* ('volumen') / *vols.* ('volúmenes')
  - *pág.* ('página') / *págs.* ('páginas')

  Pero cuando la abreviatura corresponde a un término del Sistema Internacio-

nal de Unidades, en plural permanece invariable:
  - *25 cm;* no **25 cms*
  - *300 km;* no **300 kms*
- **Siglas** El plural de las siglas viene implícito en el artículo que las preceda: *las ONG* ('las Organizaciones No Gubernamentales').

  Se prefiere el anterior sistema a la aplicación del morfema **-s** para el plural, a la manera inglesa: *las ONGs*.

2.10.5. El plural de los nombres propios

En el caso de los apellidos, en la actualidad es más frecuente la utilización del sustantivo en singular precedido del artículo en plural: *los Álvarez Quintero*, *los Machado*; en épocas pasadas se usaba más el plural en **-s**: *los Mendozas*. Para designar dinastías aún hoy es habitual el empleo de plurales como *los Borbones*, *los Austrias*.

Para el resto de los nombres propios se siguen las normas generales de formación del plural en español:
  - *¿Qué Homeros y Virgilios cantarán estas hazañas?*

• *Marchó a hacer las Américas y nunca supimos más de él.*

2.10.6. El plural en aposiciones y palabras compuestas

■ **Aposiciones** Por lo general, sólo el primero de los términos de una aposición recibe morfema de plural:
  • *coches cama*
  • *ciudades dormitorio*

Esta norma no se contempla de modo estricto, y con frecuencia pueden aparecer plurales como *coches camas* (e incluso *coche camas*), *ciudades dormitorios*, etc., pero lo normal es que el morfema de plural figure en el primer elemento.

Un caso especial es el de aposiciones tan lexicalizadas como *guardia civil*, cuyos dos términos siempre adoptan morfema de plural: *guardias civiles*. A menudo, el habla popular las funde en una sola palabra, a la que se suele añadir entonces una única terminación de plural: *guardiaciviles*.

Los términos formados por dos sustantivos unidos con un guión se comportan como las aposiciones y llevan el morfema de plural en el primer término: *cafés-teatro*, aunque hay excepciones: *coches-cama*, *coches-camas*.

■ **Palabras compuestas** Forman su plural como si se tratara de palabras simples:
  • *el sacacorchos / los sacacorchos*
  • *un puntapié / unos puntapiés*

con la excepción de los adjetivos o pronombres *cualquier* y *cualquiera*, cuyos plurales son, respectivamente, *cualesquier* y *cualesquiera*, y el sustantivo *hijodalgo*, cuyo plural es *hijosdalgo*.

Cuando el segundo término de un compuesto es un verbo, generalmente la palabra resultante es invariable en plural:
  • *Sois unos correveidile detestables* (no **correveidiles*).
  • *Fuimos el hazmerreír del pueblo* (no **los hazmerreíres*).

APÉNDICES

1. Afijos

El nombre **afijo** deriva del participio pasivo latino (*adfixus*), del verbo *affigere* (*figere ad* = fijar a, adherirse).

Por la situación en la que los afijos se encuentran con respecto a la palabra primitiva o principal, se clasifican en **prefijos**, si van delante (*superhombre*, *premeditado*), y **sufijos**, si van detrás (*anglófilo*, *carnívoro*).

Puede hablarse también de **interfijos**, situados en el interior de una palabra (*pistolero*, *pequeñito*), aunque se trate normalmente de morfemas derivativos que forman parte de un sufijo (**-ero**, **-ito**).

Los elementos que en nuestro idioma ejercen la función de afijos son de naturaleza muy variada: partículas (del griego, latín y castellano), raíces nominales, adjetivales y verbales, terminaciones especiales de uso muy frecuente.

Mención aparte merecen las palabras que se utilizan sobre todo en la terminología científica y técnica (filosofía, medicina, matemáticas, física, química...) y están constituidas por raíces griegas o latinas, o bien por raíces de uno y otro idioma, que, si se analizan con cierto rigor, no pueden ser consideradas como afijos, aunque a veces se las haya incluido en esta categoría lingüística. En la mayoría de los casos, se trata de simples adiciones de palabras a las que el científico recurre para nombrar una idea nueva o un objeto inventado.

A continuación se ofrece una relación de afijos usados en nuestro idioma, desglosados en su doble categoría de prefijos y sufijos. En ambos grupos se incluirá una lista de raíces (griegas y latinas) que desempeñan una función esencial en la formación de palabras, no sólo del lenguaje culto, sino también del uso cotidiano.

La acentuación de las palabras formadas a partir de afijos no responde a una regla fija, aunque sí se pueden definir ciertas normas:

- Los prefijos formados por partículas, en especial preposiciones, son generalmente átonos (*detraer, infrahu-
mano*). Varía, sin embargo, la posición del acento en los
casos en que el prefijo es un adjetivo, adverbio o raíz
nominal (*cuatrimotor/cuadrúpedo, bilingüe/bígamo, re-
trógrado/retroceso*). Esta variación se justifica por la posición del acento o de la sílaba tónica en las palabras
griegas y latinas cuya raíz entra en la composición de
dicho prefijo.

- Los sufijos propiamente dichos, constituidos en la mayoría de los casos por desinencias, son casi siempre tó-
nicos (*granizada, habladuría*). En cambio, son átonos
la mayoría de los sufijos en **-ico** (*prosaico, vandálico*) que
no formen diminutivos, pues en este caso serían tóni-
cos (*arbolico, piececico*).

- En las palabras formadas por dos raíces, la acentuación
no se somete a una regla fija: llevará el acento la raíz o
término que se considere más relevante, más significativo, generalmente el término específico (*fotómetro, ga-
metogénesis*).

Prefijos

De origen griego

Prefijo	Significado	Ejemplos
a-	negación	*ateo, ácrata*
an-	privación	*analgésico*
ana-	contra; sobre, en alto; de nuevo; hacia atrás	*anacrónico; anatema; anabaptista; anagrama*
anfi-	alrededor; ambos; doble	*anfiteatro; anfibio; anfibología*
anti-	contra, oposición	*antítesis, antinomias*

Prefijo	Significado	Ejemplos
apo-	lejos de, separación	*apogeo, apostasía*
cata-	abajo, hacia abajo	*catacumbas, catarata, catabolismo*
di-	dos veces, duplicación	*diglosia, díptico*
dia-	a través de, entre, por medio de; separación	*diagrama, diámetro, diacrónico; diálisis*
dis-	mal; dificultad	*disepsia; disnea, disfasia*
ecto-	externo, fuera de	*ectodermo, ectoplasma, ectoparásito*
en- **em-**	en, dentro de, entre	*encéfalo, endemia, empíreo*
endo-	dentro de, en el interior de	*endodermo, endocarpio, endogamia*
epi-	sobre, encima; además	*epicentro, epicarpio, epitafio; epílogo*
eu-	bien	*eutanasia, eufónico*
ex-	fuera, fuera de	*éxodo, exotérmico, exogamia, exoesqueleto*
hemi-	medio, mitad	*hemiplejia, hemiciclo, hemistiquio*
hiper-	sobre, más de, superioridad, exceso	*hiperclorhidria, hiperespacio, hipertensión*
hipo-	debajo, por debajo de; disminución, inferioridad subordinación	*hipotálamo, hipocentro, hipogeo; hipotermia*
meta-	más allá, después; a continuación, junto a	*metafísica; metatarso, metazoo*
palim- **palin-**	de nuevo, otra vez; al contrario, hacia atrás	*palimpsesto, palingenesia, palinodia; palíndromo*
para-	junto a, al lado; aparte de; semejante a	*paradigma, paralelo; paranormal, parapsicología; paramilitar*
peri-	alrededor de, en torno a	*pericardio, perihelio, periscopio*
pro-	delante de, antes de	*prólogo, prolegómeno, proparoxítono*
sim- **sin-**	con, unión; al mismo tiempo	*simpatía, síntesis, sincretismo; sincronizar*

Apéndices

De origen latino

Prefijo	Significado	Ejemplos
a- ab- abs-	negación, privación; alejamiento, separación	*apolítico, abstenerse;* *abducción*
ad-	a, hacia, en dirección a; proximidad	*adjudicar, admirar; adyacente*
ante-	ante, delante de; antes de	*anteojo*
bi- bis- biz-	dos veces	*biciclo,* *bisabuelo,* *bizcocho*
circun- circum-	alrededor de	*circunstancia, circuncidar,* *circumpolar*
cis-	de la parte o del lado de acá	*cisalpino*
co- con- com-	con, en compañía de, en unión de	*coetáneo, copiloto,* *condiscípulo,* *combatir*
de-	procedencia; separación; negación o inversión; intensificación de la palabra a la que se une	*deducir, decapitar; deformar;* *demostrar, decaer*
des- (del *lat.* *dis-*)	negación, inversión privación, carencia; separación, desviación; refuerzo de la idea expresada por la palabra a la que se une	*deshacer, desconfianza;* *descarriar, descarrilar; despavorido*
dis- di-	negación, inversión; expansión en varias direcciones; refuerza el significado de la palabra a la que se une	*disconformidad; dispersión* *disgregación; disminución, difamar*
e-	origen, procedencia	*emanar*

Prefijo	Significado	Ejemplos
ex	negación, privación; cese; fuera de; refuerza el significado de la palabra a la que se une	*expropiar; exministro; expatriar; exaltar*
extra-	fuera, fuera de; exceso	*extrajudicial; extralimitarse, extraplano*
i- **in-** **im-**	en, dentro de; negación, privación; verbos y derivados verbales formados a partir de sustantivos y adjetivos	*incursión; ilícito, inaplazable; innovar, intoxicar, implantar*
infra-	abajo, debajo, debajo de; inferioridad	*infrarrojo, infraestructura; infrahumano*
inter-	entre, en medio de; entre varios	*intercostal; intercambio; interministerial*
intra-	dentro de	*intramuros, intramuscular*
o- **ob-**	oposición; consecuencia, resultado	*oponer; obtener*
peni- **pen-**	casi	*penillanura, penúltimo*
post- **pos-**	posterioridad	*postoperatorio, posguerra*
pre-	anterioridad	*predestinación, premeditar*
pro-	en vez de; delante de; en favor de; hacia delante; negación; contradicción; continuidad de acción	*pronombre; procónsul; proponer; propugnar; proyectar; propulsar; proscribir; procrear*
re-	repetición; retroceso, inversión; oposición, resistencia; intensificación aumento	*reeditar; reflujo; reacción; resalado, recrudecer*
retro-	hacia atrás; tiempo anterior	*retroalimentar, retrovisor; retrotraer*

Apéndices

Prefijo	Significado	Ejemplos
sub-	debajo de; al pie de; inferioridad; posterioridad	*subconsciencia, subterráneo; subscribir, subdirector, subnormal; subsiguiente*
super-	sobre, encima de; superioridad (en todos los sentidos); exceso, intensificación	*superponer; superdotado; superfino, supermercado*
supra-	ver **super-**	*suprasensible, suprarrenal*
trans- tras- tra-	más allá de, al otro lado de; a través de; cambio o paso de un lugar, situación, estado, etc., a otro	*transalpino, tramontano; transparente; transexual; traspasar, traducir*
tri-	tres	*triangular, tridimensional, trifásico*
ultra-	más allá, más lejos de, después de, al otro lado de; exceso, superioridad, intensificación	*ultratumba; ultrarrápido*
yuxta-	junto a, cerca de, a continuación	*yuxtalineal, yuxtaposición*

Sufijos

Formación de sustantivos

Significado: colectividad, abundancia.

Sufijo	Ejemplos
-ada	*manada*
-aje	*andamiaje, ropaje, linaje*
-al	*romeral, robledal, cañaveral*

Sufijo	Ejemplos
-ar	*encinar, olivar*
-ario	*rosario, osario, relicario*
-eda	*alameda, polvareda, humareda*
-edo	*hayedo*
-erío	*caserío, mujerío, griterío*
-ería	*chiquillería, sillería*
-umbre	*herrumbre, podredumbre*

Significado: profesión, cargo, oficio, empleo, agente, dignidad, jurisdicción, estado.

Sufijo	Ejemplos
-ado	*soldado, abogado, consulado, patriarcado*
-ario	*bibliotecario, legionario*
-ato	*patronato, cardenalato, priorato*
-atura	*magistratura, legislatura*
-azgo	*liderazgo, mayorazgo*
-ero	*panadero, torero, ingeniero*
-esa	*abadesa, alcaldesa, marquesa*
-isa	*sacerdotisa, poetisa*
-ista	*futbolista, oficinista, ebanista*
-encia	*presidencia, regencia, residencia*
-ante	*cantante, dibujante*
-ente	*regente*
-iente	*teniente*
-or	*escultor, pintor, tasador*

Significado: acción, efecto, resultado, instrumento.

Sufijo	Ejemplos
-ada	*llegada, acampada*
-aje	*viraje, abordaje*
-anza	*confianza, matanza, holganza, mudanza*

Apéndices

Sufijo	Ejemplos
-ata	*perorata, regata, cabalgata*
-azo	*latigazo, leñazo, puñetazo*
-ción	*canción, revolución, incautación*
-duría	*habladuría*
-dura	*empuñadura, cabalgadura, cerradura*
-men	*velamen*
-ida	*corrida, subida*
-ido	*balido, olvido*
-ión	*opinión, reunión, diversión, rebelión*
-mento	*destacamento, paramento, aditamento*
-miento	*movimiento, discernimiento, casamiento*
-tura	*calentura, montura, escritura, lectura*

Significado: lugar, establecimiento.

Sufijo	Ejemplos
-ario	*armario, calvario, acuario*
-orio	*oratorio, consultorio, laboratorio*
-ería	*lechería, panadería, charcutería*

Significado: cualidad, defecto, nombres abstractos.

Sufijo	Ejemplos
-dad	*piedad, bondad, maldad, mezquindad*
-ez	*honradez, vejez*
-umbre	*mansedumbre*
-eza	*pureza, pereza, belleza, largueza*
-ia	*soberbia, prudencia, parsimonia, envidia*
-ía	*alegría*
-ancia	*tolerancia*
-anza	*holganza*

Sufijo	Ejemplos
-encia	*prudencia*
-ud	*senectud*
-tud	*plenitud, gratitud*
-ura	*cordura, ternura*

Significado: sistema, ciencia, doctrina, actividad.

Sufijo	Ejemplos
-ía	*abogacía, psiquiatría, peluquería*
-ica	*química, física, lingüística*
-ismo	*platonismo, aristotelismo, modernismo, cubismo, liberalismo, socialismo*

Formación de adjetivos

Significado: origen, naturaleza, nacionalidad, pueblo (gentilicios).

Sufijo	Ejemplos
-aco	*austríaco, polaco, checoslovaco*
-án	*alemán, catalán*
-ano	*boliviano, valenciano, coreano*
-ego	*noruego, gallego*
-eno	*chileno, nazareno*
-ense	*almeriense, platense, canadiense*
-eño	*hondureño, malagueño, madrileño*
-eo	*cananeo, hebreo*
-és	*portugués, inglés, irlandés*
-í	*iraní, marroquí, mogrebí*
-ino	*granadino, tunecino*
-ita	*israelita, semita*

Apéndices

Significado: cualidad, defecto, aspecto, semejanza.

Sufijo	Ejemplos
-áceo	*grisáceo, rosáceo*
-ado	*aniñado, enajenado, sonrojado*
-al	*sensacional, fatal, criminal, sideral, tropical, terrenal*
-ario	*gregario, lapidario*
-ante	*pedante, negociante, imperante*
-ento	*incruento, amarillento*
-eño	*risueño, abrileño*
-eo	*níveo, marmóreo, etéreo*
-ero	*sincero, rastrero*
-icio	*novicio, crediticio*
-iento	*hambriento, avariento, ceniciento*
-izo	*resbaladizo, postizo, quebradizo*
-oso	*perezoso, gracioso, belicoso, frondoso*
-uo	*conspicuo, arduo*
-lento	*fraudulento, purulento, virulento*
-liento	*somnoliento*
-neo	*apolíneo, ígneo, sanguíneo*

Significado: posibilidad, capacidad, aptitud, agente, paciente de una acción.

Sufijo	Ejemplos
-bil	*hábil, núbil*
-ble	*posible, respetable, accesible*
-dor	*fundador, ganador, trepador, perdedor*
-iz	*directriz, motriz*
-ivo	*abusivo, impulsivo, agresivo*
-or	*relator, corrector, defensor, propulsor*
-orio	*meritorio, rotatorio, transitorio*

Significado: referencia, pertenencia, relación.

Sufijo	Ejemplos
-al	*terminal, sustancial, facial*
-áneo	*instantáneo, coetáneo, contemporáneo*
-ano	*humano, temprano, campechano*
-ar	*lunar, caballar, regular*
-(e)stre	*lacustre, pedestre, ecuestre, terrestre*
-í	*alfonsí, chií*
-ico	*físico, químico, lírico, profético*
-il	*pueril, infantil, civil*
-ino	*ovino, caprino, vespertino, libertino*
-ita	*chiita, alauita*
-uno	*vacuno, gatuno*

Desiganción específica

Significado: inflamación, tumor, excrecencia, enfermedad.

Sufijo	Ejemplos
-tis	*flebitis, otitis, sinusitis, hepatitis*
-oma	*fibroma, hematoma, carcinoma*
-osis	*cirrosis, tuberculosis, psicosis*

Raíces

Raíces prefijas de origen griego y latino

Raíces griegas

Raíz prefija	Significado	Ejemplos
acro-	cima, extremo, altura	*acromegalia, acrofobia*
actino-	rayo luminoso, de luz	*actinómetro*

Apéndices

Raíz prefija	Significado	Ejemplos
aden-	glándula	*adenoide*
aero-	aire, atmósfera; cielo, firmamento	*aerofagia, aerometría; aeronáutica*
agro-	campo	*agronomía*
algo-	dolor	*algofobia* (temor al dolor)
andro-	macho, varón, hombre	*androcracia, andropausia*
antropo-	hombre, ser humano	*antropólogo, antropomorfo*
arque- archi- arqui-	preeminencia, superioridad	*arquetipo, archidiácono, arquitecto*
aristo-	óptimo, el mejor	*aristocracia*
arqueo-	antiguo, viejo, primitivo	*arqueología, arqueólogo*
artr(o)-	articulación	*artritis, artrópodos*
auto-	él mismo, uno mismo (por sí mismo)	*autocrítica, autocensura, autogestión*
biblio-	libro	*biblioteca, bibliófilo, bibliógrafo*
bio-	vida, existencia	*biosfera, bioquímica, biólogo*
blasto-	yema, brote, germen	*blastodermo*
braqui-	corto, breve	*braquicéfalo, braquiópodos*
bromato-	comida, alimento	*bromatología*
caco-	malo, feo, deforme	*cacofonía*
cali-	hermoso, bello	*caligrafía, calidoscopio*
cardio-	corazón	*cardiólogo, cardiopatía, cardio vascular*
cefal(o)-	cabeza	*cefalalgia, cefalópodo, cefalotórax*
cian(o)-	azul oscuro, negruzco	*cianhídrico, cianofíceas*
ciclo-	círculo, circunferencia	*ciclóstomos, ciclostomía, ciclostilo*
cinemato-	movimiento	*cinematógrafo*
cito-	cavidad, cubierta (p. ext., célula)	*citología, citoplasma, citocinesis*
copro-	excremento, basura	*coprófago*
cosmo-	cosmos, universo	*cosmología, cosmonauta, cosmovisión*
cripto-	ocultar, cubrir, esconder	*criptógama, criptograma, criptografía, criptozoico*

Raíz prefija	Significado	Ejemplos
cromo- **cromato-**	color	*cromosoma, cromosfera, cromatografía*
crono-	tiempo	*cronología, cronómetro*
dactilo-	dedo	*dactilografía, dactilopintura, dactiloscopia*
demo-	pueblo, población, país	*democracia, demografía*
dermato-	piel	*dermatólogo*
dinamo-	fuerza, poder, potencia	*dinamómetro, dinamometamorfismo*
dolico-	largo	*dolicocéfalo*
doxo-	opinión, creencia	*doxología*
eco-	casa, morada, ámbito vital; haberes	*ecología, ecosistema; economía, economato*
eritro-	rojo	*eritrocito, eritrolisis*
escler(o)-	duro, rígido	*esclerénquima, esclerófilo*
estereo-	sólido, firme	*estereografía, estereometría, estereofonía*
estilo-	punzón	*estilográfica*
etimo-	verdadero, real, verdadera significación	*etimología*
etio-	causa	*etiología*
etno-	raza, estirpe, pueblo	*etnología, etnografía, etnocentrismo*
eto-	costumbre, uso	*etología*
fago-	comer, devorar	*fagocito, fagocitosis*
fanero-	visible	*fanerógama*
farmaco-	medicamento, droga	*farmacología, farmacodependencia*
feno- **fenomen-**	aparecer, mostrar manifestar	*fenotipo, fenomenología*
fil(o)-	amor, afición, amigo	*filántropo, filarmónico, filología, filosoviético.*
filo-	hoja	*filoxera, filófago, filomanía*
filo-	raza, especie	*filogenia, filogénesis*
fisio-	naturaleza (rasgos físicos y funcionales)	*fisioterapia, fisiología*

Raíz prefija	Significado	Ejemplos
fono-	sonido	*fonología, fonómetro, fonógafo*
foto-	luz	*fotosíntesis, fotolisis, fotografía*
freno-	alma (mente, inteligencia)	*frenología, frenopático*
gamo-	unión	*gamopétalo, gamosépalo*
geno-	engendrar	*genotipo*
geo-	tierra	*geología, geofísica, geopolítica*
gero- geronto-	anciano, viejo	*gerodermia, gerontocracia, gerontólogo*
gineco-	mujer, esposa, hembra	*ginecología, ginecocracia*
gloso-	lengua, lenguaje, idioma	*glosopeda*
gnos-	conocimiento, percepción	*gnoseología*
grafo-	escribir	*grafología, grafomanía*
hecta- hecto-	cien	*hectárea, hectolitro*
helio-	sol	*heliotropismo, heliocéntrico, heliograbado*
hemat-	sangre	*hematuria, hematología, hemofilia*
hepta-	siete	*heptámetro, heptágono, heptasílabo*
hetero-	otro, diferente, contrario	*heterosexual, heterodoxo, heterogéneo, heterótrofo*
hidro-	agua	*hidrógeno, hidroterapia, hidrostática*
hil-	materia, sustancia	*hilemorfismo, hilozoísmo*
hipo-	caballo	*hipocampo, hipogrifo, hipopótamo, hipódromo*
histo-	tejido, trama, célula	*histología*
holo-	todo, entero	*holocausto, holoceno, holoedro*
homeo-	semejante, igual	*homeopatía, homeostasis; homófono*
icono-	imagen, estatura, retrato	*iconografía, iconoscopio*

Raíz prefija	Significado	Ejemplos
idio-	propio, particular	*idiosincrasia, idiolecto*
iso-	igual, semejante	*isómero, isomorfo, isosilábico*
leuc(o)-	blanco	*leucemia, leucocito, leucoplastia*
léxico-	lo que se dice, palabra	*lexicografía, lexicología*
lip(o)-	grasa	*lipectomía, liposucción*
log(o)-	razón; palabra	*logaritmo; logotipo, logopeda*
macro-	grande, extenso, vasto	*macrocéfalo, macroscópico, macrocosmos*
mega(l)-	grande (en todas las dimensiones)	*megalítico, megalomanía, megáfono*
meno-	mes	*menopausia, menorragia*
meso-	situado en medio, en el centro	*mesozoico, mesodermo, mesolítico, mesopotámico*
metro-	madre; matriz, útero	*metrópoli; metrorragia*
metro-	medida	*metrónomo*
miel-	médula	*mielitis*
micro-	pequeño	*microscopio, microbiología, microorganismo*
mio-	músculo	*miocardio, mioblasto, miología*
mis(o)-	odio, aversión	*misántropo, misógino*
mnemo-	memoria, recuerdo	*mnemotecnia*
mono-	solo, único	*monografía, monoteísmo, monoplaza*
morfo-	forma, figura	*morfología, morfogénesis*
necro-	cuerpo muerto, cadáver	*necrófago, necrología*
neo-	nuevo, joven	*neoclásico, neologismo*
neur(o)-	nervio	*neurastenia, neurología, neurocirugía*
noso-	enfermedad	*nosogenia, nosografía, nosofobia*
odont(o)-	diente	*odontalgia, odontólogo*
oftalm(o)-	ojo	*oftalmología, oftalmoscopio*
olig(o)-	poco, poco numeroso	*oligarquía, oligofrenia, oligopolio*
oniro-	ensueño, visión	*oniromancia*
onoma(t)-	nombre	*onomancia, onomatopeya*
onto-	lo que es, lo que existe, ser	*óntogenia, ontología*

Apéndices

Raíz prefija	Significado	Ejemplos
opt(o)-	relativo a la visión, a la vista	*optometría, optoelectrónica*
orto-	recto, derecho, correcto	*ortodoxo, ortogonal, ortografía*
osteo-	hueso	*osteosclerosis, osteocito, osteogénesis*
ot(o)-	oído	*otología, otorrino, otitis, otalgia*
paleo-	antiguo, viejo	*paleontología, paleozoico*
pan(t)-	todo	*panavisión, panteísmo*
pato-	enfermedad	*patogenia, patología*
ped-	niño, hijo	*pedagogía, pediatría*
penta-	cinco	*pentagrama, pentasílabo*
pir(o)-	fuego, hoguera; fiebre	*pirómano, pirotecnia; pirógeno*
polar-	polo, eje	*polarimetría, polariscopio*
poli-	mucho	*polígono, políglota, polifonía*
prot(o)-	primero (en todos los aspectos)	*protaplasma, protagonista, protozoo*
(p)seud-	falso	*seudónimo, seudópodo*
psico- psiqui-	alma	*psicoanálisis,* *psiquiatría*
quiro-	mano	*quirófano, quiromancia*
reo-	corriente, flujo	*reóstato*
sema- semasio- semio-	señal, significado	*semáforo,* *semasiología,* *semiología*
somato-	cuerpo	*somatología*
taqui-	rápido, veloz	*taquigrafía, taquimetría, taquicardia*
tauto-	lo mismo, igual	*tautología*
taxi- taxo-	colocación, arreglo, orden, disposición	*taxidermia,* *taxonomía*
tecno-	arte, técnica	*tecnología, tecnocracia*
tele-	lejos, de lejos	*teléfono, telégrafo, telepatía*
teo-	dios	*teología, teogonía*
tera- tarato-	prodigio; monstruo, malformación	*teragramo;* *teratología*
termo-	calor	*termómetro, termonuclear*
tetra-	cuatro	*tetrasílabo, tetragrama*

Raíz prefija	Significado	Ejemplos
toco-	parto	*tocólogo, tocología*
topo-	lugar	*topografía, topometría, topónimo*
xeno-	extranjero	*xenofilia, xenofobia*
zoo-	animal	*zootecnia, zoomorfo, zoología*

Raíces latinas

Raíz prefija	Significado	Ejemplos
agri- agro-	campo	*agrimensura,* *agropecuario*
dextr-	derecha	*dextrógiro*
digit(o)	dedo	*digitígrado, digitopuntura*
ego-	yo	*egocentrismo,ególatra*
equi-	igual	*equidistante, equiángulo*
manu-	mano	*manufactura, manuscrito*
matri-	madre	*matrilineal*
multi-	mucho	*multicopista, multiforme*
omni-	todo	*omnívoro, omnipresente*
pluri-	muchos, varios	*pluridimensional, pluriempleo*
pueri-	niño	*puericultura*
video-	ver	*videoteca, videoclub*

Raíces sufijas de origen griego y latino

Raíces griegas

Raíz sufija	Significado	Ejemplos
-algia	dolor	*neuralgia, cefalalgia*
-arca	poder, fundamento,	*heresiarca, polemarca,*
-arquía	autoridad	*autarquía, monarquía*

Apéndices

Raíz sufija	Significado	Ejemplos
-bolo	lanzamiento, emisión	*discóbolo*
-céfalo	cabeza	*macrocéfalo, cinocéfalo*
-cito	cavidad, cubierta (p. ext., célula)	*fagocito, leucocito*
-cracia, -crata	fuerza, poder, dominio	*democracia, plutocracia, tecnócrata*
-dáctilo	dedo	*artiodáctilo, perisodáctilo*
-doxia, -doxo	opinión, creencia	*heterodoxia, ortodoxo*
-edro	cara	*heptaedro, octaedro, poliedro*
-filia, -filo	amistad, afición, amor	*hemofilia, anglófilo, bibliófilo*
-fobia, -fobo	aversión, odio	*claustrofobia, xenófobo, hidrófobo*
-fonía, -fono	sonido, voz	*telefonía, cuadrifonía, polifonía, teléfono, micrófono*
-gamia, -gamo	matrimonio, unión; esposo, esposa	*poligamia, isogamia; monógamo, polígamo*
-geno	que engendra, produce	*oxígeno, gasógeno*
-glosa, -glota	lengua	*isoglosa, políglota*
-grafía	escritura; representación, descripción	*caligrafía, radiografía, geografía*
-grama	letra, inscripción, escrito	*pentagrama, cablegrama, telegrama*
-iatría, -iatra	medicina; médico	*geriatría; pediatra*
-latría, -latra	servicio, culto; servidumbre	*egolatría; idólatra*
-logía, -logo	palabra; ciencia, tratado	*filología; psicología, teólogo*
-mancia	adivinación	*nigromancia, quiromancia*
-manía, -mano	afición desmesurada, locura, demencia	*piromanía, cleptomanía, morfinómano*
-metría, -metro	medida	*trigonometría, anemómetro*

Raíz sufija	Significado	Ejemplos
-morfo	forma, figura	*polimorfo, antropomorfo*
-onimia	nombre	*homonimia, sinonimia,*
-ónimo		*homónimo, topónimo*
-patía	enfermedad, padecimiento;	*cardiopatía, hemopatía;*
-pata	sensación, percepción	*psicópata, telépata*
-polis(s)	ciudad	*metrópoli, necrópolis, megalópolis*
-quinesis	movimiento	*telequinesis,*
-quinesia		*telequinesia,*
-kinesis		*telekinesis*
-scopia	acto de ver, visión	*radioscopia,*
-scopio		*telescopio*
-sofía	sabiduría, ciencia	*teosofía, filosofía*
-teca	caja, estuche	*videocoteca, hemeroteca*
	(p. ext., lugar en que se guarda algo)	
-tecnia	arte, habilidad, ciencia	*electrotecnia, pirotecnia*
-terapia	tratamiento, curación	*psicoterapia, hidroterapia*
-termo	calor	*isotermo, anisotermo*
-tipia	impresión	*linotipia, calcotipia,*
-tipo		*logotipo*
-timia	ánimo, vida, fuerza	*lipotimia*
-tomía	corte, sección	*laringotomía, vasectomía, traqueotomía*
-ámbulo	andar, pasear	*sonámbulo, noctámbulo*
-cida	destruir, matar	*homicida, herbicida, insecticida*
-cola	habitante; que cultiva	*terrícola, cavernícola; vitícola, avícola*
-cultor	cultivador; cuidador	*agricultor, viticultor; puericultor*
-cultura	cultivo; cuidado	*agricultura, sericicultura; puericultura*
-ducto	conducción	*oleoducto, acueducto, viaducto*
-forme	forma, figura	*fusiforme, multiforme, filiforme*
-fugo	que aleja, que ahuyenta	*centrífugo, vermífugo*
-paro	que pare	*vivíparo, ovíparo*

2. Las citas bibliográficas

Las citas bibliográficas deben contener los siguientes elementos: autor, título (del libro, capítulo y título del libro, o artículo de revista y título de revista), lugar de edición, editorial, año de edición, volumen o número (en el caso de revistas u obras en varios volúmenes) y páginas. Todos estos datos suelen aparecer en este orden, separados por comas. Veamos como debe presentarse cada uno de ellos:

Autor

Se prefiere el orden *apellidos, nombre*. Los apellidos pueden ir en versales (mayúsculas), en versalitas (mayúsculas del mismo tamaño que las minúsculas), o bien con minúsculas, manteniendo la mayúscula inicial puesto que se trata de un nombre propio. Seguido de coma se pone el nombre, generalmente en minúsculas:

CERVANTES SAAVEDRA, Miguel de
CERVANTES SAAVEDRA, Miguel de
Cervantes Saavedra, Miguel de

Título

Se separa del autor mediante coma. Los títulos de los libros se escriben siempre con letra cursiva, que tipográficamente o en los textos manuscritos se representa mediante el subrayado simple:

Don Quijote de la Mancha.
Don Quijote de la Mancha.

También se escriben en cursiva los títulos de las revistas:

El Urogallo.

Sin embargo, los títulos de los capítulos o partes de libros, poemas y los de artículos de revista se escriben entre comillas dobles. Se cita antes del título general de la obra o revista y separado de él por una coma:

«Del nombre sustantivo y su género», *Esbozo de una nueva gramática de la lengua española*.
«Poetas del 50: una revisión», *El Urogallo*.

Lugar de edición, editorial y fecha de edición

Se separan de los datos anteriores y entre ellos por comas:

CERVANTES SAAVEDRA, Miguel de, *Don Quijote de la Mancha*, Madrid, Cátedra, 1982.

Cuando el ejemplar que se cita no pertenece a la primera edición, se da también, o en su lugar, el año de la edición correspondiente y el número de la misma seguido de la abreviatura **ed.**:

GAOS, Vicente, *La «Poética» de Campoamor*, Madrid, Gredos, 1955; 2ª ed., 1969.
LAPESA MELGAR, Rafael, *Historia de la Lengua Española*, Madrid, Gredos, 1981, 9ª ed.

En el caso de revistas, suele omitirse la editorial y la fecha suele aparecer con el mes seguido del año:

LAPESA, Rafael, «Bécquer, Rosalía y Machado», *Ínsula*, mayo 1954.

Volumen o número y páginas

En el caso de obras en varios volúmenes o de publicaciones que tienen cierta periodicidad es conveniente dar estos datos en la cita bibliográfica. Suelen utilizarse en estos casos las abreviaturas **vol.** o **v.**, para volumen, y **n.º**, para número, seguidas de la cifra correspondiente en números arábigos o romanos, según aparezca en la publicación:

Historia de España, vol. IV.
Dicenda, n.º 11.

Las páginas aparecen en la cita bibliográfica cuando se trata de un fragmento concreto de una obra o, en el caso de las revistas, de un artículo determinado. Suele utilizarse la abreviatura **pág.**, siempre con acento, o **p.** seguida del número correspondiente; su plural es **págs.** y **pp.**, respectivamente. En el caso de que se trate de una secuencia de páginas, deben darse la primera y la última de ellas separadas por un guión:

pág. 32.
pp. 32-40.

La cita bibliográfica: ejemplos

Libro   ROJAS ZORRILLA, Francisco, *Entre bobos anda el juego*, Madrid, Taurus, 1984.
Peers, E. Allison, *Historia del romanticismo español*, vol. II, Madrid, Gredos, 1973.

Artículo   Casado, Miguel, «Para un cambio en las formas de atención», *El Urogallo*, Madrid, junio 1990, n.º 49, pp. 28-37.
ALONSO CORTÉS, Narciso, «El teatro español en el siglo XIX», *Historia General de las Literaturas Hispánicas*, vol. IV, Vergara, Barcelona, 1957, pp. 261-337.

3. Fórmulas de tratamiento

Actualmente, en la mención de una persona se tiende, como norma general, a suprimir todos los tratamientos civiles, eclesiásticos o militares, salvo los que el uso ha aceptado únicamente para designar a un determinado personaje, como *Su Santidad* el papa Juan Pablo II, la *Madre* Teresa de Calcuta, el *Príncipe* de Asturias *don* Felipe de Borbón, la *duquesa* de Alba, etc.

No obstante, a continuación se expone un listado de los tratamientos de cortesía en español, con el fin de mostrar cuál es la expresión formularia correspondiente a cada uno de ellos a la hora de expedir un documento oficial:

- **Majestad.** El rey y la reina: *Su Majestad*. Al principio del escrito se pondrá *Señor* (o *Señora*), y en la antefirma, *A. L. R. P. de V. M.*: a los Reales Pies de Vuestra Majestad. En el sobre, se escribe *A su Majestad el Rey* (o *la Reina*).

- **Alteza.** Príncipes e infantes: *Su Alteza Real*. El escrito se encabeza con *Serenísimo Señor* (o *Serenísima Señora*), y en la antefirma se pondrá *A. L. P. de V. A. R.* (a los pies de Vuestra Alteza Real). En el sobre se escribe *A su Alteza Real el Príncipe* (o *la Infanta*, etc.).

- **Excelencia.** Jefes de Estado o presidentes de la nación. En el cuerpo del escrito se pondrá *Vuestra Excelencia (V. E.)*.

- **Excelentísimo Señor.** Ministros, gobernadores civiles y militares, generales, embajadores, consejeros de Estado, grandes de España y sus descendientes primogénitos, caballeros del Toisón de Oro, el presidente del Tribunal Supremo, los presidentes de sala, magistrados y fiscales del Tribunal Supremo y presidentes y fiscales de las audiencias territoriales. En la cabeza del escrito se escribe *Exmo. Sr.*, en el texto se utiliza la abreviatura *V. E. (Vuestra Excelencia)* y en el sobre se pondrá *Excelentísimo Señor*.

Algunos ayuntamientos o diputaciones provinciales también poseen el título de *Excelentísimo* o *Excelentísima*, e incluso el de *Ilustrísimo* o *Ilustrísima*.

- **Ilustrísimo Señor.** Subsecretarios, directores generales, jefes superiores de administración, presidentes de las salas de las audiencias territoriales, presidentes y fiscales de las audiencias provinciales. En la cabeza y al pie del escrito se escribe *Ilmo.* o *Ilmo. Sr.*, y en el sobre se pondrá *Ilustrísimo Señor*.
- **Usía.** Jefes de administración, confesores de la realeza, coroneles, magistrados de las audiencias territoriales y provinciales y los jueces de primera instancia.
- **Señoría.** Duques, marqueses, condes o vizcondes. Si son grandes de España, el tratamiento será *Excelentísimo*.
- **Su Santidad.** El papa. El escrito se encabeza con *Santo Padre*, que también se escribe en la antefirma, añadiendo *B. L. P. de V. B.*: Besa los pies de Vuestra Beatitud. En el sobre se pone *A su Santidad* o *Al Padre Santo*.
- **Eminencia (Reverendísima).** Cardenales.
- **Excelentísimo y Reverendísimo.** Arzobispos y obispos.
- **Padre, Madre.** Religiosos profesos.
- **Hermano/a.** Legos de órdenes religiosas.
- **Sor.** Monjas.
- **Don y Señor.** En español, **don**, escrito con minúscula salvo al comienzo de frase, siempre va delante del nombre de la persona: *don Fernando García*. En cambio, **señor**, también escrito con minúscula salvo al comienzo de frase, sólo se usa delante del apellido: *el señor García*. El uso de **señor** ante el nombre se debe a la influencia del inglés: *el señor Fernando García*; en estos casos es preferible añadir **don**: *el señor don Fernando García*.

4. Topónimos y gentilicios

A

Abidjan (también *Abiyán*. Costa de Marfil) abiyanés, abiyí.

Abisinia (África) abisinio.

Abiyán Ver **Abidjan**.

Acapulco (México) acapulqueño.

Aconcagua (Chile) aconcagüino.

Adén (Yemen) adení, adenita.

Adra (Almería) abderitano, abderí.

Afganistán afgano.

Africa africano.

Aix-en-Provence (Francia) acuense, aixés, aquisextino, sextense, aixense.

Alacant Ver **Alicante**.

al-Ándalus (España musulmana) andalusí.

Alaska (EE UU) alasqueño, alasquiano, alasquense, alascense.

Álava (vascuence *Araba*. P. Vasco) alavés, alavense, barbazorro.

Alba de Tormes (Ávila) albense.

Albacete (Castilla-La Mancha) albacetense, albaceteño.

Albania (Europa) albanés, albano.

Alcalá de Chisvert (Castellón) chisvertense.

Alcalá de Guadaira o **de los Panaderos** (Sevilla) alcalareño.

Alcalá de Henares (Madrid) alcalaíno, alcaladino, complutense.

Alcalá de los Gazules (Cádiz) alcalaíno, alcaladino.

Alcalá la Real (Jaén) alcalaíno.

Alcázar de San Juan (Ciudad Real) alcaceño.

Alcoy (valenciano *Alcoi*. Alicante) alcoyano.

Alejandría (Egipto) alejandrino.

Alemania (Europa) alemán, germano, tudesco, teutón.

Algarve (Portugal) algarabío.

Algeciras (Cádiz) algecireño.

Alhama (Almería) alhamero, aljameño.

Alhama (Granada) alhameño.

Alicante (valenciano *Alacant*. C. Valenciana) alicantino, lucentino.

Almadén (Ciudad Real) almadenense.

Almagro (Ciudad Real) almagreño.

Almansa (Albacete) almanseño.

Almería (Andalucía) almeriense.

Almuñécar (Granada) almuñequero.

Alsacia (Francia) alsaciano.

Alto Volta (actual *Burkina Faso*. África) voltense.

Amazonas (Colombia) amazónico.

Amazonas (Perú) amazonense.

Amberes (Bélgica) amberino, amberiense, antuerpiense.

América americano.

Amman (Jordania) ammonita, ammaní.

Amsterdam (P. Bajos) amsterdamés, amstelodamense, amstelodamés.

Andalucía (España) andaluz.

Andes (América) andino.

Andorra (Europa) andorrano.

Angeles, Los (EE UU) angelino, angelopolitano, angeleno.

Angola (África) angoleño.

Angora o **Ankara** (Turquía) angorense, angorino, ancirense.

Anjou (Francia) angevino, andegavense, andegavo.

Antigua (Antillas) antiguano.

Antillas (América) antillano.

Antioquia (Colombia) antioqueño.

Antioquía (Turquía) antioqueno, antioquense.

Aquisgrán (Alemania) aaquelenés, aachiano, aquisgranense, aachenense.

Araba Ver **Álava**.

Arabia saudí (Or. Medio) árabe, saudí.

Aragón (España) aragonés, baturro (familiar).

Aranda de Duero (Burgos) arandino.

Aranjuez (Madrid) ribereño.

Arcos de la Frontera (Cádiz) arcobricense, arqueño.

Arezzo (Italia) aretino.

Arganda (Madrid) argandeño, aleano.

Argel (Argelia) argelino, icositano.

Argelia (África) argelino, algeriense.

Argentina (América) argentino.

Armenia (Asia) armenio.

Asia asiático.

Asiria (Asia Menor) asirio.

Astorga (León) astorgano, asturicense.

Asturias (España) asturiano, astur.

Asunción (Paraguay) asunceno.

Asunción (Venezuela) asuncionense.

Atenas (Grecia) ateniense, ático.

Australia (Oceanía) australiano.

Austria (Europa) austriaco.

Ávila (Castilla-León) abulense, avilés.

Avilés (Asturias) avilense, avilesino.

Aviñón (Francia) aviñonés, aviñonense.

Ayamonte (Huelva) ayamonteño, ayamontino.

Azerbaiyán (Asia) azerbaiyano.

B

Babilonia (Asia Menor) babilonio.

Badajoz (Extremadura) pacense, badajocense, beturiense.

Badalona (Barcelona) badalonés.

Baena (Córdoba) baenero, baenense.

Baeza (Jaén) baezano.

Bagdad (Irak) bagdadí.

Bahamas (América) bahamense, bahameño, bahamés.

Bahrein (Or. Medio) bahriní.

Bailén (Jaén) bailense, bailenense.

Baleares (España) balear.

Bangladesh (Asia) bangladesí, bangladeshí; bengalí.

Bañolas (catalán *Banyoles*. Girona) bañolense, bañolino.

Baracaldo (vascuence *Barakaldo*. Vizcaya) baracaldés.

Barbados (Antillas) barbadiano, barbadiense.

Barbastro (Huesca) barbastrense, barbastrino, bergidunense.

Barbuda (Antillas) barbadiense.

Barcelona (Cataluña) barcelonés.

barco en alta mar naonato.

Basauri (Vizcaya) basauritarra, basauriano, basauriense.

Basilea (Suiza) basilense, basileense, balés.

Basora (Irak) basoriano, basrí.

Baviera (Alemania) bávaro.

Bayona (Francia) bayonés, bayonense.

Beijing Ver **Pekín**.

Beirut (Líbano) beirutí, beritense.

Béjar (Salamanca) bejarano, bejerano.

Belén (Israel) betlemita.

Bélgica (Europa) belga.
Belgrado (Serbia) belogradense, belgradense, singidunense.
Belice (América) beliceño.
Bengala (India y Bangladesh) bengalí.
Benidorm (Alicante) benidormense, benidormí.
Benin (antes *Dahomey*. África) beninés, biní, dahomeyano.
Berbería (África) beréber, bereber, berebere, berberisco, berberí.
Berlín (Alemania) berlinés.
Bermeo (Vizcaya) bermeano.
Berna (Suiza) bernés.
Betanzos (Coruña) brigantino.
Biarritz (Francia) biarrota.
Bielorrusia (Europa) bielorruso.
Bierzo, El (León) berciano, bergitano, bergidense.
Bilbao (vascuence *Bilbo*. P. Vasco) bilbaíno.
Birmania (actual *Myanmar*. Asia) birmano.
Birmingham (R. Unido) birminghamiense.
Bizkaia Ver **Vizcaya**.
Bogotá (Colombia) bogotano.
Bohemia (Rep. Checa) bohemio, bohemiano, bohemo.

Bolívar (Colombia y Ecuador) bolivarense.
Bolívar (Venezuela) bolivarense, bolivariano, bolivariense.
Bolivia (América) boliviano.
Bolonia (Italia) boloñés, boloñense.
Bonn (Alemania) bonense, boninense.
Borgoña (Francia) borgoñón.
Bosnia-Herzegovina (Europa) bosnio, bosniano.
Boston (EE UU) bostoniano.
Botsuana (África) botsuano, botsuaniano, botsuanés.
Brabante (P. Bajos) brabanzón, brabantés, brabanteño, brabandés, brabantino.
Braga (Portugal) bracarense.
Brasil (América) brasileño, brasileiro, carioca.
Brasilia (Brasil) brasiliapolita, brasilense.
Bratislava (Eslovaquia) bratislaviense.
Bremen (Alemania) bremense.
Bretaña (Francia) bretón.
Brunei (Asia) bruneyense, bruneyano.
Bruselas (Bélgica) bruselense.

Bucarest (Rumania) bucarestino, bucarestiense.

Budapest (Hungría) aquincense.

Buenos Aires (Argentina) bonaerense, porteño, bonariense.

Bulgaria (Europa) búlgaro.

Burdeos (Francia) bordelés, bordolés, burdigalense.

Burgo de Osma (Soria) burgués, burguense, uxamense, oxomense.

Burgos (Castilla y León) burgalés.

Burkina Faso Ver **Alto Volta**.

Burundi (África) burundés, burundiano.

Bután (Asia) butanés.

C

Cabo Verde (África) caboverdiano.

Cabra (Córdoba) cabreño, egabrense.

Cabra (Tarragona) cabrense.

Cabrera (Baleares) caprariense.

Cáceres (Extremadura) cacereño.

Cádiz (Andalucía) gaditano.

Cairo, El (Egipto) cairota, cairino.

Calabria (Italia) calabrés.

Calahorra (La Rioja) calahorrano, calagurritano, calahorreño.

Calatayud (Zaragoza) bilbilitano.

Calcuta (India) calcutense.

Caledonia (Gran Bretaña) caledonio.

Cali (Colombia) caleño, caliqueño, caliense.

California (EE UU) californiano.

Callao, El (Perú) chalaco.

Camboya (antes *Kampuchea*. Asia) camboyano, camboyés, camboyense.

Cambridge (R. Unido) cantabrigense.

Camerún (África) camerunés.

Canadá (América) canadiense.

Canarias (España) canario, canariense.

Canberra (Australia) canberrano.

Cantabria (España) cántabro.

Canterbury (R. Unido) cantauriense.

Capri (Italia) capriota, caprense.

Caracas (Venezuela) caraqueño.

Cariñena (Zaragoza) cariñense, cariñenense, carense.

Carolina, La (Jaén) carolinense, caroliense.

Carolina del Norte (EE UU) norcarolino, norcaroliniano.

Carolina del Sur (EE UU) surcarolino, surcaroliniano.

Carolinas (Oceanía) carolino, carolinense.

Cartagena (Murcia) cartagenero.

Casablanca (Marruecos) baidaní, daralbaidí.

Caspe (Zaragoza) caspolino.

Castellón de Ampurias (catalán *Castelló d'Empuries*. Girona) castellonense.

Castellón de la Plana (valenciano *Castelló de la Plana*. C. Valenciana) castellonense.

Castilla (España) castellano.

Castilla-La Mancha (España) castellano-manchego.

Castilla y León (España) castellano-leonés.

Cataluña (catalán *Catalunya*. España) catalán.

Ceilán (actual *Sri Lanka*. Asia) cingalés, ceilandés, sinalés.

Cerdeña (Italia) sardo.

Ceuta (España) ceutí, septense.

Chad (África) chadiano, chadí.

Champaña (Francia) champañés, champenés, campanense.

Checa, República (Europa) checo.

Checoslovaquia o **Checoeslovaquia** (hoy dividida en *Rep. Checa* y *Eslovaquia*. Europa) checoslovaco, checoeslovaco, checo.

Chiapas (México) chiapaneco.

Chicago (EE UU) chicagüense, chicagüino, chicagiense.

Chiclana (Jaén) chiclanero.

Chiclana de la Frontera (Cádiz) chichanero.

Chihuahua (México) chihuahuense.

Chile (América) chileno.

China (Asia) chino.

Chinchón (Madrid) chinchonense.

Chipiona (Cádiz) chipionero.

Chipre (Asia) chipriota, cipriota, ciprio.

Ciudad Real (Castilla-La Mancha) ciudadrealeño, ciudadrealengo, cluniense.

Ciudad Rodrigo (Salamanca) mirobrigense, rodericense, civitatense, transcudano.

Ciudadela (mallorquín *Ciutadella*. Menorca) ciudadelano.

Cochabamba (Bolivia) cochabambino.

Coimbra (Portugal) coinbri-
cense, coimbrano, conim-
bricense, colimbricense.
Coín (Málaga) coinense,
coineño.
Colmenar (Málaga) colme-
narense, colmenareño.
Colmenar de Oreja (Ma-
drid) colmenarete.
Colmenar Viejo (Madrid)
colmenareño.
Colombia (América) colom-
biano.
Colón (Ecuador) galapaguino.
Colón (Honduras) coloneño.
Colón (Panamá) colonense.
Colonia (Alemania) colonés.
Colonia (Uruguay) colo-
niense, carmelitano.
Colorado (EE UU) colora-
dino, coloradeño.
Concepción (Chile) pen-
quista.
Concepción (Paraguay) con-
cepcionero.
Congo (África) congoleño,
congolés.
Copenhague (Dinamarca)
hafnino, hafmio, codano,
kobmendense.
Córcega (Francia) corso.
Córdoba (Andalucía) cordo-
bés, cordubense, patri-
ciense.
Córdoba (Argentina) cordo-
bés, cordubense.

Corea del Norte (Asia) nor-
coreano, coreano.
Corea del Sur (Asia) surco-
reano, coreano.
Corinto (Grecia) corintio.
Coruña, La (gallego *A Co-
ruña*. Galicia) coruñés, brigantino.
Costa de Marfil (África) ivo-
riano, ivorense, eburnense,
marfileño.
Costa Rica (América) cos-
tarricense, costarriqueño.
Cracovia (Polonia) craco-
viano.
Creta (Grecia) cretense, crético.
Crimea (Ucrania) crimeano.
Croacia (Europa) croata.
Cuba (América) cubano.
Cuenca (Castilla-La Mancha) conquense, cuencano.
Cuernavaca (México) cuerna-
vaquense, cuernavaqueño.
Curazao o **Curaçao** (Antillas holandesas) curazole-
ño, curasoleño, curassa-
viense, curazaense.
Cuzco o **Cusco** (Perú) cuz-
queño o cusqueño.

D

Dahomey Ver **Benin**.
Dakar (Senegal) dakarés, da-
karense.

Dalmacia (Europa) dálmata, dalmacio.

Damasco (Siria) damasceno, damaceno, damasquino, damascense.

Dantzig Ver **Gdansk**.

Darién (Panamá) darienita.

Delhi (India) delhí.

Denia (Alicante) deniense, dianense.

Deusto (Vizcaya) deustano, deustuano.

Dinamarca (Europa) danés, dinamarqués.

Dominicana, República (América) dominicano.

Don Benito (Badajoz) dombenitense.

Donostia Ver **San Sebastián**.

Dos Hermanas (Sevilla) doshermanense, nazareno.

Dublín (Irlanda) dublinés, dublinense, ebiano.

Dubrovnik (antes *Ragusa*. Croacia) ragusano.

Durango (México) duranguense.

Durango (Vizcaya) durangués.

Düsseldorf (Alemania) dusseldorfés.

E

Écija (Sevilla) ecijano, astigitano.

Ecuador (América) ecuatoriano.

Edimburgo (R. Unido) edimburgués, edemburgense, dunediense.

Egipto (África) egipcio, egipciaco, egiptano, egipciano.

Éibar (vascuence *Eibar*. Guipúzcoa) eibarrés.

Eire Ver **Irlanda**.

Eivissa Ver **Ibiza**.

Elche (valenciano *Elx*. Alicante) ilicitano, elchense, ilicense.

Elx Ver **Elche**.

Errenteria Ver **Rentería**.

Escandinavia (Europa) escandinavo.

Escocia (R. Unido) escocés.

Eslovaquia (Europa) eslovaco.

Eslovenia (Europa) esloveno.

Esmirna (hoy *Izmir*. Turquía) esmirneo, esmirnota, esmirniota.

España (Europa) español, hispano.

Esplugas de Llobregat (catalán *Esplugues de Llobregat*. Barcelona) espluguense.

Estados Unidos de América (América) estadounidense, norteamericano.

Estella (vascuence *Lizarra*. Navarra) estellés, estellense, gebalés.

Estepona (Málaga) esteponero.

Estocolmo (Suecia) holmiense, estocolmés, estocolmense.

Estonia (Europa) estonio.

Estrasburgo (Francia) estrasburgués, estrateburgense, argentoratense, argentinense.

Etiopía (África) etíope, etiópico.

Europa europeo.

Euskadi Ver **Vasco, País**.

Extremadura (España) extremeño.

F

Fenicia (África) fenicio, púnico.

Ferrara (Italia) ferrarés.

Ferrol, El (Coruña) ferrolano.

Fez (Marruecos) fecí, fasi.

Fidgi (Polinesia) fijiano, fiyiano.

Figueras (catalán *Figueres*. Girona) figuerense.

Fiji Ver **Fidji**.

Filipinas (Asia) filipino, filipense, filipinense.

Finlandia (Europa) finlandés, finés, finio.

Fiyi Ver **Fidji**.

Flandes (Bélgica) flamenco.

Florencia (Italia) florentino, fluentino.

Florida (Uruguay) floridense.

Florida (EE UU) floridano, floridiano, floridense.

Formentera (Baleares) formenterano, formenterense, ofiusino.

Formosa (Argentina) formoseño.

Formosa (nombre portugués de Taiwan) formosano, formosino; taiwanés.

Fuenterrabía (vascuence *Hondarribia*. Guipúzcoa) ondabitarra.

Fuerteventura (Canarias) majorero.

Francfort (Alemania) francfortés, francofurdense.

Francia (Europa) francés, galo.

G

Gabón (África) gabonés, gabonense.

Gales (R. Unido) galés.

Galicia (España) gallego.

Gambia (África) gambiano, gambiense.

Gandía (Valencia) gandiense.

Gante (Bélgica) gantés.

Gasteiz Ver **Vitoria**.

Gaza (Palestina) gazense, gazeo, gazita, gazano.

Gdansk (alemán *Dantzig*. Polonia) gedanense, gdanskés, gedanio; dantzigués.

Génova (Italia) genovés.

Georgia (Asia) georgiano.

Georgia (EE UU) georgiano.

Gerona (catalán *Girona*. Cataluña) gerundense.

Ghana (África) ghanés, ghaneano, ghaniense, ghanata.

Gibraltar (R. Unido) gibraltareño, jibraltareño, calpense.

Gijón (Asturias) gijonense.

Ginebra (Suiza) ginebrino, ginebrés, genevense, genavense.

Gipuzkoa Ver **Guipúzcoa**.

Girona Ver **Gerona**.

Glasgow (R. Unido) glasgowiense, glaswegiano, glasgüense.

Gomera, La (Canarias) gomero.

Gran Bretaña Ver **Reino Unido**.

Gran Canaria (Canarias) grancanario, canarión (local).

Granada (Andalucía) granadino, iliberitano.

Granja, La (Segovia) granjeño.

Granollers (Barcelona) granollerense.

Grecia (Europa) griego, heleno.

Groenlandia (Dinamarca) groenlandés, groelandés.

Guadalajara (Castilla-La Mancha) guadalajareño, caracense, carriacense, arriacense, alcarreño.

Guadalajara (México) tapatío, guadalajarense.

Guadalupe (Extremadura) guadalupeño, guadalupense.

Guadix (Granada) accitano, guadijeño.

Guantánamo (Cuba) guantanameño.

Guatemala (América) guatemalteco, guatemalense.

Guayana (América) guayanés, guyanés.

Guayana Holandesa Ver **Surinam**.

Guayaquil (Ecuador) guayaquileño.

Guinea (África) guineano, guineo, guienés.

Guinea Ecuatorial (África) ecuatoguineano.

Guipúzcoa (vascuence *Gipuzkoa*. P. Vasco) guipuzcoano.

Guisando (Ávila) guisandero.

Guyana (América) guyanés.

H

Habana, La (Cuba) habanero.
Haití (América) haitiano.
Hamburgo (Alemania) hamburgués.
Hannover (Alemania) hannoveriano.
Haro (La Rioja) harense, jarreño, haranés.
Haya, La (P. Bajos) hagacomitense, hayense, hagués.
Hellín (Albacete) ilunense, hellinense.
Helsinki (Finlandia) helsinguino.
Hierro, El (Canarias) herreño.
Hispania (nombre romano de la península Ibérica) hispano, hispánico, hispanorromano.
Holanda (Europa) Ver **Países Bajos**.
Hondarribia Ver **Fuenterrabía**.
Honduras (América) hondureño.
Hong-Kong (China) honkonguense.
Hospitalet de Llobregat (Barcelona) hospitalense.
Houston (EE UU) houstoniano.
Huelva (Andalucía) onubense, huelveño, olvisino.

Huesca (Aragón) oscense.
Hungría (Europa) húngaro, magiar.

I

Ibiza (mallorquín *Eivissa*. Baleares) ibicenco.
Icod de los Vinos (Tenerife) icodero.
Igualada (Barcelona) igualadino.
Inca (Mallorca) inquero.
India (Asia) indio, hindú.
Indonesia (Asia) indonesio.
Indostán (Asia) indostanés, indostaní, indostano, indostánico.
Inglaterra (R. Unido) inglés.
Iquitos (Perú) iquiteño.
Irak (Or. Medio) iraquí, iraqués.
Irán (Or. Medio) iraní, iranio, persa.
Irlanda (antes *Eire*. Europa) irlandés.
Irún (Guipúzcoa) irunés.
Iruña Ver **Pamplona**.
Islandia (Europa) islandés.
Israel (Or. Medio) israelí.
Italia (Europa) italiano, ítalo.
Izmir Ver **Esmirna**.

J

Jaca (Huesca) jacetano, jaqués, jaquetano, iacetano, iacense.

Jaén (Andalucía) jienense, jaenés, giennense, aurgitano.

Jalisco (México) jalisciense.

Jamaica (América) jamaicano, jamaiquense, jamaiquino, jamaicense.

Japón (Asia) japonés, japón, nipón, japonense.

Jartum (Sudán) jartumita.

Játiva (valenciano *Xàtiva*. Valencia) jativés, setabense, setabitano, setabino, setabiense.

Jatmandú (también *Katmandú*. Nepal) jatamansino, jatamansio.

Java (Indonesia) javanés.

Jávea (valenciano *Xàbia*. Alicante) javiniense, javiero.

Jerez de la Frontera (Cádiz) jerezano.

Jerez de los Caballeros (Badajoz) jerezano.

Jerusalén (Israel) jerosolimitano, hierosolimitano, solimitano, hierosolimita, yerusalmí.

Jijona (valenciano *Xixona*. Alicante) jijonenco, jijonense.

Jordania (Or. Medio) jordano.

K

Kabul (Afganistán) kabulí.

Kampuchea Ver **Camboya**.

Katmandú Ver **Jatmandú**.

Kazajstán (Asia) kazako.

Kenia (África) keniano, keniata.

Kiev (Ucrania) kieveño, kieviano, kievano.

Kinshasa (Rep. Democrática del Congo) kinés.

Kurdistán (Asia) kurdo.

Kuwait (Or. Medio) kuwaití.

L

Lacio (Italia) latino.

Laguna, La (Tenerife) lagunero, lagunés.

Lanzarote (Canarias) lanzaroteño, conejero (local).

Laos (Asia) laosiano.

Laponia (Escandinavia) lapón.

Lausana (Suiza) lausanense, lausanés, lousonense, losanense.

Lebrija (Sevilla) lebrijano, nebrijano, nebricense.

Leipzig (Alemania) lipsiense.

León (Castilla y León) leonés, legionense.

Lepe (Huelva) lepero.

Lérida (catalán *Lleida*. Cataluña) leridano, ilerdense, leridense.

Letonia (Europa) letón, letonio.

Líbano (Or. Medio) libanés.

Liberia (África) liberiano.

Libia (África) libio.

Liechtenstein (Europa) liechtensteniano, liechteinés, liechtensteinense.

Lieja (Bélgica) liejense, liejés, liegense.

Liguria (Italia) ligur, ligurio, ligurino.

Lille (Francia) lilés, lilense, lillense.

Lima (Perú) limeño.

Limoges (Francia) lemosín, lemonicense, lemosino, limusino.

Línea de la Concepción, La (Cádiz) liniense, linense.

Lisboa (Portugal) lisboeta, lisbonés, lisbonense, lisboés, lisbonino, olisiponense.

Lituania (Europa) lituano.

Liverpool (R. Unido) liverpudiano.

Lizarra Ver **Estella**.

Lleida Ver **Lérida**.

Logroño (La Rioja) logroñés, lucroniense.

Lombardía (Italia) lombardo.

Londres (R. Unido) londinense.

Lorca (Murcia) lorquino.

Lovaina (Bélgica) lovaniense.

Lugo (Galicia) lucense, lugués.

Lusaka (Zambia) lusakita, lusacense.

Luxemburgo (Europa) luxemburgués.

Lyón (Francia) lionés, lugdonense.

M

Maastricht (P. Bajos) moseno, maastrichtense.

Macao (China) macaense, macaísta.

Macedonia (Europa) macedonio, macedón.

Madagascar (África) malgache, madecasiano.

Madeira (Portugal) maderés, maderiano, maderiense.

Madrid (España) madrileño, matritense, madrideño, mageritense.

Magallanes (Chile) magallánico.

Magreb, El (también *El Mogreb*. África) magrebí, mogrebí, mogrebino.

Maguncia (Alemania) maguntino, magunciense.

Mahón (mallorquín *Maó*. Menorca) mahonés, mahonense, magonense.

Málaga (Andalucía) malagueño, malacitano, malagués.

Malaisia (Asia) malaisio.

Malasia (Malaisia) malayo, malasio.

Malawi (África) malawi, malaviano, malaví.

Maldivas (Asia) maldivo.

Malí (África) malí, maliense.

Mallorca (Baleares) mallorquín.

Malta (Europa) maltés, maltense, melitano, melitense.

Malvinas (R. Unido) malvinense.

Managua (Nicaragua) managüense, mangüero, mangüense.

Manchuria (China) manchú, manchuriano.

Manila (Filipinas) manileño, maniense, manilano.

Manresa (Barcelona) manresano.

Mantua (Italia) mantuano.

Maó Ver **Mahón**.

Maracaibo (Venezuela) maracaibero, maracucho (despectivo).

Marbella (Málaga) marbellí, marbellense.

Marraquech (Marruecos) marracusí, marrakusí.

Marruecos (África) marroquí, marrueco.

Marsella (Francia) marsellés, marsillense.

Martinica (Antillas) martiniqués, martiniqueño.

Mataró (Barcelona) mataronés, ilurense, mataronense.

Mauricio (África) mauriciano.

Mauritania (África) mauritano.

Meca, La (Arabia Saudí) mequí, mecano.

Medellín (Colombia) medellinense, metelinense, metilinense.

Medina (Arabia Saudí) medinense, mediní, madiní.

Melilla (España) melillense.

Menorca (Baleares) menorquín.

Mérida (Badajoz) emeritense, merideño.

Mequínez (Marruecos) mequinés, miknasí.

México (América) mexicano, mejicano.

Micronesia (Oceanía) micronesio.

Milán (Italia) milanés.

Módena (Italia) modenés.

Mogolia Ver **Mongolia**.

Mogreb, El Ver **Magreb, El**.

Moldavia (Rumanía) moldavo.

Molucas (Indonesia) moluqueño.

Mónaco (Europa) monegasco, moneciense.

Mongolia mongol, mogol.

Monrovia (Liberia) monroviano.

Montenegro (Yugoslavia) montenegrino.

Monterrey (México) regiomontano.

Montevideo (Uruguay) montevideano.

Moravia (Rep. Checa) moravo.

Moscú (Rusia) moscovita.

Mozambique (África) mozambiqueño, mozambicano.

Munich (Alemania) muniqués, muniquense.

Murcia (España) murciano.

Myanmar Ver **Birmania**.

N

Nairobi (Kenia) nairobeño.

Namibia (África) namibio, namibiano.

Nanjing o **Nankín** (China) nanquinés.

Nantes (Francia) nantés, condivicnense, nannetense.

Nápoles (Italia) napolitano, neapolitano, partenopeo.

Narbona (Francia) narbonés.

Nassau (Bahamas) nasauense.

Nauru (Micronesia) nauruano.

Navalmoral de la Mata (Cáceres) moralo.

Navarra (España) navarro.

Navas del Marqués, Las (Ávila) navero.

Nazaret (Israel) nazareno.

N'Djamena Ver **Yamena**.

Nepal (Asia) nepalí, nepalés, nepalense.

Nerja (Málaga) nerjeño.

Nicaragua (América) nicaragüense.

Nicea (Asia Menor) niceo, niceno.

Nicomedia (Asia Menor) nicomediense.

Niebla (Huelva) iliplense, ilipense.

Níger (África) nigerio, nigeriense, nigerino.

Nigeria (África) nigeriano.

Nilo, valle del (Egipto) nilótico.

Nimega (P. Bajos) noviomagense, nimegés, nimegense.

Nîmes (Francia) nimés, nimesino.

Nínive (Asiria) niniveo, ninivita.

Niza (Francia) nicense, nicés, nizardo.

Normandía (Francia) normando.

Noruega (Europa) noruego.
Nubia (África) nubio.
Nueva Caledonia (Australia) neocaledonio, neocaledoniense, neocaledoniano.
Nueva Delhi Ver **Delhi**.
Nueva Escocia (Canadá) acadiano, acadiense.
Nueva Gales del Sur (Australia) neosurgalés.
Nueva Granada (antiguo nombre de *Colombia*) neogranadino.
Nueva Guinea (Oceanía) neoguineano, neoguineo.
Nueva Orleans (EE UU) neorleanés, orleaniano.
Nueva York (EE UU) neoyorquino.
Nueva Zelanda (Oceanía) neozelandés, neocelandés.
Numancia (Hispania) numantino.
Nuremberg (Alemania) nuremburgués.

Ñ

Ñeembucú (Paraguay) ñeembucuense.
Ñuble (Chile) ñublense.

O

Oaxaca (México) oaxaqueño, oaxacano, zapoteca.
Oca (Burgos) aucense.
Ocaña (Toledo) ocañense, olcadense, ocañero.
Oceanía oceánico, oceaniense.
Odessa (Ucrania) odesio, odesano.
O'Higgins (Chile) o'higgiano.
Ojén (Málaga) ojenete.
Olite (Navarra) olitero.
Olot (Girona) olotense, olotino.
Omán (Or. Medio) omaní.
Onteniente (valenciano *Ontinyent*. Valencia) onteniense.
Oporto (Portugal) portuense, portucalense, portugalense.
Orán (Argelia) oranés.
Orense (gallego *Ourense*. Galicia) orensano, auriense.
Orihuela (Alicante) orcelitano, oriolano, oriolense.
Osaka (Japón) osakano.
Oslo (Noruega) osloense.
Ostia (Italia) ostiense, portuense, ostiano.
Osuna (Sevilla) osunés, ursaonense.
Ottawa (Canadá) ottanés, bitowniense.

Ourense Ver **Orense**.
Oviedo (Asturias) ovetense.
Oxford (R. Unido) oxonia-
no, oxoniense, oxfordien-
se, oxfordiano, oxfordense,
oxenfordense.

P

Padua (Italia) paduano, pa-
tavino.
Países Bajos (Europa) neer-
landés, holandés.
Pakistán (también *Paquistán*.
Asia) paquistaní, pakistaní.
Palawan (Filipinas) pala-
wense, palaweño.
Palencia (Castilla y León)
palentino.
Palermo (Italia) palermita-
no, panormitano.
Palestina (Or. Medio) pales-
tino.
Palma (Mallorca) palmesano.
Palma, La (Canarias) pal-
mero.
Palma, La (Panamá) palmeño.
Palmar de Troya, El (Se-
villa) palmariano.
Palmas, Las (G. Canaria)
palmense.
Palos de la Frontera (Huel-
va) palense.
Pamplona (vascuence *Iruña*.
Navarra) pamplonés, pam-

plonica, pampilonense,
pompelonense.
Panamá (América central)
panameño.
Papúa Nueva Guinea (Ocea-
nía) papú, papúa, papuano.
Paquistán Ver **Pakistán**.
Paraguay (América) para-
guayo, paraguayano.
Paraná (Argentina) para-
naense.
Pardo, El (Madrid) pardeño.
París (Francia) parisino, pa-
risiense, parisién.
Parma (Italia) parmesano.
Paros (Grecia) pario.
Pas, Valle del (Santander)
pasiego.
Pasajes (vascuence *Pasaia*.
Guipúzcoa) pasaitarra.
Patagonia (Argentina y Chi-
le) patagón.
Pathan (India) patán.
Patmos (Grecia) patmiota.
Pavia (Italia) paviano.
Paz, La (Bolivia) paceño.
Pekín (en pinjin *Beijing*. Chi-
na) pequinés.
Peloponeso (Grecia) pelo-
ponense.
Pensilvania (EE UU) pen-
silvano.
Peñíscola (Castellón) peñis-
colano.
Persia (Asia) persa, persiano.
Perú (América) peruano.

Perusia (Italia) perusino.

Petra (Jordania y Baleares) petrense.

Piacenza (español *Plasencia*. Italia) placentino, plasenciano, placentín.

Piamonte (Italia) piamontés.

Picardía (Francia) picardo.

Pinar del Río (Cuba) pinareño.

Pinto (Madrid) pintense, pinteño.

Pisa (Italia) pisano.

Pisa (Peloponeso) piseo.

Plasencia Ver **Piacenza**.

Plasencia (Cáceres) placentino, plasenciano, deobricense.

Pollensa (mallorquín *Pollença*. Mallorca) pollensino, pollentino.

Polonia (Europa) polaco, polonés.

Pomerania (Europa) pomerano.

Pompeya (antigua ciudad romana) pompeyano.

Ponferrada (León) ponferradino.

Pontevedra (Galicia) pontevedrés.

Popayán (Colombia) payanense, payanés.

Portugal (Europa) portugués, lusitano, luso.

Posadas (Argentina) posadeño, posadense.

Potes (Cantabria) lebaniego.

Potosí (Bolivia) potosino.

Praga (Rep. Checa) praguense, pragués.

Pretoria (Sudáfrica) pretoriense.

Provenza (Francia) provenzal.

Prusia (Alemania) prusiano.

Puente Genil (Córdoba) pontanense, puenteño.

Puerto de la Cruz (Tenerife) portero.

Puerto de Santa María, El (Cádiz) porteño, portuense.

Puerto Príncipe (Haití) pricipeño.

Puerto Rico (Antillas) puertorriqueño, portorriqueño.

Puertollano (Ciudad Real) puertollanero.

Punta Arenas (Chile) puntarenense.

Punyab (India) punyabí, panyabí.

Putumayo (Colombia) putumayo, putumaense, putumayense.

Q

Qatar (Or. Medio) qatarí.

Quebec (Canadá) quebequés.

Querétaro (México) quere-
tano.
Quezaltenango (Guatema-
la) quezalteco.
Quintana Roo (México)
quintanarroense.
Quintanar de la Orden (To-
ledo) quintanareño.
Quintanar de la Sierra
(Burgos) serrano, serrano-
pinariego, pinariego.
Quito (Ecuador) quiteño.

R

Rabat (Marruecos) rabatí, re-
batí, ribatita.
Ragusa Ver **Dubrovnik**.
Ragusa (Italia) hibleo, arra-
gocés, hiblense.
Rancagua (Chile) rancagüino.
Ravena (Italia) ravenés.
Reikiavik Ver **Reykiavik**.
Reims (Francia) remense.
**Reino Unido de la Gran
Bretaña** (Europa) británi-
co, inglés (impropiamente).
Reinosa (Santander) reino-
sano, juliobrigense.
Renania (Alemania) renano.
Rentería (vascuence *Erren-
teria*. Guipúzcoa) rente-
riano.
Requena (Valencia) reque-
nense.

Reus (Tarragona) reusense.
Reykiavik (también *Reikiavik*.
Islandia) reykiaviquense.
Ribadesella (Asturias) riose-
llano.
Rif (Marruecos) rifeño.
Río de Janeiro (Brasil) ca-
rioca, fluminense.
Río de la Plata (América)
rioplatense.
Rioja, La (España y Argen-
tina) riojano.
Ripoll (Girona) ripollés, ri-
pollense.
Rochela, La (Francia) ro-
chelés.
Rodas (Grecia) rodio.
Rodesia Ver **Zimbabue**.
Roma (Italia) romano.
Ronda (Málaga) rondeño,
arundense.
Rosas (Gerona) rosense, ro-
dense.
Rosellón (Francia) rosellonés.
Rota (Cádiz) roteño.
Ruán (Francia) ruanés, roa-
nés.
Ruanda (África) ruandés.
Rumania (Europa) rumano.
Rusia (Europa) ruso.

S

Sabadell (Barcelona) saba-
dellense, sabadellés.

Saboya (Francia) saboyano.

Sagunto (valenciano *Sagunt*. Valencia) saguntino, murviedrés.

Sáhara o **Sahara** (África) sahariano, saharaui, saharense.

Saint-Malô (Francia) maluino, macloviano.

Saint-Tropez (Francia) tropeciense, heraclense, atenopolita.

Sajonia (Alemania) sajón.

Salamanca (Castilla y León) salmantino, charro, salamanqués, salamantino, salmanticense, salmanquino, helmántico, helmanticense.

Salerno (Italia) salernitano.

Salomón (Oceanía) salomonés.

Salta (Argentina) salteño.

Salvador, El (América) salvadoreño.

Salzburgo (Austria) salzburgués, salburguense, salisburguiense, juvaviense.

Samoa (Polinesia) samoano, samoense.

Samos (Grecia) samio.

Samotracia (Grecia) samotracio.

San Antonio (EE UU) sanantoniano.

San Carlos de la Rápita (Tarragona) rapitense, rapiteño.

San Cristóbal de las Casas (México) cristobalense.

San Feliu de Guíxols (Girona) guixolense.

San Feliu de Llobregat (Barcelona) sanfeliunense.

San Fernando (Cádiz) isleño.

San José (Costa Rica) josefino.

San Juan (Cuba) sanjuanero.

San Juan de Luz (Francia) sanjuandeluciense, luciense.

San Marino (Europa) sanmarinés, sanmarinense.

San Salvador (El Salvador) sansalvadoreño.

San Sebastián (vascuence *Donostia*. Guipúzcoa) donostiarra, easonense.

San Vicente de la Barquera (Cantabria) evenciano.

Sanabria (Zamora) sanabrés.

Sancti-Spíritus (Cuba) espirituano, guayabero.

Sanlúcar de Barrameda (Cádiz) sanluqueño.

Santa Coloma de Gramanet (Barcelona) colomense, gramanense.

Santa Cruz (Argentina) santacruceño.

Santa Cruz de Tenerife (Tenerife) santacruceño, santacrucero, chicharrero (local).

Sante Fe (Argentina) santafesino.

Santa Fe de Bogotá (Colombia) santafereño.

Santander (Cantabria) santanderino, santanderiense, montañés.

Santander (Colombia) santandereano.

Santiago de Chile (Chile) santiaguino.

Santiago de Compostela (La Coruña) santiagués, compostelano.

Santiago de Cuba (Cuba) santiaguero.

Santiago del Estero (Argentina) santiagueño.

Santillana del Mar (Santander) sanjulianense.

Santo Domingo (República Dominicana) dominicano.

Santo Domingo de la Calzada (Logroño) calceatense.

Santo Domingo de Silos (Burgos) silense.

São Paulo (Brasil) paulistano, paulista, sampaulero.

Segovia (Castilla y León) segoviano, segoviense.

Senegal (África) senegalés, senegalense.

Seo de Urgel, La (catalán *La Seu d'Urgell*. Lérida) urgelense.

Serbia o **Servia** (Europa) serbio o servio.

Sestao (Vizcaya) sestaotarra.

Seu d'Urgell, La Ver **Seo de Urgel, La**.

Seúl (Corea) seulés, seulense.

Sevilla (Andalucía) sevillano, hispalense, hispaliense.

Seychelles (África) seychelés.

Siam (actual *Tailandia*. Asia) siamés.

Siberia (Rusia) siberiano.

Sicilia (Italia) siciliano, trinacrio.

Sidón (Líbano) sidonio, sidoniano, sidonita.

Sierra Leona (África) sierraleonense, sierraleonés.

Sigüenza (Guadalajara) seguntino, segonciense.

Simancas (Valladolid) simanquino, septimancense, septimanqués, septimanquense.

Sinaí (Egipto) sinaítico.

Singapur (Malasia) singapurés, singaporense.

Siracusa (Italia) siracusano.

Siria (Asia) sirio, siriano, siriaco.

Sitges (Barcelona) sitgetano, suburense, subrense.

Sodoma (antigua ciudad palestina) sodomita.

Sofía (Bulgaria) sofiota, sardicense, serdicense.

Somalia (África) somalí.

Sonora (México) sonorense.

Soria (Castila y León) soriano.

Sos (Zaragoza) sopicón.

Southampton (R. Unido) clausentino.

Soweto (Sudáfrica) soweta-no, sowetoyano.

Sri Lanka (antes *Ceilán*. Asia) srilankés, srilanqués; cei-landés, cingalés.

Suabia (Alemania) suabo.

Suazilandia Ver **Swazilandia**.

Sucre (Bolivia) sucreño.

Sucre (Venezuela) sucrense.

Sudáfrica (África) sudafrica-no o surafricano.

Sudán (África) sudanés.

Suecia (Europa) sueco.

Suéz (Egipto) arsinoíta.

Suiza (Europa) suizo, helve-cio, helvético.

Surinam (América) surina-més.

Swazilandia (África) suazili.

T

Tabasco (México) tabasqueño.

Tafalla (Navarra) tafallés, ge-balecense.

Tahití (Polinesia) tahitiano.

Tailandia (Asia) tailandés.

Talavera de la Reina (Tole-do) talaverano, talabricense.

Talca (Chile) talquino.

Tánger (Marruecos) tange-rino, tingitano, tanyaní.

Tanzania (África) tanzano.

Tarazona (Zaragoza) turia-sonense.

Tarento (Italia) tarentino.

Tarifa (Cádiz) tarifeño, tin-guinterano.

Tarragona (Cataluña) tarra-conense, tarraconita, cese-tano, cosetano.

Tarrasa (catalán *Terrassa*, Barcelona) tarracense, ega-rense.

Tartaria (Asia) tártaro.

Tasmania (Australia) tasma-no.

Tayikistán (Asia) tayiko.

Tebas (Grecia y Egipto) te-bano.

Tegucigalpa (Honduras) te-gucigalpense.

Teherán (Irán) teheraní.

Tenerife (Canarias) tinerfeño.

Terrassa Ver **Tarrasa**.

Teruel (Aragón) turolense, turboleta.

Tesalia (Grecia) tesaliense, tesaliano, tesalio, tésalo.

Tetuán (Marruecos) tetuaní.

Texas (EE UU) tejano.

Tíbet (Asia) tibetano.

Tierra de Fuego (Argenti-na) fueguino.

Tirana (Albania) tiranés.

Tiro (Líbano) tirio.

Tirol (Europa) tirolés.

Tlascala (México) tlascalteca.

Tobago Ver **Trinidad y Tobago**.

Toboso, El (Toledo) toboseño, tobosino.

Togo (África) togolés.

Tokio (Japón) tokiota.

Toledo (Castilla-La Mancha) toledano.

Tolosa (Guipúzcoa) tolosano.

Tonga (Polinesia) tongano, tongués.

Tordesillas (Valladolid) tordesillano, galense, aconciano.

Toro (Zamora) toresano, torés, octodunense, albucelense.

Toronto (Canadá) torontés.

Torremolinos (Málaga) torremolinense.

Tortosa (Tarragona) tortosino, dertosense.

Toscana (Italia) toscano.

Tours (Francia) turonense.

Tracia (Europa) tracio, traciano.

Transilvania (Europa) transilvano.

Trento (Italia) tridentino.

Treviño (enclave burgalés en Álava) treviñés.

Trieste (Italia) triestino.

Trinidad (Bolivia, Chile, Cuba y Uruguay) trinitario.

Trinidad (Colombia) trinitense.

Trinidad (Honduras) triniteco.

Trinidad y Tobago (América) trinitense; tobago.

Trípoli (Libia y Líbano) tripolitano.

Troya (antigua ciudad de Asia) troyano, teucro, dárdano.

Trujillo (Cáceres) trujillano.

Trujillo (Venezuela) trujillano, trujillense.

Tubinga (Alemania) tubiguense, tubingués.

Tucumán (Argentina) tucumano.

Tudela (Navarra) tudelano.

Túnez (Tunicia) tunecino, tunecí.

Tunicia (África) tunecino, tunecí.

Turín (Italia) turinés.

Turquestán (Asia) turquestaní.

Turquía (Europa y Asia) turco, otomano.

Tuy (Pontevedra) tudense.

U

Úbeda (Jaén) ubetense, ubedense, salariense.

Ubrique (Cádiz) ubriquense, ubriquiño, serrano.

Uclés (Cuenca) ucleseño.

Ucrania (Europa) ucranio, ucraniano.

Uganda (África) ugandés.

Ulster (R. Unido) ulvesteriano, ultoniano, ulsterés.

URSS (Europa y Asia) soviético.

Uruguay (América del Sur) uruguayo.

Utrera (Sevilla) utrerano.

Uzbekistán (Asia) uzbeko, uzbeco.

V

Vaduz (Liechtenstein) vaducense.

Valaquia (Rumania) valaco.

Valdepeñas (Ciudad Real) valdepeñero.

Valencia (España y Venezuela) valenciano.

Valladolid (Castilla y León) vallisoletano, valisoletano, pinciano.

Valparaíso (Chile) porteño.

Varsovia (Polonia) varsoviano.

Vasco, País (vascuence *Euskadi* o *Euskal Herria*. España) vasco, vascongado.

Vélez-Málaga (Málaga) veleño.

Venecia (Italia) veneciano.

Venezuela (América) venezolano.

Veracruz (México) veracruciano.

Verona (Italia) veronés, veronense.

Vich (catalán *Vic*. Barcelona) vicense, vigitano, ausense, ausetano, ausonense.

Viena (Austria) vienés, vienense.

Vietnam (Asia) vietnamita.

Vigo (Pontevedra) vigués.

Vilafranca del Penedès Ver **Villafranca del Panadés**.

Vilagarcía de Arousa Ver **Villagarcía de Arosa**.

Vila Joiosa, La Ver **Villajoyosa**.

Vilanova i la Geltrú Ver **Villanueva y Geltrú**.

Villafranca del Panadés (catalán *Vilafranca del Penedès*. Barcelona) villafranqués.

Villagarcía de Arosa (gallego *Vilagarcía de Arousa*. Pontevedra) villargarciano.

Villajoyosa (valenciano *La Vila Joiosa*. Alicante) jonense, villajoyosano, vilero.

Villalar (Valladolid) villarino.

Villanueva de la Serena (Badajoz) villanovense, villanovés, villanuevés.

Villanueva y Geltrú (catalán *Vilanova i la Geltrú*. Barcelona) vilanovés.
Villaviciosa (Oviedo) villaviciosano, villaviciosino.
Vírgenes, Islas (Caribe) virginislandés.
Vitoria (vascuence *Gasteiz*. Álava) vitoriano.
Vizcaya (vascuence *Bizkaia*. P. Vasco) vizcaíno.

W

Washington (EE UU) washingtoniano.
Weimar (Alemania) weimarés, veimarés.
Wellington (Nueva Zelanda) wellingtoniano.
Westfalia (Alemania) westfaliano.
Winchester (R. Unido) vinoviense, vintoniense.
Windsor (R. Unido) vindoviense.

X

Xàbia Ver **Jávea**.
Xátiva Ver **Játiva**.
Xixona Ver **Jijona**.

Y

Yamena (también *N'Djamena*. Chad) yamenense.
Yanguas (Salamanca) yangüés.
Yebala (Marruecos) yeblí.
Yecla (Murcia) yeclano.
Yemen (Asia) yemení, yemenita, himyarí.
Yibuti (Somalia) yibutí, yibutiense.
Yucatán (México) yucateco, yucatense.
Yugoslavia (Europa) yugoslavo.

Z

Zacatecas (México) zacatecano, zacateco.
Zagreb (Croacia) agramita.
Zaire (actual *República Democrática del Congo*. África) zaireño, zairés, zairense, zairota.
Zambia (África) zambio, zambés, zambeño.
Zamora (Castilla y León) zamorano.
Zaragoza (Aragón) zaragozano, cesaraugustano, saldubense.
Zarauz (vascuence *Zarautz*. Guipúzcoa) zarauzano.

Zelanda (Países Bajos) ze-
landés, celandés.

Zimbabue (antigua *Rodesia*.
África) zimbabuense, zimba-
buano, rodesiano (antiguo).

Zumárraga (Guipúzcoa) zu-
marragano.

Zurich (Suiza) zuriqués, tu-
ricense.

5. Escritura de algunos nombres propios

A

Aaiún, El Ciudad del Sáhara; evítese *El Aiún*.

Abbado, Claudio Director de orquesta italiano.

Abdelaziz, Mohamed Político saharaui.

Abu Dhabi o **Abu Dabi** Emirato de los Emiratos Árabes Unidos.

Addis Abeba o **Addis Ababa** Capital de Etiopía.

*Aiún, El Ver **Aaiún, El**.

Andropov, Yuri Vladimirovich Político soviético.

Anjou Nombre de familia, rama de los Borbones.

Antioquia Departamento y ciudad de Colombia; no confundir con la ciudad turca de *Antioquía*, con tilde.

Arafat, Yasser Político palestino.

Arzalluz, Xabier Político nacionalista vasco; es incorrecto **Arzallus*.

Assad, Hafez al- Militar y político sirio.

Auita, Saíd Atleta marroquí.

Aviñón Ciudad de Francia; evítese escribir *Avignon*.

Áyax Nombre de dos héroes troyanos de la *Ilíada* de Homero; es incorrecta la acentuación llana **Ayax*.

Azerbaiyán No **Azerbayán*; país de Asia, antigua república soviética.

B

Baaz Partido político panárabe; no debe escribirse **Baas*.

Bach, Johann Sebastian Compositor alemán; pronúnciese /baj/, no /bach/.

Bakunin, Mijail Alexandrovich Revolucionario ruso.

Balzac, Honoré de Escritor francés.

Bartók, Béla Compositor húngaro.

Beethoven, Ludwig van Músico alemán.

Beguin, Menahem Político israelí.

Beijing Nombre en *pinyin* (sistema oficial de transcripción del chino al alfabeto latino) de *Pekín*.

Benyedid, Chadli Político argelino.

Bering (o **Behring**), **Vitus** Explorador danés; descubridor del estrecho que lleva su nombre.

Berlioz, Hector Compositor francés.

Bernhardt, Sarah Actriz francesa.

Boccaccio, Giovanni Escritor italiano.

Boccherini, Luigi Compositor italiano.

Böhl de Faber, Cecilia Escritora española (*Fernán Caballero*).

Böll, Heinrich Escritor alemán.

Botha, Pieter Willem Político sudafricano.

Botticelli, Sandro Pintor italiano.

Brahms, Johannes Compositor alemán.

Braille, Louis Educador francés, inventor de un método de escritura para invidentes.

Brandt, Willy Seudónimo del político alemán *Ernst Karl Frahm*.

Brecht, Bertolt Escritor alemán.

Breslau Nombre alemán de la ciudad polaca de *Wroclaw*.

Breznev, Leonid Ilich Político soviético.

Bulgakov, Mijail Afanasievich Escritor soviético.

Bután País de Asia; no escribir *Bhutan*.

Buto, Benazir Política pakistaní.

C

Cabanyes, Manuel de Poeta español.

Cachemira Estado de la India; escríbase en español y no *Kashmir*.

Camboya País asiático; su nombre fue *Kampuchea* hasta 1989.

Canberra No **Camberra*; ciudad australiana.

Caravaggio, Polidoro Caldara da Pintor italiano (1495-1546); no confundir con el siguiente.

Caravaggio, Michelangelo Amerighi o **Merisi**, llamado el Pintor italiano (1571-1610); no confundir con el anterior.

Carlyle, Thomas Escritor inglés.

Casanova, Giovanni Giacomo Aventurero italiano.

Castiglione, Baltasar de Escritor italiano.

Ceausescu, Nicolae Político rumano; es incorrecto *Ceaucescu*.

Cellini, Benvenuto Orfebre y escultor italiano.

Cézanne, Paul Pintor francés.

Chad No *Tchad*; país de África.

Chaikovski, Piotr Ilich Compositor ruso; también se escribe *Tchaikovski* o *Tchaikovsky*, aunque en español se prefiere Chaikovski.

Champaña Nombre español de *Champagne*, región de Francia.

Chateaubriand, François Auguste René Escritor francés.

Checoslovaquia o **Checoeslovaquia** País de Europa hoy dividido en Eslovaquia y la República Checa. Se prefiere la primera forma.

Chejov, Anton Pavlovich Escritor ruso.

Chernenko, Konstantin Ustinovich Político soviético.

Cherubini, Luigi Compositor italiano.

Chiang Kai-chek Político chino.

Chu (o **Chou**) **En-lai** Ver **Zhou Enlai**.

Clinton, Bill Político estadounidense.

Cocteau, Jean Escritor y director de cine francés.

Commonwealth Asociación de naciones que pertenecieron al imperio británico.

Constantinopla Nombre anterior de *Estambul*; no confundirlas.

Cook, James Navegante inglés.

Corneille, Pierre Escritor francés.

Costner, Kevin Actor y director de cine estadounidense.

Cruyff, Johan Futbolista y entrenador holandés.

Cyrano de Bergerac Personaje protagonista de la comedia del mismo nombre, del escritor francés Edmond Rostand.

D

Dacca Ver **Dhaka**.

Dánzig, Dantzig Ver **Gdansk**.

Darwin, Charles Robert Naturalista inglés.

De Gaulle, Charles Político francés.

De Klerk, Frederik Político sudafricano.

Debussy, Claude Compositor francés.

Delors, Jacques Político francés.

Den Xiaoping Político chino.

Dhaka Capital de Bangladesh; ésta es la grafía oficial de su nombre y no *Dacca*.

Dinesen, Isak Seudónimo de la escritora danesa *Karen Blixen*.

Djibouti o **Djibuti** Ver **Yibuti**.

Dniéper Río de Europa.

Dniéster Río de Europa.

Dostoievski, Fiodor Mijailovich Escritor ruso.

Dubcek, Alexander Político checoslovaco.

Dunkerque No *Dunquerque*; ciudad francesa.

Dürer, Albrecht Nombre alemán de *Durero, Alberto*.

Durero, Alberto Nombre en español del pintor alemán *Albrecht Dürer*; úsese preferentemente el nombre español.

Dvorak, Antonin Compositor checo.

E

Eastwood, Clint Actor y director de cine estadounidense.

Eichmann, Adolf Político alemán.

Eiffel, Gustave Ingeniero francés. Levantó en París la torre que lleva su nombre.

Eisenhower, Dwight David Militar y político norteamericano.

Eisenstein, Serguei Mijailovich Director de cine soviético.

Eliot, Thomas Stearns Poeta estadounidense. No debe escribirse *Elliot*.

Elzevier o **Elsevier** (en español, **Elzeviro**) Familia de editores, tipógrafos y libreros holandeses.

Engels, Friedrich Filósofo y político alemán.

Erasmo de Rotterdam Humanista holandés.

Ertzaintza Policía autonómica vasca.

Estambul Ciudad turca, nombre actual de *Constantinopla*; no confundirlas.

F

Fahrenheit, Daniel Gabriel Físico alemán creador de la escala termométrica que lleva su nombre.

Falkland Nombre inglés de las islas Malvinas.

Fassbinder, Rainer Werner Cineasta alemán.

Faulkner, William Escritor estadounidense.

Feijoo, Benito Jerónimo Erudito español. Es incorrecto *Feijoó*.

Flaubert, Gustave Escritor francés.

France, Anatole Escritor francés.

Francfort Nombre español de *Frankfurt*.

Frankenstein Protagonista de la novela homónima de Mary W. Shelly.

Frankfurt Nombre de dos ciudades alemanas; en español se transcribe *Francfort*.

Freud, Sigmund Médico austriaco.

Fujimori, Alberto Político peruano.

G

Gaddafi, Muammar el- Político libio.

Gali, Butros Político egipcio.

Gamsajurdia, Zviad Político georgiano.

*Gana Nombre incorrecto por *Ghana*.

Gandhi Apellido de tres políticos indios: *Mohandas Karamchand*, llamado *Gandhi*, padre de la independencia india y líder pacifista; *Shrimati Indira Gandhi*, primera ministra, y *Rajiv Gandhi*, primer ministro e hijo de la anterior.

Gdansk Ciudad polaca; úsese este nombre mejor que *Dánzig* o *Dantzig*.

Gengis Kan Emperador mogol.

Ghana No *Gana*, país de África.

Gili Gaya, Samuel Lingüista español; no se apellida *Gil y Gaya*.

Goebbels, Joseph Paul Político alemán.

Goering, Hermann Wilhelm Militar y político alemán.

Goethe, Johann Wolfgang von Escritor alemán.

Gogol, Nikolai Vasilievich Escritor ruso.

Gorbachov, Mijail Sergueievich Político soviético.

Gorki, Máximo Escritor ruso.

Göteborg Ciudad sueca; su nombre en español es *Gotemburgo*.

Gotemburgo Nombre español de *Göteborg*.

Grass, Günter Escritor alemán.

Grieg, Edvard Compositor noruego.

Gromiko, Andrei Andreievich Político soviético.

H

Habsburgo Nombre de familia, rama de los Austrias.

Hartzenbusch, Juan Eugenio Escritor español.

Hegel, Georg Wilhelm Friedrich Filósofo alemán.

Hezbolá Organización chiita del Líbano.

Híspalis No **Hispalis*; nombre de Sevilla en época romana.

Hispanoamérica Ver **latinoamericano** en la parte de diccionario.

Ho Chi Minh Político vietnamita.

Hohenstaufen Nombre de una dinastía alemana.

Hohenzollern Nombre de una dinastía alemana.

Holanda Ver **Países Bajos**.

Hölderlin, Friederich Escritor alemán.

Honecker, Erich Político alemán.

Honegger, Arthur Compositor francés.

Honolulú No **Honolulu*; capital de Hawai.

Horkheimer, Max Filósofo y sociólogo alemán.

Hoxha, Enver Político albanés.

Hua Guofeng o **Hua Kuofeng** Político chino.

Humboldt, Alexander von Geógrafo alemán.

Husserl, Edmund Filósofo alemán.

Huxley, Aldous Leonard Escritor inglés.

I

Iberoamérica Ver **latinoamericano** en la parte de diccionario.

Ibsen, Henrik Escritor noruego.

Inglaterra Ver **Reino Unido**.

Ionesco, Eugène Escritor francés de origen rumano.

Irak País de Oriente Medio; escríbase así, no *Iraq*.

Izetbegovic, Alija Político bosnio musulmán.

J

Jachaturián, Aram Ilich Compositor armenio; también se escribe *Khatchaturian*.

Jamenei, Alí Político iraní.

Jartum No *Khartoum* ni *Khartum* ni *Kartum*. Capital de Sudán.

Jaruzelski, Wojciech Político polaco.

jemeres rojos Ver **khmeres rojos**.

Jomeini, Ruholá Jefe religioso y político iraní.

Jruschov, N. S. Ver **Kruschev**.

Jung, Carl Gustav Psicólogo suizo.

K

Kafka, Franz Escritor checoslovaco.

Kahlo, Frida Pintora mexicana.

Kampuchea Nombre de Camboya hasta 1989.

Kandinsky, Vasili Vasilevich Pintor soviético.

Kant, Immanuel Filósofo alemán.

Karadzic, Radovan Político serbo-bosnio.

Karajan, Herbert von Director de orquesta austriaco.

Karpov, Anatoli Ajedrecista ruso.

Kartum Ver **Jartum**.

Kashmir Ver **Cachemira**.

Kasparov, Gari Ajedrecista azerbaiyano.

Kawabata, Yasunari Escritor japonés.

Kekkonen, Uro Kaleva Político finlandés.

Kerouac, Jack Escritor estadounidense.

Khartoum o **Khartum** Ver **Jartum**.

Khatchaturian, A. I Ver **Jachaturián**.

khmeres rojos Nombre dado a los miembros del partido comunista camboyano; también se escribe *jemeres rojos*.

Kierkegaard, Sören Filósofo danés.

Kipling, Rudyard Escritor inglés.

Kohl, Helmut Político alemán.

Korchnoi, Victor Ajedrecista ruso nacionalizado suizo.

Kriuchkov, Vladimir Alexandrovich Político soviético.

Kruschev, Nikita Sergeievich Político ruso; también se escribe *Jruschov*.

L

La Rochefoucauld, François de Escritor francés.

Laoconte o **Laocoonte** Adivino troyano.

Latinoamérica Ver **latinoamericano** en la parte de diccionario.

Lefebvre, Marcel Arzobispo francés.

Leibniz, Gottfried Wilhelm Filósofo y matemático alemán.

Lenin Seudónimo del político soviético *Vladimir Ilich Ulianov*.

Leningrado Nombre de la ciudad rusa de *San Petersburgo* durante la época soviética.

Lichtenstein, Roy Pintor estadounidense.

Lin Biao o **Lin Piao** Político chino; también se escribe *Ling Pia-Ho*.

Lincoln, Abraham Estadista y político estadounidense.

Lindbergh, Charles Aviador estadounidense.

Ling Pia-Ho Ver **Lin Biao**.

Llull, Ramón Pensador y escritor catalán; también se conoce como *Raimundo Lulio*.

Loynaz, Dulce María Escritora cubana.

Lulio, Raimundo Ver **Llull, Ramón**.

M

Madagascar Isla de África en el océano Índico; el nombre del país que la ocupa es *República Malgache*.

Magreb Región del norte de África; se dice también *Mogreb*.

Mahler, Gustav Compositor austriaco.

Maiakovski, V. V. Ver **Mayakovski**.

Major, John Político británico.

Malasia, Malaisia No deben confundirse; el primer nombre corresponde a un estado asiático creado en la península de Malaca, que en 1963 se integró en el estado federal de Malaisia.

Mann, Thomas Escritor alemán.

Mao Zedong (o **Mao Tsetung** o **Tse-tung**) Revolucionario chino.

March, Ausias Escritor y poeta valenciano; no debe escribirse *Ausías*.

Marrakech o **Marraquech** Ciudad de Marruecos.

Marx, Karl Filósofo, economista y político alemán.

Massachusetts Estado de EE UU.

Maugham, William Somerset Escritor inglés.

Maupassant, Guy de Escritor francés.

Mayakovski, Vladimir Vladimirovich Poeta soviético. Se escribe también *Maiakovski*.

Mélendez Valdés, Juan Escritor español.

Menchú, Rigoberta Defensora de los derechos humanos guatemalteca.

Mendeleiev, Dmitri Ivanovich Químico ruso.

Mendelssohn-Bartholdy, Felix Compositor alemán.

Mihura, Miguel Escritor español. No escribir *Miguel *Miura*.

Mijalkov, Nikita Director de cine soviético.

Milosevic, Slobodan Político serbio.

Mishima, Yukio Escritor japonés.

Mississippi Río de EE UU.

Mitsotakis, Constantino Político griego.

Mitterrand, François Político francés.

Miura No **Mihura*; nombre de una ganadería.

Modigliani, Amadeo Pintor italiano.

Mogreb Ver **Magreb**.

Molière (**Jean-Baptiste Poquelin**) Escritor francés.

Molotov, Viacheslav Mijailovich Político soviético; su verdadero nombre era *Viacheslav Mijailovich Scriabin*.

Mondrian, Piet Pintor holandés.

Mossos d'Esquadra Policía autonómica catalana.

Mubarak, Hosni Político egipcio.

Munch, Edvard Pintor noruego.

N

Nabokov, Vladimir Vladimirovich Escritor estadounidense de origen ruso.

Nagorni Karabaj o **Nagorni-Karabaj** No *Nagorno Karabaj*; provincia de mayoría armenia en Azerbaiyán.

Najibulá (o **Nayibulah**), **Mohamed** Político afgano.

N'Djamena Capital de Chad; se escribe también *Yamena*.

Nehru, Sri Pandit Jawaharlal Político indio.

Nietzsche, Friedrich Wilhelm Filósofo alemán.

Nijinski, Vaslav Fomich Bailarín ruso.

Nueva Zelanda País de Oceanía. Es incorrecto *Nueva Zelandia*.

O

Obiang Ngema, Teodoro Político ecuatoguineano.

Occam u **Ockham, Guillermo de** Filósofo y teólogo inglés.

Oé, Kenzaburo Escritor japonés.

Offenbach, Jacques Compositor francés de origen alemán.

Onassis, Aristotelis Sokrates Armador y financiero griego.

Orff, Carl Compositor alemán.

Ottawa No *Otawa*; capital de Canadá.

P

Pahlavi o **Pahlevi** Dinastía reinante en Irán de 1925 a 1979.

Países Bajos País europeo; éste es su nombre oficial, pues *Holanda* es realmente una región, aunque se use impropiamente para designar al país entero.

Pakistán País de Asia; se escribe también *Paquistán*.

Papandreu, Andreas Político griego.

Paquistán Ver **Pakistán**.

Pasternak, Boris Leonidovich Escritor ruso, autor de *El doctor Zivago*.

Pasteur, Louis Químico y biólogo francés.

Pavarotti, Luciano Tenor italiano.

Pavlov, Ivan Petrovich Fisiólogo y médico soviético.

Pekín Ver **Beijing**.

Peres, Shimon Político israelí.

Pessoa, Fernando Poeta portugués.

Petöfi, Sandor Poeta húngaro.

Phnom Penh Capital de Camboya.

Plasencia Nombre español de la ciudad italiana de *Piacenza*.

Plisetskaya, Maya Bailarina soviética.

Pol Pot Político camboyano; su auténtico nombre es *Saloth Sar*.

Poniatowska, Elena Escritora mexicana.

Potsdam No **Postdam*; ciudad alemana.

Prokofiev, Serguei Sergueievich Compositor soviético.

Proust, Marcel Escritor francés.

Puccini, Giacomo Compositor italiano.

Pudovkin, Vsevolod Illianovich Cineasta soviético.

Pulitzer, Joseph Periodista estadounidense; instituyó los premios periodísticos y literarios que llevan su nombre.

Pushkin, Alexandr Sergueievich Poeta ruso.

Pyongyang Capital de Corea del Norte.

Q

Qatar País de Oriente Medio.

Quetzacóatl Dios de la vida y la sabiduría en la mitología náhuatl.

R

Rabin, Isaac Político israelí.

Rafsanyani, Alí Akbar Hachemí Político iraní.

Rasputin, Grigori Yefimovich, llamado Monje ruso.

Reikiavik Capital de Islandia.

Reino Unido El nombre oficial del país es *Reino Unido de la Gran Bretaña e Irlanda del Norte*; no confundir con *Inglaterra*, que es una parte del mismo.

Rembrandt, Harmenszoon van Rijn, llamado Pintor holandés.

Rhein, Rhin Nombres alemán y francés del río *Rin*.

Rhodesia Antigua federación africana, hoy dividida en Zambia, Malawi y Zimbabue; su nombre en español es *Rodesia*.

Ribakov, Anatoli Escritor soviético.

Richelieu, Armand Jean du Plessis de Cardenal y político francés.

Richter, Sviatoslav Teofilovich Pianista soviético.

Richthofen, Manfred von Aviador alemán conocido como el *Barón Rojo*.

Rilke, Rainer Maria Poeta alemán.

Rimbaud, Jean Arthur Poeta francés.

Rimski-Korsakov, Nikolai Andreievich Compositor ruso.

Rin Nombre español del río europeo que en francés se llama *Rhin* y en alemán *Rhein*.

Rizhkov, Nikolai Político soviético.

Rodesia Nombre español de **Rhodesia**.

Rommel, Erwin Johannes Militar alemán.

Roosevelt Apellido de dos presidentes de EE UU: *Theodore Roosevelt* y *Franklin Delano Roosevelt*.

Rostropovich, Mstislav Leopoldovich Violonchelista azerbaiyano.

Rousseau, Jean-Jacques Escritor y filósofo suizo en lengua francesa.

Rumania o **Rumanía** País de Europa.

Rushdie, Ahmed Salman Escritor indio nacionalizado británico.

S

Sadat, Anuar el- o **Anwar al-** Político egipcio.

Saint-Laurent, Yves Modisto francés.

Sajarov, Andrei Dimitrievich Científico y disidente soviético.

San Petersburgo Ver **Leningrado**.

Sartre, Jean-Paul Filósofo francés.

Saussure, Ferdinand de Lingüista suizo.

Scarlatti, Alessandro y Domenico Compositores italianos, padre e hijo.

Schiller, Johan Christoph Friedrich Escritor alemán.

Schmidt, Helmut Político alemán.

Schönberg, Arnold Compositor alemán.

Schopenhauer, Arthur Filósofo alemán.

Schubert, Franz Compositor austriaco.

Schumann, Robert Compositor alemán.

Schwarzenegger, Arnold Actor estadounidense de origen austriaco.

Sciascia, Leonardo Escritor italiano.

Scorsese, Martin Director de cine estadounidense.

Shamir, Isaac Político israelí.

Shaw, George Bernard Escritor irlandés.

Shelley, Percy Bysshe Poeta inglés.

Shevardnadze, Edvard Político georgiano.

Shostakovich, Dimitri Dimitrievich Compositor y pianista soviético.

Spielberg, Steven Director de cine estadounidense.

Spinoza, Baruch Filósofo holandés de origen portugués.

Springsteen, Bruce Cantante y músico estadounidense.

Sri Lanka País de Asia, antes *Ceilán*.

Stalin Seudónimo del político soviético *Iosiv Vissarionovich Dzhugashvili*.

Stalingrado Nombre de la ciudad rusa de *Volgogrado* entre 1925 y 1961.

Stanislavski Seudónimo del actor y director teatral soviético *Konstantin Serguieievich Alexeiev*, creador de un conocido método de interpretación.

Steinbeck, John Ernst Escritor estadounidense.

Stravinski, Igor Fiodorovich Compositor ruso.

Streissand, Barbra Actriz y cantante estadounidense.

Strindberg, August Escritor sueco.

Stroessner, Alfredo Militar y político paraguayo.

Stroheim, Erich von Director y actor de cine estadounidense de origen austriaco.

Suazilandia Nombre español de *Swazilandia*, país africano.

Swift, Jonathan Escritor inglés.

T

Tagore, Rabindranath Poeta hindú.

Tailandia No *Thailandia*; país de Asia.

Tallin Capital de Estonia, país de Europa.

Tasso, Torquato Poeta italiano.

Tayikistán País de Asia Central.

Tblisi Capital de *Georgia*; éste es el nombre que debe usarse y no su versión rusa *Tiflis*.

Tchad Ver **Chad**.

Tchaikovski (o **Tchaikovsky**), **Piotr Ilich** Ver **Chaikovski**.

Te Kanawa, Kiri Soprano neozelandesa.

Tel Aviv No **Tel-Aviv*; capital administrativa de Israel.

*Thailandia Ver **Tailandia**.

Thatcher, Margaret Política británica.

Thyssen-Bornemisza, Hans Heinrich Empresario y coleccionista de arte alemán.

Tiflis Nombre ruso de *Tblisi*.

Tito Político yugoslavo; es alias de *Josip Broz*.

Tolstoi, Liev Nikolaievich Escritor ruso.

Toulouse-Lautrec Pintor francés; su nombre completo es *Henri Marie Raymond de Toulouse-Lautrec-Monfa*.

Trastámara Dinastía castellana. Es incorrecto **Trastamara*.

Trotski Político soviético; su nombre real era *Lev Davidovich Bronstein*.

Truffaut, François Director de cine francés.

Turgueniev, Ivan Sergueievich Escritor ruso.

Twain, Mark Escritor estadounidense; es seudónimo de *Samuel Langhorne Clemens*.

Tzara, Tristan Seudónimo del escritor francés de origen rumano *Sami Rosenstok*.

U

U Thant, Sithu Político birmano.

Ucello, Paolo Pintor italiano.

Ulbricht, Walter Político alemán.

Updike, John Escritor estadounidense.

Uslar Pietri, Arturo Político venezolano.

Uzbekistán País de Asia Central, antigua república soviética.

V

Valhala o **Valhalla** Ver **Walhalla**.

Valle-Inclán, Ramón María del Escritor español.

Vallejo-Nájera, Juan Antonio Psiquiatra y escritor español.

Van Gogh, Vincent Pintor holandés.

Verrocchio, Andrea di Cione, llamado **Andrea del** Pintor y escultor italiano.

Vitoria Capital de Álava; es incorrecto *Victoria*.

Volgogrado Ver **Stalingrado**.

Voltaire Escritor francés; es seudónimo de *François Marie Arouet*.

W

Wajda, Andrzej Director de cine polaco.

Waldheim, Kurt Político austriaco.

Walesa, Lech Sindicalista y político polaco.

Walhalla En la mitología escandinava y germánica, paraíso al que iban los guerreros muertos en combate; también se escribe *Valhala* o *Valhalla*.

Walsh, Raoul Director de cine estadounidense.

Warhol, Andy Pintor y cineasta estadounidense.

Weissmuller, Johnny Nadador y actor de cine estadounidense.

Wittgenstein, Ludwig Filósofo austriaco nacionalizado británico.

Wojtyla, Karol Nombre del papa polaco Juan Pablo II.

Wrihgt, Wilbur y **Orville** Ingenieros y aviadores estadounidenses.

Wroclaw Ciudad polaca; su nombre en alemán es *Breslau*.

Wyler, William Cineasta estadounidense.

Wyoming Estado de EE UU.

Y

Yamena Ver **N'Djamena**.

Yeltsin, Boris Nikolaievich Político ruso.

Yibuti País de África; escríbase así mejor que *Djibouti* o *Djibuti*.

Yrigoyen, Hipólito Político argentino.

Yugoslavia o **Yugoeslavia** País de Europa; se prefiere la forma *Yugoslavia*.

Z

Zanzíbar No *Zancíbar*; isla de Tanzania.

Zappa, Frank Compositor estadounidense.

Zedillo, Ernesto Político mexicano.

Zhou Enlai Político chino; se escribe también *Chu* (o *Chou*) *En-lai*.

Zia Ul-Haq, Muhammad Político y militar pakistaní.

Zimbabwe o **Zimbabue** País de África; se prefiere la forma españolizada *Zimbabue*.

Zinnemann, Fred Director de cine estadounidense.

Zola, Émile Escritor francés.

Zurich o **Zúrich** Lago, ciudad y cantón de Suiza; no escribir, en español, *Zürich*.

6. Voces y locuciones latinas y de otras lenguas

A

a cappella (ital.) A capilla. Se refiere a un estilo o forma de cantar las voces sin acompañamiento.

a contrariis (lat.) Por los contrarios: *defensa a contrariis* es la que se hace basándose en lo absurdo del argumento contrario a lo que se está defendiendo.

a divinis (lat.) En las cosas divinas: *suspensión a divinis*, pena canónica que prohibe a un sacerdote ejercer como tal.

a fortiori (lat.) Con mayor motivo.

a posteriori (lat.) Por lo que viene después. Partiendo del efecto para llegar a la causa.

a priori (lat.) Por lo que precede. Partiendo de la causa para llegar al efecto.

ab absurdo (lat.) Por lo absurdo: *demostración ab absurdo*. Se dice de la afirmación que se demuestra por lo absurdo de la idea opuesta.

ab aeterno (lat.) Desde la eternidad.

ab initio (lat.) Desde el comienzo.

ab intestato o **abintestato** (lat.) Sin testamento.

ab irato (lat.) Por influjo de la ira.

ab origine (lat.) Desde el origen.

ad calendas (o **kalendas**) **graecas** (lat.) Por las calendas griegas. Expresión irónica que equivale a decir *nunca*, porque los griegos no utilizaban las calendas (primero de cada mes en el calendario romano).

ad hoc (lat.) A esto, por esto. Se utiliza frecuentemente con el significado de 'a propósito': *un comentario ad hoc*.

ad libitum (lat.) A voluntad, a elección.

ad litteram (lat.) Al pie de la letra, literalmente.

ad maiorem Dei gloriam (lat.) Para mayor gloria de Dios.

ad pedem litterae (lat.) Al pie de la letra, literalmente.

ad referendum (lat.) Bajo condición de informar (a la superioridad).

ad usum (lat.) Según el uso o costumbre.

ad valorem (lat.) Con arreglo al valor.

ad vitam aeternam (lat.) Para siempre, para la vida eterna.

affidávit (lat.) Documento legal que sirve como testimonio ante un tribunal o como garantía o aval en otros casos.

alea iacta est (lat.) La suerte está echada. Palabras de César; se dice cuando se toma una resolución de la que no cabe volverse atrás.

all right (ing.) Correcto, todo está bien.

alma mater (lat.) Madre nutricia. Se aplica a la universidad y a la patria.

alpha (gr.) Primera letra del alfabeto griego; suele asociarse a *omega* -última letra de dicho alfabeto- para indicar el principio y el fin de algo.

alter ego (lat.) Otro yo.

ante meridiem (lat.) Antes del mediodía.

au revoir (fr.) Adiós, hasta la vista.

aurea mediocritas (lat.) Dorada medianía. Palabras de Horacio que exaltan la vida sencilla frente a los honores y la riqueza.

B

bel canto (ital.) Bello canto. Técnica de canto de la ópera clásica y, por extensión, esta misma ópera.

bon vivant (fr.) Que vive bien, que sabe vivir.

bona fide (lat.) De buena fe.

C

carpe diem (lat.) Aprovecha el día, el momento presente (Horacio).

casus belli (lat.) Caso de guerra. Se aplica a las situaciones o acontecimientos que provocan una declaración de guerra.

c'est fini (fr.) Se acabó.

c'est la vie (fr.) Así es la vida.

cherchez la femme (fr.) Buscad la mujer. Expresa maliciosamente que detrás de un hecho está la mano de una mujer.

chi lo sa? (ital.) ¿Quién lo sabe?

chi va piano [va sano, chi va sano] va lontano (ital.) Quien va despacio [va seguro, quien va seguro] llega lejos.

cogito, ergo sum (lat.) Pienso, luego existo. Frase que resume el método filosófico de Descartes, en el que demuestra la propia existencia a partir de la duda como sistema de pensamiento.

comme ci, comme ça (fr.) Así, así, regular.

commedia dell'arte (ital.) Comedia del arte. Cierto género teatral italiano interpretado por actores profesionales (El término *arte* designa a la compañía de comediantes), que tuvo especial vigencia a finales del siglo XVI y comienzos del XVII.

comme il faut (fr.) Como es debido, elegante, de buen tono.

cordon bleu (fr.) Cordón azul. Designa el grado alcanzado por un cocinero de gran renombre.

corpus delicti (lat.) Cuerpo del delito.

coup d'État (fr.) Golpe de Estado.

cul-de-sac (fr.) Culo de saco. Callejón sin salida.

D

de facto (lat.) De hecho.

de iure (lat.) De derecho.

Dei gratia (lat.) Por la gracia de Dios.

demi-mondaine (fr.) Mujer mundana, de costumbres relajadas.

Deo iuvante (lat.) Con la ayuda de Dios.

Deo volente (lat.) Si Dios quiere.

desideratum (lat.) Lo que se desea mucho.

deus ex machina (lat.) Dios (bajado) por medio de una máquina. Se aplica a un ser sobrenatural que en una obra dramática baja a escena por medio de una maquinaria. También se denomina así al desenlace feliz, aunque no verosímil, de una obra y a la persona que provoca dicho desenlace.

divide et vinces (lat.) Divide y vencerás.

do ut des (lat.) Doy para que [me] des. Alude a lo que se hace por interés.

dolce far niente (ital.) Dulce hacer nada. Agradable ociosidad.

dolce vita (ital.) Dulce vida, buena vida.

Dominus vobiscum (lat.) El señor esté con vosotros. Palabras que el sacerdote dirige a los fieles en la misa rezada en latín.

dura lex, sed lex (lat.) La ley es dura, pero es la ley. La ley debe cumplirse, por rigurosa que sea.

duty free [shop] (ing.) Tienda libre de impuestos, como las instaladas en aeropuertos internacionales.

E

editio princeps (lat.) Edición príncipe, primera edición.

en petit comité (fr.) En una reunión íntima, de pocos miembros.

english spoken (ing.) Se habla inglés.

eppur si muove! (ital.) Y sin embargo se mueve. Frase que se atribuye a Galileo, después de haber sido obligado por la Iglesia a abjurar públicamente de su teoría de que la Tierra se mueve alrededor del Sol.

errare humanum est (lat.) Errar es propio del hombre.

et in Arcadia ego! (lat.) ¡Yo también he vivido en la Arcadia! Con este verso latino se expresa el pesar por el bien perdido.

ex aequo (lat.) Con igualdad, en igualdad de condiciones.

ex cathedra (lat.) Desde la cátedra: *hablar ex cathedra*, hablar con la autoridad que confiere la dignidad o función que se posee. También, con pedantería, con pretendida autoridad o conocimiento.

ex libris (lat.) De entre los libros de. Indicación que se pone en el reverso de la cubierta de un libro, donde consta el nombre de su dueño o la biblioteca a la que pertenece.

explicit (lat.) Últimas palabras de un escrito o de un impreso antiguo.

ex professo (lat.) A propósito, expresamente.

F

fair play (ing.) Juego limpio.

fama volat (lat.) La fama vuela (Virgilio). Las noticias vuelan.

fast food (ing.) Comida rápida. Se refiere a la que sirven en pizzerías, hamburgueserías y establecimientos similares.

femme fatale (fr.) Mujer fatal.

festina lente (lat.) Apresúrate lentamente. Si quieres terminar algo pronto y bien, hazlo despacio y con cuidado.

fifty-fifty (ing.) Al cincuenta por ciento, mitad y mitad.

flash back (ing.) Vuelta breve. En lenguaje cinematográfico, secuencias referidas a un tiempo pasado intercaladas en el desarrollo lineal de la acción de una película.

for ever (ing.) Para siempre.

free lance (ing.) Libre, independiente. Se refiere a la persona que trabaja por cuenta propia.

full-time (ing.) A tiempo o jornada completa. Se refiere sobre todo a los empleos.

G

gaudeamus igitur, iuvenes dum sumus (lat.) Gocemos pues, mientras somos jóvenes. Es el principio de un conocido himno estudiantil.

gloria in excelsis Deo (lat.) Gloria a Dios en las alturas.

go home (ing.) Marchaos a casa. Consigna contra la presencia de tropas estadounidenses en un país.

God save the king (o **the queen**) (ing.) Dios salve al rey (o a la reina).

grosso modo (lat.) De manera amplia, en general.

H

habeas corpus (lat.) Tengas el cuerpo. Por extenso *habeas corpus subjiciendum*, 'tengas (preparado) el cuerpo (del detenido) para que comparezca' frase con la que, en el derecho anglosajón, se ordenaba al alguacil que condujera al detenido ante el juez. Es el derecho de un detenido a ser presentado ante el juez en un plazo límite después de su arresto, para que éste determine la pertinencia de la detención.

habemus pontificem (lat.) Tenemos pontífice. Frase con que se anuncia la elección de un nuevo papa.

hic iacet (lat.) Aquí yace. Frase con que comienzan muchas inscripciones de sepulturas.

high fidelity (ing.) Alta fidelidad. Referido a un sistema de reproducción de sonidos grabados. Se abrevia en *hi-fi*.

home, sweet home (ing.) Hogar, dulce hogar.

homo homini lupus (lat.) El hombre es un lobo para el hombre. Pensamiento de Plauto que también sostuvo Hobbes.

homo sum: humani nihil a me alienum puto (lat.) Soy hombre: (por tanto) considero que nada de lo que es humano me es extraño. Verso de Terencio con que expresa su interés por todo lo que les afecta a los hombres.

hors d'oeuvres (fr.) Entremeses.

I

imprimatur (lat.) Imprímase. Se aplica al permiso o autorización que las autoridades religiosas daban para imprimir un libro.

in aeternum (lat.) Para siempre.

in albis (lat.) En blanco, sin entender una cosa.

in articulo mortis (lat.) En el artículo (u ocasión) de la muerte.

in extenso (lat.) Por extenso.

in extremis (lat.) En el extremo, en el último momento.

in fraganti o **infraganti** (del lat. *in flagrante delicto*) En el mismo momento en el que se está cometiendo un delito o una acción censurable.

in illo tempore (lat.) En aquel tiempo, por entonces.

in medias res (lat.) En medio del asunto. Tipo de narración que comienza en medio de la acción. Es incorrecto **in media res*.

in memoriam (lat.) En recuerdo de.

in mente (lat.) En la mente, en el pensamiento.

in nomine (lat.) Nominalmente, en nombre de alguien.

in pectore (lat.) En el pecho. Se aplica sobre todo a los nombramientos que ya se han decidido pero que aún no son oficiales.

in saecula saeculorum (lat.) Por los siglos de los siglos.

in situ (lat.) En el sitio.

in vitro (lat.) En el vidrio. En el laboratorio: *fecundación in vitro*. Se opone a *in vivo*.

in vivo (lat.) En el ser vivo. En el propio organismo, al natural. Se opone a *in vitro*.

íncipit (lat.) En las descripciones bibliográficas sirve para designar a la palabra o palabras por las que comienza un escrito o un impreso antiguo.

ipso facto (lat.) Por el mismo hecho. Se utiliza frecuentemente con el significado de 'en el acto, ahora mismo'.

L

la crème de la crème (fr.) Lo mejor de lo mejor, lo más selecto.

laissez faire, laissez passer (fr.) Dejad hacer, dejad pasar. Resume la doctrina económica que defiende la total libertad de comercio.

lapsus calami (lat.) Error de la pluma. Equivocación al escribir.

lapsus linguae (lat.) Error de lengua. Equivocación al hablar.

last but not least (ing.) El último, pero no el menor o de menos importancia.

latin lover (ing.) Amante o galán latino.

lato sensu (lat.) En sentido amplio. Se opone a *stricto sensu*.

living room (ing.) Cuarto de estar.

loco citato (lat.) En el lugar citado. Se usa como nota bibliográfica para indicar algunas citas. Se abrevia *loc. cit.*

love story (ing.) Historia de amor.

M

ma non troppo (ital.) Pero no demasiado. Se utiliza sobre todo en música.

manu militari (lat.) Por mano militar. Por la fuerza de las armas.

mea culpa (lat.) Por mi culpa. Reconocimiento de la propia culpa.

ménage à trois (fr.) Triángulo amoroso.

mens sana in corpore sano (lat.) Mente sana en cuerpo sano. Máxima de Juvenal.

Merry Christmas (ing.) Felices Navidades.

mise en scène (fr.) Puesta en escena.

modus faciendi (lat.) Modo de hacer una cosa.

modus operandi (lat.) Modo de actuar; sistema, procedimiento.

modus vivendi (lat.) Modo de vivir. Acuerdo provisional entre individuos, grupos o países enfrentados.

motu proprio (lat.) Por propio impulso, por propia iniciativa.

mutatis mutandis (lat.) Cambiando lo que haya que cambiar.

N

natura non facit saltus (lat.) La naturaleza no da saltos; expresa que existe una continuidad entre los fenómenos naturales.

ne varietur (lat.) No se mude o altere nada. Locución que se pone en un docu-

mento auténtico para indicar que no se ha de variar nada de él. También se dice de la edición definitiva de una obra.

nemine discrepante (lat.) Sin que nadie discrepe. Por unanimidad.

nequaquam (lat.) De ningún modo. Negación absoluta; se usa en sentido jocoso.

new look (ing.) Estilo nuevo, nueva imagen.

nihil (o **nil**) **novi sub sole** (lat.) Nada nuevo [hay] bajo el sol. Palabras del *Eclesiastés* (1, 9).

nihil (o **nil**) **obstat** (lat.) Nada se opone. Frase empleada por la censura eclesiástica al dar su consentimiento para la publicación de un libro.

nolens volens (lat.) No queriendo, queriendo. Quieras o no quieras.

noli me tangere (lat.) No me toques. Palabras de Jesús resucitado cuando se apareció a María Magdalena. Se usan en sentido figurado con referencia a susceptibilidades que no conviene herir, a puntos que no conviene tocar, etc.

non multa, sed multum (lat.) No muchas cosas, sino mucho. Importancia de algo, no por su número, sino por su intensidad, valor, etc.

non nova, sed nove (lat.) No cosas nuevas, sino de una manera nueva. Utilizando lo mismo pero de forma novedosa.

non plus ultra (lat.) No más allá. Según la mitología, inscripción grabada por Hércules en los montes Abila y Calpe (a cada lado del actual estrecho de Gibraltar), que eran considerados entonces como los límites del mundo. Se usa para ponderar: *el non plus ultra de la técnica*.

non sancta (lat.) No santa. No recomendable, como suele decirse de ciertas intenciones.

nosce te ipsum (lat.) Conócete a ti mismo. Traducción latina de una inscripción griega del frontón de Delfos, que Sócrates adoptó como lema de filosofía.

nota bene (lat.) Advierte bien. Fórmula que se usa en forma de abreviatura (*N. B.*) para encabezar observaciones o explicaciones que se agregan a un escrito.

nouvelle vague (fr.) Nueva ola. Se refiere particularmente al movimiento cinematográfico surgido en Francia a mediados de los sesenta, cuyos principales representantes son François Truffaut, Jean-Luc Godard, Claude Chabrol, Alain Resnais y Eric Rohmer.

nova cançó (cat.) Nueva canción. Movimiento musical catalán surgido a comienzos de los sesenta, del que formaron parte Joan Manuel Serrat, Lluis Llach, Raimon y otros.

O

o tempora!, o mores! (lat.) ¡Oh tiempos! ¡Oh costumbres! Con estas palabras censuraba Cicerón el comportamiento de sus contemporáneos.

odi profanum vulgus (lat.) Odio al vulgo profano. Frase de Horacio, en la que desprecia a la masa ignorante.

off the record (ing.) Fuera de registro, de grabación. Se dice de las declaraciones o revelaciones que se hacen de manera extraoficial, oficiosamente, en confianza.

omega (gr.) Última letra del alfabeto griego. Ver **alpha**.

omne vivum ex ovo (lat.) Todo lo vivo proviene de un huevo, de un embrión. Axioma que niega la generación espontánea de los seres vivos.

omnia vincit amor (lat.) El amor todo lo vence. Parte de un verso de Virgilio en la *Égloga* X.

omnium consensu (lat.) Por consentimiento general.

on parle français (fr.) Se habla francés.

on the rocks (ing.) Sobre cubitos de hielo. Se aplica a las bebidas que se sirven de esta forma.

opera prima (lat.) Obra primera. Primera obra de un autor novel.

opere citato (lat.) En la obra citada. Se emplea para remitir a una obra citada anteriormente.

P

pacta sunt servanda (lat.) Los pactos deben cumplirse.

pane lucrando (lat.) Para ganar el pan. Se dice de aquello que se hace sólo para ganarse la vida.

pantha rhei (gr.) Todo fluye. Frase atribuida al filósofo presocrático griego Heráclito, y que resume su teoría: concibe la realidad como algo en constante movimiento, siempre cambiante.

par pari refertur (lat.) Devolver lo mismo. La ley del talión: ojo por ojo y diente por diente.

passe-partout (fr.) Paspartú.

passim (lat.) Aquí y allá, en diversos lugares. Se usa después de citar una obra para indicar que pueden consultarse distintos lugares a lo largo de la misma.

passing shot (ing.) Tiro rasante. En tenis, golpe que sobrepasa al contrario cuando se ha acercado a la red.

pax romana (lat.) Paz romana. Pacificación impuesta por la fuerza. Alude a la paz instaurada por Augusto en todo el imperio romano.

peccata minuta (lat.) Pecados pequeños. Expresión muy usada para designar una falta o fallo leve.

per fas et per nefas (lat.) Por lo lícito y lo ilícito. Por todos los medios posibles.

per se (lat.) Por sí mismo. Se usa especialmente en lenguaje filosófico.

petit comité (fr.) Pequeña reunión. Ver **en petit comité**.

pian piano (ital.) Poco a poco, despacito.

pied-à-terre (fr.) Pie a tierra. Casa o alojamiento que se tiene dispuesto en el lugar donde se vive sólo de paso.

pin up (ing.) Mujer o joven muy atractiva físicamente.

play ground (ing.) Campo de juego.

plum-cake (ing.) Bizcocho con ciruelas (*plum*) o con uvas pasas.

plus minusve (lat.) Más o menos.

plus ultra (lat.) Más allá.

post meridiem (lat.) Después del mediodía. Se abrevia *p.m.*

post mortem (lat.) Después de la muerte.

post scriptum (lat.) Después de escrito. Lo que se añade a una carta ya terminada.

pot pourri (fr.) Popurri.

prêt-à-porter (fr.) Confección realizada en serie. Se aplica a las prendas de vestir que no han sido hechas a la medida.

prima donna (ital.) La cantante principal en ópera.

prima facie (lat.) A primera vista.

primus inter pares (lat.) Primero entre los iguales. Fórmula que describía la posición del rey respecto de los demás nobles.

pro domo sua (lat.) Por su casa, en propio provecho. Título de un discurso de Cicerón en que trata de recuperar los bienes que le habían sido confiscados durante su exilio.

pro forma (lat.) En cuanto a la forma. Se aplica a documentos, en especial facturas, que son provisionales, pero cumplen todos los requisitos para que tengan efecto.

pro indiviso (lat.) Sin dividir. Se aplica al bien que no ha sido aún dividido entre aquellos a los que les corresponde.

pro tempore (lat.) Según los tiempos. A tenor de lo que exijan las circunstancias.

Q

qualis pater, talis filius (lat.) Tal padre, tal hijo. De tal palo, tal astilla.

quand même (fr.) De todos modos, a pesar de todo, a toda costa.

qui bene amat, bene castigat (lat.) Quien bien ama, bien castiga. Quien bien te quiere te hará llorar.

qui custodiat custodes? (lat.) ¿Quién custodiará a los guardianes? ¿Quién controlará a los controladores?

quid pro quo (lat.) Una cosa por otra. Indica una confusión o equivocación.

quod erat demostrandum (lat.) Lo que había que demostrar. Suele usarse después de una demostración.

quod scripsi, scripsi (lat.) Lo que escribí lo escribí (lo escrito, escrito está). Palabras con que Poncio Pilato (*Juan* 19, 22) respondió a los sacerdotes negándose a quitar la inscripción que había mandado poner en la cruz de Jesús: "Jesús Nazareno, rey de los judíos".

quot capita, tot sensus (lat.) Cuantas cabezas, tantos pareceres. Tantas opiniones como personas hay.

quousque tandem...? (lat.) ¿Hasta cuándo...? Comienzo de la primera *Catilinaria* de Cicerón: *Quousque tandem abutere, Catilina, patientia nostra?* ¿Hasta cuándo abusarás de nuestra paciencia, Catilina?

quo vadis, domine? (lat.) ¿Adónde vas, Señor? Pregunta que se atribuye a San Pedro cuando, huyendo de Roma, encontró a Cristo que iba a dicha ciudad.

R

realpolitik (al.) Política de realidades. La basada en el pragmatismo.

redde Caesari quae sunt Caesaris, et qua sunt Dei Deo (lat.) Dad al César lo que es del César, y a Dios lo que es de Dios. Palabras de Cristo a los fariseos, que le preguntaban si era justo pagar tributo al César (Mateo XXII, 21).

relata refero (lat.) Lo refiero como lo cuentan.

rendez-vous (fr.) Cita, encuentro.

renta per capita (lat.) Renta por cabeza, por persona.

requiescat in pace (lat.) Descanse en paz. Su abreviatura es *R. I. P.*

res non verba (lat.) Hechos, no palabras. O sea, realidades y no palabrería.

res nullius (lat.) Cosa de nadie. Se dice de lo que no tiene dueño.

rien de rien (fr.) Nada de nada. En absoluto.

roast-beff (ing.) Rosbif.

Roma locuta, causa finita (lat.) Cuando habla Roma, termina la causa. Expresión con que San Agustín se refería a la autoridad del magisterio de Roma. Se aplica también a cualquier otra autoridad que pone fin a un conflicto o discusión.

S

salus populi suprema lex est (lat.) El bien del pueblo es la ley suprema. Máxima del derecho romano.

sancta sanctorum (lat.) Lugar más sagrado entre los sagrados. Lugar del tabernáculo donde se guardaba el fuego sagrado como símbolo del ser absoluto. Se usa también para referirse a la parte más reservada, respetada o secreta de un lugar.

sans-culotte (fr.) Sin calzón. Nombre que los aristócratas franceses dieron a los revolucionarios en 1789, pues vestían pantalón en lugar del calzón que llevaban los nobles.

savoir faire (fr.) Saber hacer. Habilidad para actuar o comportarse adecuadamente.

savoir vivre (fr.) Saber vivir.

se non è vero, è ben trovato (it.) Si no es verdad, está bien ideado. Se aplica a lo que se cuenta como si fuera cierto, pero es más ocurrente que probable.

self-made-man (ing.) Hombre hecho a sí mismo. Se emplea para designar a alguien que ha triunfado en la vida por sus propios medios.

si parla italiano (it.) Se habla italiano.

si vis pacem, para bellum (lat.) Si quieres la paz, prepara la guerra.

sic transit gloria mundi (lat.) Así pasa la gloria del mundo. Pensamiento tomado de la *Imitación de Cristo*, de Tomás de Kempis.

similia similibus curatur (lat.) Cosas semejantes se curan con cosas semejantes. Principio de la homeopatía.

sine die (lat.) Sin día, sin fijar una fecha determinada.

sine qua non (lat.) Sin la cual no. Se aplica a una condición indispensable para algo.

smoking room (ing.) Sala para fumadores.

sol lucet omnibus (lat.) El sol brilla para todos. La naturaleza pertenece a todos los hombres, que tienen derecho a disfrutar de sus bienes.

sotto voce (ital.) En voz baja. En secreto.

sponte sua (lat.) Por propio impulso o iniciativa.

stabat mater (lat.) Estaba la madre. Comienzo de un himno de la Iglesia católica.

statu quo (lat.) En el estado actual. El estado de cosas en un determinado momento.

stricto sensu (lat.) En sentido estricto. Se opone a *lato sensu*.

sub iudice (lat.) Bajo el juez. Se dice del pleito que todavía está pendiente de la decisión o sentencia de un juez.

sub lege libertas (lat.) Libertad bajo la ley. Se emplea para indicar que sin el imperio de la ley no es posible el ejercicio de la libertad.

sui generis (lat.) De su género o especie. Se aplica a lo que es muy singular o excepcional.

summa cum laude (lat.) La máxima con elogio. Máxima clasificación para el Doctorado.

summum ius, summa iniuria (lat.) Máximo derecho, máxima injusticia. Aplicar la ley con todo rigor puede llevar a cometer injusticias.

suo tempore (lat.) A su tiempo. En el momento oportuno.

sursum corda! (lat.) ¡Arriba los corazones! Frase de la liturgia de la misa.

sustine et abstine (lat.) Soporta y abstente. Máxima de los estoicos.

suum cuique (tribuere) (lat.) (Dar) a cada uno lo suyo. Máxima del derecho romano.

T

tamquam tabula rasa (lat.) Como una tablilla limpia, pulida, para pintar o escribir en ella. Según ciertos filósofos, la mente humana es como una tabla rasa y todo el conocimiento procede de la experiencia.

tea room (ing.) Salón de té.

tempus fugit (lat.) El tiempo huye. Sobre la fugacidad del tiempo.

terminus a quo... (lat.) Límite desde el cual... Comienzo, punto de partida.

terminus ad quem... (lat.) Límite hasta el cual... Fin de un hecho o proyecto.

tête à tête (fr.) Cara a cara. Entrevista o conversación franca y directa entre dos personas.

that is the question (ing.) Ése es el problema. Ver **to be o not to be, that is the question**.

time is money (ing.) El tiempo es dinero, es oro.

to be or not to be, that is the question (ing.) Ser o no ser, ése es el problema. Frase con que comienza el monólogo de Hamlet, protagonista del drama del mismo nombre, de Shakespeare. Se utiliza para expresar duda o ante una situación comprometida.

tour de force (fr.) Demostración de fuerza. Se usa referido a un gran esfuerzo.

trade mark (ing.) Marca registrada.

trahit sua quemque voluptas (lat.) Cada cual tiene una afición que le arrastra (Virgilio, *Égloga II*). Cada uno tiene su debilidad.

traveller's check (ing.) Cheque de viajero, cheque de viaje.

trompe-l'oeil (fr.) Engaño a la vista. Técnica pictórica que produce, por efecto de la perspectiva, sensación de relieve.

tu quoque! (lat.) ¡Tú también! Palabras de Julio César a Bruto, al que consideraba como un hijo, cuando vio que éste se encontraba entre sus asesinos. Se emplea contra los que traicionan la confianza puesta en ellos.

tutti contenti (ital.) Todos contentos.

U

uncle Sam (ing.) El tío Sam. Personificación popular de Estados Unidos de América.

unum versus alia (lat.) La unidad se opone a la diversidad.

up to date (ing.) Al día, actual. Según la última moda.

urbi et orbi (lat.) A la ciudad (Roma) y al orbe. Bendición *urbi et orbi*, la del papa a todo el mundo. Por extensión, a los cuatro vientos, a todas partes.

ut infra (lat.) Como abajo. Como (se dice, se lee) más adelante.

ut supra (lat.) Como arriba. Como (se dice, se lee) arriba, anteriormente.

V

vade retro, Satana (lat.) Retírate, Satanás. Palabras de Jesús al Diablo cuando éste quiso tentarle. Se usa para rechazar a una persona o cosa.

vademecum (del lat. *vade mecum*, ve conmigo) Libro de uso frecuente por la cantidad de datos que sus páginas encierran.

vae victis! (lat.) ¡Ay de los vencidos! Palabras dichas por Brenno, jefe galo que sitió Roma, al poner su espada en la balanza donde se pesaba el oro para el rescate de la ciudad, aumentando su cuantía. Indica que el vencido se halla a merced del vencedor.

valet de chambre (fr.) Ayuda de cámara, criado al servicio de un señor.

vanitas vanitatum, et omnia vanitas (lat.) Vanidad de vanidades y todo vanidad. Palabras del *Eclesiastés* (1,2) que expresan que todo aquello por lo que el hombre se afana en este mundo carece de valor.

velis nolis (lat.) Quieras o no quieras.

veni, vidi, vici (lat.) Vine, vi, vencí. Palabras con que César anunció al Senado su rápida victoria sobre el rey del Ponto. Se usan para expresar la rapidez de un éxito.

vera efigies (lat.) La verdadera imagen. Resalta un parecido.

verba volant, scripta manent (lat.) Las palabras

vuelan, lo escrito permanece.

verbi gratia (lat.) Por ejemplo.

via crucis (lat.) Camino de la cruz. Recorrido que evoca el camino de Cristo hasta el Gólgota. Se usa referido a una sucesión de desgracias o sufrimientos.

vis-à-vis (fr.) Cara a cara.

vis comica (lat.) Fuerza cómica. Gracia, capacidad cómica.

volaverunt (lat.) Volaron. Indica que ha desaparecido una cosa.

vox populi (lat.) Voz del pueblo. Ser una cosa *vox populi* es ser del dominio público.

vox populi, vox Dei (lat.) Voz del pueblo, voz de Dios. Se toma como verdad lo que está aceptado por la mayoría de la gente.

vulnerant omnes, ultima necat (lat.) Todas hieren, la última mata. Inscripción que se pone en algunos relojes, referida a las horas.

W

week-end (ing.) Fin de semana.

welfare state (ing.) Estado del bienestar. Supone una política social y económica controlada por el Estado y contraria al *laissez faire*.

7. Siglas y acrónimos

Las siglas, por regla general, se escriben con mayúsculas. Cuando un grupo de siglas forman una palabra, constituye un *acrónimo*, que puede estar formado únicamente por las letras iniciales (*COU*, Curso de Orientación Universitaria) o por más letras (*Enagas*, Empresa NAcional de GAS); algunos sólo consideran acrónimos los que responden a este último caso. Los acrónimos, por razones de uso, a menudo se escriben con minúsculas, excepto la inicial, que va en mayúscula (*Insalud*, Instituto Nacional de la SALUD). Si el acrónimo ha pasado a ser un nombre común, la inicial también se escribe con minúscula: *láser*, *sida*.

A

ACNUR Alto Comisariado de las Naciones Unidas para los Refugiados. En inglés UNHCR.

Acude Asociación de Consumidores y Usuarios De España.

ADA Asociación de Ayuda al Automovilista (España).

Adecu Asociación para la Defensa de los Consumidores y Usuarios (España).

Adena Asociación para la Defensa de la Naturaleza (España).

ADN Ácido Desoxirribonucleico.

Aedenat Asociación Ecologista de Defensa de la Naturaleza.

AEE Administración Espacial Europea. En inglés ESA.

AEG (*Allgemeine Elektrizitäts Gesellschaft*) Empresa de Electrodomésticos de Alemania.

Afanias Asociación de Familias con Niños y Adultos Subnormales (Madrid, España).

AI Amnistía Internacional.

AIDS Ver **sida**.

Alitalia (*Aerolinee Italiane Internazionale*) Líneas Aéreas Italianas Internacionales.

AMPAS (*Academy of Motion Pictures, Arts and Sciences*) Academia de Ciencias y Artes Cinematográficas (Estados Unidos).

ANDE Asociación Nacional del Deporte Especial (España).

AP (*Associated Press*) Agencia de noticias de EE UU.

APA Asociación de Padres de Alumnos (España).

ARN Ácido Ribonucleico.

ATS Ayudante Técnico Sanitario (España).

AVE (Tren de) Alta Velocidad Español.

Aviaco Aviación y Comercio, S.A. (España).

Avianca Aerovías Nacionales de Colombia, S.A.

B

BA (*British Airways*) Líneas Aéreas Británicas. // (*Bachelor of Arts*) Licenciado en Humanidades.

BAE Biblioteca de Autores Españoles.

basic (*Beginner's All-Purpose Symbolic Instruction Code*) Código de Instrucción Simbólico de Uso Múltiple para Principiantes; lenguaje informático.

BBC (*British Broadcasting Corporation*) Compañía Británica de Radiodifusión.

BMW (*Bayerische Motorenwerke*) Fábrica Bávara de Motores; empresa automovilística.

BNG Bloque Nacionalista Galego, formación política independentista.

BOE Boletín Oficial del Estado (España).

BP (*British Petroleum Company*) Compañía Británica de Petróleo.

BUP Bachillerato Unificado Polivalente (España).

C

CAD (*Computer Aided Design*) Diseño Asistido por Computador.

CAM (*Computer Aided Manufacturing*) Fabricación Asistida por Ordenador. // Comunidad Autónoma de Madrid.

Campsa Compañía Arrendataria del Monopolio de Petróleos, S. A. (España).

CASA Construcciones Aeronáuticas, S.A. (España).

CAT (*Computer Aided Translation*) Traducción con Ayuda del Ordenador.

CATV (*Community Antenna Television*) Antena de Televisión Colectiva. // (*Cable Television*) Televisión por Cable.

CC OO Comisiones Obreras, organización sindical española.

CCCP Siglas en ruso y alfabeto cirílico de la Unión de Repúblicas Socialistas Soviéticas (*Soyuz Sovietskij Sotsialisticheskij Respublik*).

CD (*Compact Disk*) Disco Compacto.

CD-ROM (*Compact Disk-Read Only Memory*) Disco Compacto-Sólo Memoria de Lectura.

CDC Convergència Democràtica de Catalunya; formación política catalana integrada en CiU.

CDN Centro Dramático Nacional (España).

CDU Clasificación Decimal Universal; sistema de clasificación de libros y documentos.

CE Consejo de Europa. // Comunidad Europea.

CEE Comunidad Económica Europea.

CEOE Confederación Española de Organizaciones Empresariales.

CEPAL Comisión Económica para América Latina.

CEPSA Compañía Española de Petróleos, S.A.

Cepyme Confederación Española de Pequeña Y Mediana Empresa.

Cesid Centro Superior de Información de la Defensa; organismo español de inteligencia militar.

Cetme Centro de Estudios Técnicos de Materiales Especiales, S. A. (España); también es nombre de un fusil producido por esta empresa.

CFA Confederación Francófona Africana, formada por Camerún, Guinea Ecuatorial y Gabón.

Cheka (*Chrezvichainaya Komissia*) Comisión Extraordinaria (para la lucha contra la contrarrevolución y el sabotaje), antecedente de la KGB en los primeros tiempos de la URSS.

CIA (*Central Intelligence Agency*) Agencia Central de Inteligencia; servicio de espionaje y contraespionaje de EE UU.

CiU (*Convergència i Unió*) Convergencia y Unión, formación política catalana.

CNT Confederación Nacional del Trabajo, asociación sindical anarquista española.

cobol (*Common Business Oriented Language*) Lenguaje Orientado a Asuntos Comunes; sistema para programar todo tipo de trabajos de gestión en ordenadores.

COE Comité Olímpico Español.

COI Comité Olímpico Internacional.

Comecon (*Council for Mutual Economic Assistance*) Consejo de Asistencia Económica Mutua; asociación económica de los países del antiguo bloque socialista.

COPE Cadena de Ondas Populares Españolas; red de emisoras de radio.

COU Curso de Orientación Universitaria (España).

CPU (*Central Processor Unit*) Unidad Central de Proceso, elemento más importante de un ordenador, que realiza las funciones básicas del mismo.

CSIC Consejo Superior de Investigaciones Científicas (España).

CTNE Compañía Telefónica Nacional de España.

D

DC Democracia Cristiana. // (*District of Columbia*) Distrito de Columbia, donde se encuentra la ciudad de Washington.

DDT Diclorodifenil-tricloroetano, producto usado como insecticida.

DIU Dispositivo Intrauterino, sistema anticonceptivo.

DKW (*Deutsche Kraftfahrt-Werke*) Fábrica Alemana de Vehículos de Motor; empresa automovilística.

DM (*Deutsche Mark*) Marco alemán.

DNA (*Desoxyribonucleic Acid*) Ácido desoxirribonucleico. En español ADN.

DNI Documento Nacional de Identidad (España).

DOMUND Domingo Mundial (de Propagación de la Fe).

DOS (*Disk Operating System*) Sistema Operativo en Disco, el primer sistema operativo utilizado por los ordenadores personales.

DRAE Diccionario de la Real Academia Española.

DUE Diccionario de Uso del Español, de María Moliner.

DYA Detente Y Ayuda (España), asociación para la ayuda en carretera.

E

EA (*Eusko Alkartasuna*) Solidaridad Vasca, formación política nacionalista vasca.

EAJ (*Eusko Alderdi Jeltzalea*) Partido Nacionalista Vasco. En castellano PNV.

EAN (*European Article Numbering*) Numeración Europea de Artículos, sistema numérico de control de productos indicado mediante un código de barras.

EAU Emiratos Árabes Unidos. En inglés UEA.

EB (*Encyclopaedia Britannica*) Enciclopedia Británica.

EBB (*Euskadi Buru Batzar*) Consejo Ejecutivo de Euskadi, organismo de dirección del Partido Nacionalista Vasco (PNV).

ecu (*European Currency Unit*) Unidad de Cuenta Europea; unidad monetaria de la Comunidad Europea, sustituida por el *euro*.

EE UU Estados Unidos.

EFTA (*European Free Trade Association*) Asociación Europea de Libre Comercio.

EGB Educación General Básica (España).

EL AL Líneas aéreas israelíes.

ELA-STV (*Eusko Langille Alkartasuna*) Solidaridad de los Trabajadores Vascos; sindicato nacionalista vasco.

EMT Empresa Municipal de Transportes (Madrid).

EP Europa Press, agencia de noticias.

ERC (*Esquerra Republicana de Catalunya*) Izquierda Republicana de Cataluña, formación política nacionalista catalana.

ESA (*European Spacial Agency*) Administración Espacial Europea. En español AEE.

ETA (*Euskadi Ta Askatasuna*) País Vasco y Libertad, organización terrorista vasca.

ETB (*Euskal Telebista*) Televisión (autonómica) Vasca.

ETS Escuela Técnica Superior.

Euratom (*Europa + atómica*) Acrónimo con que se conoce la Comisión Europea para la Energía Atómica.

Eurovisión (*Europa + televisión*) Acrónimo con que se conoce la Unión Europea de Radiodifusión (UER).

F

FAO (*Food and Agriculture Organization of the United Nations*) Organización de las Naciones Unidas para la Alimentación y la Agricultura.

FAS Fuerzas Armadas.

FBI (*Federal Bureau of Investigation*) Oficina Federal de Investigación, cuerpo federal de policía de los Estados Unidos.

FC Fútbol Club.

FE de las JONS Falange Española de las Juntas de Ofensivas Nacional Sindicalistas, organización política española.

FERE Federación Española de Religiosos de Enseñanza.

FF AA Fuerzas Armadas.

FIAT (*Fabbrica Italiana Automobili Torino*) Fábrica Italiana de Automóviles de Turín.

FIFA (*Fédération Internationale de Football Association*) Federación Internacional de Fútbol Asociación.

Fitur Feria Internacional del Turismo.

FM (*Frequency Modulation*) Frecuencia Modulada.

FMI Fondo Monetario Internacional.

Fortran (*Formula Translation*) Traducción de Fórmulas, nombre de un programa informático para trabajos científicos.

FP Formación Profesional (España). // Frente Popular (varios países).

G

GE General Electric, multinacional estadounidense.

GEO Grupos Especiales de Operaciones, del Cuerpo Nacional de Policía español.

Gestapo (*Geheime Staatspolizei*) Policía secreta del Estado, en la Alemania nazi.

GM General Motors, empresa automovilística estadounidense.

GRAPO Grupos de Resistencia Antifascista Primero de Octubre; organización terrorista española.

Gulag (*Glavnoie Upravlenie Laguerei*) Administración Superior de los Campos; organismo que dirigía los campos soviéticos de prisioneros. Cuando significa 'campo de concentración', se escribe todo en minúsculas.

H

HB (*Herri Batasuna*) Unidad Popular; coalición política nacionalista vasca.

HF (*High Frequency*) Alta Frecuencia.

HI-FI (*High Fidelity*) Alta Fidelidad.

HMG (*Her Majesty's Government*) Gobierno de Su Majestad, el gobierno del Reino Unido.

HMS (*Her Majesty's Ship*) Buque de su Majestad; siglas que preceden al nombre de los barcos de guerra británicos.

I

IAEA (*International Atomic Energy Agency*) Agencia

Internacional para la Energía Atómica. En español OIEA.

IATA (*International Air Transport Association*) Asociación Internacional del Transporte Aéreo.

IB Iberia, compañía aérea española.

IBM (*International Business Machines*) Multinacional estadounidense de material electrónico.

ICADE Instituto Católico de Alta Dirección de Empresas (España).

ICAI Instituto Católico de Artes e Industrias (España).

ICI Instituto de Cooperación Iberoamericana (España).

IMEC Instrucción Militar de la Escala de Complemento (España).

INE Instituto Nacional de Estadística (España).

INEF Instituto Nacional de Educación Física (España).

Inem Instituto Nacional de Empleo (España).

INI Instituto Nacional de Industria (España).

INRI (*Iesus Nazarenus Rex Iudaeorum*) Jesús Nazareno Rey de los Judíos, rótulo que figuró en la cruz en la que murió Cristo.

Insalud Instituto Nacional de la Salud (España).

Inserso Instituto Nacional de Servicios Sociales (España).

Intelsat (*International Telecommunications Satellite*) Organización Internacional de Telecomunicaciones por Satélite.

Interpol (*International Police*) Policía Internacional.

IPC Índice de Precios al Consumo.

IRA (*Irish Republican Army*) Ejército Republicano Irlandés; organización armada independentista de Irlanda del Norte.

IRPF Impuesto sobre la Renta de las Personas Físicas (España).

IRTP Impuesto sobre el Rendimiento del Trabajo Personal (España).

ISBN (*International Standard Book Number*) Número Internacional Normalizado para los Libros; número con que se registra cada libro que se publica.

ISBNA (*International Standard Book Number Agency*) Agencia del Número Internacional Normalizado para los Libros.

ISSN (*International Standard Serials Number*) Número Internacional Normalizado de Publicaciones Seriadas.

ITT (*International Telegraph and Telephone Corporation*) Compañía Internacional de Telégrafos y Teléfonos; multinacional estadounidense.

ITV Inspección Técnica de Vehículos (España).

IU Izquierda Unida; formación política española.

IVA Impuesto sobre el Valor Añadido (España).

J

JAL (*Japan Air Lines*) Líneas Aéreas Japonesas.

JEN Junta de Energía Nuclear (España).

JONS Juntas de Ofensivas Nacional Sindicalistas. Ver **FE de las JONS**.

K

KAS (*Koordinadora Abertzale Sozialista*) Coordinadora Patriótica Socialista. Siglas bajo las que se agrupan diversas organizaciones independentistas radicales vascas, entre ellas ETA.

KGB (*Komitet Gosudarstvennoey Bezopasnosti*) Comité de Seguridad del Estado, policía política de la URSS.

KKK Ku-Klux-Klan, organización secreta racista estadounidense.

KLM (*Koninklijke Luchtvaart-Maatschappij*) Lineas aéreas de los Países Bajos.

koljós (*kollektivnoye joziaistvo*) Hacienda colectiva, tipo de propiedad agraria colectiva de la URSS.

Komintern (*Kommunisticheski Internatsional*) Internacional Comunista. Tercera Internacional, organización obrera creada en Moscú por Lenin y Trotski.

L

LAB (*Langille Abertzaleen Batzordea*) Comisiones Obreras Patrióticas, sindicato abertzale.

láser (*Ligth Amplification by Stimulated Emission of Radiation*) Luz amplificada por la emisión estimulada de radiación.

LSD (*Lyserg-Säure-Diaethylamide*) Dietilamida del Ácido Lisérgico, sustancia estupefaciente.

M

MAE Ministerio de Asuntos Exteriores (España).

MAN Museo Arqueológico Nacional (España).

MAP Ministerio para las Administraciones Públicas (España).

MBA (*Master in Business Administration*) Máster en Administración de Empresas.

MEC Ministerio de Educación y Ciencia (España).

MEH Ministerio de Economía y Hacienda (España).

MGM (*Metro-Goldwyn-Mayer, Inc.*) Compañía cinematográfica estadounidense.

MIR Médico Interno y Residente (España).

MLM Movimiento de Liberación de la Mujer (España).

MOMA (*Museum Of Modern Art*) Museo de Arte Moderno de Nueva York.

MPH (*Miles Per Hour*) Millas por hora.

N

napalm (*Naphtenic acid and palmetate*) Ácido nafténico y palmetato, sustancia incendiaria usada principalmente en bombas.

NASA (*National Aeronautics and Space Administration*) Administración Nacional para la Aeronáutica y el Espacio, organismo espacial estadounidense.

NATO (*North Atlantic Treaty Organization*) Ver **OTAN**.

NBA (*National Basketball Association*) Asociación Nacional de Baloncesto (EE UU).

NBQ (Guerra) Nuclear, Biológica y Química.

NIF Número de Identificación Fiscal (España).

NN UU Naciones Unidas. Ver **ONU**.

NU (*Nations Unies*) Naciones Unidas. Ver **ONU**.

NY (*New York*) Nueva York.

NYC (*New York City*) Ciudad de Nueva York.

O

OAS (*Organization of American States*) Organización de Estados Americanos. En español OEA.

OAU (*Organization of African Unity*) Organización para la Unidad Africana. En español OUA.

OCDE Organización para la Cooperación y el Desarrollo Económicos (internacional).

OCU Organización de Consumidores y Usuarios (España).

OEA Organización de Estados Americanos. En inglés OAS.

OECD (*Organization for Economic Cooperation and Development*) Organización para la Cooperación y el Desarrollo Económico. En español OCDE.

OIC Organización Internacional de Comercio.

OIEA Organismo Internacional para la Energía Atómica. En inglés IAEA.

OIRT Organización Internacional de Radiodifusión y Televisión.

OIT Organización Internacional del Trabajo.

OLP Organización para la Liberación de Palestina. En inglés PLO.

OMS Organización Mundial de la Salud. En inglés WHO.

ONCE Organización Nacional de Ciegos Españoles.

ONU Organización de las Naciones Unidas; también NU, NN UU. En inglés UNO.

OPA Oferta Pública de Adquisición (de acciones de una sociedad).

OPEC (*Organization of Petroleum Exporting Countries*) Organización de Países Exportadores de Petróleo. En español OPEP.

OPEP Organización de Países Exportadores de Petróleo. En inglés OPEC.

ORA Operación de Regulación de Aparcamientos (Madrid).

OTAN Organización del Tratado del Atlántico Norte. En inglés NATO.

OTI Organización de Televisiones Iberoamericanas.

OUA Organización para la Unidad Africana. En inglés OAU.

ovni Objeto Volador No Identificado. En inglés *ufo*.

P

PA Partido Andalucista.

PAA Ver **Pan Am**.

pal (*Phase Alternating Line*) Línea de Fase Alternante, sistema alemán de televisión en color.

Pan Am (*Pan American World Airways*) Líneas Aéreas Mundiales Panamericanas, compañía estadounidense de transporte aéreo. También PAA.

PC Partido Comunista. // (*Personal Computer*) Ordenador Personal.

PCE Partido Comunista de España.

PCUS Partido Comunista de la Unión Soviética.

PGC Parque móvil de la Guardia Civil (España).

PIB Producto Interior Bruto (España).

PLO (*Palestine Liberation Organization*) Organización para la Liberación de Palestina. En español OLP.

PM Policía Militar.

PMM Parque Móvil de Ministerios Civiles (España).

PNB Producto Nacional Bruto (España).

PND Personal No Docente (de las Universidades Españolas).

PNV Partido Nacionalista Vasco. En vasco EAJ.

Polisario (Frente) Popular

para la Liberación de Sa-
guia el Hamra y Río de
Oro, organización política
y militar saharaui.

POUM (*Partit Obrer d'Unifi-
cació Marxista*) Partido obrero de Unificación Marxista
(España).

PP Partido Popular (España).

PSC (*Partit dels Socialistes de
Catalunya*) Partido de los
Socialistas de Cataluña.

PSE-PSOE Partido Socialista de Euskadi-PSOE.

PSG-EG Partido Socialista
Galego-Esquerda Galega.

PSOE Partido Socialista
Obrero Español.

PSUC Partit Socialista Uni-
ficat de Catalunya.

PYME Pequeña y Mediana
Empresa.

R

RACE Real Automóvil Club
de España.

radar (*radio detection and ranging*) Detección y Locali-
zación por Radio.

RAE Real Academia Española.

RAF (*Royal Air Force*) Reales Fuerzas Aéreas (británicas).

RAI (*Radio Audizioni Italia*)
Organismo de radiotelevi-
sión italiano.

RDA República Democrática Alemana.

REM (*Roentgen Equivalent
Man*) Cantidad de ioniza-
ción de los tejidos huma-
nos creada por una dosis de
radiación equivalente a un
roentgen.

Renfe Red Nacional de los
Ferrocarriles Españoles.

Retevisión (Ente Público
de la) Red Técnica Espa-
ñola de Televisión, red nacional de difusión de se-
ñales de televisión para las
televisiones públicas y pri-
vadas.

RFA República Federal de
Alemania.

RNA (*Ribonicleic Acid*) Ácido
ribonucleico. En español
ARN.

RNE Radio Nacional de España.

RTF (*Radio-television Fran-
caise*) Radio televisión francesa.

RTV Radiotelevisión.

RTVE Radio Televisión Española.

RU Reino Unido.

S

S. A. Sociedad Anónima.

SA (*Sturm Abteilung*) Sección de Asalto, cuerpo paramilitar nazi.

Sabena (*Société Anonyme Belge d'Exploitation de la Navigation Aérienne*) Sociedad Anónima Belga de Explotación de Navegación Aérea; líneas aéreas.

SALT (*Strategic Arms Limitation Talks*) Conversaciones para la Limitación de Armas Estratégicas, negociaciones EE UU - URSS sobre desarme nuclear.

SAR (*Search And Rescue*) Búsqueda y Salvamento, siglas internacionales de los servicios de rescate.

SAS (*Scandinavian Airlines System*) Sistema de Aerolíneas Escandinavas, compañía aérea sueca.

SEAT Sociedad Española de Automóviles de Turismo.

secam (*séquencial couleur à mémoire*) Color secuencial de memoria, sistema francés de televisión en color.

SER Sociedad Española de Radiodifusión.

SGAE Sociedad General de Autores de España.

SI Sistema Internacional, sistema universal de unidades de medida adoptado por la Confederación Internacional de Pesos y Medidas.

sida síndrome de inmunodeficiencia adquirida. En inglés AIDS (*Acquired Inmune Deficiency Syndrome*).

SJ (*Societatis Jesus*) Compañía de Jesús.

SO Servicio Oficial.

sonar (*sound navigation and ranging*) Exploración y navegación por ondas sonoras.

SOS (*Save Our Souls*) Salvad Nuestras Almas. Señal internacional de peligro.

sovjós (*sovietskoye joziaistvo*) Finca soviética, tipo de explotación agraria de la URSS.

SPD (*Sozialdemokratische Partei Deutschland*) Partido Socialdemócrata Alemán.

SPP Sindicato Profesional de Policías (España).

SPQR (*Senatus et Populusque Romanus*) El Senado y el Pueblo Romano.

SS (*Schutz Staeffel*) Escalón de Protección, nombre de la policía política del régimen nazi.

START (*Strategic Arms Reduction Talks*) Conversaciones sobre la reducción de armas estratégicas, negociaciones EE UU-URSS sobre reducción de armas nucleares.

STV Ver **ELA-STV**.

T

Talgo Tren Articulado Ligero Goicoechea-Oriol (España).

TAV Tren de Alta Velocidad.

TCH Telegrafía (o Teléfono) con Hilos. Se opone a TSH.

TER Tren Español Rápido.

TNT Trinitrotolueno, sustancia explosiva.

TSH Telegrafía (o Teléfono) Sin Hilos. Se opone a TCH.

TVE Televisión Española.

TWA (*Trans World Airlines*) Líneas Aéreas Transmundiales, compañía aérea estadounidense.

U

UAE (*United Arab Emirates*) Emiratos Árabes Unidos. En español EAU.

UCI Unidad de Cuidados Intensivos.

UE Unión Europea.

UEFA (*Union of European Football Associations*) Unión de Asociaciones Europeas de Fútbol.

ufo (*Unidentified Flying Object*) Objeto volador no identificado. En español *ovni*.

UGT Unión General de Trabajadores, sindicato español.

UHF (*Ultra High Frequencies*) Frecuencias ultraaltas.

UIMP Universidad Internacional Menéndez Pelayo (España).

UK (*United Kingdom*) Reino Unido. En español RU.

UN (*United Nations*) Naciones Unidas; también UNO. En español NU, NN UU y ONU.

UNED Universidad Nacional de Educación a Distancia (España).

Unesco (*United Nations Educational, Scientific and Cultural Organization*) Organización de las Naciones Unidas para la Educación, la Ciencia y la Cultura.

UNHCR (*United Nations High Commisioner for Refugees*) Alta Comisaría de las Naciones Unidas para los

Refugiados. En español ACNUR.

Unicef (*United Nations International Children's Emergency Fund*) Fondo Internacional de las Naciones Unidas Para la Ayuda a la Infancia. Su género es masculino, no femenino: *el Unicef*.

Unipyme Unión de Organizaciones de la Pequeña y Mediana Empresa (España).

UNO (*United Nations Organization*) Organización de las Naciones Unidas. En español ONU.

Unprofor (*United Nations Protection Force*) Fuerza de Protección de las Naciones Unidas, tropas internacionales a disposición de la ONU.

UPI (*United Press International*) Prensa Internacional Unida (EE UU)

UPN Unión del Pueblo Navarro, formación política regionalista.

URSS Unión de Repúblicas Socialistas Soviéticas, o Unión Soviética. En ruso, *Soyuz Sovietskij Sotsialisticheskij Respublik*, CCCP en alfabeto cirílico. En inglés USSR.

US (*United States*) o **USA** (*United States of America*) los Estados Unidos de América. En Español EE UU o EUA.

USAAF (*United States Army Air Force*) Fuerza Aérea del Ejército de los Estados Unidos.

USAF (*United States Air Force*) Fuerza Aérea de Estados Unidos.

USSR (*Union of Soviet Socialist Republics*) En inglés, Unión de Repúblicas Socialistas Soviéticas. En español URSS; en ruso CCCP.

UVA (rayos) ultravioletas.

V

VHF (*Very High Frequency*) Frecuencia muy alta.

VHS (*Video Home System*) Sistema de vídeo casero.

VIP (*Very Important Person*) Persona Muy Importante.

W

www (*World Wide Web*) Red de intercambio de información multimedia entre ordenadores, basado en el hipertexto.

wasp (*White*, *Anglo-Saxon*, *Protestant*) Protestante, Anglosajón, Blanco, designación de los estadounidenses de origen inglés frente a los de otras razas y etnias.

WHO (*World Health Organization*) Organización Mundial de la Salud. En español OMS.

WWF (*World Wildlife Fund*) Fondo Mundial para la Naturaleza.

X Y Z

XUV (*X ray and UltraViolet*) Rayos X y ultravioleta.

YMCA (*Young Men´s Christian Association*) Asociaciones Cristianas de Jóvenes, organización cristiana internacional.

ZANU (*Zimbabwe African National Union*) Unión Nacional Africana de Zimbabue, formación política.

ZAPU (*Zimbabwe African People´s Union*) Unión de Pueblos Africanos de Zimbabue, formación política.

8. Abreviaturas

a	área	*C.ª*	Compañía
a./c.	a cuenta	*°C*	grados centígrados
a.C.	antes de Cristo		(o Celsius)
a. de J.C.	antes de Jesucristo	*cal.*	calorías
a.D.g.	a Dios gracias	*cap.*	capítulo
admón.		*c.c.*	centímetros
o *Admón.*	administración		cúbicos
a./f.	a favor	*c./c.*	cuenta corriente
afmo.,		*C. F.*	Club de Fútbol
affmo.	afectísimo,	*cf., cfr.*	*confer*: 'compárese'
afma.,		*cg*	centigramo
affma.	afectísima	*Cía.*	Compañía
a. J.C.	antes de Jesucristo	*cl*	centilitros
a.m.	*ante meridiem*:	*cm*	centímetros
	'antes del mediodía'	*Cód.*	Código
a.m./f.	a mi favor	*col.*	columna, colección
ap.	aparte	*C.P.*	código postal
art.	artículo	*cta.*	cuenta
arz.,		*cte.*	corriente
arzbpo.	arzobispo	*C.V.*	caballos de vapor
A.T.	Antiguo Testamento		
atto., atta.	atento, atenta	*D.*	don
Av., Avda.	Avenida	*D.ª*	doña
		d. C.	después de Cristo
Bco.	Banco	*dcha.*	derecha
b.l.m.	besa la mano	*D.E.P.*	descanse en paz
Bros.	*brothers*: 'hermanos'	*depto.*	departamento
Bto., Bta.	Beato, Beata	*d./f.*	días fecha
		dg	decigramos
c.	capítulo	*Dg*	decagramos
c./	cargo, cuenta,	*d.J.C.*	después de
	calle		Jesucristo

dl	decilitros	*fra.*	factura
Dl	decalitros		
D.L.	Depósito Legal	*g*	gramo(s)
dm	decímetros	*g./*	giro
Dm	decámetros	*G^a.*	García
D.m.	Dios mediante	*Glez.*	González
DNI	Documento Na-	*g.p.:, g/p.*	giro postal
	cional de Identidad	*gral.*	general
doc.	documento, docena	*grs.*	gramos
Dr., Dra.	doctor, doctora		
dto.	descuento	*h*	hora(s)
dupdo.	duplicado	*H.*	Hermano (de una
			orden religiosa)
E	Este (punto	*ha*	hectárea(s)
	cardinal)	*Hdez.*	Hernández
ed.	edición, editor,	*Hg*	hectogramo(s)
	editorial	*Hl*	hectolitro(s)
ej.	ejemplo, ejemplar	*Hm*	hectómetro(s)
Em.^a	Eminencia	*hnos.*	hermanos
Emmo.	Eminentísimo	*HP*	*horse power*:
E.P.D.	en paz descanse		'caballo de vapor'
et al.	*et alii*: 'y otros'	*hros.*	herederos
etc.	etcétera	*Hz*	hertzio(s)
Exc.^a	Excelencia		
Excmo.,	Excelentísimo,	*ibíd., ib.*	*ibídem*: 'en el mis-
Excma.	Excelentísima		mo lugar'
		íd.	*ídem*: 'lo mismo'
°F	grados Fahrenheit	*i.e.*	*id est*: 'esto es'
f.^a	factura	*Ilmo.,*	Ilustrísimo,
fasc.	fascículo	*Ilma.*	Ilustrísima
F. C.	Fútbol Club	*imp.,*	
Fdez.	Fernández	*impr.*	imprenta
FF. CC.	ferrocarriles	*ít.*	*ítem*: 'también'
f°, fol.	folio	*izq.,*	
Fr.	Fray	*izqda.*	izquierda
fr., frs.	franco(s)	*J.C.*	Jesucristo

kc	kilociclo(s)	*Mhz*	megahertzio(s)
kg	kilogramo(s)	*M.I.Sr.*	Muy Ilustre
Khz	kilohertzio(s)		Señor
kl	kilolitro(s)	*ml*	mililitro(s)
km	kilómetro(s)	*mm*	milímetro(s)
km/h	kilómetro(s)	*Mm*	miriámetro(s)
	por hora	*MM.*	Madres (de una
k.o.	*knock out:*		orden religiosa)
	'fuera de combate'	*m./o.*	mi orden
kw	kilowatio(s)	*Mons.*	monseñor
kw/h, kwh	kilowatio(s)	*ms., mss.,*	
	por hora	*MS., MSS.*	manuscrito(s)
l	litro(s)	*Mtro.*	maestro
L.	lira(s)	*m/v.*	meses vista
L./	letra (de cambio)		
l.c.	*loco citato:* 'en el	*n.*	nota
	lugar citado'	*n/*	nuestro, nuestra
Ldo., Lda.	licenciado,	*N*	Norte
	licenciada	*N. del T.*	nota del traductor
lib.	libro; libra	*N.ª S.ª*	Nuestra Señora
Lic.	licenciado	*N. B.*	*nota bene:*
loc. cit.	*loco citato:*		'obsérvese'
	'en el lugar citado'	*NE*	Nordeste
Ltda.	limitada	*neol.*	neologismo
		n/f.	nuestro favor
m	metro(s);	*NNE*	Nornordeste
	minuto(s)	*NNO,*	
M	Mujer	*NNW*	Nornoroeste
M.	Madre (de una	*n.º*	número
	orden religiosa)	*n/o.*	nuestra orden
M.ª	María	*NO*	Noroeste
m./fcha.	meses fecha	*nov.*	noviembre
mb	milibar(es)	*N. S.*	Nuestro Señor
Mc	megaciclo(s)	*N. S. J. C.*	Nuestro Señor
mg	miligramo(s)		Jesucristo
Mg	miriagramo(s)	*N. T.*	Nuevo Testamento

ntro.,	
ntra.	nuestro, nuestra
núm.,	
núms., nro.	número(s)
o/	orden
O	Oeste
ob., obpo.	obispo
ob. cit.	obra citada
oct.	octubre
O. M.	orden ministerial
ONO	Oesnoroeste
onz	onza
O. P.	Obras Públicas
op.	*opus*: 'obra' (en música)
op. cit.	*opere citato*: 'en la obra citada'
OSO	Oessudoeste
p.	página
P.	Padre (en orden religiosa), Papa
pág., págs.,	
pg.	página(s)
párr.	párrafo
patr.	patriarca
pbro.,	
presb.	presbítero
p/cta.	por cuenta
P. D.	posdata
P.ᵉ	Padre
p. ej.	por ejemplo
pl.	plural
Pl.	plaza

p.m.	*post meridiem*: 'después del mediodía'
P. N.	peso neto
P. O.,	
p. o., p/o.	por orden
Pº.	paseo
pp.	páginas
PP.	Padres (en orden religiosa)
ppal.	principal
prep.	preposición
pret.	pretérito
priv.	privilegio
prof.,	profesor,
prof.ᵃ	profesora
pról.	prólogo
prov.	provincia
P. S.	*post scriptum*, posdata
P. S. M.	por su mandato
ps.	pesos
pta., pts.	peseta(s)
Pto.	puerto
p. us.	poco usado
P. V. P.	precio de venta al público
q. b. s. m.	que besa su mano
q. b. s. p.	que besa sus pies
q. D. g.,	
Q. D. G.	que Dios guarde
q. e. g. e.	que en gloria esté
q. e. p. d.	que en paz descanse

q. e. s. m.	que estrecha su mano	*s. a., s/a*	sin año (de impresión)
Qm	quintal(es) métrico(s)	*S. A.*	Sociedad Anónima
qq	quintales	*sáb.*	sábado
q. s. g. h.	que santa gloria haya	*S. A. I.*	Su Alteza Imperial
		S. A. I. C.	Santa Apostólica Iglesia Catedral
R.	reverendo, reverenda	*S. A. R.*	Su Alteza Real
R.bí	recibí	*S. A. S.*	Su Alteza Serenísima
R. D.	Real Decreto	*s/c.*	su cuenta; su cargo
Rda.	reverenda	*s/cta.*	su cuenta
Rda. M.	Reverenda Madre	*S. D.*	se despide
Rdo.	reverendo	*sdad.*	sociedad
Rdo. P.	Reverendo Padre	*Sdad. Gral.*	Sociedad General
Reg.	registro	*Sdad. Lda.*	Sociedad Limitada
rel.	relativo		
Rev.,		*S. D. M.*	Su Divina Majestad
Revdo.	reverendo		
Revda.	reverenda	*S. E.*	Su Excelencia
R. M.	Reverenda Madre	*SE*	Sudeste
Rmo.,	reverendísimo,	*secrt.ª*	secretaría
Rma.	reverendísima	*S. en C.*	Sociedad en Comandita
R. O.	Real Orden		
R. P.	Reverendo Padre	*sep., set.*	septiembre, setiembre
r. p. m.	revoluciones por minuto		
Rte.	remitente	*Sermo.,*	serenísimo,
s	segundo(s)	*Serma.*	serenísima
s.	siglo; sustantivo; siguiente	*serv.*	servicio
		serv.or	servidor
s/	su	*s. e. u o.*	salvo error u omisión
S	Sur	*s. f., s/f*	sin fecha
S.	san, santo	*s/f.*	su favor
S.ª	señora	*s/g.*	sin gastos

S. I. C.	Santa Iglesia Católica	*ss.*	siguientes
sig., sigs.	siguiente(s)	*SS. AA.*	Sus Altezas
sing.	singular	*SSE*	Sudsudeste
s. l.	sin lugar; sus labores	*SS. MM.*	Sus Majestades
s. L.	su letra (de cambio)	*SS.mo P.*	Santísimo Padre
		SSO	Sudsudoeste
S. L.	Sociedad Limitada	*s. s. s.*	su seguro servidor
s. l. n. a.	sin lugar ni año	*SSW*	Sudsudoeste
S. M.	Su Majestad	*Sto., Sta.*	santo, santa
S. M. B.	Su Majestad Británica	*subj.*	subjuntivo
		sup.	suplica
S. M. C.	Su Majestad Católica	*s.v.*	*sub voce*: 'bajo la voz', 'en el artículo'
S. M. I.	Su Majestad Imperial	*SW*	Sudoeste
Smo.	santísimo	*t*	tonelada(s)
s.n., s/n.	sin número	*t.*	tarde
s/o.	su orden	*t., T.*	tomo
S. N.	Servicio Nacional	*T.*	tara
SO	Sudoeste	*tel., teléf.,*	
S. P.	Servicio Público	*tfono.*	teléfono
Sr., Sr.ª		*ten.te*	teniente
Sra.	señor, señora	*test.º*	testamento, testigo
S. R. C.	se ruega contestación	*tít.*	título
Sres., Srs.	señores	*Tm, tm*	tonelada(s) métrica(s)
S. R. L.	Sociedad de Responsabilidad Limitada	*tpo.*	tiempo
		trad.	traducción
		TV	televisión
		Ud.	usted
		Uds.	ustedes
S. R. M.	Su Real Majestad	*v.*	véase, verso
Srta.	señorita	*v/*	visto
s. s.	seguro servidor	*V*	voltio(s); varón
S. S.	Su Señoría; Su Santidad	*V.*	usted, véase
		V. A.	Vuestra Alteza

Apéndices

V. A. R.	Vuestra Alteza Real	*vro., vra.*	vuestro, vuestra
Vd., Vds.	usted, ustedes	*V. S.*	Vuestra Señoría
Vda.	viuda		(o Usía)
V. E.	Vuestra Excelecia,	*V. S. I.*	Vuestra Señoría
	Vuecencia		(o Usía) Ilustrísima
v. gr., v. g.	verbigracia	*v.to*	vencimiento
V. I.	Vuestra Ilustrísima	*vto., vta.*	vuelto, vuelta
vid.	*vide*: 've, véase'	*vulg.*	vulgar; vulgarismo
vier.	viernes	*VV.*	ustedes
V. M.	Vuestra Majestad		
V°. B°.	visto bueno	*W*	Oeste; vatio(s)
vol., vols.	volumen,	*W. C.*	*water closet*:
	volúmenes		'retrete'
V. P.	Vuestra Paternidad		
V. R.	Vuestra Reverencia	*Xto.*	Cristo

9. Pesos y medidas

Sistema métrico

Medidas de longitud

Medidas	en metros
1 miriámetro	10.000 metros
1 kilómetro	1.000 metros
1 hectómetro	100 metros
1 decámetro	10 metros
1 decímetro	0'1 metros
1 centímetro	0'01 metros
1 milímetro	0'001 metros
1 micra	0'000001 metros
1 milimicra	0'000000001 metros

Medidas de superficie

Medidas	en metros cuadrados
1 miriámetro cuadrado	100.000.000 m^2
1 kilómetro cuadrado	1.000.000 m^2
1 hectárea	10.000 m^2
1 área	100 m^2
1 decímetro cuadrado	0'01 m^2
1 centímetro cuadrado	0'0001 m^2
1 milímetro cuadrado	0'000001 m^2

Medidas de volumen

Medidas	en metros cúbicos
1 kilómetro cúbico	1.000.000.000 m^3
1 hectómetro cúbico	1.000.000 m^3
1 decámetro cúbico	1.000 m^3
1 decímetro cúbico	0'001 m^3
1 centímetro cúbico	0'000001 m^3
1 milímetro cúbico	0'000000001 m^3

Medidas de peso

Medidas	en kilos y gramos
1 tonelada métrica	1.000 kg
1 quintal métrico	100 kg
1 miriagramo	10 kg
1 kilogramo	1.000 g
1 hectogramo	100 g
1 decagramo	10 g
1 decigramo	0'1 g
1 centigramo	0'01 g
1 miligramo	0'001 g
1 quilate métrico	0'2 g

Apéndices

Medidas de capacidad

Medidas	en litros
1 kilolitro	1.000 l
1 hectolitro	100 l
1 decalitro	10 l
1 decilitro	0'1 l
1 centilitro	0'01 l
1 mililitro	0'001 l

Equivalencias métricas con otros sistemas

Sistema métrico

Medidas de longitud

1 cm = 0'39 pulgadas
1 metro = 3'28 pies = 1'09 yardas = 0'60 brazas = 0'54 brazas inglesas
1 km = 0'62 millas = 0'54 millas marinas

Medidas de superficie

1 cm^2 = 0'155 pulg.^{2}
1 m^2 = 10'76 pies^2 = 1'19 yardas^2
1 km^2 = 0'38 millas^2
1 hectárea = 2'47 acres

Medidas de volumen y capacidad

1 cm^3 = 0'061 pulg.^{3}
1 metro^3 = 35'32 pies^3 = 1'31 yardas^3 = 27'5 bushels (RU) = 28'4 bushels (EE UU)
1 l = 1'76 pintas (RU) = 2'11 pintas (EE UU) = 0'88 cuartos (RU) = 1'06 cuartos (EE UU) = 0'22 galones (RU) = 0,26 galones (EE UU) = 0,027 bushels (RU) = 0'028 bushels (EE UU)
1 tonelada de arqueo = 2'83 m^3 = 100 pies^3

Medidas de peso

1 g = 0'035 onzas
1 kg = 2'20 libras
1 tonelada métrica = 0'98 toneladas (RU) = 1'10 toneladas (EE UU)
1 quilate = 200 miligramos

Sistema anglosajón

Medidas de longitud

1 pulgada = 2'54 cm
1 pie = 0'30 m
1 yarda = 0'91 m
1 milla = 1'609 km

Medidas de superficie

1 pulgada^2 = 6'45 cm^2
1 pie^2 = 0'09 m^2
1 yarda^2 = 0'83 m^2
1 milla^2 = 2'59 km^2
1 acre = 0'40 hectáreas

*Medidas de volumen
y capacidad*

1 pulgada^3 = 16'39 cm^3
1 pie^3 = 0'03 m^3
1 yarda^3 = 0'76 m^3
1 pinta (RU) = 0'57 l
1 pinta (EE UU) = 0'47 l
1 cuarto (RU) = 1'14 l
1 cuarto (EE UU) = 0'95 l
1 galón (RU) = 4'55 l
1 galón (EE UU) = 3'78 l
1 bushel (RU) = 36'37 l = 0'037 m^3
1 bushel (EE UU) = 35'24 l =
0'035 m^3

Medidas de peso

1 onza = 28'35 g
1 libra = 0'45 kg
1 tonelada (RU) = 1.016 kg
1 tonelada (EE UU) = 907'2 kg

Náutica

1 milla marina = 1'852 km
1 braza española = 1'67 m
1 braza inglesa (*fathom*) = 6 pies
= 1'83 m
1 nudo = 1 milla marina por hora

Crudo

1 barril de petróleo = 158'98 l =
42 galones (EE UU) = 34'97 galones (RU)